INTELIGÊNCIA ARTIFICIAL E RELAÇÕES PRIVADAS

VOLUME 3

RELAÇÕES PATRIMONIAIS

ENTRE O CONSUMO, OS CONTRATOS E OS DANOS

MARCOS EHRHARDT JÚNIOR

MARCOS CATALAN

CLÁUDIA RIBEIRO PEREIRA NUNES

Coordenadores

INTELIGÊNCIA ARTIFICIAL E RELAÇÕES PRIVADAS

VOLUME 3

RELAÇÕES PATRIMONIAIS

ENTRE O CONSUMO, OS CONTRATOS E OS DANOS

Belo Horizonte

FORUM

CONHECIMENTO JURÍDICO

2023

FÓRUM
CONHECIMENTO JURÍDICO

Luís Cláudio Rodrigues Ferreira
Presidente e Editor

Coordenação editorial: Leonardo Eustáquio Siqueira Araújo
Aline Sobreira de Oliveira

Rua Paulo Ribeiro Bastos, 211 – Jardim Atlântico – CEP 31710-430
Belo Horizonte – Minas Gerais – Tel.: (31) 99412.0131
www.editoraforum.com.br – editoraforum@editoraforum.com.br

Técnica. Empenho. Zelo. Esses foram alguns dos cuidados aplicados na edição desta obra. No entanto, podem ocorrer erros de impressão, digitação ou mesmo restar alguma dúvida conceitual. Caso se constate algo assim, solicitamos a gentileza de nos comunicar através do *e-mail* editorial@editoraforum.com.br para que possamos esclarecer, no que couber. A sua contribuição é muito importante para mantermos a excelência editorial. A Editora Fórum agradece a sua contribuição.

Dados Internacionais de Catalogação na Publicação (CIP) de acordo com ISBD

I61 Inteligência artificial e relações privadas: Relações patrimoniais: entre o consumo, os contratos e os danos / Marcos Ehrhardt Júnior, Marcos Catalan, Cláudia Ribeiro Pereira Nunes. Belo Horizonte: Fórum, 2023. v. 3.

387p.; 14,5cm x 21,5cm.
v.3
ISBN: 978-65-5518-586-7

1. Direito civil e tecnologia. 2. Novas tecnologias. 3. Inteligência artificial - IA. 4. Direito e tecnologia. 5. Inteligência Artificial – IA. 6. Direito. I. Ehrhardt Júnior, Marcos. II. Catalan, Marcos. III. Nunes, Cláudia Ribeiro Pereira. IV. Título.

CDD 342.085
CDU 347

Ficha catalográfica elaborada por Lissandra Ruas Lima – CRB/6 – 2851

Informação bibliográfica deste livro, conforme a NBR 6023:2018 da Associação Brasileira de Normas Técnicas (ABNT):

EHRHARDT JÚNIOR, Marcos; CATALAN, Marcos; NUNES, Cláudia Ribeiro Pereira (Coord.). *Inteligência artificial e relações privadas – Relações patrimoniais*: entre o consumo, os contratos e os danos. Belo Horizonte: Fórum, 2023. v. 3. 387 p. ISBN 978-65-5518-586-7.

SUMÁRIO

INTELIGÊNCIA ARTIFICIAL NAS RELAÇÕES PRIVADAS: CONSUMO, CONTRATOS E DANOS MARCAM O COTIDIANO HUMANO

A humanidade experimenta a Sociedade de Consumo ao mesmo tempo em que é por ela devorada. Consumir é algo que permeia o cotidiano das pessoas – ao menos, daquelas que podem pagar por um assento no *trem da alegria* – sendo incontáveis seus pontos de contato com o Direito[1] que direcionou, naquele longínquo ano de 1988, ao menos, em perspectiva normativa abstrata, seus holofotes à tutela das liberdades positivas e, ainda, à promoção da isonomia substancial e da alteridade.

Referidas preocupações, tratadas, como visto, no caso brasileiro como balizas constitucionais têm imperiosa relevância, afinal o consumidor nada tem de soberano como comprovam estudos de autores do calado de Jean Baudrillard[2] e Walter Benjamim.[3]

No limite, tutelar o consumidor é, antes disso, tutelar o ser humano, também porque

> *el consumo es una acción no solo expresiva, sino también constitutiva – de una identidad, de un universo simbólico –; al consumir y, por lo tanto, al hacer propios, los objetos o las experiencias de consumo, el actor social se constituye a sí mismo, ya sea como consumidor, ya como actor social que tiene roles específicos y distintos, ligados a su sexualidad, a su género, su estatus social, etc., los cuales*

---

1 CATALAN, Marcos. *Direito e consumo*: discussões contemporâneas. Londrina: Thoth, 2023.

2 BAUDRILLARD, Jean. *O sistema dos objetos*. Trad. Zulmira Ribero Tavares. São Paulo: Perspectiva, 1973. BAUDRILLARD, Jean. *Simulacro e simulações*. Trad. Maria João da Costa Pereira. Lisboa: Relógio D´Água, 1991. BAUDRILLARD, Jean. *A sociedade de consumo*. Trad. Artur Morão. Lisboa: Edições 70, 2011.

3 BENJAMIN, Walter. La obra de arte en la época de su reproductibilidad técnica. In BENJAMIN, Walter. *Discursos interrumpidos* I, Taurus: Buenos Aires, 1989. p. 11.

> *se combinan, todos ellos, con específicos estilos de consumo. El actor consumidor es tanto el producto como el productor de sus propias acciones y mediante el consumo, el actor social no solo contribuye a fijar una serie de clasificaciones culturales, no solo se expresa a sí mismo a través de los símbolos o comunica su propia posición social, sino que también se constituye a sí mismo y, al hacerlo, reorganiza el mundo que lo rodea. Una vez que el consumo es referido a este modelo, se torna más fácil sostener que las mercancías son elaboradas por el sistema productivo, pero son experimentadas y utilizadas por los consumidores de distintas maneras, según las circunstancias; al utilizar los objetos, los actores desarrollan sus significados y usos, articulando de modo más o menos consciente propiedades simbólicas y materiales de maneras que as veces son funcionales a la reproducción de la estructura de poder existente, y a veces no.*[4]

Paralelamente, movendo-se através do incontrolável trilho da História, tendo se exposto ao mundo com muitas faces e incontáveis vestes,[5] o contrato resistiu a crises,[6] levantou-se após anunciado declínio,[7] desconstruiu-se para, mais tarde, recompor-se;[8] sobrevivendo à morte[9] renasceu das cinzas questionando sua identidade,[10] descobrindo-se ético,[11] solidário[12] e algorítmico.[13]

O dano, por fim, terceiro e último mote desta obra, é algo a ser evitado; leia-se normativamente evitado, o que se defende aqui com amparo tanto na precaução como na prevenção, balizas com inconteste DNA principiológico no Direito brasileiro. Paralelamente, as muitas perguntas que ecoam em face da aceleração do tempo da técnica,

---

4 SASSATELLI, Roberta. *Consumo, cultura y sociedad*. Trad. Heber Cardoso. Amorrortu: Buenos Aires / Madrid, 2012. p. 158.

5 FORNASARI, Riccardo. Crepuscule des idoles. De la fragmentation du sujet à la fragmentation du contrat. *European Review of Private Law*, The Netherlands, n. 4, p. 785-822, 2019.

6 MAZZAMUTO, Salvatore. Il contratto di diritto europeo nel tempo della crisi. *Europa e Diritto Private*, Milano, n. 3, p. 601-647, 2010.

7 KENNEDY, Duncan. *The rise and fall of classical legal thought*. Cambridge: AFAR, 1998.

8 IRTI, Natalino. L´età della decodificazione. *Revista de Direito Civil, Imobiliário, Agrário e Empresarial*, São Paulo, v. 3, n. 10, p. 15-33, out./dez. 1979.

9 GILMORE, Grant. *The death of contract*. New Haven: Ohio State University, 1974.

10 GÓMEZ, Carlos Ballugera. *El contrato no-contrato*. Enigma desvelado de las condiciones generales de contratación. Madrid: Colegio de Registradores de la Propiedad y Mercantiles de España. 2006.

11 CAUMONT, Arturo. Por uma teoria ética do contrato. *Revista Eletrônica Direito e Sociedade*, Canoas, v. 8, n. 1, p. 91-101, abr. 2020.

12 NALIN, Paulo. *Do contrato*: conceito pós-moderno. 2. ed. Curitiba: Juruá, 2006.

13 AMATO, Claudio; CATALAN, Marcos. Novos itinerários da contratação informática: do contrato inteligente ao contrato algorítmico. *Civilistica.com*, Rio de Janeiro, v. 11, p. 1-37, 2022.

mesmo que possam reverberar como metanarrativas catastróficas e despidas de fundamentos sólidos ao alcançarem os olhos ou ouvidos de parte das pessoas que tenham contato com este livro, são questões elaboradas para fazerem pensar em riscos dignos de nota, afinal, outra denominação comum do cenário global atual é sociedade de risco.[14]

Dito isto, é possível enfatizar que dentre os objetivos mais salientes deste livro nascido na bricolagem de textos compostos por quase 50 mãos encontram-se: a tentativa de mostrar as principais discussões envolvendo limites e possibilidade afetos ao direito de danos e seu papel diante de decisões automatizadas que rotineiramente lesam os usuários da tecnologia e, ainda, mostrar como lidar com a discriminação promovidas pelas inteligências artificiais e com a opacidade intencionalmente fundida a algoritmos usados pelo Mercado com distintas funcionalidades.

Outras preocupações identificadas ao largo da obra consistem em pensar se à culpa foi reservado algum lugar em ambientes cada vez mais digitais ou mesmo se os algoritmos podem ser de alguma forma responsabilizados pelos danos provocados quando são postos em movimento.

A tentativa de auxiliar a obter sentenças e acórdãos por meio de soluções teóricas antevistas para questões candentes no ambiente negocial hodierno e, ainda, lastreadas em narrativas que propõem-se a colaborar com a utópica proteção dos consumidores em ambientes disruptivos é outra característica marcante deste livro, o terceiro de três volumes dedicados ao estudo sério e verticalizado das inteligências artificiais e de seus impactos nas relações civis e de consumo, todos eles publicados ao mesmo tempo ainda que cada um tenha suas nuances, suas particularidades, sua identidade.

É preciso registrar, no mais, que boa parte deste trabalho é fruto de pesquisa em rede: dentre os autores há integrantes da rede de pesquisas Agendas de Direito Civil Constitucional, ao que tudo indica, a mais antiga na seara do direito privado brasileiro e ainda líderes de grupos de pesquisa vinculados ao CNPq dentre os quais podem ser listados: (a) A proteção da pessoa humana na sociedade da informação, (b) Consumo e cidadania, (c) Direito privado e contemporaneidade, (d) Sistema penal, democracia e direitos humanos e (e) Teorias sociais do direito. Aliás, por trabalharmos em rede, este volume conta com

---

14 BECK. *La sociedad del riesgo*: hacia una nueva modernidad. Barcelona: Paidós, 1998.

artigos escritos por pesquisadores da Argentina, da Espanha, da Itália e do Uruguai.

Enfim, esperamos, de coração, que este trabalho, pensado em seus mínimos detalhes, seja bem recebido como uma oportunidade de crescimento para todas as pessoas que de algum modo tenham contato com ele.

Madrid, Maceió, Porto Alegre,
Inverno de 2023.

Claudia Ribeiro Pereira Nunes
Marcos Catalan
Marcos Ehrhardt Junior

PARTE I

RESPONSABILIDADE CIVIL, DECISÕES AUTOMATIZADAS E DISCRIMINAÇÃO ALGORÍTMICA

DECISÕES AUTOMATIZADAS E A EFETIVA PROTEÇÃO DE DADOS PESSOAIS

GUILHERME MAGALHÃES MARTINS

JOSÉ LUIZ DE MOURA FALEIROS JÚNIOR

1 Introdução

O avanço incessante da inovação fez florescer, há décadas, vasto rol de interessantes desafios que concernem à ciência jurídica devido à dessincronia da atividade legiferante estatal com o potencial transformador da tecnologia.

A chamada 'sociedade da informação', vislumbrada desde os idos de 1960, consolidou-se em ritmo acelerado nos derradeiros anos do século XX, a ponto de gerar mudanças estruturais na dinâmica das relações interpessoais em todo o planeta. Um veloz cenário de facilidades adveio das promessas de hiperconectividade e comunicação instantânea, rompendo fronteiras territoriais e diferenças culturais para pavimentar o caminho rumo a um novo universo, no qual o substrato mais precioso deixou de ser escasso: a informação, capturada em volumes colossais, nunca antes foi tão desejada e, em verdade, tão relevante para conjecturar o funcionamento de estruturas políticas, econômicas e sociais.

Seu valor intrínseco e individualmente considerado não se alterou. Em conjuntos avultados, todavia, com ricas conexões e pujança interpretativa aplicada a partir de complexas operações algorítmicas, a informação adquiriu *status* inédito. Em razão dessa drástica mudança, há muito já se buscava solução legislativa adequada, capaz de conferir tutela e salvaguardar direitos, mas, ao mesmo tempo, sobrelevar o potencial de controle do Estado nesse novo contexto. Ainda que tardiamente, dezenas de nações passaram a editar marcos regulatórios especificamente voltados à proteção de dados pessoais, e o Brasil não fez diferente.

Na esteira da iniciativa europeia – formalmente nomeada de Regulamento Geral de Proteção de Dados (RGPD) – editada em 27 de abril de 2016 e implementada em 25 de maio de 2018, promulgou-se, no Brasil, a Lei nº 13.709, de 14 de agosto de 2018, já alterada antes mesmo do início de sua vigência pela Medida Provisória nº 869, de 27 de dezembro 2018, posteriormente convertida na Lei nº 13.853, de 08 de julho de 2019, que, dentre várias modificações, consolidou a nomenclatura epigrafada no texto atual da norma: 'Lei Geral de Proteção de Dados Pessoais (LGPD)'. Em fevereiro de 2022, consagrou-se a tendência mais atual é à afirmação da proteção de dados como direito fundamental autônomo, conforme a Emenda Constitucional nº 115/2022, que acrescentou o inciso LXXIX ao artigo 5º,[1] da Constituição da República. Uma das principais preocupações da LGPD é em relação às decisões automatizadas, ou seja, aquelas tomadas por algoritmos sem intervenção humana. Isso ocorre porque essas decisões podem ter um grande impacto na vida das pessoas e, por isso, devem ser transparentes e justas.

As decisões automatizadas podem ser utilizadas em diversas áreas, como no mercado financeiro, na seleção de currículos em processos seletivos, no acesso a serviços públicos, entre outros. No entanto, a LGPD exige que essas decisões sejam explicadas de forma clara aos usuários, para que eles possam entender como foram tomadas e, caso necessário, contestá-las por meio do direito à revisão (art. 20, *caput*). Para agentes de tratamento, a LGPD estabelece a obrigação de informar aos usuários sobre a utilização de decisões automatizadas e de garantir a transparência e a justiça dessas decisões (art. 20, §1º). Além disso, a legislação prevê que as empresas devem realizar avaliações de impacto sobre a privacidade para avaliar o risco envolvido no uso de dados pessoais.

A proteção dos dados pessoais é um tema cada vez mais relevante na sociedade atual, na qual a coleta e o uso dessas informações são

---

[1] Artigo 5º ..... LXXIX – é assegurado, nos termos da lei, o direito à proteção dos dados pessoais, inclusive nos meios digitais

frequentes e, muitas vezes, invisíveis. Por isso, a LGPD é uma legislação importante para garantir a privacidade e a segurança dos dados pessoais dos cidadãos brasileiros. A regulamentação das decisões automatizadas é apenas um aspecto dessa legislação, que abrange diversos outros pontos relacionados à proteção de dados.

2 Privacidade, *Big Data* e a constância incessante do processamento decisional heurístico

Nunca antes foi tão premente a necessidade de se consolidar a proteção de dados pessoais, uma vez que "o potencial do *Big Data* ultrapassa meras aplicações práticas, pois também torna possível a interpretação de comportamentos humanos".[2]

No atual estado da arte, a tecnologia permite a operabilidade das comunicações entre indivíduos (*person-to-person*, P2P), entre indivíduos e máquinas (*human-to-machine*, H2M) ou entre máquinas (*machine-to-machine*, M2M), em clara sinalização do avanço rumo à "web inteligente",[3] marcada pela presença da 'Internet das Coisas' (*Internet of Things*, ou *IoT*),[4] que também se situa na fronteira da chamada *web 4.0* ou 'Internet de Todas as Coisas' (*Internet of Everything*, ou *IoE*) – é a era dos *zettabytes*![5]

Nesse novo contexto, já se sinaliza, dentre outras contingências, que: (i) os sistemas existentes (já complexos) se tornarão mais interconectados e imersos; (ii) as interações dos componentes intra e intersistêmicas aumentarão; (iii) os serviços existentes serão modificados enquanto surgem as oportunidades para novos serviços; (iv) a percepção humana do meio ambiente e da realidade mudará; (v) a escala e o escopo dos problemas de segurança serão bastante ampliados.[6]

---

2 KLOUS, Sander; WIELAARD, Nart. *We are Big Data*: the future of the information society. Amsterdã: Atlantis Press, 2016. p. 12, tradução livre.

3 FREDETTE, John *et al.* The promise and peril of hyperconnectivity for organizations and societies. *In:* DUTTA, Soumitra; BILBAO-OSORIO, Beñat (Ed.). *The global information technology report 2012*: living in a hyperconnected world. Genebra: Insead; World Economic Forum, 2012. p. 113.

4 GREENGARD, Samuel. *The internet of things*. Cambridge: The MIT Press, 2015. p. 189.

5 FLORIDI, Luciano. *The ethics of information*. Oxford: Oxford University Press, 2013. p. 5.

6 LOSKOT, Pavel. Computational security for the IoT and beyond. *In:* HU, Fei (Ed.). *Security and privacy in Internet of Things (IoTs)*: models, algorithms, and implementations. Boca Raton: CRC Press, 2016. p. 357.

Todas essas mudanças originam-se da transformação da informação em verdadeira *commodity*, em razão de ser-lhe conferindo valor inédito e contemplativo de uma nova gama de riscos a serem atendidos pela legislação de controle – com efeitos irradiados pelas normas constitucionais –, tendo em vista que, "na dimensão tecnológica, (...), a identidade pessoal parece se dilatar".[7] Isto conduz à reformulação de vetustas propostas de proteção à privacidade, que passa a ostentar contornos mais largos, a indicar a necessidade de uma proteção mais específica, voltada aos dados pessoais,[8] e que precisa "valer-se de uma estratégia integrada na qual são utilizados diversos instrumentos de tutela, que representam manifestações específicas em diversas áreas de um mesmo direito".[9]

Em anos recentes, o aprimoramento das diretrizes da Organização para Cooperação e Desenvolvimento Socioeconômico (OCDE) propiciou um importante amadurecimento do tema, denotando nuances fundamentais para a consolidação de legislações voltadas à proteção de dados pessoais em todo o globo.[10] Entretanto, há inúmeras dúvidas que ainda demandam respostas, embora seja certo que a 'virada empírica' da técnica para a tecnologia[11] modifica substancialmente a forma com que cada Estado passa a se valer da mera produção legislativa para acompanhar tendências que geram reflexos globais.

Segundo Colin Bennett,

> O mecanismo para implementar uma maior flexibilidade é tipicamente o "código de prática". Em países com legislação de proteção de dados, esses códigos pretendem traduzir os requisitos legislativos mais amplos em conselhos práticos e uma interpretação mais pragmática da redação legislativa. Na Nova Zelândia e na Holanda, esses códigos são formalmente endossados pelas respectivas agências de proteção

---

[7] RODOTÀ, Stefano. *Il diritto di avere diritti*. Roma/Bari: Laterza, 2012. p. 347, tradução livre.

[8] DAVIES, Simon G. Re-engineering the right to privacy: how privacy has been transformed from a right to a commodity. *In:* AGRE, Philip E.; ROTENBERG, Marc (Ed.). *Technology and privacy*: the new landscape. Cambridge: The MIT Press, 1997. p. 156.

[9] DONEDA, Danilo. *Da privacidade à proteção de dados pessoais*. Rio de Janeiro: Renovar, 2006. p. 409.

[10] BIONI, Bruno R.; MENDES, Laura Schertel. Regulamento Europeu de Proteção de Dados Pessoais e a Lei Geral brasileira de Proteção de Dados: mapeando convergências na direção de um nível de equivalência. *In:* TEPEDINO, Gustavo; FRAZÃO, Ana; OLIVA, Milena Donato (Coord.). *Lei Geral de Proteção de Dados Pessoais e suas repercussões no direito brasileiro*. São Paulo: Revista dos Tribunais, 2019. p. 800-801.

[11] VERBEEK, Peter-Paul. The technological lifeworld. *In:* ACHTERHUIS, Hans (Ed.). *American philosophy of technology*: the empirical turn. Tradução de Robert P. Crease. Indianapolis: Indiana University Press, 2001. p. 145-146.

de dados e, em seguida, têm força de lei. No Reino Unido, entretanto, os códigos de prática são encorajados pelo Registrador de Proteção de Dados do Reino Unido como instrumentos para propagar "boas práticas de computação", mas eles não têm força de lei.[12]

Já se fala em governança corporativa há décadas e o assunto, costumeiramente, revolve ao direito empresarial e à importância da ética nas técnicas de gestão organizacional; mas, hodiernamente, o assunto se expandiu, a ponto de se falar em um *compliance* digital.[13]

Nesse contexto, quando se fala em *compliance* digital a partir de mecanismos de segurança, é possível enumerar, dentre vários instrumentos, a autenticação multinível, as ferramentas criptográficas, o controle de acesso a bancos de dados, a prevenção à exposição a *software* de natureza maliciosa e aos ataques de *denial-of-service*, a detecção de vulnerabilidades e intrusões, o uso de *firewalls* e sistemas de prevenção, os controles de *buffer*, os sistemas operacionais e a segurança de sistemas de armazenamento em nuvem como singelos exemplos[14] de gargalos dos quais não se prescinde na edição de uma lei que pretenda tutelar contingências de envergadura tão complexa.

O artigo 2º da LGPD brasileira estabelece os fundamentos que a legislação busca alcançar; dentre eles, destacam-se a autodeterminação informacional e o livre desenvolvimento da personalidade. O RGPD europeu cita 72 vezes a palavra "consentimento",[15] ao passo que o artigo 7º da lei brasileira confere-lhe a natureza de requisito essencial para o tratamento dos dados pessoais. Isso significa que, não sendo o consentimento livre, informado e inequívoco (artigo 5º, XII), a medida torna-se ilegal.

---

12 BENNETT, Colin J. Convergence revisited: toward a global policy for protection of personal data? *In:* AGRE, Philip E.; ROTENBERG, Marc (Ed.). *Technology and privacy*: the new landscape. Cambridge: The MIT Press, 1997. p. 114-115, tradução livre.

13 CRESPO, Marcelo. Compliance digital. *In:* NOHARA, Irene Patrícia; PEREIRA, Flávio de Leão Bastos (Coord.). *Governança, compliance e cidadania*. São Paulo: Revista dos Tribunais, 2018. p. 178-179. Comenta: "Numa sociedade baseada em informações, onde todos os negócios são automatizados em algum nível, com constantes tratamentos de dados, é inegável que há a necessidade de um corpo especializado de prontidão para esclarecer, prevenir e reagir a situações adversas, compreendendo aspectos tecnológicos. Afinal, a tecnologia nos cerca independentemente se o modelo de negócio adotado é focado nela ou se é somente um fator secundário".

14 Para uma compreensão aprofundada do assunto, recomendam-se as seguintes leituras: STALLINGS, William; BROWN, Lawrie. *Computer security*: principles and practice, global edition. 4. ed. Nova Iorque: Pearson, 2018; AGRE, Philip E. *Computation and human experience*. Cambridge: Cambridge University Press, 1997.

15 EUROPA. *Regulamento Geral de Proteção de Dados*. Disponível em: https://eur-lex.europa.eu/legal-content/PT/TXT/PDF/?uri=CELEX:32016R0679&from=PT. Acesso em: 30 abr. 2023.

Em um contexto no qual os mercados são movimentados por influxos constantes de dados (gerando os chamados *data-rich markets*),[16] a informação transforma-se em moeda e a privacidade, no contraponto, em verdadeira *commodity*. O controle desses fluxos passa a demandar atuação preventiva, transpondo modos clássicos de enfrentamento de contingências a partir do atuar repressivo, e inaugura importante viés para a consolidação de novos modelos de operacionalização do poder de polícia estatal. Fala-se em *compliance* ou governança para denotar verdadeira reinserção ética nos procedimentos de segurança da informação adotados para as operações que revolvem à coleta e ao tratamento de dados pessoais.

3 Possíveis vetores preventivos: segurança da informação e governança

Da mesma maneira que a necessidade de criação de novos parâmetros de controle alinha-se à revisitação de clássicos institutos jurídicos como a responsabilidade civil e o *jus imperii* estatal, a governança e a boa gestão devem caminhar em comunhão para que esta revigorada metodologia de controle tenha efeitos pragmáticos eficazes. A segurança da informação é o mote pelo qual se desenvolve esta nova temática; desse modo, o chamado *compliance* refuncionaliza a eficácia da própria legislação, não podendo se reduzir a uma mera noção satelitária, uma vez que, ao revés, deve se alçar a um novo patamar.

O artigo 46 da LGPD é categórico ao trabalhar com a exigência de que sejam implementadas medidas voltadas à efetivação de controles de segurança da informação capazes de mitigar os riscos do tratamento de dados. Já o artigo 48 impõe a observância aos deveres de transparência (art. 6º, VI), segurança (art. 6º, VII) e prevenção (art. 6º, VIII), demandando dos agentes de tratamento de dados que atuem em conformidade, em respeito a tais premissas, procedendo de forma colaborativa e diligente na persecução de responsabilidades por eventuais incidentes com dados pessoais – cuja fiscalização passa a ser realizada por agências dotadas de aparelhamento adequado para a

---

[16] MAYER-SCHÖNBERGER, Viktor; RAMGE, Thomas. *Reinventing capitalism in the age of Big Data*. Nova York: Basic Books, 2018. p. 7.

garantia de maior efetividade investigatória[17] (no Brasil, isto será feito pela Agência Nacional de Proteção de Dados).

A segurança da informação é um elemento crucial na era digital, especialmente em um mundo em que os dados pessoais são coletados, armazenados e processados em grande escala. Com a Lei Geral de Proteção de Dados Pessoais (LGPD), as empresas que operam no Brasil precisam garantir a segurança adequada desses dados, e isso inclui as decisões automatizadas baseadas em algoritmos. A segurança da informação é importante porque garante que os dados pessoais sejam protegidos de ameaças internas e externas.

Uma das principais ameaças à segurança da informação é o acesso não autorizado aos dados. Com as decisões automatizadas, há um risco maior de que os dados sejam acessados por pessoas ou entidades não autorizadas, o que pode levar a violações de segurança e até mesmo a danos financeiros ou reputacionais para as empresas. Além disso, as empresas precisam garantir que as informações coletadas sejam armazenadas de forma segura e que os dados sejam devidamente protegidos contra a perda ou a corrupção.

Por isso, a segurança da informação é importante porque contribui para a transparência e a responsabilidade nas decisões automatizadas. Quando os usuários têm confiança na segurança dos dados, eles são mais propensos a aceitar as decisões tomadas por algoritmos. Isso significa que as empresas precisam implementar medidas de segurança eficazes para garantir que as decisões sejam justas e transparentes. Quando as empresas atendem aos requisitos da LGPD, elas demonstram seu compromisso com a proteção da privacidade e da segurança dos dados pessoais dos usuários.

Para citar um exemplo, a transparência surge, nesse contexto, como um dever correlato ou desdobrado do cerne de discussão dessa nova função preventiva. Impõe-se a revelação da ocorrência do evento danoso (que não se confunde com a própria revelação indevida do dado),[18] transfigurando-se em atributo atrelado à ética empresarial que deve reinar em todas as etapas de desenvolvimento e implementação dos processos de coleta, tratamento e armazenagem de dados pessoais.

---

[17] HUSTINX, Peter. The role of data protection authorities. *In:* GUTWIRTH, Serge; POULLET, Yves; DE HERT, Paul; TERWANGNE, Cécile de; NOUWT, Sjaak (Ed.). *Reinventing data protection?* Cham/Basileia: Springer, 2009. p. 136.

[18] NORBERG, Patricia A.; HORNE, Daniel R.; HORNE, David A. The privacy paradox: personal information disclosure intentions versus behaviors. *Journal of Consumer Affairs*, v. 41, n. 1, p. 102, 2007.

Nota-se, na LGPD, verdadeira tendência à modificação da tradicional judicialização de questões que podem (e devem) ser prevenidas, gerando flexibilidade para os modelos tradicionais da atuação estatal.[19] Caminho diverso se percorreu por ocasião da promulgação do Marco Civil da Internet (Lei nº 12.965/2014), particularmente quanto à redação de seu artigo 19 e à exigência de comando judicial para a remoção de conteúdos ofensivos.[20]

Nota-se, com isso, que a LGPD compõe-se de institutos profícuos; a governança classicamente abordada por André-Jean Arnaud[21] ressurge com importância destacada no que diz respeito à coordenação dos agentes de tratamento, de grupos sociais e instituições da iniciativa privada, na ação pública-política voltada à delimitação de objetivos próprios, discutidos e definidos coletivamente, como a elaboração de programas de ação e políticas públicas concertadas e capazes de alcançar tais objetivos, articula-se por lógicas divergentes de ação no processo de construção de um consenso organizacional interativo e voltado à solução célere e adequada de contingências.[22]

A motivação e a responsividade que se espera de um arcabouço hígido e eficaz[23] de políticas de integridade devem convergir para prevenir a criação de programas inócuos e cuja existência manifesta-se unicamente no papel.[24] Isso revela uma dimensão inexorável da segurança da informação que precisa ser observada para que seja levada a efeito a proteção de dados pessoais.[25] Significa dizer que, para além da tutela da responsabilidade civil pelos danos decorrentes da violação aos deveres de cautela e proteção da segurança dos dados, o legislador cuidou de estabelecer um critério geral de prevenção que deve ser efetivo.

---

19 PIERRE, Jon. Governance and institutional flexibility. *In:* LEVI-FAUR, David (Ed.). *The Oxford handbook of governance*. Oxford: Oxford University Press, 2012. *passim*.

20 MARTINS, Guilherme Magalhães. *Responsabilidade civil por acidente de consumo na Internet*. 3. ed. São Paulo: Revista dos Tribunais, 2020. p. 328-330.

21 ARNAUD, André-Jean. *La gouvernance*: un outil de participation. Paris: LGDJ, 2014. p. 273-275.

22 ANDERSEN, Kim Viborg. Reengineering public sector organizations using information technology. *In:* HEEKS, Richard. *Reinventing government in the information age*: international practice in IT-enabled public sector reform. Londres: Routledge, 1999. p. 320-324.

23 MINTZBERG, Henry. *Criando organizações eficazes*: estruturas em cinco configurações. Tradução de Cyro Bernardes. 2. ed. São Paulo: Atlas, 2003. p. 24 *et seq*.

24 CUEVA, Ricardo Villas Bôas. Funções e finalidades dos programas de *compliance*. *In:* CUEVA, Ricardo Villas Bôas; FRAZÃO, Ana. *Compliance*: perspectivas e desafios dos programas de conformidade. Belo Horizonte: Fórum, 2018. p. 55.

25 SILVERMAN, Michael G. *Compliance management for public, private, or nonprofit organizations*. Nova York: McGraw Hill, 2008. p. 206.

O artigo 50, §1º, da LGPD apresenta extensa lista de requisitos para a aferição da concretude prática de um programa de integridade que, se existente, certamente deverá ser considerado para a delimitação da extensão de eventuais danos e para a apuração de responsabilidades, com possibilidade de mitigação. A governança é uma das principais preocupações da Lei Geral de Proteção de Dados Pessoais (LGPD) no que se refere às decisões automatizadas. Isso porque a utilização de algoritmos e sistemas automatizados pode gerar riscos e impactos significativos na privacidade e nos direitos dos titulares de dados pessoais. Por isso, é fundamental que as empresas que fazem uso dessas tecnologias adotem práticas adequadas de governança, visando garantir a transparência, a ética e a responsabilidade na utilização dos dados.

A governança das decisões automatizadas envolve diversas medidas que buscam minimizar os riscos e maximizar os benefícios. Entre elas, podemos destacar a adoção de políticas e procedimentos claros e transparentes para a utilização de dados pessoais, o estabelecimento de mecanismos de avaliação de impacto na privacidade, a adoção de medidas de segurança adequadas e a garantia de que os titulares dos dados possam exercer seus direitos, como o direito à informação e o direito à revisão.

A adoção de práticas adequadas de governança nas decisões automatizadas não é apenas uma exigência legal, mas também uma necessidade ética e socialmente responsável. Ao garantir a transparência e a responsabilidade na utilização dos dados pessoais, as empresas contribuem para o fortalecimento da confiança dos titulares dos dados e da sociedade em geral, além de minimizar riscos de prejuízos financeiros e reputacionais. Por isso, é fundamental que as empresas se dediquem à implementação de medidas adequadas de governança nas suas atividades de tratamento de dados pessoais.

A doutrina europeia enumera algumas medidas que, exemplificativamente, podem vir a compor um programa de integridade voltado à proteção de dados pessoais: minimização do processamento de dados pessoais; anonimização; permissibilidade ao monitoramento do tratamento pelo titular; implemento ou incremento de medidas de segurança da informação; a adoção de treinamentos regulares de equipes etc.[26]

Ao se transcender a própria legislação para oportunizar o *compliance*, vê-se surgir vasto rol de novas nuances que somente quem

[26] VOIGT, Paul; VON DEM BUSSCHE, Axel. *The EU General Data Protection Regulation (GDPR)*: a practical guide. Basileia: Springer, 2017. 38-40.

está diretamente atrelado ao tratamento de dados poderá antever e evitar. Nesse compasso, lamenta-se a opção do legislador por trabalhar com essa nova função como mera faculdade.

Na exata medida em que o titular dos dados submetidos à coleta e tratamento deve ser visto como figura vulnerável na relação assimétrica de consumo, travada na Internet, surgem determinadas normas especiais para tutelar a peculiaridade de cada grupo passível de sofrer os impactos do tratamento de dados.[27] Dessa forma, ainda que não se possa considerar que a autodeterminação informacional revele uma absoluta desconexão do controle de dados, ressalta-se a importância da "integridade contextual, alcançada através do equilíbrio harmonioso de regras sociais, ou normas, com valores, fins e propósitos locais e gerais. Isso nunca é uma harmonia estática, no entanto, porque, com o tempo, as condições mudam e os contextos e normas evoluem junto com eles".[28]

Em linhas gerais, pode-se afirmar que o artigo 46 pavimenta o caminho para a delimitação do regime de responsabilidade civil descrito, na LGPD, no capítulo antecedente, conjugando-se aos deveres de prevenção desdobrados da governança corporativa expressamente consignada nos ulteriores artigos 50 e 51. Nesse compasso, observa-se grande similitude ao que dispõe o Regulamento Geral de Proteção de Dados europeu.[29]

Quando se fala em governança, em especial para o trato dos contratos eletrônicos de seguro, alguns elementos precisam ser adequadamente conjugados, pois o debate transcende a discussão consumerista. Se a conjugação de inovação e regulação representa uma das principais preocupações desse novo arquétipo social baseado em dados, deve-se destacar que é flagrante a necessidade de se investigar a suficiência da regulação estatal para a pacificação social, especialmente nos seguros, em que a avaliação de riscos é necessária.

---

[27] BIONI, Bruno Ricardo. *Proteção de dados pessoais*: a função e os limites do consentimento. Rio de Janeiro: Forense, 2019. p 165.

[28] NISSENBAUM, Helen. *Privacy in context*: technology, policy, and the integrity of social life. Stanford: Stanford University Press, 2010. p. 231, tradução livre.

[29] VOIGT, Paul; VON DEM BUSSCHE, Axel. *The EU General Data Protection Regulation (GDPR)*: a practical guide. Basileia: Springer, 2017. p. 129. Os autores comentam: "*As previously mentioned (see Sect. 3.9 for details), self-regulation procedures can help to reach and demonstrate compliance with the GDPR and, thus, play a more important role for data security in the future. The self-regulation instruments, Codes of Conduct (Arts. 40, 41 GDPR) and Certification mechanisms (Arts. 42, 43 GDPR) shall ensure a certain level of data security and can serve as legal basis for international data transfers*".

Nesse espírito, o intuito do legislador brasileiro, ao promulgar a Lei Geral de Proteção de Dados Pessoais, está adequadamente alinhado ao propósito de assegurar direitos e promover o titular de dados – aqui visto como vulnerável.

Fluxos massivos de dados dão contornos cada vez mais claros ao papel do *Big Data* na configuração de um novo contexto do capitalismo informacional, e vulnerabilidades passam a assombrar quem sequer imagina que essa realidade existe e que corresponde ao momento presente.

Almeja-se prevenir três situações contextuais: (i) acessos não autorizados aos dados; (ii) situações acidentais, marcadas pela presença de culpa em sentido estrito (imprudência, negligência ou imperícia); (iii) situações ilícitas, consubstanciadas pelo dolo emanado do intuito deliberado de destruir, causar perda, alteração, propiciar comunicação ou qualquer forma de tratamento inadequado ou ilícito do dado. Por força do que explicita o §2º, deve-se assim proceder desde a concepção do produto ou serviço, o que indica um imperativo amplo de controle e proteção que não se limita apenas ao tratamento de dados, *per se*, mas a todas as etapas relacionadas a atividades que, potencialmente, contemplem o tratamento.

A fim de evitar, inclusive, o *profiling* de dados,[30] a conjugação da privacidade à proteção de dados pessoais emana seus efeitos naquilo que a doutrina chamou de *privacy by design*, que se impõe aos agentes de tratamento em toda e qualquer ação empreendida em suas atividades. Nesse contexto, incluem-se projetos concebidos internamente, o desenvolvimento de produtos e serviços desde que forem concebidos (conforme indica expressamente a lei), o desenvolvimento de *software* e muito mais. Em termos pragmáticos, significa que o departamento responsável pela tecnologia da informação, ou qualquer departamento

---

30 GUTWIRTH, Serge; HILDEBRANDT, Mireille. Some caveats on profiling. *In:* GUTWIRTH, Serge; POULLET, Yves; DE HERT, Paul (Ed.). *Data protection in a profiled world.* Basileia: Springer, 2010. p. 36. Com efeito: "*Privacy is recognized as a fundamental right in different major international legal instruments and in many national constitutions. In short, it protects a number of fundamental political values of democratic constitutional states, such as the freedom of self-determination of individuals, their right to be different, their autonomy to engage in relationships, their freedom of choice, and so on. By default privacy prohibits interferences of the state and private actors in the individuals' autonomy: it shields them off from intrusions, it provides them a certain degree of opacity and invisibility. The scope and reach of privacy are underdetermined and in the final instance it is up to the judges to decide when privacy interests are at stake and when protection can rightfully be invoked. Legislators can also intervene to protect particular privacy interests, for example through statutory protection of professional secrets, the secrecy of communications or the inviolability of the home*".

que processe dados pessoais nas rotinas empresariais da companhia, deve garantir que a privacidade seja incorporada a um sistema durante todo o ciclo do processo.[31]

Não se pode confundi-la com a *privacy by default* (privacidade por padrão), que está relacionada aos produtos e serviços liberados ao público e cujas configurações de privacidade (mais rígidas) devem ser aplicadas por padronização previamente definida em sistema, isto é, sem nenhuma necessidade de entrada manual de dados por parte do usuário final.[32] Outrossim, quaisquer dados pessoais fornecidos pelo usuário devem ser mantidos somente durante o tempo necessário para fornecer o produto ou o serviço, não se admitindo a extrapolação das finalidades para as quais se procedeu à coleta, sob pena de violação.[33]

Nessa linha, estando constatado que a privacidade deve reger os processos de desenvolvimento de produtos e serviços, impõe-se remissão ao artigo 35, §5º, da LGPD,[34] no qual se explicita a necessidade de cooperação para a realização do tratamento de dados. E essa dinâmica não está adstrita aos agentes de tratamento (controlador e operador), uma vez que o §1º do artigo 46 também exige atuação ativa da autoridade nacional para "dispor sobre padrões técnicos mínimos para tornar aplicável o disposto no *caput* deste artigo".

Isto revela a importância ímpar da adequada implementação da Agência Nacional de Proteção de Dados, sobre a qual serão dedicadas linhas específicas mais adiante. Importa asseverar, a despeito das polêmicas que circundam a criação e a implementação da ANPD, desde seu veto no texto original da lei até os recentes debates travados nas audiências públicas relacionadas ao texto final de Medida Provisória

---

31 CAVOUKIAN, Ann; CASTRO, Daniel. Big Data and innovation, setting the record straight: de-identification does work. *The Information Technology & Innovation Foundation*, Ontario, p. 1-18, jun. 2014. Disponível em: http://www2.itif.org/2014-big-data-deidentification.pdf. Acesso em: 30 abr. 2023.

32 TAMÒ-LARRIEUX, Aurelia. *Designing for privacy and its legal framework*: data protection by design and default for the Internet of Things. Basileia: Springer, 2018. p. 211-225.

33 VOIGT, Paul; VON DEM BUSSCHE, Axel. *The EU General Data Protection Regulation (GDPR)*, cit., p. 62.

34 "Art. 35. A definição do conteúdo de cláusulas-padrão contratuais, bem como a verificação de cláusulas contratuais específicas para uma determinada transferência, normas corporativas globais ou selos, certificados e códigos de conduta, a que se refere o inciso II do caput do art. 33 desta Lei, será realizada pela autoridade nacional.
(...)
§5º As garantias suficientes de observância dos princípios gerais de proteção e dos direitos do titular referidas no *caput* deste artigo serão também analisadas de acordo com as medidas técnicas e organizacionais adotadas pelo operador, de acordo com o previsto nos §§1º e 2º do art. 46 desta Lei".

nº 869/2018, que a ausência da regulamentação infralegal sobre "padrões técnicos mínimos" para viabilizar a segurança da informação não isenta os agentes de tratamento de cumprirem o mandamento descrito no *caput*.

É importante lembrar que já existem diretrizes administrativas voltadas à integração desse dispositivo, como a norma técnica ISO/IEC 27002, na qual estão catalogados padrões de segurança exigíveis para procedimentos que envolvam o tratamento de dados, sempre com vistas à garantia da continuidade do negócio explorado e com minimização e contingenciamento de riscos.[35] Igualmente, o disposto no Decreto nº 8.771/2016, que regulamentou o Marco Civil da Internet para dispor sobre padrões de segurança e sigilo dos registros, de dados pessoais e comunicações privadas, servirá como parâmetro para a colmatação de eventual lacuna regulamentar que dependa da ANPD.

Observa-se, no contexto do artigo 46, um dever crucial para a operacionalização da efetiva proteção de dados pessoais enquanto dimensão positiva do direito fundamental à privacidade: a devida diligência (*due diligence*), que será melhor analisada adiante.[36]

4 Conclusão

Buscou-se destacar a importância da Lei Geral de Proteção de Dados Pessoais brasileira para a revisitação de conceitos jurídicos clássicos no novo contexto informacional. A rapidez com que a inovação avança torna o labor estatal mais difícil, haja vista o lapso temporal sempre mais elástico entre o surgimento de uma nova contingência e a apresentação de uma solução adequada para a sua tutela, ainda que outros aparatos normativos pré-existentes confiram suficiente salvaguarda jurídica.

É de se ressaltar a boa intenção do legislador brasileiro quanto ao estabelecimento de um marco regulatório que complementa o conjunto normativo para reforçar o contexto de proteção a direitos fundamentais que, por outro lado, não pode nisto se esgotar. Se a privacidade é, nesta

---

35 ASSOCIAÇAO BRASILEIRA DE NORMAS TÉCNICAS. ISO/IEC 27002. *Tecnologia da informação. Técnicas de segurança. Código de prática para a gestão da segurança da informação.* Disponível em: http://www.fieb.org.br/download/senai/NBR_ISO_27002.pdf Acesso em 30 abr. 2023.

36 YAZBEK, Otavio. Representações do dever de diligência na doutrina jurídica brasileira: um exercício e alguns desafios. *In:* KUYVEN, Luiz Fernando Martins (Org.). *Temas essenciais de direito empresarial.* São Paulo: Saraiva, 2012. p. 942.

nova sociedade da informação, reinterpretada em razão de seu principal corolário, o direito fundamental à proteção de dados pessoais, deve-se primar pelo atingimento do escopo essencial da autodeterminação e das funções do consentimento para a exata compreensão da extensão da proteção conferida aos dados pessoais, que passa pela segurança da informação e pela governança.

A delimitação de deveres relacionados à segurança da informação denota uma preocupação profunda do legislador pátrio com a consolidação de parâmetros preventivos que correspondam à legítima expectativa do titular de dados de que os processos de coleta, tratamento e armazenagem aos quais está submetido serão hígidos e adequados.

Trabalha-se, desse ponto de vista, com a ideia de governança (ou *compliance*) para além de uma responsabilidade acessória do agente de tratamento, muito embora a lei faça expressa menção ao seu implemento como uma faculdade (*vide* o emprego do verbo "poder", em lugar de "dever" no *caput* do artigo 50). Isso porque a cláusula inserida no artigo 46, atrelada aos regramentos contidos ao longo de todo o texto da LGPD, reafirma a preocupação com a efetividade da proteção de dados pessoais. É insofismável a relevância deste capítulo da lei para a sua ampla compreensão, sendo certa, ademais, a importância destacada que os programas de governança corporativa representarão para todo aquele que opere com dados pessoais.

O chamado '*compliance*', então, adquire novos contornos, imiscuindo-se aos filtros da reparação civil em cenários específicos que – embora facultativos – mudam toda a dinâmica de aferição de riscos e responsabilidades, sendo importante mecanismo para a atuação de todos os agentes envolvidos em operações de coleta e tratamento de dados, inclusive o Estado, neste novo contexto. A segurança da informação e a governança são fundamentais para a efetividade das decisões automatizadas previstas na Lei Geral de Proteção de Dados Pessoais (LGPD). Em primeiro lugar, a segurança da informação é essencial para garantir que os dados pessoais sejam armazenados e processados de forma segura e confidencial, evitando riscos como vazamentos, violações e acesso não autorizado. Isso é especialmente importante em um contexto de crescente digitalização da sociedade, em que a privacidade e a segurança dos dados pessoais são cada vez mais vulneráveis.

Além disso, a governança é imprescindível para assegurar que as decisões automatizadas sejam tomadas de forma justa, transparente e responsável. Isso inclui, por exemplo, a realização de avaliações de impacto sobre a privacidade, que permitam avaliar os riscos envolvidos no uso de dados pessoais e implementar medidas adequadas para mitigá-los. Também é importante que as empresas garantam o direito à informação e à revisão dos usuários, permitindo que estes compreendam como as decisões foram tomadas e possam contestá-las caso necessário.

Por fim, é importante destacar que a segurança da informação e a governança não são apenas requisitos legais impostos pela LGPD, mas também elementos essenciais para a construção de uma cultura de privacidade e segurança da informação. Ao implementar boas práticas de governança e segurança da informação, as empresas não apenas cumprem a lei, mas também fortalecem sua reputação e relação de confiança com seus clientes e usuários. Nesse sentido, a LGPD representa uma oportunidade para as empresas brasileiras se destacarem no mercado global por meio do respeito à privacidade e à segurança dos dados pessoais.

Referências

AGRE, Philip E. *Computation and human experience*. Cambridge: Cambridge University Press, 1997.

ANDERSEN, Kim Viborg. Reengineering public sector organizations using information technology. *In:* HEEKS, Richard. *Reinventing government in the information age*: international practice in IT-enabled public sector reform. Londres: Routledge, 1999.

ANDERSEN, Kim Viborg. Reengineering public sector organizations using information technology. *In:* HEEKS, Richard. *Reinventing government in the information age*: international practice in IT-enabled public sector reform. Londres: Routledge, 1999.

ARNAUD, André-Jean. *La gouvernance*: un outil de participation. Paris: LGDJ, 2014.

ASSOCIAÇÃO BRASILEIRA DE NORMAS TÉCNICAS. ISO/IEC 27002. *Tecnologia da informação. Técnicas de segurança. Código de prática para a gestão da segurança da informação.* Disponível em: http://www.fieb.org.br/download/senai/NBR_ISO_27002.pdf Acesso em 30 abr. 2023.

BENNETT, Colin J. Convergence revisited: toward a global policy for protection of personal data? *In:* AGRE, Philip E.; ROTENBERG, Marc (Ed.). *Technology and privacy*: the new landscape. Cambridge: The MIT Press, 1997.

BIONI, Bruno R.; MENDES, Laura Schertel. Regulamento Europeu de Proteção de Dados Pessoais e a Lei Geral brasileira de Proteção de Dados: mapeando convergências na direçao de um nivel de equivalência. *In:* TEPEDINO, Gustavo; FRAZÃO, Ana; OLIVA, Milena Donato (Coord.). *Lei Geral de Proteção de Dados Pessoais e suas repercussões no direito brasileiro*. São Paulo: Revista dos Tribunais, 2019.

BIONI, Bruno Ricardo. *Proteção de dados pessoais*: a função e os limites do consentimento. Rio de Janeiro: Forense, 2019.

CAVOUKIAN, Ann; CASTRO, Daniel. Big Data and innovation, setting the record straight: de-identification does work. *The Information Technology & Innovation Foundation*, Ontario, p. 1-18, jun. 2014. Disponível em: http://www2.itif.org/2014-big-data-deidentification.pdf. Acesso em: 30 abr. 2023.

CRESPO, Marcelo. Compliance digital. *In:* NOHARA, Irene Patrícia; PEREIRA, Flávio de Leão Bastos (Coord.). *Governança, compliance e cidadania*. São Paulo: Revista dos Tribunais, 2018.

CUEVA, Ricardo Villas Bôas. Funções e finalidades dos programas de *compliance*. *In:* CUEVA, Ricardo Villas Bôas; FRAZÃO, Ana. *Compliance*: perspectivas e desafios dos programas de conformidade. Belo Horizonte: Fórum, 2018.

DAVIES, Simon G. Re-engineering the right to privacy: how privacy has been transformed from a right to a commodity. *In:* AGRE, Philip E.; ROTENBERG, Marc (Ed.). *Technology and privacy*: the new landscape. Cambridge: The MIT Press, 1997.

DONEDA, Danilo. *Da privacidade à proteção de dados pessoais*. Rio de Janeiro: Renovar, 2006.

EUROPA. *Regulamento Geral de Proteção de Dados*. Disponível em: https://eur-lex.europa.eu/legal-content/PT/TXT/PDF/?uri=CELEX:32016R0679&from=PT. Acesso em: 30 abr. 2023.

FLORIDI, Luciano. *The ethics of information*. Oxford: Oxford University Press, 2013.

FREDETTE, John *et al*. The promise and peril of hyperconnectivity for organizations and societies. *In:* DUTTA, Soumitra; BILBAO-OSORIO, Beñat (Ed.). *The global information technology report 2012*: living in a hyperconnected world. Genebra: Insead; World Economic Forum, 2012.

GREENGARD, Samuel. *The internet of things*. Cambridge: The MIT Press, 2015.

GUTWIRTH, Serge; HILDEBRANDT, Mireille. Some caveats on profiling. *In:* GUTWIRTH, Serge; POULLET, Yves; DE HERT, Paul (Ed.). *Data protection in a profiled world*. Basileia: Springer, 2010.

HUSTINX, Peter. The role of data protection authorities. *In:* GUTWIRTH, Serge; POULLET, Yves; DE HERT, Paul; TERWANGNE, Cécile de; NOUWT, Sjaak (Ed.). *Reinventing data protection?* Cham/Basileia: Springer, 2009.

KLOUS, Sander; WIELAARD, Nart. *We are Big Data*: the future of the information society. Amsterdã: Atlantis Press, 2016.

LOSKOT, Pavel. Computational security for the IoT and beyond. *In:* HU, Fei (Ed.). *Security and privacy in Internet of Things (IoTs)*: models, algorithms, and implementations. Boca Raton: CRC Press, 2016.

MARTINS, Guilherme Magalhães. *Responsabilidade civil por acidente de consumo na Internet*. 3. ed. São Paulo: Revista dos Tribunais, 2020.

MAYER-SCHÖNBERGER, Viktor; RAMGE, Thomas. *Reinventing capitalism in the age of Big Data*. Nova York: Basic Books, 2018.

MINTZBERG, Henry. *Criando organizações eficazes*: estruturas em cinco configurações. Traducão de Cyro Bernardes. 2. ed. São Paulo: Atlas, 2003.

NISSENBAUM, Helen. *Privacy in context*: technology, policy, and the integrity of social life. Stanford: Stanford University Press, 2010.

NORBERG, Patricia A.; HORNE, Daniel R.; HORNE, David A. The privacy paradox: personal information disclosure intentions versus behaviors. *Journal of Consumer Affairs*, v. 41, n. 1, p. 100-126, 2007.

PIERRE, Jon. Governance and institutional flexibility. *In:* LEVI-FAUR, David (Ed.). *The Oxford handbook of governance*. Oxford: Oxford University Press, 2012.

RODOTÀ, Stefano. *Il diritto di avere diritti*. Roma/Bari: Laterza, 2012.

SILVERMAN, Michael G. *Compliance management for public, private, or nonprofit organizations*. Nova York: McGraw Hill, 2008.

STALLINGS, William; BROWN, Lawrie. *Computer security*: principles and practice, global edition. 4. ed. Nova Iorque: Pearson, 2018.

TAMÒ-LARRIEUX, Aurelia. *Designing for privacy and its legal framework*: data protection by design and default for the Internet of Things. Basileia: Springer, 2018.

VERBEEK, Peter-Paul. The technological lifeworld. *In:* ACHTERHUIS, Hans (Ed.). *American philosophy of technology*: the empirical turn. Tradução de Robert P. Crease. Indianapolis: Indiana University Press, 2001.

VOIGT, Paul; VON DEM BUSSCHE, Axel. *The EU General Data Protection Regulation (GDPR)*: a practical guide. Basileia: Springer, 2017.

YAZBEK, Otavio. Representações do dever de diligência na doutrina jurídica brasileira: um exercício e alguns desafios. *In:* KUYVEN, Luiz Fernando Martins (Org.). *Temas essenciais de direito empresarial*. São Paulo: Saraiva, 2012.

Informação bibliográfica deste texto, conforme a NBR 6023:2018 da Associação Brasileira de Normas Técnicas (ABNT):

MARTINS, Guilherme Magalhães; FALEIROS JÚNIOR, José Luiz de Moura. Decisões automatizadas e a efetiva proteção de dados pessoais. *In*: EHRHARDT JÚNIOR, Marcos; CATALAN, Marcos; NUNES, Cláudia Ribeiro Pereira (Coord.). *Inteligência artificial e relações privadas – Relações patrimoniais*: entre o consumo, os contratos e os danos. Belo Horizonte: Fórum, 2023. v. 3. p. 19-35. ISBN 978-65-5518-586-7.

O DIREITO FUNDAMENTAL À PROTEÇÃO DE DADOS E OS REQUISITOS PARA O TRATAMENTO DE DADOS POR INTELIGÊNCIA ARTIFICIAL

IZAAC DUARTE DE ALENCAR

JULIANA DE OLIVEIRA JOTA DANTAS

1 Introdução

A proteção dos dados pessoais compreende várias formas de proteção, sendo uma delas a proteção jurídica. No Brasil, a Lei Geral de Proteção de Dados (Lei nº 13.709/2018) ampliou a proteção jurídica relacionada ao tratamento de dados pessoais, conferindo mais poder aos titulares desses dados, garantindo-lhes direitos e restringindo o uso desses dados por terceiros. Essa proteção foi inclusive reconhecida como um direito fundamental pela Constituição Federal, no artigo 5º, inciso LXXIX.

Isso porque os dados pessoais são utilizados para diversas finalidades, a exemplo da criação de perfis de crédito, seguro e para as relações trabalhistas. Com o crescente volume de dados disponíveis, tornou-se comum o uso de programas de computador para facilitar o tratamento dessas informações, reduzindo a dependência de esforços humanos.

A evolução contínua da tecnologia computacional tem possibilitado o uso cada vez mais frequente da Inteligência Artificial, por meio de algoritmos complexos que apresentam um comportamento inteligente e adaptativo. Isso tem permitido a resolução mais eficiente e eficaz de problemas complexos, superando as limitações do esforço humano e dos algoritmos convencionais.

Diante desse potencial, muitos modelos de negócio estão adotando o uso de software baseado em Inteligência Artificial para processar diversos tipos de dados, incluindo dados pessoais. No entanto, essa automação pode representar um risco significativo para os titulares desses dados, violando direitos e causando discriminação negativa acentuada, uma vez que muitas vezes as decisões são tomadas ou os perfis são elaborados exclusivamente de forma automatizada, sem uma interação humana significativa.

Este trabalho tem como principal objetivo o entendimento da relação entre o direito fundamental à proteção de dados pessoais e o uso de sistemas de software que implementam técnicas de Inteligência Artificial. Da mesma forma, procurou-se entender brevemente os impactos que o uso dessa tecnologia tem nos direitos e garantias fundamentais e as tentativas de regulamentação do uso de Inteligência Artificial no Brasil.

Em razão da interdisciplinaridade do tema, foi utilizada a metodologia dedutiva de revisão bibliográfica narrativa e na análise de documentos, em especial na legislação e projetos de lei que envolvem o tema.

2 Considerações sobre Inteligência Artificial e a proteção de dados pessoais

Os dados desempenham um papel fundamental na representação e reflexão de objetos, pessoas e relações no ambiente digital. Eles possibilitam a identificação de padrões, a criação de perfis, a análise de tendências e a obtenção de inteligência para a tomada de ações diante de diversas circunstâncias. Além disso, os dados também são utilizados para o registro e comprovação de transações, bem como para preservar a história em si. Ao longo do tempo, os dados têm sido uma parte essencial da estrutura dos softwares, sendo processados e apresentados como respostas aos usuários.

Ademais, os dados desempenham um papel crucial no enriquecimento e no aprimoramento de sistemas de Inteligência Artificial, permitindo que eles se tornem mais resilientes ao longo do tempo. Esses sistemas inteligentes são meticulosamente projetados com o objetivo de aproveitar ao máximo os dados digitais, buscando alta precisão e eficiência em áreas de aplicação específicas. No entanto, é inevitável que dados pessoais sejam incorporados no processo de tratamento digitalizado e automatizado desses sistemas.

Isso porque os dados são símbolos sem significado relevante quando analisados isoladamente. Porém, ao serem agrupados com outros dados que possuem alguma relação, é possível enriquecer seu valor semântico e formar uma informação. Em outras palavras, os dados são elementos constituintes da informação, e seu processamento resulta em informação. Quando um contexto mais amplo é adicionado à informação, é possível adquirir conhecimento, o que é fundamental para a inteligência e a tomada de decisão.[1] No mesmo sentido, Barbieri aponta que o contexto de inteligência se traduz em tomada de decisão, perfilamento, otimização e outros modos de interferência na sociedade e para os indivíduos que a compõe.[2]

Os modelos de aprendizagem de máquina utilizam dados para treinamento, teste e para pleno funcionamento, em ambientes de produção. No entanto, os dados precisam ser preparados antes de sua introdução nos modelos de Inteligência Artificial, pois, caso contrário, podem levar a resultados discriminatórios ou com violação de direitos, que estão longe de representar o cenário esperado. A Figura 1 expõe uma arquitetura simplificada dos modelos com aprendizagem de máquina.

FIGURA 1 – Arquitetura de Inteligência Artificial com aprendizagem de máquina

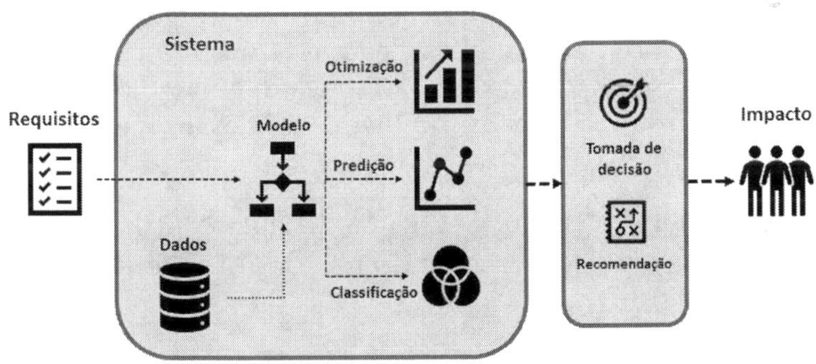

Fonte: De autoria própria.

---

1 SIRIHAL, Adriana Bogliolo; LOURENÇO, Cíntia de Azevedo. Informação e conhecimento: aspectos filosóficos e informacionais. *Informação & Sociedade*, Universidade Federal da Paraíba-Programa de Pós-Graduação em Ciência da Computação, v. 12, n. 1, 2002.

2 BARBIERI, Carlos. *Governança de Dados*: Práticas, Conceitos e Novos Caminhos. Rio de Janeiro: Alta Books, 2019. 288 p.

A Figura 1 ilustra a interação entre os requisitos de funcionamento do sistema, definidos pelos idealizadores do sistema, o modelo concebido pelos projetistas e engenheiros de inteligência artificial, os dados utilizados para treinamento e teste, as saídas geradas – que neste exemplo incluem classificação, predição e otimização – e, por fim, a interferência no ambiente analógico, impactando tanto o indivíduo quanto a sociedade, através de ações como a tomada de decisão ou no direcionamento de comportamentos com sistemas de recomendação.

Esse tipo de tratamento de dados pessoais possui probabilidade de danos consideráveis para aqueles que são submetidos a ele. Esses danos podem aumentar significativamente quando o tratamento é realizado por sistemas digitais. No entanto, os danos causados por sistemas de Inteligência Artificiais são imensuráveis, devido ao alcance volumétrico do tratamento realizado.

Os impactos individuais, coletivos e sociais do uso de Inteligência Artificial são perceptíveis e expressivos. Esses impactos ocorrem, possivelmente, pela utilização descontrolada deste tipo de tecnologia. Particularmente, nesses sistemas, há uma relação diretamente proporcional entre poder computacional e consumo de dados. Portanto, quanto maior o poder computacional, maior será o consumo de dados. Entretanto, o que permitiu o avanço da tecnologia foi a quantidade e variedade dos dados disponíveis atualmente.[3]

A mencionada disponibilidade implica na exposição dos dados pessoais e, consequentemente, dos seus titulares, que são os detentores desses dados. Isso torna o titular vulnerável ao tratamento dos dados, uma vez que os resultados desse tratamento afetam diretamente a concretização de seus direitos, inclusive os direitos fundamentais.

3 Breve análise dos impactos nos direitos e garantias fundamentais decorrentes do uso da Inteligência Artificial

A movimentação para a proteção destes dados pelo legislador tornou-se mais evidente pelo infraconstitucional, com a elaboração da Lei nº 12.965 de 2014, conhecida como Marco Civil da Internet e dispõe sobre princípios, garantias e deveres para a utilização da Internet no

[3] LUGER, George F. *Inteligência Artificial*. Tradução de Daniel Vieira. [S.l.]. São Paulo: Pearson Education do Brasil, 2013.

Brasil.[4] Neste dispositivo legal, há o apontamento para a proteção de dados pessoais no artigo 3º, inciso III, do qual traz os princípios inerentes ao uso da Internet. Todavia, a expressão "na forma da lei", que acompanha tal inciso, deixava o regramento para o uso desses dados para lei posterior.

Em 2018, a Lei nº 13.709 de 2018 foi introduzida no ordenamento jurídico brasileiro e estabeleceu princípios, finalidades, deveres e responsabilidades para aqueles que tratam dados pessoais, além de trazer direitos e garantias para os titulares de dados.[5] A Lei Geral de Proteção de Dados tem como principal objetivo a regulamentação da utilização de dados pessoais por pessoas jurídicas e naturais que utilizam estes mesmos dados com fins lucrativos, protegendo, deste modo, a parte hipossuficiente da relação de tratamento de abusos e violações de direitos.

A importância da proteção de dados obteve tamanha relevância ao ponto de alçar ao *status* constitucional através da PEC nº 17/2019,[6] que resultou na Emenda Constitucional de nº 115 de 2022, adicionando ao rol dos direitos e garantias fundamentais o direito à proteção de dados pessoais, contido no artigo 5º, LXXIX da Constituição brasileira, o qual diz que "é assegurado, nos termos da lei, o direito à proteção dos dados pessoais, inclusive nos meios digitais".[7] A proteção de dados, a partir de então, adquire, de certa forma, um desenho autônomo na esfera constitucional. Neste ponto, a proteção de dados agora se irradia do núcleo do sistema jurídico normativo e se propaga por todas as esferas do direito.

O direito à proteção de dados pessoais consagra-se como uma liberdade individual, trazendo todas as características inerentes dela, a começar pela aplicabilidade imediata, por força do §1ª do artigo 5º da Constituição Federal de 1988, pois já se insere com lei infraconstitucional que regula a matéria. A Emenda Constitucional referida, além

---

4 BRASIL. *Lei nº 12.965, de 23 de abril de 2014.* Estabelece princípios, garantias, direitos e deveres para o uso da Internet no Brasil. Brasília, DF: [s.n.], 2014. Online p. Disponível em: http://www.planalto.gov.br/ccivil_03/_ato2011-2014/2014/lei/l12965.htm. Acesso em: 16 jul. 2023.

5 BRASIL. *Lei nº 13709, de 14 de agosto de 2018.* Lei Geral de Proteção de Dados (LGPD). Secretaria-Geral, Brasília, DF, 2018. Disponível em: http://www.planalto.gov.br/ccivil_03/_ato2015-2018/2018/lei/L13709.htm. Acesso em: 16 jul. 2023.

6 BRASIL. Câmara dos Deputados. *PEC nº 17/2019.* Proposta de Emenda à Constituição. Disponível em: https://www.camara.leg.br/proposicoesWeb/fichadetramitacao?idProposicao=2210757. Acesso em: 30 jan. 2023.

7 BRASIL. *Constituição da República Federativa do Brasil.* Brasília: Senado Federal, 1988.

de reconhecer a proteção de dados como direito fundamental, também estabelece regulamentações em nível constitucional. Para isso, foi adicionado ao artigo 21 da Constituição Federal o inciso XXVI, que atribui à União a responsabilidade de "organizar e fiscalizar a proteção e o tratamento de dados pessoais, de acordo com a lei".[8] Por sua vez, o artigo 22 da Constituição foi alterado, incluindo o inciso XXX, que estabelece que somente a União pode legislar sobre a proteção e o tratamento de dados pessoais. A Emenda ainda estabelece a exclusividade da União em termos de competência para legislar sobre o tema.

A valorização da proteção de dados pessoais no cenário dos direitos fundamentais ressalta sua relevância ao lado de outros direitos, como a privacidade, o sigilo das comunicações, a dignidade da pessoa humana e outros, contribuindo para a construção de uma sociedade mais livre, justa e respeitosa. A proteção de dados pessoais e a privacidade são interdependentes e complementares. Assim, a proteção de dados pessoais é uma parte importante da privacidade, pois o uso inadequado de informações pessoais pode violar a privacidade das pessoas. Todavia, a privacidade é fundamental para a proteção de dados pessoais, uma vez que a coleta, processamento, armazenamento e compartilhamento de informações pessoais sem autorização pode expor a intimidade e a vida privada dos indivíduos.[9]

Ambos os direitos fundamentais visam proteger os indivíduos contra o uso indevido de suas informações pessoais, permitindo-lhes manter o controle sobre seus dados. A proteção de dados pessoais permite que as pessoas decidam quando, como e para que fins suas informações pessoais são tratadas. Já a privacidade permite que os indivíduos mantenham sua vida privada longe do público ou de terceiros não autorizados. A proteção de dados pessoais e a privacidade trabalham em conjunto para garantir que as pessoas tenham controle sobre suas informações pessoais e sua vida privada, permitindo-lhes desfrutar de uma maior autonomia e dignidade.[10] Ambos os direitos são fundamentais para o exercício de outros direitos, como a liberdade de expressão, a liberdade de associação e o direito à igualdade, por exemplo.

---

[8] BRASIL. *Constituição da República Federativa do Brasil*. Brasília: Senado Federal, 1988.

[9] SOMBRA, Thiago Luis Santos. *Fundamentos da regulação da privacidade e proteção de dados pessoais*. São Paulo: Thomson Reuters Brasil, 2019.

[10] SARLET, Ingo Wolfgang. Proteção de dados pessoais como direito fundamental na constituição federal brasileira de 1988: contributo para a construção de uma dogmática constitucionalmente adequada. *Revista Brasileira de Direitos Fundamentais & Justiça*, v. 14, n. 42, 2020.

A proteção dos dados pessoais e a preservação do sigilo das comunicações são de extrema importância para garantir que os indivíduos possam exercer seus direitos sem a interferência indevida de terceiros, além de desempenharem um papel crucial na salvaguarda da democracia e do Estado de Direito. No entanto, em determinadas situações, esses dois direitos podem entrar em conflito, como quando as autoridades públicas necessitam acessar dados pessoais ou interceptar comunicações visando à segurança nacional ou à investigação criminal. Nestes casos, é essencial buscar um equilíbrio adequado entre esses direitos, a fim de garantir a proteção da privacidade e segurança dos indivíduos, ao mesmo tempo em que se permite a salvaguarda da segurança nacional e a prevenção de crimes.

No que diz respeito à relação entre a dignidade da pessoa humana e a proteção de dados pessoais, é evidente que ambos desempenham um papel crucial na garantia de que cada indivíduo possa exercer seus direitos e viver com dignidade e liberdade. A dignidade da pessoa humana é um princípio fundamental que reconhece o valor intrínseco de cada pessoa, independentemente de sua origem, raça, sexo, religião ou outras características. Por sua vez, a proteção de dados pessoais permite que cada indivíduo tenha controle sobre suas informações pessoais, sendo essencial para preservar a privacidade e a liberdade dos indivíduos, valores fundamentais para a dignidade humana.

Destarte, qualquer tratamento que envolva dados pessoais deve observar primeiramente a Constituição, a fim de não violar quaisquer direitos e garantias fundamentais, então a Lei Geral de Proteção de Dados, por trazer requisitos para o devido tratamento, e os demais regramentos específicos que regulem a utilização de dados pessoais devem observá-la rigorosamente. Portanto, a automatização destes tratamentos, por consequência, deve igualmente seguir os preceitos constitucionais e legais estabelecidos. Isso significa que a automatização realizada por software e sistemas de computadores precisam estar adequados e em conformidade desde a concepção destes artefatos e permanecer até sua depreciação, isto é, quando o software não será mais utilizado. Dessa forma, esse tipo de tratamento aumenta significativamente o nível de risco para o titular dos dados, tanto em termos positivos quanto negativos. E quando se emprega Inteligência Artificial, esse risco é elevado a um patamar ainda mais relevante.

O grau de autonomia tecnológica concedido a um sistema de Inteligência Artificial tem um impacto direto nos efeitos que esse sistema pode ter sobre as pessoas. Por essa razão, deve-se considerar cuidadosamente o nível de autonomia concedido aos sistemas inteligentes e suas possíveis consequências para os indivíduos afetados. Quanto maior o nível de autonomia tecnológica maior deverá ser seu monitoramento para que o funcionamento da tecnologia não produza tratamento em desconformidade com os requisitos legais e constitucionais.[11]

Com a implementação de um alto grau de autonomia, torna-se evidente a necessidade de observar os princípios estabelecidos no artigo 6º da Lei Geral de Proteção de Dados. Em particular, os princípios da finalidade, adequação, necessidade, transparência, não discriminação, responsabilidade, prestação de contas e prevenção. A finalidade na utilização de sistemas de Inteligência Artificial precisa ser clara e especificada, sendo necessário informar explicitamente ao titular que haverá um tratamento automatizado por meio desses sistemas. Da mesma forma, é importante estabelecer e esclarecer a necessidade de tratamento dos dados que serão coletados, uma vez que o motor de raciocínio e inteligência do sistema dependerá desses dados. O princípio da adequação refere-se à correspondência entre a finalidade e a necessidade do uso da ferramenta inteligente, e caso não haja uma convergência entre eles, o tratamento dos dados se tornará inadequado.

Garantir a não discriminação na utilização dos sistemas automatizados consiste em um dos principais objetivos na proteção do indivíduo perante tais tecnologias. Isso porque o resultado discriminatório causa prejuízos ao indivíduo, o que enseja responsabilidade e dever de reparação. Neste aspecto, não se pode esquecer da qualidade dos dados porque esta garante que os dados estejam sanitizados, isto é, preparados para que seu tratamento não direcione em risco de enviesamento com resultados discriminatórios ou que violem direitos.

O princípio da prevenção destaca a necessidade de adotar medidas preventivas para evitar danos ou violações aos dados pessoais dos titulares. Em outras palavras, esse princípio exige que as entidades responsáveis pelo tratamento de dados implementem medidas técnicas e organizacionais adequadas para garantir a proteção dos dados desde a coleta até o armazenamento e descarte. Isso está em consonância com os demais princípios, pois tem como objetivo reduzir a probabilidade de prejuízos tanto para o titular dos dados quanto para a sociedade. Pode-se fazer um paralelo com o princípio da prevenção no Direito

---

[11] AFFONSO, Filipe José Medon *et al. Inteligência artificial e danos*: autonomia, riscos e solidariedade. Universidade do Estado do Rio de Janeiro, 2019.

Ambiental, que também visa à adoção de medidas preventivas antes que ocorram danos irreversíveis ao meio ambiente.[12] Em ambos os casos, a essência é agir de forma proativa para evitar possíveis danos, uma vez que existem incertezas científicas quanto aos efeitos de determinadas atividades, seja em relação ao meio ambiente ou aos titulares de dados.

Mesmo quando se observam os princípios para o tratamento de dados pessoais, é importante destacar que esse tratamento não pode ser realizado de forma livre e desimpedida. A Lei Geral de Proteção de Dados estabelece permissões para que esse tratamento seja realizado, incluindo sistemas com Inteligência Artificial que processam dados pessoais. Dentre essas permissões, o consentimento, contido no artigo 7º, inciso I da Lei Geral de Proteção de Dados, parece ser uma base residual, utilizada de forma subsidiária quando o tratamento de dados não tiver nenhuma outra permissão que se adéque melhor para a situação.

Permissões legais que se evidenciam com o uso de sistema de Inteligência Artificial constam no artigo 7º, inciso V e X, do mesmo dispositivo legal citado no parágrafo anterior, dos quais falam sobre contrato e proteção ao crédito, respectivamente. Em ambos, sistemas inteligentes são utilizados para análise e concessão de créditos, seguros, a formação de contrato para assegurar o cumprimento do acordo estabelecido entre as partes envolvidas, para a emissão de faturas, entrega de produtos ou prestação de serviços de suporte pós-venda, por exemplo. Nestes cenários, o processamento e a resposta dele são fornecidos quase que de forma instantânea e, por isso, os efeitos desse processamento podem ser sentidos também de maneira instantânea.

Para o Poder Público, as permissões legais mais relevantes são a de cumprimento de obrigação legal ou regulatória, presente no artigo 7º, inciso II, a do tratamento pela Administração Pública, artigo 7º, inciso III, o legítimo interesse, artigo 7º, inciso IX e o consentimento como base residual para o tratamento, no artigo 7º, inciso I, todos trazidos na Lei Geral de Proteção de Dados. Essas permissões legais possibilitam a introdução de sistemas automatizados dentro das atividades do Poder Público nos três poderes. Outro ponto de interesse para o Estado é a execução de políticas públicas, onde os sistemas inteligentes são empregados em situações também variadas. Na pandemia do COVID-19, a tecnologia foi implementada para identificação de padrões de aglomerações de pessoas para que houvesse ações de dispersão.

12 CIELO, PFLD *et al.* Uma leitura dos princípios da prevenção e da precaução e seus reflexos no direito ambiental. *Revista CEPPG [internet]*, v. 26, n. 1, p. 196-207, 2012.

Uma das formas mais frágeis de permissão legal para o tratamento automatizado de dados é o consentimento, pois sua simples revogação resulta na impossibilidade de uso dos dados pelo titular que retirou o consentimento. Em situações em que há milhões de dados sendo utilizados para alimentar e extrair conhecimento, pode-se argumentar que a retirada do consentimento por parte de um número significativo de titulares não teria um impacto significativo. No entanto, caso grande número de titulares opte por revogar essa permissão, o motor de raciocínio das Inteligências Artificiais poderá ser comprometido em sua eficácia operacional.

Em todo o caso, os titulares de dados precisam ter ciência desse tipo de tratamento. A razão da preocupação em informar ao titular sobre o uso de seus dados nestes artefatos complexos de software reside na possibilidade do próprio titular exercer seus direitos, em especial os elencados no artigo 17 e artigo 20 da Lei Geral de Proteção de Dados.

Dentre os direitos apontados no parágrafo anterior, os que se destacam por conta da relação com tratamentos automatizados são o direito ao acesso, o direito à correção, o direito à exclusão, o direito de portabilidade, os já mencionados direito de informação e direito de revogação de consentimento, além dos direitos à revisão de decisões automatizadas e o direito à explicação, foco desta pesquisa. O direito de acesso e o direito de informação complementam-se diretamente no sentido de trazer a ciência do tratamento, permitindo que o titular saiba exatamente que dados são coletados, produzidos a partir dos dados coletados e o compartilhamento destes com sistemas de Inteligência Artificial.

O direito à correção e o direito à exclusão dos dados fazem referência à qualidade e sanitização dos dados do titular e que formam a base de conhecimento que o sistema utilizará para sua execução. Isso se faz necessário, uma vez que dados incompletos, inexatos e desatualizados causarão impacto significativo no sistema. De mesmo modo, a exclusão de dados de um titular que não deseja fazer parte dessa base de conhecimento deve ser garantida, observando-se a boa-fé e a ética que repousam na construção da base de dados. Neste último, há exceção para a manutenção desses dados, mesmo em casos que o titular requeira sua exclusão, caso sejam necessários para o cumprimento de obrigações legais ou regulatórias. Quanto ao direito à revogação de consentimento, nos casos em que o titular retirar o consentimento fornecido previamente, os dados deverão ser excluídos da mesma maneira. Essa operação de exclusão deverá ser executada porque o mero armazenamento é considerado um tratamento e como não existirá mais a permissão para tratar o dado, ele não deve existir mais na base de conhecimento.

O titular possui o direito de portabilidade dos seus dados, o qual depende da interoperabilidade entre sistemas. Esse direito tem como objetivo transferir os dados de um sistema para outro. No entanto, é importante ressaltar que essa portabilidade não deve comprometer de forma alguma os direitos e liberdades de terceiros.

Por outro lado, o direito à revisão de decisões automatizadas e o direito à explicação dizem respeito ao poder que o titular dos dados possui de não ficar sujeito a tratamentos automatizados e despersonalizados de forma irrestrita. No entanto, no Brasil, não há obrigação de revisão de decisões ou perfilamentos automatizados por seres humanos, o que pode resultar em uma sucessão de sistemas inteligentes processando dados e revisando como o tratamento foi realizado pelo sistema anterior.

Todo o tratamento de dados pessoais executado por Inteligência Artificial deve, portanto, observar os requisitos legais e constitucionais, como mencionado nesta seção. Não se deve temer o uso da tecnologia além do receio necessário para uma atuação responsável desses sistemas junto aos indivíduos e a sociedade.

4 A regulação da Inteligência Artificial no Brasil e sua conexão com a proteção de dados

A regulamentação da Inteligência Artificial tem sido objeto de discussões em todo o mundo, inclusive no Brasil. Em 2019, foi criado um grupo de trabalho para elaborar propostas de regulamentação da Inteligência Artificial no país, que resultaram em um documento preliminar divulgado em agosto de 2020. Em abril de 2021, foi lançada uma consulta pública sobre a regulamentação da Inteligência Artificial no Brasil, com o objetivo de receber contribuições da sociedade para o aprimoramento do texto.

Devido à importância dos impactos da Inteligência Artificial, evidencia-se que a regulamentação da Inteligência Artificial no Brasil é fundamental para garantir a proteção dos indivíduos e da sociedade diante dos potenciais riscos e impactos negativos dessa tecnologia. Por isso, é essencial que haja transparência e ética na utilização desses sistemas automatizados, a fim de garantir que não haja discriminação ou violação de direitos fundamentais.

Além disso, a coleta e o processamento de dados pessoais por meio da Inteligência Artificial podem comprometer a privacidade e a segurança das informações dos indivíduos. Por isso, é importante que a regulamentação da Inteligência Artificial no Brasil inclua medidas de proteção de dados pessoais, como a obrigatoriedade de consentimento informado, a transparência na utilização desses dados e a garantia de direitos aos titulares dessas informações.[13]

Assim, a regulamentação da Inteligência Artificial no Brasil deve estabelecer critérios claros e transparentes para o uso dessa tecnologia, garantindo que tais princípios éticos e os direitos humanos sejam respeitados. Entre as questões que devem ser abordadas na regulamentação da Inteligência Artificial estão o processo de tomada de decisão, a prevenção contra a discriminação negativa, a proteção da privacidade e da segurança dos dados pessoais, a responsabilização das empresas e dos desenvolvedores por danos causados pela Inteligência Artificial, entre outros diversos aspectos relevantes.

No Brasil, a regulamentação relacionada à Inteligência Artificial deve ser desenvolvida de maneira participativa e democrática, envolvendo a sociedade, instituições privadas, desenvolvedores e especialistas no assunto. É fundamental que as normas estabelecidas sejam adaptadas ao contexto brasileiro, considerando as particularidades sociais, econômicas e culturais do país.

Há várias propostas legislativas para a regulamentação do tema em tramitação no congresso federal até a produção desta pesquisa. Os Projetos de Lei de números 21 de 2020,[14] 5.051 de 2019,[15] 5691 de 2019[16] e 872 de 2021[17] são exemplos das tentativas de regulamentação da Inteligência Artificial, sendo o primeiro de maior relevância. O Projeto de Lei nº 21 de 2020 tem por objetivo estabelecer fundamentos, princípios e diretrizes para o desenvolvimento e para a aplicação de Inteligência Artificial no Brasil.

---

13 PEIXOTO, Fabiano Hartmann; COUTINHO, Marina de Alencar Araripe. Inteligência artificial e regulação. *Revista Em Tempo*, v. 19, n. 1, 2020.

14 BRASIL. *Substitutivo do Projeto de Lei nº 21/2020*. Brasília: Senado Federal, 2020. 11 p.

15 BRASIL. *Projeto de Lei nº 5051, de 2019*. Estabelece os princípios para o uso da Inteligência Artificial no Brasil. Senado Federal, 2019a. Disponível em: https://www25.senado.leg.br/web/atividade/materias/-/materia/137689. Acesso em: 11 abr. 2023.

16 BRASIL. *Projeto de Lei nº 5691, de 2019*. Institui a Política Nacional de Inteligência Artificial. Senado Federal, 2019b. Disponível em: https://www25.senado.leg.br/web/atividade/materias/-/materia/139586. Acesso em: 16 jul. 2023.

17 BRASIL. *Projeto de Lei nº 872, de 2021*. Dispõe sobre o uso da Inteligência Artificial. Senado Federal, 2021. Disponível em: https://www25.senado.leg.br/web/atividade/materias/-/materia/147434. Acesso em: 16 jul. 2023.

O Projeto de Lei nº 5051 de 2019 também estabelece princípios para o uso da tecnologia, além de fornecer diretrizes para a atuação da União, Estados, Distrito Federal e Municípios para o desenvolvimento de sistemas inteligentes. O Projeto de Lei nº 5691 de 2019 vem com a proposta de estabelecer a Política Nacional de Inteligência Artificial, cujo objetivo é a estimulação e a formação de um ecossistema que seja favorável ao desenvolvimento desta tecnologia. Igualmente, o Projeto de Lei nº 872 de 2021 dispõe sobre Inteligência Artificial no Brasil, trazendo objetivos da utilização da tecnologia e diretrizes para o Estado desenvolvê-la e utilizá-la.

Diante da não especificação da expressão "decisão automatizada" dentro da Lei Geral de Proteção de Dados, houve a tentativa de descrever com detalhes o que seria uma decisão automatizada no contexto de proteção de dados pessoais com o Projeto de Lei nº 4496 de 2019.[18] Com o projeto, seria adicionado o inciso XX ao artigo 5º da referida lei para adicionar o conceito de decisão automatizada como uma etapa de seleção, avaliação, pontuação, classificação, cálculo de riscos ou probabilidade, aprovação ou rejeição, ou outras atividades similares, em que os dados pessoais são processados por meio de regras, instruções, algoritmos, análises estatísticas, inteligência artificial, aprendizado de máquina ou outras técnicas computacionais.

Essa definição trazida pelo Projeto de Lei nº 4496 de 2019 poderia ajudar a definir o contexto em que uma decisão automatizada se relacionaria com a Inteligência Artificial, pois não se faz necessária, a *priori*, que um sistema automatizado se utilize de técnicas mais avançadas como essa para a tomada de decisão porque uma simples lógica tradicional de Se-Então-Senão poderia resolver o problema da decisão, mas de forma dura e sem flexibilidade.

Isto posto, tem-se então projetos de lei que visam definir e trazer os caminhos para o desenvolvimento e aplicação da tecnologia, não somente no setor privado como também no público, no território brasileiro. Dentre os projetos citados, o mais avançado em termos de discussão é o Projeto de Lei nº 21 de 2020, do qual será objeto para análise nesta seção. Nele o objetivo consiste em regular o uso da Inteligência Artificial

18 BRASIL. *Projeto de Lei nº 4496, de 2019*. Altera a Lei nº 13.709, de 14 de agosto de 2018 (Lei Geral de Proteção de Dados Pessoais – LGPD), para definir a expressão "decisão automatizada". Senado Federal, 2019c. Disponível em: https://www25.senado.leg.br/web/atividade/materias/-/materia/138136#:~:text=Projeto%20de%20Lei%20n%C2%B0%204496%2C%20de%202019&text=Altera%20a%20Lei%20n%C2%BA%2013.709,o%20conceito%20de%20decis%C3%A3o%20automatizada. Acesso em: 16 jul. 2023.

no Brasil, buscando garantir que as tecnologias sejam desenvolvidas e utilizadas de maneira ética e responsável, de modo a proteger os direitos e interesses dos indivíduos e da sociedade como um todo. O projeto abrange tanto o setor público como o privado, estabelecendo diretrizes para a utilização da Inteligência Artificial em diversas áreas como na saúde, na educação, no judiciário, na segurança, entre outras.

O projeto apresenta um conceito jurídico de Inteligência Artificial baseado no prisma da Ciência da Computação, no artigo 2º, definindo como sistema de Inteligência Artificial aquele que opera por meio de processamento computacional e é capaz de aprender a reconhecer e interpretar o ambiente externo, além de interagir com ele, com base em um conjunto de objetivos definidos por humanos. Esse sistema poderá realizar previsões, oferecer recomendações, classificações ou tomar decisões utilizando dados e informações e podem incluir técnicas como: I) sistemas de *Machine Learning*, que englobam técnicas de aprendizado supervisionado, não supervisionado e por reforço; II) sistemas que tem como base a lógica ou em representação de conhecimento; e III) outras técnicas utilizadas incluem o uso de análises estatísticas, inferência bayesiana, métodos de pesquisa e de otimização.

O parágrafo único do artigo 2º, no entanto, limita o alcance da futura lei indicando que ela não é válida para os processos de automação que são dirigidos apenas por parâmetros preestabelecidos de programação, os quais não contêm a habilidade do sistema em aprender a perceber e interpretar o ambiente externo e interagir com ele com base nas ações e informações recebidas. Em outras palavras, decisões automatizadas com técnicas tradicionais não estão incluídas na regulamentação do projeto.

No artigo 3º do Projeto de Lei nº 21 de 2020 são fixados os objetivos para a aplicação da Inteligência Artificial, tendo como principal o desenvolvimento científico e tecnológico. Pode-se observar, diante do texto presente neste artigo, que o intuito é a promoção e o fomento no desenvolvimento e uso da tecnologia para um desenvolvimento econômico sustentável e para bem-estar social, como disposto no inciso I desse artigo. A inserção do Brasil como um ator relevante no cenário internacional referente ao tema resta claro com os incisos I e III. Com isso, indica-se que a regulamentação trará, na realidade, um incentivo à pesquisa e desenvolvimento e não terá intenção de engessar ou atrasar o desenvolvimento tecnológico, nesse sentido.

Já no artigo 4º do projeto, existe uma ratificação da intenção de incentivo e promoção deste tipo de tecnologia. Neste artigo, são mostrados os fundamentos para o desenvolvimento e para a aplicação de Inteligência Artificial no país. Dentre eles estão a livre iniciativa, a livre concorrência, o incentivo à autoregulamentação e a liberdade dos modelos de negócios. Nesse sentido, a Inteligência Artificial pode ser vista como uma ferramenta para impulsionar a livre iniciativa, uma vez que a automação de processos pode aumentar a eficiência, reduzir custos e melhorar a qualidade dos produtos e serviços, pois a livre iniciativa refere-se à liberdade de atuação dos indivíduos e empresas na busca por seus objetivos econômicos, sem a interferência do Estado em sua atividade econômica.

Por outro lado, a livre concorrência está diretamente ligada à manutenção de um mercado justo, com igualdade de oportunidades para todas as empresas que desejam competir. A Inteligência Artificial pode ser utilizada como uma forma de nivelar o campo de jogo, pois empresas de todos os tamanhos podem ter acesso a tecnologias avançadas de automação e processamento de dados. Além disso, a Inteligência Artificial pode ser usada para garantir uma concorrência leal, por exemplo, por meio de sistemas de detecção de fraudes e abusos de mercado.

Entretanto, é importante lembrar que a utilização da Inteligência Artificial também pode gerar desigualdades, como a concentração de poder e recursos nas mãos das empresas que possuem tecnologias mais avançadas. Por isso, a regulamentação adequada da Inteligência Artificial é fundamental para garantir um mercado justo e equilibrado para todas as empresas e para a sociedade como um todo.

A autoregulamentação da Inteligência Artificial pode trazer benefícios para o desenvolvimento e uso da tecnologia no Brasil, pois permite que as empresas e organizações sejam responsáveis por suas próprias práticas de Inteligência Artificial, ao invés de dependerem de regulamentações governamentais rígidas e inflexíveis. Através da autoregulamentação, as empresas podem criar padrões éticos e práticas responsáveis de Inteligência Artificial que se adéquem ao seu contexto e setor de atuação. Além disso, a autoregulamentação pode ser mais rápida e eficiente na adaptação às mudanças e avanços tecnológicos do que as regulamentações governamentais.

Todavia, a autoregulamentação também pode apresentar desvantagens. Como não haveria uma supervisão externa, as empresas podem ser tentadas a colocar seus interesses financeiros acima dos interesses da sociedade e de seus usuários. Além disso, a autoregulamentação pode levar à fragmentação de padrões éticos e práticas responsáveis de Inteligência Artificial, dificultando a adoção de um conjunto unificado de regulamentos. Por fim, no inciso VII, ainda no artigo 4º, existe tentativa de prender a autoregulamentação aos princípios trazidos pelo Projeto de Lei e por boas práticas globais que podem mitigar as desvantagens apresentadas.

Outro ponto sensível está na proteção à livre manifestação de pensamento e a livre expressão da atividade intelectual, artística, científica e de comunicação, contido no inciso IV do artigo 4º, do projeto de lei. A Inteligência Artificial tem um potencial significativo para proteger e promover tais liberdades. No entanto, é importante que a tecnologia seja usada de maneira responsável e equilibrada, a fim de evitar efeitos prejudiciais para essas liberdades. Isso porque a Inteligência Artificial pode ajudar a proteger e promover esses direitos, permitindo que mais pessoas possam criar e compartilhar suas ideias e trabalhos com o mundo. Por exemplo, sistemas de Inteligência Artificial podem ser usados para ajudar a identificar violações de direitos autorais em plataformas online, permitindo que os criadores de conteúdo sejam recompensados pelo uso de seu trabalho.

Por outro prisma, os sistemas de Inteligência Artificial também podem ser usados para limitar a livre manifestação de pensamento e a livre expressão. Algoritmos que contém censura podem ser usados como justificativa para restringir o acesso a conteúdos considerados ofensivos ou prejudiciais, que na realidade são legítimos e importantes para o debate público. Além disso, a Inteligência Artificial pode ser usada para criar conteúdos falsos ou enganosos, o que pode minar a confiança nas informações disponíveis online e prejudicar a capacidade das pessoas de tomar decisões informadas.

A não discriminação, a pluralidade, o respeito às diversidades regionais, a inclusão e o respeito aos direitos e garantias fundamentais do cidadão são fundamentos trazidos no inciso V ainda referente ao artigo 4º do projeto. Pautar o desenvolvimento e uso de sistemas de Inteligência Artificial no fundamento da não discriminação garante que a tecnologia não seja usada para perpetuar preconceitos, estereótipos ou discriminação baseada em raça, gênero, orientação sexual, religião, idade ou outras características. A pluralidade deve, da mesma forma, ser levada em conta na criação de soluções desse tipo, garantindo a diversidade de perspectivas e pontos de vista que reflitam a sociedade atual.

O projeto estabelece um conjunto de princípios éticos que devem guiar o desenvolvimento e uso da Inteligência Artificial no país, tais como: a finalidade benéfica, cujo foco está nos benefícios para a humanidade; a centralidade do ser humano, o que coloca o respeito à dignidade da pessoa humana e seus direitos fundamentais sempre como prioridade quando os sistemas tratarem de questões que se relacionam com o ser humano; a transparência, fornecendo ao ser humano informações sobre o sistema, a responsabilidade, fazendo com que os atores que atuam na cadeia de existência da Inteligência Artificial respondam por danos causados; a segurança, que traz a obrigação da utilização de todas as medidas, dentro da viabilidade da ocasião, técnicas e organizacionais para mitigar riscos advindos da operação dos sistemas inteligentes em todo o ciclo de sua existência; a não discriminação, como abordado nesta seção, como forma de eliminar resultados discriminatório no processo de tratamento de dados; e entre outros fundamentos pertinentes.

Além disso, traz consigo uma série de diretrizes para a aplicação da Inteligência Artificial, como a gestão baseada em risco, a participação social e interdisciplinar, a análise de impacto regulatório e a responsabilidade. Essa preocupação em mitigar os riscos no uso dos sistemas inteligentes está no fato de as tecnologias modernas incorporarem no tratamento automatizado que realizam o aspecto da incerteza de resultados devido aos cenários complexos e dinâmicos que estão inseridos. Por isso, deve-se levar em consideração os riscos concretos no desenvolvimento e uso desses tipos de sistemas. Isso significa que a análise dos riscos deve ser feita de forma detalhada e criteriosa, levando em conta as possíveis consequências negativas que o sistema pode gerar, o que inclui, segundo o projeto, os benefícios socioeconômicos com o uso e a comparação com os riscos de sistemas similares que não agregam técnicas de Inteligência Artificial.

Já a previsão da participação social e interdisciplinar encontra-se em convergência com os interesses do ser humano em não se expor além do necessário para essa tecnologia. Portanto, deve-se garantir que aqueles que serão inevitavelmente afetados por ela possam participar de maneira ativa e efetiva na criação de normas que visem regulamentar esta matéria. A importância dessa premissa é a garantia que a regulamentação da Inteligência Artificial seja baseada em evidências concretas e na opinião de todos os envolvidos, especialistas e a sociedade. Isso aumenta a probabilidade de que as normas adotadas sejam eficazes e adequadas às necessidades e desafios apresentados pela tecnologia. A premissa também enfatiza a importância da participação democrática no processo de regulamentação. Isso ajuda que as normas sejam aceitas como legítimas perante a sociedade, contribuindo para a construção de um ambiente seguro e confiável para o desenvolvimento e uso da Inteligência Artificial.

O projeto de lei em questão inclui a exigência de uma análise de impacto regulatório para regulamentar a Inteligência Artificial. Esse processo envolve uma avaliação de risco legal e regulatório para determinar as diretrizes necessárias para essa regulamentação. O artigo 6º, inciso V, menciona a Lei nº 13.874 de 2019 e o Decreto nº 10.411 de 2020, que fornecem as orientações necessárias para realizar essa análise de impacto. Então, antes de criar os atos normativos, será necessário realizar um procedimento que envolve a avaliação prévia do problema regulatório. O objetivo desse procedimento é analisar os possíveis efeitos do ato normativo, utilizando informações e dados para determinar se o impacto é razoável e subsidiar a tomada de decisão.

Outro ponto importante do projeto está na previsão do regime de responsabilidade civil para os agentes que atuam na cadeia de existência (desenvolvimento e operação), isto é, para aqueles que desenvolvem ou utilizam o sistema de Inteligência Artificial, de modo a garantir que esses atores reparem possíveis danos causados pelo sistema. Nesse ponto, o artigo 6º, inciso VI atribui a responsabilidade subjetiva para esses atores, considerando-se a efetiva participação de cada um deles dentro da cadeia de existência da Inteligência Artificial. O projeto define a culpa como elemento nuclear para responsabilização e sua dosimetria consta na extensão e gravidade dos danos que deveria evitar ou que terá que remediar, na devida adequação com às normas aplicáveis à sua atividade e o emprego de esforços compatíveis com padrões internacionais e boas práticas.

No tempo de desenvolvimento deste trabalho o Projeto de Lei nº 21/2020 encontra-se no Senado, vinda da aprovação na Câmara dos Deputados. Os Projetos de Lei nº 5.051, de 2019; 21, de 2020; 872, de 2021, continuam tramitando em conjunto. As matérias retornaram à Secretaria-Geral da Mesa do Senado e aguardam para serem despachadas em momento oportuno.

5 Conclusão

Este trabalho teve como principal objetivo analisar o tratamento de dados automatizado por Inteligência Artificial, enfrentando o problema da inexistência de regulamentação para o desenvolvimento e uso da tecnologia no Brasil. Isto porque os sistemas com Inteligência Artificial são utilizados em diversos cenários reais e afetam o indivíduo e a sociedade. Esses sistemas podem consumir todos os tipos de dados com o propósito de aperfeiçoar seu funcionamento, incluindo-se os dados pessoais. Tais tipos de dados representam o ser humano no ambiente digital e o tratamento de dados automatizado por Inteligência Artificial faz com que o indivíduo seja exposto a um tratamento de dados desumanizado.

Por conta desse cenário potencialmente danoso, a proteção de dados pessoais tem fundamental importância para resguardar os direitos e garantias fundamentais do indivíduo e a elevação dessa proteção ao *status* constitucional atribui força normativa que se irradia por todo o ordenamento jurídico, fazendo com que ela seja observada em todos os aspectos jurídicos que podem envolver a tecnologia de Inteligência Artificial.

Isso faz com que o desenvolvimento deste tipo de tecnologia deva observar, desde sua concepção, os direitos e garantias fundamentais, incluindo igualmente todos os requisitos advindos da Lei Geral de Proteção de Dados para o tratamento de dados pessoais realizado por Inteligência Artificial, pois na esfera infraconstitucional, esse é o principal instrumento de regulamentação da matéria.

Contudo, a regulação da Inteligência Artificial no Brasil se faz necessária, pois ela pode trazer maior segurança jurídica, além de maior proteção efetiva para as pessoas. Neste sentido, apesar de a existência de diversos projetos de lei com intuito de regular a matéria, o projeto que se mostra promissor, o Projeto de Lei de nº 21/2020, é o que possui maior escopo, perpassando desde o conceito legal para Inteligência Artificial até a proposição do regime subjetivo de responsabilidade civil.

Não obstante ao escopo do projeto de lei citado, há pontos que carecem de discussão mais aprofundada, como o regime de responsabilidade civil indicado pelo projeto. Além disso, é preciso garantir que uma futura lei não engesse o desenvolvimento tecnológico ao passo que consiga acompanhar esse mesmo desenvolvimento.

Referências

AFFONSO, Filipe José Medon *et al. Inteligência artificial e danos*: autonomia, riscos e solidariedade. Universidade do Estado do Rio de Janeiro, 2019.

BARBIERI, Carlos. *Governança de Dados*: Práticas, Conceitos e Novos Caminhos. Rio de Janeiro: Alta Books, 2019. 288 p.

BRASIL. *Constituição da República Federativa do Brasil*. Brasília: Senado Federal, 1988.

BRASIL. *Lei nº 12.965, de 23 de abril de 2014*. Estabelece princípios, garantias, direitos e deveres para o uso da Internet no Brasil. Brasília, DF: [s.n.], 2014. Online p. Disponível em: http://www.planalto.gov.br/ccivil_03/_ato2011-2014/2014/lei/l12965.htm. Acesso em: 16 jul. 2023.

BRASIL. *Lei nº 13709, de 14 de agosto de 2018*. Lei Geral de Proteção de Dados (LGPD). Secretaria-Geral, Brasília, DF, 2018. Disponível em: http://www.planalto.gov.br/ccivil_03/_ato2015-2018/2018/lei/L13709.htm. Acesso em: 16 jul. 2023.

BRASIL. Câmara dos Deputados. *PEC nº 17/2019*. Proposta de Emenda à Constituição. Disponível em: https://www.camara.leg.br/proposicoesWeb/fichadetramitacao?idProposicao=2210757. Acesso em: 30 jan. 2023.

BRASIL. *Projeto de Lei nº 5051, de 2019*. Estabelece os princípios para o uso da Inteligência Artificial no Brasil. Senado Federal, 2019a. Disponível em: https://www25.senado.leg.br/web/atividade/materias/-/materia/137689. Acesso em: 11 abr. 2023.

BRASIL. *Projeto de Lei nº 5691, de 2019*. Institui a Política Nacional de Inteligência Artificial. Senado Federal, 2019b. Disponível em: https://www25.senado.leg.br/web/atividade/materias/-/materia/139586. Acesso em: 16 jul. 2023.

BRASIL. *Projeto de Lei nº 4496, de 2019*. Altera a Lei nº 13.709, de 14 de agosto de 2018 (Lei Geral de Proteção de Dados Pessoais – LGPD), para definir a expressão "decisão automatizada". Senado Federal, 2019c. Disponível em: https://www25.senado.leg.br/web/atividade/materias/-/materia/138136#:~:text=Projeto%20de%20Lei%20n%C2%B0%204496%2C%20de%202019&text=Altera%20a%20Lei%20n%C2%BA%2013.709,o%20conceito%20de%20decis%C3%A3o%20automatizada. Acesso em: 16 jul. 2023.

BRASIL. *Projeto de Lei nº 872, de 2021*. Dispõe sobre o uso da Inteligência Artificial. Senado Federal, 2021. Disponível em: https://www25.senado.leg.br/web/atividade/materias/-/materia/147434. Acesso em: 16 jul. 2023.

BRASIL. *Substitutivo do Projeto de Lei nº 21/2020*. Brasília: Senado Federal, 2020. 11 p.

CIELO, PFLD *et al.* Uma leitura dos princípios da prevenção e da precaução e seus reflexos no direito ambiental. *Revista CEPPG [internet]*, v. 26, n. 1, p. 196-207, 2012.

LUGER, George F. *Inteligência Artificial*. Tradução de Daniel Vieira. [S.l.]. São Paulo: Pearson Education do Brasil, 2013.

PEIXOTO, Fabiano Hartmann; COUTINHO, Marina de Alencar Araripe. Inteligência artificial e regulação. *Revista Em Tempo*, v. 19, n. 1, 2020.

SARLET, Ingo Wolfgang. Proteção de dados pessoais como direito fundamental na constituição federal brasileira de 1988: contributo para a construção de uma dogmática constitucionalmente adequada. *Revista Brasileira de Direitos Fundamentais & Justiça*, v. 14, n. 42, 2020.

SIRIHAL, Adriana Bogliolo; LOURENÇO, Cíntia de Azevedo. Informação e conhecimento: aspectos filosóficos e informacionais. *Informação & Sociedade*, Universidade Federal da Paraíba-Programa de Pós-Graduação em Ciência da Computação, v. 12, n. 1, 2002.

SOMBRA, Thiago Luis Santos. *Fundamentos da regulação da privacidade e proteção de dados pessoais*. São Paulo: Thomson Reuters Brasil, 2019.

Informação bibliográfica deste texto, conforme a NBR 6023:2018 da Associação Brasileira de Normas Técnicas (ABNT):

ALENCAR, Izaac Duarte de; DANTAS, Juliana de Oliveira Jota. O direito fundamental à proteção de dados e os requisitos para o tratamento de dados por Inteligência Artificial. *In*: EHRHARDT JÚNIOR, Marcos; CATALAN, Marcos; NUNES, Cláudia Ribeiro Pereira (Coord.). *Inteligência artificial e relações privadas – Relações patrimoniais*: entre o consumo, os contratos e os danos. Belo Horizonte: Fórum, 2023. v. 3. p. 37-56. ISBN 978-65-5518-586-7.

TECNOÉTICA E TECNODIREITO FRENTE ÀS TECNOLOGIAS DIGITAIS: OS PROBLEMAS DA OPACIDADE, DA VULNERABILIDADE E DO COMPROMETIMENTO DA AUTONOMIA HUMANA

ROMUALDO BAPTISTA DOS SANTOS

Introdução

Um problema recorrente na história da humanidade é o surgimento de novos conhecimentos e novas técnicas que visam solucionar problemas da vida humana, mas que trazem consigo consequências que podem se tornar desastrosas. No contexto da modernidade, consideradas as suas principais características, a humanidade teve que aprender a lidar com novas tecnologias que surgem a cada dia com maior frequência, intensidade e complexidade.

A fase atual da modernidade caracteriza-se pelo surgimento das tecnologias digitais, que suscitam uma série de questionamentos de natureza ética e jurídica a respeito dos seus impactos sobre as pessoas e sobre a vida em sociedade. Entre os questionamentos suscitados, destaca-se a possibilidade de suplantação e substituição da inteligência humana, submetendo a humanidade ao controle da inteligência artificial, por meio de uma superestrutura comandada pelas plataformas digitais.

No presente estudo, adotado o método dedutivo teórico, com abordagem qualitativa, realiza-se um levantamento bibliográfico acerca dos caminhos da modernidade e de como a sociedade humana organiza-se uma vez mais para compreender e assimilar os impactos das tecnologias digitais sobre as pessoas e sobre a vida em sociedade. Procede-se também ao levantamento das iniciativas legislativas realizadas para disciplinar o uso adequado das tecnologias digitais, a demonstrar o surgimento de um corpo normativo especificamente voltado para o tratamento das questões relacionadas com as novas tecnologias.

1 As tecnologias digitais como parte do projeto de modernidade

A Era Moderna surgiu como desdobramento dos ideais iluministas com o propósito de romper com a religiosidade que ordenava a vida humana ao largo da Idade Média. Aos poucos tem início e vai se instalando um projeto de ordenação racional dos mais diversos aspectos da vida humana, segundo o paradigma da racionalidade pura, que passa a ser a forma de pensamento dominante.[1] As principais características da modernidade são o progressismo, o superlativismo e o evolucionismo, tudo a indicar as ideias de desenvolvimento, crescimento e aprimoramento das coisas, da vida e das relações. No entanto, ainda em seu nascedouro, o projeto racional moderno já apresentava fissuras, precisamente porque a razão pura não seria capaz de oferecer respostas para os principais problemas da existência humana. Conforme a advertência de Nietzsche, a morte do Deus cristão daria azo ao surgimento do Deus razão.[2]

Na modernidade, já não basta ao homem compreender a origem e a ordem do mundo nem o sentido da própria existência. O progressismo combinado ao antropocentrismo traz consigo a ideia de apreensão do mundo, de conquista dos espaços e de dominação da natureza. Para esses propósitos, os principais motores da modernidade são a ciência e a tecnologia, por meio das quais o homem se tornaria capaz de vencer as principais mazelas da vida terrena e de projetar-se para a conquista do mundo. No trabalho, tornou-se possível realizar as tarefas com maior rapidez, quantidade e eficiência. Nos transportes, o homem se

---

1 No campo da filosofia, alguns pensadores são apontados como pais do racionalismo moderno, como é o caso de René Descartes (1596-1650), Jean-Jacques Rousseau (1712-1778) e Immanuel Kant (1724-1804), mas o certo é que, por se tratar de um movimento paradigmático, o racionalismo passa a fazer parte de um modo de pensar o mundo e de agir no mundo.

2 Essa é uma afirmação que permeia praticamente toda a obra de Nietzsche, mas está mais clara em *Assim falou Zaratustra* e em *A ciência gaia* (NIETZSCHE, Friedrich Wilhelm. Assim falou Zaratustra, segunda parte, dos compassivos; A ciência gaia, livro V, §343: nós, os sem-medo. *In: Obras incompletas*. Tradução de Rubens Rodrigues Torres Filho. São Paulo: Nova Cultural, 1999. p. 239 e p. 195-196).

tornou capaz de vencer as distâncias e de ocupar praticamente todos os espaços, com rapidez, eficiência e segurança. Nas comunicações, a sociedade humana converteu-se em uma verdadeira teia global quase totalmente integrada.[3]

É fácil perceber que o desenvolvimento científico e tecnológico traz consigo possibilidades infinitas, mas produz graves problemas que, em seu conjunto, comprometem a própria existência humana sobre a Terra. O problema é que a modernidade se converteu em um ópio da humanidade, uma verdadeira cegueira planetária, pois, embora todos saibam dos problemas produzidos pelo progresso, ninguém está disposto a retroceder. Consideradas as principais características da modernidade – progressismo, superlativismo e evolucionismo –, qualquer ideia de retrocesso mostra-se absolutamente incompatível com o processo de modernização.

É certo que a modernidade não se construiu de um dia para o outro. Trata-se de um processo que teve início com os ideais iluministas e se instalou oficialmente no final do século XVIII. Trata-se também de um processo que envolve todas as esferas da vida humana, transformando-se em uma verdadeira avalanche. Por isso mesmo, trata-se de um fenômeno inelutável. Rousseau chegou a dizer que uma das características dos seres humanos é a perfectibilidade, isto é, a busca pelo aperfeiçoamento.[4] A modernidade, desde que se instalou, vem se desenvolvendo em fases que se sobrepõem e que se supõe sejam sempre melhores, mais avançadas, mais modernas que as anteriores.

Há algumas designações para essas fases de modernização do mundo. O sociólogo polonês Zygmunt Bauman (1925-2017) menciona as eras do *wetware*, do *hardware* e do *software* para se referir, respectivamente, aos momentos em que as pessoas se desprenderam de uma vida ligada à terra e ao lugar onde nasceram; passaram a utilizar máquinas e equipamentos para trabalhar, locomover-se e desempenhar suas tarefas cotidianas; e passaram a depender dos computadores e da internet para se comunicar e para realizar suas tarefas sem necessidade de deslocamentos.[5]

---

[3] Essas ideias podem ser extraídas da obra de Zygmunt Bauman (BAUMAN, Zygmunt. *Modernidade líquida*. Tradução de Plínio Dentzien. Rio de Janeiro: Jorge Zahar Editor, 2001. *passim*).

[4] ROUSSEAU, Jean-Jacques. *Discurso sobre a origem e os fundamentos da desigualdade entre os homens*. Tradução de Lourdes Santos Machado. São Paulo: Nova Cultural, 1999 (Coleção Os Pensadores). p. 64-65.

[5] BAUMAN, Zygmunt. *Modernidade líquida*. Tradução de Plínio Dentzien. Rio de Janeiro: Jorge Zahar Editor, 2001. p. 128-130, 132 e 136-138.

Outros autores usam termos como sociedade tecnológica, sociedade do risco e sociedade em rede para designar a fase contemporânea da modernidade.[6] Pós-modernidade é um termo que caiu no gosto da literatura jurídica e sociológica, principalmente a partir da ideia de exaurimento do projeto moderno e advento de uma nova Era.[7] Fato, porém, é que, contrariando vários prognósticos, ao menos por ora a modernidade não acabou, mas vem se desdobrando e se renovando em fases que parecem ser infinitas. Nesse sentido, o surgimento das tecnologias digitais afigura-se como mais um "avanço" no processo de modernização da sociedade humana. A esta altura, novas designações podem ser sugeridas para o atual desdobramento da Era Moderna, como sociedade digital, cujos desvirtuamentos podem ser denominados sociedade da caixa-preta (*black box society*) e sociedade da vigilância.[8]

2 O lugar do humano na sociedade digital

Em sua análise sobre a aceleração da modernidade em sua fase atual, Thomas Friedman, colunista do *New York Times*, afirma que até o século XX a habilidade humana cresceu gradualmente, enquanto a

---

6 Ulrich Beck associa a produção de riscos ao processo de modernização: "Na modernidade tardia, a produção social de riqueza é acompanhada sistematicamente pela produção social de riscos. Consequentemente, aos problemas e conflitos distributivos da sociedade da escassez sobrepõem-se os problemas e conflitos surgidos a partir da produção, definição e distribuição de riscos científico-tecnologicamente produzidos (...) São riscos da modernização. São um produto de série do maquinário industrial do progresso, sendo sistematicamente agravados com seu desenvolvimento ulterior" (BECK, Ulrich. *Sociedade de risco*: rumo a uma outra modernidade. Tradução de Sebastião Nascimento. São Paulo: Editora 34, 2010.p. 16).
Por seu turno, Manuel Castells escreve: "*Una sociedad red es aquella cuya estructura social está compuesta de redes potenciadas por tecnologías de la información y de la comunicación basadas en la macroeletrónica*" (CASTELLS, Manuel. *La sociedad red*: una visión global. Tradução de Francisco Muñoz de Bustillo. Madrid: Ed. Alianza, 2006. p. 27).

7 Agnes Heller e Ferenc Fehér afirmam que quem vive na Pós-Modernidade tem a sensação de "viver no presente estando depois". Isso porque, uma vez exaurido o projeto europeu de civilização, tem-se a sensação de *post-histoire* (HELLER, Agnes; FEHÉR, Ferenc. *A condição política pós-moderna*. Tradução de Marcos Santarrita. 2. ed. Rio de Janeiro: Civilização Brasileira, 2002. p. 12-18). Ver também: KAUFMANN, Arthur. *La filosofía del derecho en la posmodernidad*. Tradução de Luís Villar Borda. 2. ed. Bogotá: Temis, 1998. p. 2-11.

8 ZUBOFF, Shoshana. *A era do capitalismo de vigilância*: a luta por um futuro humano na nova fronteira do poder. Tradução de George Schlesinger. Rio de Janeiro: Intrínseca, 2020. p. 435-436; PASQUALE, Frank. *The black box society*: the secret algorithms that control money and information. Cambridge: Harvard University Press, 2016. p. 3-9; RODOTÀ, Stefano. *A vida na sociedade de vigilância*: a privacidade hoje. Organização, seleção e apresentação de Maria Celina Bodin de Moraes. Tradução de Danilo Doneda e Luciana Cabral Doneda. Rio de Janeiro: Renovar, 2008. p. 127-129.

tecnologia pouco evoluiu. A partir desse ponto, o avanço tecnológico passou a evoluir mais rápido do que a capacidade humana. Em vista disso, porém, o colunista defende que as pessoas precisam aprender mais rapidamente e os governos devem ser mais ágeis para acompanhar o avanço do progresso tecnológico.[9]

Essa sucinta análise de Thomas Friedman reproduz a visão moderna de mundo, segundo a qual tudo se resolve com a aceleração dos processos, inclusive os problemas produzidos pelo processo de aceleração. No entanto, o problema de fundo, que também é típico da Era Moderna, é a dificuldade sempre renovada de a humanidade lidar com os sucessivos avanços tecnológicos. Isso não é diferente do que acontece com o advento das tecnologias digitais. Trata-se, também neste caso, da mesma necessidade de aprender a lidar com as tecnologias que vão surgindo dentro do processo de modernização da vida.[10]

Um dos principais questionamentos que se fazem na atualidade diz respeito à possibilidade de as tecnologias digitais se desenvolverem a ponto de suplantarem e substituírem a inteligência humana, submetendo a humanidade ao controle da inteligência artificial, seja em suas múltiplas formas de aplicação, seja pela organização de uma superestrutura que comandasse a vida humana sobre a Terra. Na verdade, em que pese os vários problemas decorrentes do advento das novas tecnologias, não existe uma ameaça real e concreta de substituição da inteligência humana pela inteligência artificial ou de dominação da humanidade pelas plataformas digitais. O que se encontra em causa efetivamente é a adequação das tecnologias digitais aos propósitos individuais, coletivos e sociais da humanidade.

No entanto, essa reflexão serve para organizar uma possível resposta a outro tipo de indagação: seria a Era Digital uma nova Era ou apenas mais um desdobramento da própria modernidade? Ao que tudo indica, o advento das tecnologias digitais faz parte do processo de hiperaceleração da própria Era Moderna, que avança da sociedade da informação para a sociedade digital. Para que houvesse o surgimento

---

9 "A tecnologia está evoluindo mais rápido do que a capacidade humana", diz Thomas Friedman. *NewTrade,* 02 mar. 2018. Disponível em: https://newtrade.com.br/tecnologia/tecnologia-esta-evoluindo-mais-rapido-do-que-capacidade-humana-diz-thomas-friedman/. Acesso em: 28 abr. 2023.

10 Apenas para citar um exemplo, a popularização dos automóveis trouxe grandes benefícios para a locomoção das pessoas, mas ocasionou muitos acidentes, inclusive com mortes, exigindo um longo aprendizado para o desenvolvimento de regras de trânsito e normas de segurança, tanto para pedestres como para motoristas.

de uma nova Era, seria necessária uma profunda alteração na forma de agir no mundo e de pensar o mundo, tal como sucedeu na passagem da Idade Média, em que o pensamento e a ação eram orientados pela religiosidade, para a Era Moderna, que inaugurou um novo paradigma fundado na razão pura.

Ao longo do século passado, importantes autores destacaram a relevância da condição humana para a compreensão da vida sobre a Terra. Hannah Arendt afirma que a Terra é a quintessência da existência humana, pois oferece um hábitat no qual os seres humanos podem se mover e respirar sem esforço nem artifício. Somos condicionados à vida terrena, de modo que, segundo essa autora, a mais radical mudança dessa nossa condição seria a emigração da Terra para outro planeta, pois isso obrigaria os seres humanos a viver sob outras condições.[11]

Ocorre que a condição humana não se restringe ao fato de viver sobre a Terra, mas envolve, sobretudo, o modo de vida, isto é, as formas como os seres humanos se relacionam, como a sociedade humana se organiza e como se formulam os modos de pensar e de agir no mundo.[12] Na Era Moderna, estabeleceu-se um sistema regido pela racionalidade pura que, de início, pretendia a ordenação racional do mundo mediante ruptura com a religiosidade do período anterior.[13] No entanto, esse projeto acabou caminhando para um processo de hiperaceleração da vida, marcado pelo modernismo, pelo superlativismo e pelo evolucionismo. Desse modo, se o desenvolvimento da inteligência artificial fosse levado ao ponto de substituir a racionalidade humana, haveria uma substancial mudança de paradigma, com alteração das formas de agir e de pensar e, por conseguinte, das condições da vida humana sobre a Terra. Nessa hipótese, seria possível compreender o advento da Era Digital como o alvorecer de uma nova Era.

Ocorre que o aspecto provavelmente mais importante da condição humana é a sua estrutura biopsicofísica, cultural e espiritual

---

[11] ARENDT, Hannah. *A condição humana*. Tradução de Roberto Raposo. Posfácio de Celso Lafer. 10. ed. Rio de Janeiro: Forense Universitária, 2005. p. 17-19.

[12] A respeito das dimensões da condição humana, consulte-se: MORIN, Edgar. *Os sete saberes necessários à educação do futuro*. Tradução de Catarina Eleonora F. da Silva e Jeanne Sawaya. Revisão técnica de Edgar de Assis Carvalho. 10. ed. São Paulo: Cortez; Brasília, DF: Unesco, 2005. p. 47-61.

[13] Por racionalidade pura entenda-se a ideia, dominante nos primórdios da modernidade, de prevalência dos aspectos intelectuais sobre o agir e o pensar humanos, com exclusão dos fatores emocionais e espirituais da pessoa humana (HORKHEIMER, Max. *Eclipse da razão*. Tradução de Sebastião Uchoa Leite. São Paulo: Centauro, 2002. p. 14-15; SANTOS, Boaventura de Sousa. *A crítica da razão indolente*: contra o desperdício da experiência. 6. ed. São Paulo: Cortez, 2007. p. 55-68).

que atua em conjunto, tanto em cada indivíduo quanto nas interações sociais para a composição daquilo que podemos compreender como racionalidade humana. O homem é um animal racional, mas essa racionalidade é dinamizada por interações que ocorrem em cada indivíduo e nas relações entre os indivíduos, para a qual concorrem os mais diversos fatores físicos, psíquicos, culturais e espirituais, com intensidades aleatórias e diversificadas. Em tema de racionalidade humana, a ordem acontece na desordem porque é nesse entrelaçamento de fatores aleatórios e diversificados que a vida humana se organiza.[14]

Outro dado relevante é que a inteligência artificial, em suas mais diversas aplicações, mais se aproxima do propósito de ordenação racional da vida, típico da primeira modernidade, o qual não vingou precisamente porque a racionalidade humana é informada por fatores aleatórios e diversificados que não obedecem a padrões rígidos. Recorrendo ainda uma vez ao pensamento de Edgar Morin, pode-se dizer que a inteligência artificial tende à padronização e à sintetização, enquanto a racionalidade humana tende à complexidade. Dito de outro modo, existe uma infinidade de fatores instintivos na personalidade humana, como a sensibilidade e a intuição, que possibilitam atitudes como a improvisação e a engenhosidade, bem como atitudes negativas como o ardil e a malícia, que não podem ser encontrados em nenhuma forma de inteligência artificial.[15]

Não se pode perder de vista que, ao menos até o presente estágio da modernidade, o ser humano segue sendo a instância ética e moral, uma vez que é a racionalidade humana que resolve se alguma coisa serve ou não serve para os desígnios da própria humanidade. Até o momento, todas as novas tecnologias que surgiram foram incorporadas ao viver humano na medida em que serviram para ampliar a capacidade

---

[14] Edgar Morin ensina que o homem não deve ser definido pelo viés único de sua racionalidade, mas sim por sua complexidade. O ser humano é complexo e traz em si caracteres antagônicos: sábio e louco, trabalhador e lúdico, empírico e imaginário, econômico e consumista, prosaico e poético. Enfim, "o homem da racionalidade é também o da afetividade". E acrescenta que a dialógica *sapiens-demens* sempre esteve presente no ser humano como força criadora e, ao mesmo tempo, destruidora. A racionalidade sempre foi irrigada pela afetividade, pois o pensamento, a ciência e as artes são influenciados por sonhos, angústias, desejos, medos e esperanças: "Nas criações humanas sempre há uma dupla pilotagem *sapiens-demens*" (MORIN, Edgar. *Os sete saberes necessários à educação do futuro*. Tradução de Catarina Eleonora F. da Silva e Jeanne Sawaya. Revisão técnica de Edgar de Assis Carvalho. 10. ed. São Paulo: Cortez; Brasília, DF: Unesco, 2005. p. 58-61).

[15] MORIN, Edgar. *Os sete saberes necessários à educação do futuro*. Tradução de Catarina Eleonora F. da Silva e Jeanne Sawaya. Revisão técnica de Edgar de Assis Carvalho. 10. ed. São Paulo: Cortez; Brasília, DF: Unesco, 2005. p. 58-61.

das pessoas de realizar as suas tarefas de trabalhar, de se alimentar, de se locomover, de se comunicar e até mesmo de realizar coisas nocivas para a humanidade, como é o caso de guerrear. Com o advento da sociedade digital, percebe-se que existem várias aplicações tecnológicas que são úteis e necessárias para a ampliação das capacidades humanas e outras que são nocivas, destrutivas e antiéticas, cabendo à racionalidade humana resolver se e sob quais condições serão incorporadas ao viver humano.

Por último, quanto a este ponto, devemos considerar que o princípio de conservação, presente em todos os seres vivos, é uma força que age para a preservação da vida e do modo de vida dos indivíduos e da espécie humana, desde sempre, diante das mais diversas formas de riscos e ameaças.[16] No contexto da modernidade, a racionalidade humana tem dado conta de compreender e de absorver as seguidas ondas de progresso e desenvolvimento. Especificamente no que tange às tecnologias digitais, desde a invenção da calculadora, que seria a precursora dos atuais ultramodernos processadores de dados, a humanidade teve que aprender a lidar com novos inventos voltados para a otimização de suas tarefas.

O tempo dirá se este movimento atual pode dar origem a uma nova Era, em substituição à Era Moderna, caso as tecnologias digitais se convertam em uma superestrutura que altere profundamente a forma de viver da sociedade humana. O mais provável, porém, é que a inteligência artificial, em suas várias formas e aplicações, seja incorporada à racionalidade humana para auxiliar os seres humanos na realização de suas variadas tarefas.

---

[16] Humberto Maturana escreve que a evolução é um processo conservador, no sentido de que os seres vivos evoluem para preservar a própria espécie. Do ponto de vista biológico, cada espécie se define pela configuração genética, que é preservada pela via reprodutiva, assim como pelo modo de vida que se estabelece nas relações entre o organismo e o meio e que também é conservado geração após geração. Nesse sentido, é possível afirmar que a ética tem seu fundamento derradeiro na Biologia, pois diz respeito à sobrevivência dos indivíduos e das espécies: é o modo de agir que determina o destino de cada espécie: aquela que não age bem desaparece (MATURANA, Humberto. *Emoções e linguagem na educação e na política.* Tradução de José Fernando Campos Fortes. 4. reimpr. Belo Horizonte: Editora UFMG, 2005. p. 20-21 e p. 30). Em sentido semelhante, Goffredo Telles Júnior escreve que a preservação da vida e das espécies leva os animais a adotar comportamentos eficientes, pois a maneira pela qual cada espécie se comporta determina seu destino: a sobrevivência ou o extermínio (TELLES JÚNIOR, Goffredo. *Direito quântico*: ensaio sobre o fundamento da ordem jurídica. 8. ed. rev. São Paulo: Juarez de Oliveira, 2006. p. 272).

3 Problemas relacionados com as tecnologias digitais: opacidade, vulnerabilidade e comprometimento da autonomia

O surgimento das novas tecnologias digitais tem suscitado uma série de questionamentos e preocupações precisamente porque se trata de algo novo e desconhecido que pode ocasionar prejuízos para as pessoas individualmente consideradas e também para a coletividade. Com efeito, os principais sistemas jurídicos contemporâneos têm como fundamento a dignidade da pessoa humana, cuja tutela realiza-se pela via dos direitos da personalidade, dos direitos fundamentais e dos direitos humanos.[17] No entanto, o surgimento das tecnologias digitais entra em linha de conflito com alguns desses direitos e garantias, a exemplo do direito à imagem, à privacidade e até mesmo à intimidade.

Na passagem da sociedade da informação para a sociedade digital, observa-se um processo de digitalização baseado na coleta e no tratamento de dados pessoais pelas chamadas plataformas digitais. Não só isso. Uma vez coletados os dados pessoais, seu titular passa a desconhecer completamente qual será a sua destinação e quais usos serão feitos pelas plataformas digitais. Por fim, o tratamento dos dados pessoais é realizado por meio de inteligência artificial, cujos algoritmos realizam a denominada "perfilização", que é o enquadramento de cada pessoa em um perfil de comportamento e de consumo. A partir da perfilização, os algoritmos passam a direcionar os tipos de produto e de comportamento condizentes com o perfil de cada pessoa.[18]

Vê-se que a Era Digital traz consigo as características que são próprias da Era Moderna e dá continuidade aos propósitos de racionalização, de otimização e de aceleração dos processos, conforme observado por José Luiz Faleiros Júnior e Felipe Teixeira Neto:

---

[17] A respeito da tridimensionalidade da tutela jurídica da pessoa humana, consulte-se: SCHREIBER, Anderson. *Direitos da personalidade.* 2. ed. São Paulo: Atlas, 2013. p. 13-14; MORATO, Antonio Carlos. Quadro geral dos direitos da personalidade. *Revista da Faculdade de Direito da Universidade de São Paulo*, v. 106/107, p. 121-158, dez. 2011 / jan. 2012. Ver também: SARLET, Ingo Wolfgang. *A eficácia dos direitos fundamentais*: uma teoria geral dos direitos fundamentais na perspectiva constitucional. 12. ed. Porto Alegre: Livraria do Advogado, 2015. p. 29.

[18] A respeito da perfilização, confira-se, entre outros: ZANATTA, Rafael A. F. Perfilização, discriminação e direitos: do Código de Defesa do Consumidor à Lei Geral de Proteção de Dados Pessoais. *ResearchGate*, fev. 2019. Disponível em: https://www.researchgate.net/publication/331287708_Perfilizacao_Discriminacao_e_ Direitos_do_Codigo_de_Defesa_do_Consumidor_a_Lei_Geral_de_Protecao_de_Dados_Pessoais. Acesso em: 28 abr. 2023.

> Os algoritmos 'mais eficazes' são aqueles que conseguem coletar mais dados, processá-los em menor tempo e oferecer as mais rápidas respostas às finalidades operacionais para as quais foram desenvolvidos.[19]

Os mesmos autores apontam alguns problemas que podem resultar do mau uso dos dados pessoais pelos algoritmos, como a publicidade comportamental e a perfilização; o policiamento preditivo para o mapeamento da criminalidade; o *geo-pricing* e *geo-blocking*, que são técnicas baseadas na localização geográfica do usuário para negar acesso a produtos e serviços ou para apresentar preços discriminatórios; a discriminação por gênero, peso, idade ou outros fatores para a ocupação de determinados postos de trabalho; para fins de reconhecimento facial.[20]

A questão é que, considerando o viés claramente antropocêntrico da Era Moderna, até o seu presente estágio, a ciência e a tecnologia foram postas a serviço da humanidade, no sentido de que têm se desenvolvido com a finalidade de atender às necessidades humanas, ainda que se considerem os riscos criados e os problemas de desigualdade de acesso. Por seu turno, a Era Digital, embora entendida como uma nova fase da própria modernidade, organiza-se como superestrutura não humana com alguma possibilidade de controlar e de subordinar as ações humanas. Nesse sentido, é possível falar em instrumentalização da pessoa humana, cujas ações passam a atender aos propósitos prescritos pela inteligência artificial.[21]

---

19 FALEIROS JÚNIOR, José Luiz de Moura; TEIXEIRA NETO, Felipe. Dano moral coletivo e falhas algorítmicas: breves reflexões. *In*: BARBOSA, Mafalda Miranda; BRAGA NETTO, Felipe; SILVA, Michael Cesar; FALEIROS JÚNIOR, José Luiz de Moura (Coord.). *Direito digital e inteligência artificial*: diálogos entre Brasil e Europa. Indaiatuba: Foco, 2021. p. 235-260.

20 FALEIROS JÚNIOR, José Luiz de Moura; TEIXEIRA NETO, Felipe. Dano moral coletivo e falhas algorítmicas: breves reflexões. *In*: BARBOSA, Mafalda Miranda; BRAGA NETTO, Felipe; SILVA, Michael Cesar; FALEIROS JÚNIOR, José Luiz de Moura (Coord.). *Direito digital e inteligência artificial*: diálogos entre Brasil e Europa. Indaiatuba: Foco, 2021. p. 235-260.

21 Frank Pasquale parte da frase atribuída a Francis Bacon (1561-1626) segundo a qual "conhecimento é poder", razão pela qual escrutinar a vida alheia sem ser escrutinado é uma das formas mais importantes de poder. Por isso, as companhias acumulam informações sobre os consumidores, usam essas informações para tomar decisões a nosso respeito e influenciam as decisões que nós tomamos, mas nada sabemos sobre essas companhias porque não é fácil penetrar a "caixa-preta" do *Big Data* (PASQUALE, Frank. *The black box society*: the secret algorithms that control money and information. Cambridge: Harvard University Press, 2016. p. 3-4). Shoshana Zuboff escreve: "Quanto a essa espécie de poder, eu lhe dou o nome de instrumentarianismo e a defino como a instrumentação e instrumentalização do comportamento para propósitos de modificação, predição, monetização e controle. Nessa formulação, 'instrumentação' refere-se ao fantoche: a ubíqua arquitetura material conectada que participa da computação sensível, a qual, por sua vez, compila,

É interessante observar que, segundo Bauman, na primeira modernidade, a era do *hardware*, tornou-se possível a conquista do espaço mediante utilização de máquinas e veículos cada vez mais potentes e velozes; na modernidade líquida, a era do *software*, o espaço não conta mais e o tempo foi engolido pela instantaneidade dos sinais eletrônicos.[22] Nesta nova fase da modernidade, que podemos chamar genericamente de Era Digital, há tendência a que os seres humanos sejam "digitalizados", de sorte que os dados pessoais sejam separados da personalidade e colocados fora do controle da pessoa. Segundo Shoshana Zuboff, "O poder instrumentário opera a partir da posição privilegiada do Outro para reduzir pessoas humanas a mera condição animal de comportamento espoliado de significado reflexivo. Ele vê apenas organismos para servir às novas leis do capital, agora impostas a todos os comportamentos".[23]

Em sentido análogo, Cathy O'Neil destaca que o algoritmo pode gerar a suspeita de que uma pessoa é terrorista, má pagadora ou péssima profissional, podendo destruir a vida dessa pessoa a partir de projeções numéricas, ao passo que a prova em contrário exige padrão de evidência muito elevado, impossível de ser alcançado pela vítima.[24] Em complemento a essa ideia, Nelson Rosenvald adverte para a necessidade de repensar a estrutura do direito privado, edificada nas últimas décadas sob a égide da noção de repersonalização ou despatrimonialização, uma

---

interpreta e aciona a experiência humana. 'Instrumentalização' denota as relações sociais que orientam os titeriteiros para a experiência humana como capital de vigilância a nos transformar em meios para alcançar os objetivos alheios de mercado" (ZUBOFF, Shoshana. *A era do capitalismo de vigilância*: a luta por um futuro humano na nova fronteira do poder. Tradução de George Schlesinger. Rio de Janeiro: Intrínseca, 2020. p. 402). Em textos recentes para a coluna *Migalhas de Proteção de Dados*, Newton de Lucca e Cintia Rosa Pereira de Lima lembram a passagem do livro de Yuval Harari, no sentido de que, no século XXI, os dados pessoais são os recursos mais valiosos entregues ao controle das gigantes tecnológicas em troca de serviços de *e-mail* e piadas engraçadinhas (DE LUCCA, Newton; LIMA, Cintia Rosa Pereira de. O Brasil está pronto para as sanções administrativas previstas na LGPD? *Migalhas*, 06 ago. 2021. Disponível em: https://www.migalhas.com.br/coluna/migalhas-de-protecao-de-dados/349699/brasil-esta-pronto-para-as-sancoes-administrativas-previstas-na-lgpd. Acesso em: 06 ago. 2021; DE LUCCA, Newton. Yuval Noah Harari e sua visão dos dados pessoais de cada um de nós. *Migalhas*, 02 jun. 2021. Disponível em: https://www.migalhas.com.br/coluna/migalhas-de-protecao-de-dados/346519/yuval-noah-harari-e-sua-visao-dos-dados-pessoais-de-cada-um-de-nos. Acesso em: 06 ago. 2021). Confira-se também: HARARI, Yuval. *Homo Deus*: uma breve história do amanhã. São Paulo: Companhia das Letras, 2016. p. 343.

22 BAUMAN, Zygmunt. *Modernidade líquida*. Tradução de Plínio Dentzien. Rio de Janeiro: Jorge Zahar Editor, 2001. p. 127-137.

23 ZUBOFF, Shoshana. *A era do capitalismo de vigilância*: a luta por um futuro humano na nova fronteira do poder. Tradução de George Schlesinger. Rio de Janeiro: Intrínseca, 2020. p. 133.

24 O'NEIL, Cathy. *Algoritmos de destruição em massa*: como o *big data* aumenta a desigualdade e ameaça a democracia. Tradução de Rafael Abraham. Santo André: Rua do Sabão, 2020. p. 19.

vez que o cenário tecnológico disruptivo erode as bases antropocêntricas do direito e conduz à chamada "despersonalização da personalidade", que se materializa sob a forma de expropriação da personalidade, de ameaça à autonomia humana e de conversão do ser humano em um projeto de personalização.[25]

Sem muito esforço percebe-se o comprometimento da autonomia humana, uma vez que as escolhas e decisões são predefinidas e direcionadas pelos algoritmos, à revelia das pessoas, a partir dos perfis organizados com base no tratamento dos dados pessoais. Para aprofundar o comprometimento da autonomia das pessoas contribuem a opacidade, a obscuridade e a ilusão de ótica, uma vez que as pessoas em geral não têm acesso nem conhecimento técnico para compreender os processos que conduzem à formatação dos perfis e que, em última análise, são determinantes para a tomada de suas decisões.[26]

À vulnerabilidade técnica e informacional, que em alguma medida está presente em todas as pessoas e especialmente nos consumidores, acrescenta-se a vulnerabilidade digital nutrida pela opacidade, pela obscuridade e pela ilusão de ótica dos processos, uma vez que as pessoas em geral desconhecem os mecanismos internos dos sistemas digitais. Ademais, essa forma de vulnerabilidade é agravada pela desigualdade, pois algumas categorias de pessoas têm acesso limitado ou sequer têm acesso às novas tecnologias, muito menos capacidade de compreensão dos seus processos.[27]

---

25 ROSENVALD, Nelson. A LGPD e a despersonalização da personalidade. *Migalhas*, 20 ago. 2021. Disponível em: https://www.migalhas.com.br/coluna/migalhas-de-protecao-de-dados/350374/a-lgpd-e-a-despersonalizacao-da-personalidade. Acesso em: 20 ago. 2021.

26 Frank Pasquale afirma que decisões que antes eram baseadas em reflexões humanas agora são tomadas automaticamente, em uma fração de segundo, por *software* (PASQUALE, Frank. *The black box society*: the secret algorithms that control money and information. Cambridge: Harvard University Press, 2016. p. 3-4). Referindo-se a um sistema de avaliação de professoras, Cathy O'Neil relata que os algoritmos são verdadeiras "caixas-pretas", indecifráveis e cujas sentenças são como mandamentos incontestáveis. Se as pessoas avaliadas obtiverem resultados desfavoráveis, só lhes resta trabalhar mais e rezar para que seus esforços sejam reconhecidos pelo "sistema" (O'NEIL, Cathy. *Algoritmos de destruição em massa*: como o *big data* aumenta a desigualdade e ameaça a democracia. Tradução de Rafael Abraham. Santo André: Rua do Sabão, 2020. p. 15-16).

27 Entre os efeitos mais perceptíveis e mais cruéis dessa desigualdade na vulnerabilidade – que não é objeto do presente estudo – está o desaparecimento de muitas profissões, cujos trabalhadores são substituídos por artefatos tecnológicos, o que contribui para o aumento exponencial da massa de desempregados e desalentados que perambula pelo mundo sem encontrar um sentido para a própria existência. Trata-se de um aprofundamento da ideia de "despersonalização da personalidade" mediante a retirada do sentido da vida. Confira-se, exemplificativamente: Inteligência artificial pode substituir 26 mil empregos administrativos na IBM. *InfoMoney*, 04 maio 2023. https://www.infomoney.com.br/carreira/

Na prática, todo esse arcabouço tecnológico digital torna possível o que podemos chamar de dirigismo digital ou determinismo digital, que é o gerenciamento dos dados pessoais para fins de direcionamento do pensar e do agir humano, bem como de formatação e padronização do nosso modo de vida. Isso é perceptível no campo da política, influenciando e até mesmo decidindo o resultado dos pleitos eleitorais, bem como no campo das relações privadas, influenciando e determinando as decisões e escolhas das pessoas no que tange à compra de produtos pela internet, possibilitando o assédio comercial, as cobranças indevidas, a importunação por mensagens eletrônicas e ligações telefônicas indesejáveis e facilitando a prática de golpes a partir de dados vazados e de informações geradas pelo algoritmo.

4 Tecnoética e tecnodireito para o enfrentamento dos problemas éticos na sociedade digital

A bioética e o biodireito constituem um dos campos de estudo mais profícuos das últimas décadas. Outro campo que alcançou grande desenvolvimento foi o direito ambiental. O que esses campos de estudo têm em comum é o sentido de constituir barreiras éticas, de natureza jurídica, ante o advento de tecnologias capazes de comprometer a segurança, a regularidade das relações humanas e até mesmo a existência da vida no planeta. Um exemplo eloquente é a clonagem humana, que se tornou possível após o nascimento da ovelha Dolly, em 1997, mas que suscitou uma infinidade de questionamentos éticos até se tornar expressamente proibida e tipificada como crime pelo art. 6º, IV, e pelo art. 26 da denominada Lei de Biossegurança, a Lei nº 11.105, de 24 de março de 2005.[28]

A tecnoética guarda correspondência com o sentido de erigir barreiras éticas frente ao advento das ameaças tecnológicas. Segundo Sara Bandrés Hernández, trata-se de como se realiza a articulação entre a tecnologia e a realidade social. Enquanto ética aplicada às tecnologias, a

inteligencia-artificial-pode-substituir-26-mil-empregos-administrativos-na-ibm/?utm_term=Autofeed&utm_ campaign=echobox&utm_medium=social&utm_source=Facebook&Echobox=1683215400&fbclid=IwAR2YUX3Nz9w9IFO1LFI4ybSThCLb8YlR09uXtoVoQnYqrLj69Y7AFCesvDg. Acesso em: 06 maio 2023.

28 A respeito do tema, confira-se: ZATZ, Mayana. Clonagem humana: conhecer para opinar. *Revista Pesquisa FAPESP*, n. 73, mar. 2002, Suplemento Especial. Disponível em: https://revistapesquisa.fapesp.br/clonagem-humana-conhecer-para-opinar-2/. Acesso em: 02 maio 2023.

tecnoética indaga se devemos fazer tudo o que podemos fazer, combate a tecnolatria e apela para a humanização da tecnologia.[29]

Em sua crônica para o periódico *Correio do Minho*, o professor João Ribeiro Mendes, do Departamento de Filosofia da Universidade do Minho, lembra que a expressão tecnoética foi utilizada pela primeira vez em 1977, pelo físico e filósofo das ciências argentino Mario Bunge, para se referir à necessidade de refletir sobre as implicações morais decorrentes da concepção, produção e uso dos artefatos tecnológicos.[30]

Ocorre que, conforme anotado por Mauro Massucatti Netto e Márcio Luís de Oliveira, o conhecimento científico e tecnológico expande-se nas mais variadas frentes, do que resulta a segmentação da tecnoética em vários campos de aplicação, com denominações específicas, como robôética, nanoética, bioética, genética, neuroética. Esses autores defendem, com amparo inclusive nas lições de Rocci Luppicini, professor da University of Ottawa, a opção pelo sincretismo tecnoético, capaz de estabelecer as bases axiomático-valorativas comuns, a fim de ancorar os parâmetros de um "códex tecnoético".[31]

É importante ressaltar que a tecnoética, para efeito de levantamento de barreiras éticas, de ordem moral e jurídica, envolve não somente a regulação dos processos e aplicações, mas também a educação para compreensão e absorção das novas tecnologias. Nesse sentido, educar para as novas tecnologias não significa simplesmente aprender os usos das novas tecnologias, mas compreender os seus processos para saber considerar os riscos e ameaças que representam para a humanidade. A educação digital passa pela inclusão digital, no sentido de dar acesso ao arcabouço tecnológico que se movimenta na

---

29 *"La sociedad como conjunto de personas que se relacionan y conviven conforme a un orden determinado por reglas de conducta, forja una identidad cultural. [...] La tecnoética, en tanto que ética aplicada a las nuevas tecnologías, recuerda la clásica pregunta de si debemos hacer todo lo que podemos hacer. Reflexiona sobre si los principios éticos aplicados a las nuevas tecnologías se han de establecer con prioridad o con posterioridad a la conducta humana. Se preocupa por si la ética individual de máximos estuviera suplantando la ética mínima social a la que todos hemos decidido debernos. Recapacita la tecnolatría y apela a la humanización de la tecnología. La tecnoética es un camino de identidad cultural"* (HERNÁNDEZ, Sara Bandrés. Tecnoética y sociedad. *Instituto Universitario Ortega-Marañón*, 21 mar. 2022. Disponível em: https://iuiog.com/tecnoetica-y-sociedad/. Acesso em: 02 maio 2023).

30 MENDES, João Ribeiro. Para uma tecnoética prática. *Correio do Minho*, 09 fev. 2016. Disponível em: https://correiodominho.pt/cronicas/para-uma-tecnoetica-pratica/7806. Acesso em: 02 maio 2023.

31 MASSUCATTI NETTO, Mauro; OLIVEIRA, Márcio Luís de. Singularidade tecnológica, convergência NBIC e a inteligência coletiva como bases para um sincretismo tecnoético, sob o paradigma jusfilosófico da teoria da integridade de Ronald Dworkin. *Revista Brasileira de Filosofia do Direito*, Salvador, v. 4, n. 1, p. 116-137, jan./jun. 2018.

rede mundial de computadores. Passa também por aprender a utilizar essas ferramentas para o desempenho de tarefas relacionadas ao nosso modo de vida contemporâneo. Um passo além, a educação digital passa pela percepção dos riscos e ameaças que o sistema oferece para as pessoas e para a sociedade humana e desenvolve um senso crítico acerca dessa percepção.[32]

A educação digital não é algo que acontece ao lado, mas faz parte da tecnoética, pois é por meio desse aprendizado que se desenvolve um senso crítico capaz de questionar os limites éticos que podem ser opostos ao fenômeno das tecnologias digitais. Nos termos da teoria do agir comunicativo, de Jürgen Habermas, as regras de convivência se estabelecem nas interações linguísticas entre ouvintes e falantes que compreendem os signos da linguagem. Por isso, quanto mais elevado for o nível de compreensão dos temas em discussão, mais elaboradas serão as soluções alcançadas pelos comunicantes.[33]

Enquanto parte da ética, o direito tem papel decisivo a desempenhar na formulação de anteparos ético-jurídicos que refreiem a escalada do desenvolvimento tecnológico. Assim como o biodireito está para a bioética, podemos compreender que há um amplo espaço de atuação do "tecnodireito" no ambiente da tecnoética. No entanto, ao passo que se postula o sincretismo no campo da tecnoética, o "tecnodireito" manifesta-se de modo segmentado, por meio de leis, regulamentos, diretivas e constituições, direcionados a cada campo de aplicação da tecnologia, embora sempre ancorado na própria principiologia jurídica e nos vetores axiológicos emanados da tecnoética.

O "tecnodireito" está para a tecnoética assim como o biodireito está para a bioética. Porém, no caso específico das tecnologias digitais,

---

[32] Tratando da incorporação das tecnologias digitais pelo poder público, José Faleiros Júnior destaca a imprescindibilidade da educação para a cidadania digital: "Por essa razão, a característica mais importante para a implementação da governança digital deve ser o processo de aprendizado de todos os envolvidos: autoridades e público, Administrações Públicas, organizações do setor público e várias partes interessadas. Nesse processo, novos conhecimentos e novas tecnologias precisam ser absorvidos e aplicados deliberada e adequadamente" (FALEIROS JÚNIOR, José Luiz de Moura. *Administração digital*: proposições para o aperfeiçoamento do regime jurídico administrativo na sociedade da informação. Indaiatuba: Foco, 2020. p. 252-269, trecho transcrito da p. 262). Confira-se também: CAVALCANTI, Ana Elizabeth Lapa Wanderley *et al. Cartilha cidadania digital*. São Paulo: Faculdades Metropolitanas Unidas, 2021.

[33] HABERMAS, Jürgen. *Direito e democracia*: entre facticidade e validade. Tradução de Flávio Bueno Siebeneichler. 2. ed. Rio de Janeiro: Tempo Brasileiro, 2003. v. I. p. 20 e 29-31; HABERMAS, Jürgen. *Teoria do agir comunicativo*: racionalidade da ação e racionalização social. Tradução de Paulo Astor Soethe e Flávio Bueno Siebeneichler. São Paulo: Martins Fontes, 2012. v. 1.p. 31 e 40.

o tecnodireito recebe a denominação de Direito Digital.[34] Trata-se de um campo do conhecimento jurídico, com tendência a se constituir em uma disciplina, que estuda o arcabouço normativo voltado para a tutela da pessoa humana, em suas dimensões individual, coletiva e social, em face dos riscos e das ameaças produzidos pela emergência de novas tecnologias, como é o caso das tecnologias digitais. É nesse contexto que tem se levantado, ao redor do mundo, uma série de propostas para regulamentação do uso das tecnologias digitais, com ênfase sobre a responsabilidade civil, criminal e regulatória das plataformas digitais.[35]

No âmbito da União Europeia, foram editados o Regulamento Geral sobre Proteção de Dados – RGPD (Regulamento nº 2016/679/UE) e a Diretiva sobre Proteção de Dados na Aplicação da Lei Penal (Diretiva nº 2016/680/CE), que disciplinam o tratamento dos dados pessoais. No que tange à inteligência artificial, o Parlamento Europeu ainda discute diversas propostas em busca de um consenso para aprovação de um marco legal.[36] Sem prejuízo, o Parlamento aprovou a Lei dos Mercados Digitais e a Lei dos Serviços Digitais com o objetivo de limitar o poder das plataformas digitais, além da Diretiva (UE) nº 2022/2555, que reforça as regras sobre cibersegurança.[37]

---

[34] A expressão "tecnodireito" tem sido adotada com sentido diverso do que é empregado neste texto, enquanto força que tenta subordinar a vontade dos outros: "O Direito é uma força de dirigir, de indicar o caminho à vontade dos outros (...) A técnica do direito está propriamente nesta adequação, no pretender a vontade dos outros, nem menos e nem mais do que o sacrifício necessário. (...) Mas tecnodireito não indica (ou não quer somente indicar) a técnica do Direito, o racional emprego de meios em vista de um fim. É. acima de tudo. a palavra com a qual descrevemos a situação do Direito no nosso tempo, a relação da forca jurídica com outras forças. Existe entre elas uma característica comum: a vontade consciente de dominar coisas e homens, natureza e história" (IRTI, Natalino. Biodireito, tecnodireito e geodireito. *Revista da Faculdade de Direito da Universidade de São Paulo*, v. 102, p. 1171-1191, jan./dez. 2007. especialmente p. 1177-1179).

[35] Para uma visão panorâmica sobre a regulação da inteligência artificial ao redor do mundo, confira-se o Relatório ENAP, *Regulação da Inteligência Artificial*: *benchmarking* de países selecionados. Dezembro de 2022. Disponível em: https://repositorio.enap.gov.br/bitstream/1/7419/1/2022.12.08%20-%20Regula% C3%A7%C3%A3o%20da%20Intelig%C3%AAncia%20Artificial.pdf. Acesso em: 05 maio 2023.

[36] Regular a Inteligência Artificial na UE: as propostas do Parlamento. *Parlamento Europeu*, 17 fev. 2023. Disponível em: https://www.europarl.europa.eu/news/pt/headlines/society/20201015STO89417/regular-a-inteligencia-artificial-na-ue-as-propostas-do-parlamento. Acesso em: 04 maio 2023.

[37] A Lei dos Mercados Digitais e da Lei dos Serviços Digitais da UE em detalhe. *Parlamento Europeu*, 14 dez. 2012. Disponível em: https://www.europarl.europa.eu/news/pt/headlines/priorities/transformacao-digital/20211209STO19124/a-lei-dos-mercados-digitais-e-da-lei-dos-servicos-digitais-da-ue-explicadas. Acesso em: 04 maio 2023.

No Reino Unido, um dos primeiros países a desenvolver estratégias sobre inteligência artificial, o *Information Commissioner's Office* (ICO) publicou Orientações sobre Inteligência Artificial e Proteção de Dados (ICO, 2020) em julho de 2020, com o objetivo de mitigar os riscos decorrentes da inteligência artificial a partir de uma perspectiva de proteção de dados.[38]

Nos Estados Unidos, o sistema regulatório é setorizado e realizado por meio das Agências Reguladoras. Em 2020, foi baixada a Lei da Iniciativa Nacional de Inteligência Artificial, que instituiu um comitê multidisciplinar, o NAII, para tratar de temas relacionados com a inteligência artificial, em coordenação com as Agências Reguladoras.[39]

Com a entrada em vigor do RGPD na Europa, iniciou-se um movimento para implementação de leis internas de proteção de dados também nos países da América Latina. No Brasil, foi promulgada a Lei nº 13.709, de 14 de agosto de 2018, a Lei Geral de Proteção de Dados – LGPD, que "dispõe sobre o tratamento de dados pessoais, inclusive nos meios digitais, por pessoa natural ou por pessoa jurídica de direito público ou privado, com o objetivo de proteger os direitos fundamentais de liberdade e de privacidade e o livre desenvolvimento da personalidade da pessoa natural" (texto do art. 1º). Essa lei institui a Autoridade Nacional de Proteção de Dados – ANPD e estabelece as responsabilidades civil e administrativa dos agentes de tratamento de dados, controlador, operador e encarregado, em caso de descumprimento das regras contidas na lei.

Nos dias atuais, encontra-se em fase final de votação pelo Congresso Nacional o Projeto de Lei nº 2.630/2020, de iniciativa do senador Alessandro Vieira, que institui a Lei Brasileira de Liberdade, Responsabilidade e Transparência na Internet, conhecida como a Lei das *Fake News*. Um dos pontos mais controvertidos é o que, revogando o art. 19 do Marco Civil da Internet, obriga as plataformas digitais a manter sistema de controle sobre os conteúdos ilícitos veiculados pelos usuários das

---

[38] ESCOLA NACIONAL DE EDUCAÇÃO PÚBLICA (ENAP. *Regulação da Inteligência Artificial*: *benchmarking* de países selecionados. Dezembro de 2022. p. 13-14. Disponível em: https://repositorio.enap.gov.br/bitstream/1/7419/1/2022.12.08%20-%20Regula%C3%A7%C3%A3o%20da%20Intelig%C3%AAncia%20Artificial.pdf. Acesso em: 05 maio 2023.

[39] ESCOLA NACIONAL DE EDUCAÇÃO PÚBLICA (ENAP. *Regulação da Inteligência Artificial*: *benchmarking* de países selecionados. Dezembro de 2022. p. 16-19. Disponível em: https://repositorio.enap.gov.br/bitstream/1/7419/1/2022.12.08%20-%20Regula%C3%A7%C3%A3o%20da%20Intelig%C3%AAncia%20Artificial.pdf. Acesso em: 05 maio 2023.

redes sociais, sob pena de responsabilidade civil e regulatória.[40] Ainda no plano legislativo, a Câmara dos Deputados aprovou o Projeto de Lei nº 21/2020, de autoria do deputado Eduardo Bismarck, que disciplina o desenvolvimento e a aplicação da inteligência artificial no Brasil.[41] De outro lado, encontra-se em tramitação no Senado Federal o Projeto de Lei nº 2.338/2023, de iniciativa do senador Rodrigo Pacheco, que é o resultado dos estudos realizados por uma comissão de juristas coordenada pelo Ministro Ricardo Villas Bôas Cueva, cujo objetivo é aprovar o Marco Legal da Inteligência Artificial.[42]

Ademais, tramitam no Supremo Tribunal Federal os Recursos Extraordinários nº 1.057.258 e nº 1.037.396, com repercussão geral reconhecida (Tema 987), nos quais se discute a inconstitucionalidade do art. 19 do Marco Civil da Internet, que isenta as plataformas digitais de responsabilidade pelos conteúdos ilícitos veiculados pelos usuários das redes sociais.[43]

A tecnoética e o tecnodireito alcançam também o mundo corporativo, uma vez que impõem deveres de *compliance* e programas de integridade, dentro de um ambiente de autorregulação e certificação, com o objetivo de evitar ou minimizar os efeitos nocivos das novas tecnologias sob a perspectiva da prevenção e da precaução. Exemplos claros são os deveres previstos no RGPD Europeu e na LGPD brasileira, em matéria de tratamento de dados pessoais, além do aludido Projeto nº 2.338/2023, no que diz respeito à inteligência artificial.[44]

Resta claro que, diante do surgimento das tecnologias digitais e tendo em perspectiva as consequências nocivas que pode trazer para a vida em sociedade, a tecnoética e o "tecnodireito" organizam-se para erigir barreiras éticas e jurídicas que possam disciplinar essas atividades e assegurar o funcionamento da vida social.

---

[40] Disponível em: https://www.camara.leg.br/noticias/957823-lira-adia-votacao-do-projeto-das-fake-news-acompanhe/. Acesso em: 04 maio 2023.

[41] Disponível em: https://www.camara.leg.br/propostas-legislativas/2236340. Acesso em: 05 maio 2023.

[42] Disponível em: https://www.congressonacional.leg.br/materias/materias-bicamerais/-/ver/pl-2338-2023. Acesso em: 04 maio 2023.

[43] BRASIL. STF. *Recurso Extraordinário nº 1.037.396*, Rel Min. Dias Toffoli. Disponível em: https://portal.stf.jus.br/jurisprudenciaRepercussao/verAndamentoProcesso.asp?incidente=5160549&numeroProcesso=1037396&classeProcesso=RE&numeroTema=987. Acesso em: 04 maio 2023.

[44] Nos arts. 46 a 49, a LGPD trata das medidas a serem adotadas pelos agentes de tratamento de dados, a fim de resguardar a segurança e o sigilo dos dados pessoais. Nos arts. 50 e 51, a lei faculta aos controladores e operadores a adoção de programas de integridade e compliance, em um ambiente de autorregulação e certificação.

Conclusões

Em síntese conclusiva, é possível compreender o advento da sociedade digital como mais um desdobramento da modernidade. Entre os vários riscos e ameaças relacionados ao advento das novas tecnologias digitais, cogita-se a possibilidade de superação da racionalidade humana pela inteligência artificial. No entanto, é preciso considerar que a racionalidade humana é a instância ética e moral para todas as tecnologias que surgiram ao longo de toda a história da humanidade e, mais especificamente, ao longo da Era Moderna. É nesse sentido que já se acha em curso, em diversas partes do mundo, todo um movimento para estabelecer limites éticos e jurídicos às tecnologias digitais.

Uma das mais importantes frentes de atuação no enfrentamento e na disciplina das tecnologias digitais é a educação digital, educação para a cidadania digital, que não se restringe a "aprender a mexer no computador", mas se trata de compreender as implicações sociais dessas tecnologias de maneira mais profunda e crítica. A outra frente de atuação é composta pela tecnoética e pelo tecnodireito que, em sua aplicação às tecnologias digitais, recebe a denominação de Direito Digital. Em conjunto, a tecnoética e o tecnodireito disciplinam e estabelecem barreiras éticas e jurídicas para o adequado funcionamento das tecnologias digitais.

Em resumo, diante dos problemas que resultam do advento das tecnologias digitais, é indispensável a atualização do sistema jurídico mediante a edição de normas específicas para essa nova realidade. É possível falar em tecnoética para nos referirmos à ética aplicada às tecnologias, incluindo as tecnologias digitais; e, dentro do campo jurídico, podemos falar em tecnodireito que, no que diz respeito à sua aplicação às tecnologias digitais, recebe o nome de direito digital.

Referências

ARENDT, Hannah. *A condição humana.* Tradução de Roberto Raposo. Posfácio de Celso Lafer. 10. ed. Rio de Janeiro: Forense Universitária, 2005.

A LEI dos Mercados Digitais e da Lei dos Serviços Digitais da UE em detalhe. *Parlamento Europeu,* 14 dez. 2012. Disponível em: https://www.europarl.europa.eu/news/pt/headlines/priorities/transformacao-digital/20211209STO19124/a-lei-dos-mercados-digitais-e-da-lei-dos-servicos-digitais-da-ue-explicadas. Acesso em: 04 maio 2023.

"A TECNOLOGIA está evoluindo mais rápido do que a capacidade humana", diz Thomas Friedman. *NewTrade,* 02 mar. 2018. Disponível em: https://newtrade.com.br/tecnologia/tecnologia-esta-evoluindo-mais-rapido-do-que-capacidade-humana-diz-thomas-friedman/. Acesso em: 28 abr. 2023.

BAUMAN, Zygmunt. *Modernidade líquida.* Tradução de Plínio Dentzien. Rio de Janeiro: Jorge Zahar Editor, 2001.

BECK, Ulrich. *Sociedade de risco*: rumo a uma outra modernidade. Tradução de Sebastião Nascimento. São Paulo: Editora 34, 2010.

BRASIL. STF. *Recurso Extraordinário nº 1.037.396*, Rel Min. Dias Toffoli. Disponível em: https://portal.stf.jus.br/jurisprudenciaRepercussao/verAndamentoProcesso.asp?incidente=5160549&numeroProcesso=1037396&classeProcesso=RE&numeroTema=987. Acesso em: 04 maio 2023.

CASTELLS, Manuel. *La sociedad red*: una visión global. Tradução de Francisco Muñoz de Bustillo. Madrid: Ed. Alianza, 2006.

CAVALCANTI, Ana Elizabeth Lapa Wanderley *et al. Cartilha cidadania digital*. São Paulo: Faculdades Metropolitanas Unidas, 2021.

DE LUCCA, Newton. Yuval Noah Harari e sua visão dos dados pessoais de cada um de nós. *Migalhas*, 02 jun. 2021. Disponível em: https://www.migalhas.com.br/coluna/migalhas-de-protecao-de-dados/346519/yuval-noah-harari-e-sua-visao-dos-dados-pessoais-de-cada-um-de-nos. Acesso em: 06 ago. 2021.

DE LUCCA, Newton; LIMA, Cintia Rosa Pereira de. O Brasil está pronto para as sanções administrativas previstas na LGPD? *Migalhas*, 06 ago. 2021. Disponível em: https://www.migalhas.com.br/coluna/migalhas-de-protecao-de-dados/349699/brasil-esta-pronto-para-as-sancoes-administrativas-previstas-na-lgpd. Acesso em: 06 ago. 2021.

ESCOLA NACIONAL DE EDUCAÇÃO PÚBLICA (ENAP. *Regulação da Inteligência Artificial*: *benchmarking* de países selecionados. Dezembro de 2022. Disponível em: https://repositorio.enap.gov.br/bitstream/1/7419/1/2022.12.08%20-%20Regula%C3%A7%C3%A3o%20da%20Intelig%C3%AAncia%20Artificial.pdf. Acesso em: 05 maio 2023.

FALEIROS JÚNIOR, José Luiz de Moura. *Administração digital*: proposições para o aperfeiçoamento do regime jurídico administrativo na sociedade da informação. Indaiatuba: Foco, 2020.

FALEIROS JÚNIOR, José Luiz de Moura; TEIXEIRA NETO, Felipe. Dano moral coletivo e falhas algorítmicas: breves reflexões. *In*: BARBOSA, Mafalda Miranda; BRAGA NETTO, Felipe; SILVA, Michael Cesar; FALEIROS JÚNIOR, José Luiz de Moura (Coord.). *Direito digital e inteligência artificial*: diálogos entre Brasil e Europa. Indaiatuba: Foco, 2021.

HABERMAS, Jürgen. *Direito e democracia*: entre facticidade e validade. Tradução de Flávio Bueno Siebeneichler. 2. ed. Rio de Janeiro: Tempo Brasileiro, 2003. v. I.

HABERMAS, Jürgen. *Teoria do agir comunicativo*: racionalidade da ação e racionalização social. Tradução de Paulo Astor Soethe e Flávio Bueno Siebeneichler. São Paulo: Martins Fontes, 2012. v. 1.

HARARI, Yuval. *Homo Deus*: uma breve história do amanhã. São Paulo: Companhia das Letras, 2016.

HELLER, Agnes; FEHÉR, Ferenc. *A condição política pós-moderna.* Tradução de Marcos Santarrita. 2. ed. Rio de Janeiro: Civilização Brasileira, 2002.

HERNÁNDEZ, Sara Bandrés. Tecnoética y sociedad. *Instituto Universitario Ortega-Marañón*, 21 mar. 2022. Disponível em: https://iuiog.com/tecnoetica-y-sociedad/. Acesso em: 02 maio 2023.

HORKHEIMER, Max. *Eclipse da razão*. Tradução de Sebastião Uchoa Leite. São Paulo: Centauro, 2002.

INTELIGÊNCIA artificial pode substituir 26 mil empregos administrativos na IBM. *InfoMoney*, 04 maio 2023. https://www.infomoney.com.br/carreira/inteligencia-artificial-pode-substituir-26-mil-empregos-administrativos-na-ibm/?utm_term=Autofeed&utm_campaign=echobox&utm_medium=social&utm_source=Facebook&Echobox=16832-15400&fbclid=IwAR2YUX3Nz9w9IFO1LFI4ybSThCLb8YlR09uXtoVoQnYqrLj69Y7AFCesvDg. Acesso em: 06 maio 2023.

IRTI, Natalino. Biodireito, tecnodireito e geodireito. *Revista da Faculdade de Direito da Universidade de São Paulo*, v. 102, p. 1171-1191, jan./dez. 2007.

KAUFMANN, Arthur. *La filosofía del derecho en la posmodernidad*. Tradução de Luís Villar Borda. 2. ed. Bogotá: Temis, 1998.

MASSUCATTI NETTO, Mauro; OLIVEIRA, Márcio Luís de. Singularidade tecnológica, convergência NBIC e a inteligência coletiva como bases para um sincretismo tecnoético, sob o paradigma jusfilosófico da teoria da integridade de Ronald Dworkin. *Revista Brasileira de Filosofia do Direito*, Salvador, v. 4, n. 1, p. 116-137, jan./jun. 2018.

MATURANA, Humberto. *Emoções e linguagem na educação e na política*. Tradução de José Fernando Campos Fortes. 4. reimpr. Belo Horizonte: Editora UFMG, 2005.

MENDES, João Ribeiro. Para uma tecnoética prática. *Correio do Minho*, 09 fev. 2016. Disponível em: https://correiodominho.pt/cronicas/para-uma-tecnoetica-pratica/7806. Acesso em: 02 maio 2023.

MORATO, Antonio Carlos. Quadro geral dos direitos da personalidade. *Revista da Faculdade de Direito da Universidade de São Paulo*, v. 106/107, p. 121-158, dez. 2011 / jan. 2012.

MORIN, Edgar. *Os sete saberes necessários à educação do futuro*. Tradução de Catarina Eleonora F. da Silva e Jeanne Sawaya. Revisão técnica de Edgar de Assis Carvalho. 10. ed. São Paulo: Cortez; Brasília, DF: Unesco, 2005.

NIETZSCHE, Friedrich Wilhelm. Assim falou Zaratustra, segunda parte, dos compassivos; A ciência gaia, livro V, §343: nós, os sem-medo. *In: Obras incompletas*. Tradução de Rubens Rodrigues Torres Filho. São Paulo: Nova Cultural, 1999.

O'NEIL, Cathy. *Algoritmos de destruição em massa*: como o *big data* aumenta a desigualdade e ameaça a democracia. Tradução de Rafael Abraham. Santo André: Rua do Sabão, 2020.

PASQUALE, Frank. *The black box society*: the secret algorithms that control money and information. Cambridge: Harvard University Press, 2016.

REGULAR a Inteligência Artificial na UE: as propostas do Parlamento. *Parlamento Europeu*, 17 fev. 2023. Disponível em: https://www.europarl.europa.eu/news/pt/headlines/society/20201015STO89417/regular-a-inteligencia-artificial-na-ue-as-propostas-do-parlamento. Acesso em: 04 maio 2023.

RODOTÀ, Stefano. *A vida na sociedade de vigilância*: a privacidade hoje. Organização, seleção e apresentação de Maria Celina Bodin de Moraes. Tradução de Danilo Doneda e Luciana Cabral Doneda. Rio de Janeiro: Renovar, 2008.

ROSENVALD, Nelson. A LGPD e a despersonalização da personalidade. *Migalhas*, 20 ago. 2021. Disponível em: https://www.migalhas.com.br/coluna/migalhas-de-protecao-de-dados/350374/a-lgpd-e-a-despersonalizacao-da-personalidade. Acesso em: 20 ago. 2021.

ROUSSEAU, Jean-Jacques. *Discurso sobre a origem e os fundamentos da desigualdade entre os homens.* Tradução de Lourdes Santos Machado. São Paulo: Nova Cultural, 1999 (Coleção Os Pensadores).

SANTOS, Boaventura de Sousa. *A crítica da razão indolente*: contra o desperdício da experiência. 6. ed. São Paulo: Cortez, 2007.

SARLET, Ingo Wolfgang. *A eficácia dos direitos fundamentais*: uma teoria geral dos direitos fundamentais na perspectiva constitucional. 12. ed. Porto Alegre: Livraria do Advogado, 2015.

SCHREIBER, Anderson. *Direitos da personalidade.* 2. ed. São Paulo: Atlas, 2013.

TELLES JÚNIOR, Goffredo. *Direito quântico*: ensaio sobre o fundamento da ordem jurídica. 8. ed. rev. São Paulo: Juarez de Oliveira, 2006.

ZANATTA, Rafael A. F. Perfilização, discriminação e direitos: do Código de Defesa do Consumidor à Lei Geral de Proteção de Dados Pessoais. *ResearchGate*, fev. 2019. Disponível em: https://www.researchgate.net/publication/331287708_Perfilizacao_Discriminacao_e_Direitos_do_Codigo_de_Defesa_do_Consumidor_a_Lei_Geral_de_Protecao_de_Dados_Pessoais. Acesso em: 28 abr. 2023.

ZATZ, Mayana. Clonagem humana: conhecer para opinar. *Revista Pesquisa FAPESP*, n. 73, mar. 2002, Suplemento Especial. Disponível em: https://revistapesquisa.fapesp.br/clonagem-humana-conhecer-para-opinar-2/. Acesso em: 02 maio 2023.

ZUBOFF, Shoshana. *A era do capitalismo de vigilância*: a luta por um futuro humano na nova fronteira do poder. Tradução de George Schlesinger. Rio de Janeiro: Intrínseca, 2020.

Informação bibliográfica deste texto, conforme a NBR 6023:2018 da Associação Brasileira de Normas Técnicas (ABNT):

SANTOS, Romualdo Baptista dos. Tecnoética e tecnodireito frente às tecnologias digitais: os problemas da opacidade, da vulnerabilidade e do comprometimento da autonomia humana. *In*: EHRHARDT JÚNIOR, Marcos; CATALAN, Marcos; NUNES, Cláudia Ribeiro Pereira (Coord.). *Inteligência artificial e relações privadas – Relações patrimoniais*: entre o consumo, os contratos e os danos. Belo Horizonte: Fórum, 2023. v. 3. p. 57-78. ISBN 978-65-5518-586-7.

INTELIGÊNCIA ARTIFICIAL E SEGUROS: COMO TUTELAR A PERFILIZAÇÃO E A DISCRIMINAÇÃO NA SELEÇÃO ALGORÍTMICA DE RISCOS?

JOSÉ LUIZ DE MOURA FALEIROS JÚNIOR

MICHAEL CÉSAR SILVA

1 Introdução

A evolução dos contratos eletrônicos nas últimas décadas tem sido proporcional ao avanço tecnológico, trazendo desafios para a disciplina contratual. Nesse sentido, a Ciência Jurídica precisa se adaptar às novas tecnologias para aprimorar a regulação contratual. Um exemplo importante é o dos seguros contratados digitalmente, que serão explorados neste ensaio à luz do papel dos algoritmos nesse novo contexto em que a inovação e a regulação caminham em descompasso na sociedade da informação.

A sociedade tem o dever de exercer o controle preventivo de danos a partir de técnicas regulatórias. No entanto, existem percalços inegáveis, como a desigualdade digital (*digital divide*), a automatização da desigualdade (*automated inequality*) e a discriminação algorítmica (*algorithmic bias*), que são estudadas por pesquisadores renomados, como Benjamin Compaine, Virginia Eubanks e Frank Pasquale. Esses desafios exigem que os operadores do direito se adaptem a novos horizontes para explorar o papel da regulação tradicional dos contratos, incluindo iniciativas, como a Lei Geral de Proteção de Dados Pessoais.

No contexto dos contratos de seguros contratados digitalmente, é preciso explorar algumas das peculiaridades relacionadas à contratação eletrônica. Esse tema-problema é complexo e desafiador, apresentando desdobramentos e impactos variados. No entanto, é possível demonstrar as vantagens da relativa abertura regulatória aos influxos da governança para o aprimoramento dos mecanismos de proteção a direitos de personalidade nas contratações.

Um dos aspectos mais importantes a serem considerados na contratação eletrônica de seguros é a discriminação algorítmica. A discriminação pode ocorrer quando os algoritmos usados nas análises de risco são treinados com dados históricos que refletem desigualdades sociais e econômicas. Esses dados podem ser usados para avaliar o risco incidente sobre os bens ou vida de uma determinada pessoa e, consequentemente, definir o valor do seguro que ela precisa pagar. Se o algoritmo for tendencioso, o segurado pode acabar pagando um valor maior do que outro segurado com o mesmo perfil, mas de outro grupo social.

A discriminação algorítmica pode ser particularmente problemática nos seguros de saúde, em que as pessoas podem ser negadas cobertura ou pagar valores mais altos com base em características como idade, gênero e histórico médico. Além disso, os algoritmos também podem ser usados para avaliar riscos em outros tipos de seguro, como seguro de automóvel, o qual fatores como localização e histórico de direção podem influenciar no valor do prêmio.

É importante ressaltar que a discriminação algorítmica não é intencional, mas sim resultado de dados históricos que refletem desigualdades sociais e econômicas. No entanto, isso não justifica o seu uso nos processos de análise de risco, uma vez que a discriminação vai contra os princípios de justiça e igualdade (substancial) que regem a sociedade contemporânea.

O estudo propõe proceder a uma análise crítica da perfilização (*profiling*) e da prática comercial abusiva da discriminação algorítmica nos contratos de seguro, sob a perspectiva dos preceitos normativos da legislação consumerista, notadamente, o Código de Defesa do Consumidor (CDC) e a Lei Geral de Proteção de Dados (LGPD).

Nesse cenário, o princípio da boa-fé objetiva assume papel fundamental no âmbito das relações jurídicas securitárias, atribuindo aos contratantes (segurado e segurador) o precípuo dever de informação, acerca de toda e qualquer circunstância relacionada ao conteúdo contratual, desde a fase pré-contratual (tratativas), durante sua execução, e mesmo na fase pós-contratual do contrato de seguro.

Merece destaque, também, a aplicação do Código de Defesa do Consumidor ao contrato de seguro, por tratar-se indubitavelmente de uma relação jurídica de consumo, notadamente, firmada por meio de contratos de adesão, demandando, consequentemente, uma atuação positiva do Estado no sentido de tutelar o vulnerável no mercado de consumo digital.

A prática comercial abusiva da discriminação algorítmica nos contratos de seguro encontra fundamento na *vulnerabilidade do consumidor*, em suas diversas matizes, bem como das situações específicas de *vulnerabilidade agravada* (ou hipervulnerabilidade) de determinados agrupamentos de consumidores em sociedade.

Ainda assim, é importante destacar que os algoritmos utilizados nas análises de risco dos seguros também podem perpetuar a discriminação e desigualdade social existentes na sociedade. Como resultado, as pessoas que pertencem a grupos minoritários podem ser negadas ou oferecidas apólices com preços mais elevados, com base em características que não são relevantes para o risco de sinistro, como raça, gênero ou classe social, dentre outros. Isso é particularmente preocupante no contexto dos seguros de saúde, em que a discriminação algorítmica pode afetar diretamente a saúde e o bem-estar dos consumidores.

Portanto, é fundamental discutir a discriminação algorítmica nos contratos de seguros e tomar medidas para prevenir e corrigir seus efeitos prejudiciais. A regulação adequada e a governança são importantes para garantir que os algoritmos sejam transparentes, justos e não discriminatórios. A transparência significa que os algoritmos devem ser compreensíveis e auditáveis, permitindo que as pessoas saibam como as decisões são tomadas. A justiça significa que os algoritmos devem ser imparciais e não discriminar com base em características irrelevantes. E a não discriminação significa que os algoritmos devem ser projetados para evitar a perpetuação de desigualdades sociais e para garantir que todas as pessoas tenham acesso igual aos benefícios dos seguros.

Em suma, a discussão sobre a discriminação algorítmica nos seguros é crucial para garantir a equidade e a justiça nos contratos eletrônicos. Como os algoritmos desempenham um papel cada vez mais importante na tomada de decisões sobre seguros, é fundamental que a regulação e a governança estejam atualizadas e se adaptem às mudanças tecnológicas. A discussão sobre a discriminação algorítmica deve ser parte integrante desse processo, pois só assim poder-se-á garantir que todos tenham acesso justo aos benefícios dos seguros, independentemente de sua raça, gênero, classe social ou outras características irrelevantes.

Por fim, busca-se identificar os contornos e limites da utilização da perfilização nos contratos de seguro e da prática abusiva da discriminação algorítmica, no âmbito das relações jurídicas de consumo, sob a perspectiva do princípio da vulnerabilidade e dos preceitos ético-jurídicos da boa-fé objetiva, com a finalidade de apresentar soluções que assegurem a efetiva tutela jurídica dos segurados (consumidores) no mercado de consumo digital.

A pesquisa se utilizará do método dedutivo, a partir da revisão bibliográfica, para a concretização da averiguação almejada.

2 Peculiaridades do contrato de seguro e da seleção de riscos baseada em dados e inferências

Desde os primórdios da antiguidade, o homem busca encontrar mecanismos de proteção para resguardar-se da ocorrência de acontecimentos fortuitos. Com o desenvolvimento econômico surge a ideia de se garantir proteção aos indivíduos no exercício de sua atividade econômica contra eventuais riscos ensejadores de danos em sociedade. A partir do referido contexto, exsurge, insipidamente, a noção de contrato de seguro.[1]

Nesse mesmo giro, António Menezes Cordeiro preleciona que o "[d]ireito dos seguros sistematiza as normas e os princípios conexionados com os contratos de seguro".[2] Contudo, o surgimento contemporâneo do direito dos seguros, enquanto disciplina jurídico-científica, somente surge no século XIX, com esteio em causas de natureza jurídico-cultural.[3]

Contemporaneamente, o contrato de seguro ampliou sua área de atuação, devido ao incremento econômico e tecnológico das sociedades, que se empreendeu no século XX, o que contribuiu para que inúmeros

---

[1] GUERREIRO, Marcelo da Fonseca. *Seguros privados*: doutrina, legislação e jurisprudência. 2. ed., Rio de Janeiro: Forense Universitária, 2004. p. 1-3; MARTINS, João Marcos Brito. *O contrato de seguro*: comentado conforme as disposições do Código Civil, Lei nº 10.406, de 10 de janeiro de 2002. 2. ed. Rio de Janeiro: Forense Universitária, 2005. p. 5-8; SHIH, Frank Larrúbia. *Temas relevantes de direito securitário*. Rio de janeiro: Lumen Juris, 2003. p. 3-4.

[2] CORDEIRO, António Manuel da Rocha e Menezes. *Direito dos seguros*. 2. ed., rev. e atual. Coimbra: Almedina, 2016. p. 33.

[3] CORDEIRO, António Manuel da Rocha e Menezes. *Direito dos seguros*. 2. ed., rev. e atual. Coimbra: Almedina, 2016. p. 68.

e novos tipos de seguros surgissem, para resguardar o patrimônio (bens) ou pessoa (vida) daquele interessado em se proteger dos riscos incidentes sobre diversos ramos da atividade econômica, por meio da transferência do risco para o segurador.[4]

Deste modo, "no contrato de seguro, uma pessoa transfere, para outra, o risco da verificação de uma eventualidade, na esfera jurídica própria ou alheia, mediante o pagamento de determinada remuneração".[5] Nessa mesma linha de intelecção, Maurício Salomoni Gravina expõe que o contrato de seguro pode ser definido como "um contrato celebrado frente ao segurador para cobrir riscos, preservar interesses, capital ou renda, conforme a garantia contratada, em contrapartida ao prêmio do seguro".[6,7]

Destarte, o contrato de seguro tem por finalidade a transferência do risco existente na atividade econômica desenvolvida pelo segurado à sociedade seguradora, que se obriga, mediante certa contribuição em pecúnia avençada no contrato de seguro (prêmio), a garantir interesse legítimo segurável, relativo a bens ou pessoas contra riscos previstos no contrato.

Trata-se, portanto, de uma obrigação de garantia do segurador que visa à eliminação de riscos que, porventura, venham a incidir sobre o segurado, sendo que a aquele assume a responsabilidade de indenizar, reparar ou ressarcir eventuais prejuízos (danos) incidentes sobre bens (seguro de danos) ou a vida (seguro de pessoas) deste.

Destaca-se, ainda, que no âmbito do contrato de seguro, a observância ao princípio da boa-fé objetiva se impõe como fundamental, no intuito de nortear os contratantes em sua atuação na relação jurídica securitária, em consonância com os ditames normativos do referido princípio estabelecidos nos artigos 113, 187 e 422 do Código Civil e artigos 4º, III e 51, IV do Código de Defesa do Consumidor, os quais informam a base principiológica da boa-fé objetiva no Direito Privado,

---

4 Nesse sentido ver: SILVA, Michael César. *Contrato de seguro de automóveis*: releitura à luz da nova principiologia do direito contratual. Rio de Janeiro: Lumen Juris, 2012. p. 125.

5 CORDEIRO, António Manuel da Rocha e Menezes. *Direito dos seguros*. 2. ed., rev. e atual. Coimbra: Almedina, 2016. p. 33. Nesse sentido ver: JUNQUEIRA, Thiago. Notas sobre a discriminação em virtude do sexo e o contrato de seguro. *In:* MIRAGEM, Bruno; CARLINI, Angélica (Coord.). *Direito dos Seguros*: fundamentos de Direito Civil, Direito Empresarial e Direito do Consumidor. São Paulo: Revista dos Tribunais, 2014. p. 292-293; MIRAGEM, Bruno; PETERSEN, Luiza. *Direito dos seguros*. Rio de Janeiro: Forense, 2022. E-book.

6 GRAVINA, Maurício Salomoni. *Direito dos Seguros*. 2. ed. São Paulo: Almedina, 2022. p. 236.

7 Destaca-se, por oportuno, que o contrato de seguro encontra-se regulamentado no Brasil, nos artigos 757 a 802 do Código Civil.

com incidência desde durante todo o vínculo contratual, a fase pré-contratual até a fase pós-contratual.[8]

Nesse mesmo sentido, o artigo 765 do Código Civil[9] consagrou, expressamente, *o princípio da boa-fé objetiva no contrato de seguro*,[10] tendo assim sua observância, e, por conseguinte, de suas funções e deveres anexos, imposta aos contratantes, com a finalidade de garantir o adimplemento contratual e a percepção da justiça contratual.

> Se a boa-fé se faz imprescindível nos contratos em geral, com mais razão deve se fazer presente no contrato de seguro, tendo em vista que a sinceridade e a verdade constituem-se na base primeira da declaração de vontade que o origina. Tanto, que esta espécie de contrato é o único dos nominados previstos na Lei Civil que possui regra a ela pertinente (...).[11]

Portanto, em consonância com os preceitos normativos da boa-fé objetiva, os contratantes deverão manter uma conduta proba, leal e sincera, com a finalidade de se assegurar o direito à informação tanto do segurado (consumidor) quanto do segurador (fornecedor),[12] sobre toda e qualquer circunstância relacionada ao conteúdo contratual, notadamente, em relação às várias cláusulas limitativas da contratação e aos riscos incidentes sobre o bem/vida do segurado, que possam influir na mensuração dos riscos e, consequentemente, do valor do prêmio.

Ademais, o contrato de seguro apresenta-se como uma *relação jurídica de consumo*, donde se constata o *caráter não paritário* atribuído a ela, bem como a presença de *assimetria de informações* entre os contratantes.[13]

---

[8] Nesse sentido ver: GRAVINA, Maurício Salomoni. *Direito dos Seguros*. 2. ed. São Paulo: Almedina, 2022. p. 102-103; MIRAGEM, Bruno; PETERSEN, Luiza. *Direito dos seguros*. Rio de Janeiro: Forense, 2022. E-book.

[9] Artigo 765 CC/02: O segurado e o segurador são obrigados a guardar na conclusão e na execução do contrato, a mais estrita boa-fé e veracidade, tanto a respeito do objeto como das circunstâncias e declarações a ele concernentes.

[10] Nesse sentido ver: GRAVINA, Maurício Salomoni. *Princípios jurídicos do contrato de seguro*. Rio de Janeiro: Funenseg, 2015. p.60.

[11] KRIGER FILHO, Domingos Afonso. *Contrato de seguro no direito brasileiro*. Niterói: Labor Juris, 2000. p. 117. Nesse sentido ver: CAVALIERI FILHO, Sergio. *Programa de direito do consumidor*. 6. ed. Barueri, São Paulo: Atlas, 2022. E-book; TZIRULNIK, Ernesto; CAVALCANTI, Flávio de Queiroz B.; PIMENTEL, Ayrton. *O contrato de seguro*: novo código civil brasileiro. São Paulo: Instituto Brasileiro de Direito do Seguro, 2002. p. 68-69.

[12] Nesse sentido ver: KHOURI, Paulo R. Roque A. O direito à informação e o contrato de seguro. *In:* MIRAGEM, Bruno; CARLINI, Angélica (Coord.). *Direito dos Seguros*: fundamentos de Direito Civil, Direito Empresarial e Direito do Consumidor. São Paulo: Revista dos Tribunais, 2014. p.133-143.

[13] Laura Schertel Mendes e Marcela Mattiuzzo explicitam que a "análise e a mitigação dos riscos tornam-se mais relevantes quando aplicadas a setores econômicos nos quais a

O contrato de seguro evidencia um dos exemplos mais comuns de contratos de adesão, em face do dinamismo da atividade securitária, da massificação dos contratos e da necessidade de rapidez na conclusão das relações contratuais securitárias.

> O fato de ser o contrato redigido pelo segurador, aliado à sua natureza técnica pouco acessível ao segurado, deixou este praticamente à mercê daquele para impor um caráter quase unilateral ao negócio. A igualdade jurídica dissimula uma desigualdade de fato.[14]

Logo, impõem-se a necessidade de o Estado estabelecer instrumentos jurídicos capazes de tutelar adequadamente os segurados (consumidores) no mercado de consumo e promover o (re)equilíbrio da relação de consumo estabelecida entre segurados e seguradores, evitando-se, assim, estipulação do conteúdo contratual que imponha aos segurados – vulneráveis sob diversas matizes – *condições excessivamente onerosas* na contratação, fundadas em práticas discriminatórias, que tenham como critérios para aferição do risco a mensuração de dados pessoais relacionados à raça, ao gênero, ou à classe social dos consumidores.

> A Inteligência Artificial incrementa as técnicas de gerenciamento do risco à disposição do segurador. Primeiro, porque multiplica os métodos de previsão e mensuração do risco, para além do modelo estatístico tradicional; segundo, porque fornece inúmeras técnicas de prevenção e controle do risco, de forma eficiente e a baixo custo. (...)
> O aumento exponencial da capacidade de coleta e processamento da informação, em grande medida decorrente do desenvolvimento de sistemas de Inteligência Artificial, repercute no modo de mensuração do risco no seguro e, por consequência, em todo o processo de subscrição do risco. Nesse âmbito, a informação sempre desempenhou importante papel. É com base nas informações relativas ao bem segurado (e.g., valor, localização), à pessoa segurada (e.g., idade, sexo, estado de saúde) e ao comportamento do segurado (e.g., consumo de cigarro) que o segurador calcula o risco coberto, precifica o seguro e decide sobre a pertinência e as condições da contratação. Assim, quanto maiores a quantidade e a qualidade das informações disponíveis a respeito do risco segurado, maior a eficiência da subscrição do risco. (...) Os avanços da Inteligência Artificial, entretanto, têm levado ao surgimento de um modelo

---

assimetria de informação é abundante" (MENDES, Laura Schertel; MATTIUZZO, Marcela. Discriminação algorítmica: conceito, fundamento legal e tipologia. *RDU*, Porto Alegre, v. 16, n. 90, p. 40, nov./dez. 2019.).

[14] ALVIM, Pedro. *O contrato de seguro*. 3. ed. Rio de Janeiro: Forense, 1999. p.133.

> disruptivo de mensuração do risco. O desenvolvimento de sistemas de Inteligência Artificial voltados ao setor de seguros, com o Big Data, tem multiplicado as técnicas de coleta e processamento da informação à disposição do segurador, permitindo o acesso a uma série de dados relativos ao estado de risco segurado, especialmente relacionados ao comportamento da pessoa segurada, até então indisponíveis, em um grau de detalhamento sem precedentes. Essa nova realidade rompe com o paradigma moderno de mensuração do risco, baseado no método estatístico tradicional, justificando o reconhecimento de um novo modelo, estruturado a partir de algoritmos automatizados.[15]

Portanto, a coleta e o tratamento de dados pessoais dos segurados, pautada nos referidos critérios negativos ou discriminatórios para determinação do risco incidente sobre bens ou a vida dos segurados, caracteriza a prática abusiva da discriminação algorítmica, a qual se constitui em evidente ofensa aos ditames legais consumeristas, sendo vedada nos termos do artigo 39, II e IX do CDC e passível de imputação de responsabilidade civil aos seguradores.

Por fim, no tocante à função econômica do contrato de seguro, a referida operação econômica destaca-se "como relevante fenômeno socioeconômico, dentro do contexto contemporâneo do Direito Contratual, enquanto mecanismo de socialização dos riscos advindos do desenvolvimento das atividades econômicas, na sociedade de consumo",[16] donde se releva o papel essencial que o contrato de seguro assume contemporaneamente em sociedade.

3 Perfilização (*profiling*) nos seguros: limites a partir do processamento algorítmico de dados

Nesse contexto, é fundamental compreender que a prática comercial abusiva de perfilização algorítmica perpetrada pelos fornecedores no mercado de consumo digital também ofende o *princípio da vulnerabilidade* do consumidor, um dos pilares da proteção do consumidor no Brasil, especialmente, para a prevenção de ofensa aos preceitos éticos-jurídicos da boa-fé objetiva.[17]

---

[15] MIRAGEM, Bruno; PETERSEN, Luiza. *Direito dos seguros*. Rio de Janeiro: Forense, 2022. E-book.

[16] SILVA, Michael César. *Contrato de seguro de automóveis*: releitura à luz da nova principiologia do direito contratual. Rio de Janeiro: Lumen Juris, 2012. p.80.

[17] Para maiores informações sobre o princípio da boa-fé objetiva remete-se a leitura de: MARTINS-COSTA, Judith. *A boa-fé no direito privado*: critérios para sua aplicação. 2. ed.

O referido princípio é reconhecido como o traço marcante, distintivo do Código de Defesa do Consumidor, o qual se encontra intimamente relacionado com os princípios da informação, transparência, confiança e da boa-fé objetiva, no intuito de se garantir o (re)equilíbrio das relações jurídicas de consumo.

Segundo Claudia Lima Marques,

> (...) a vulnerabilidade é mais um estado da pessoa, um estado inerente de risco ou um sinal de confrontação excessiva de interesses identificado no mercado, é uma situação permanente ou provisória, individual ou coletiva, que fragiliza, enfraquece o sujeito de direitos, desequilibrando a relação. A vulnerabilidade não é, pois, o fundamento das regras de proteção do sujeito mais fraco, é apenas a 'explicação' destas regras ou da atuação do legislador, é a técnica para a sua boa aplicação, é a noção instrumental que guia e ilumina a aplicação destas normas protetivas e reequilibradoras, à procura do fundamento da igualdade e da justiça equitativa.[18]

Destaca-se, ainda, que a *vulnerabilidade do consumidor* é vislumbrada em suas diversas matizes – econômica, técnica, científica, fática, política, informacional, dentre outras – e, em determinadas situações, por meio da *vulnerabilidade agravada* (ou hipervulnerabilidade)[19] de determinados agrupamentos de consumidores, o que impõe uma imprescindível atuação especial do Estado no sentido de se garantir a efetiva proteção dos consumidores no mercado de consumo digital.

> A tolerância dos consumidores com a coleta intensiva e massiva de dados pessoais ou pessoalizáveis se justifica por pelo menos duas razões: ou porque não sabem sobre a hiperpersonalização, sobre os mecanismos

São Paulo: Saraiva Educação, 2018; CORDEIRO, António Manuel da Rocha e Menezes. *Da boa-fé no direito civil.* 3. reimpressão. Coimbra: Almedina, 2007; TOMASEVICIUS FILHO, Eduardo. *O princípio da boa-fé no direito civil.* São Paulo: Almedina, 2020; SILVA, Michael César. Convergências e assimetrias do princípio da boa-fé objetiva no direito contratual contemporâneo. *In*: BRAGA NETTO, Felipe Peixoto; SILVA, Michael César (Org.). *Direito privado e contemporaneidade*: desafios e perspectivas do direito privado no século XXI: volume II. Rio de Janeiro: Lumen Juris, 2018. p. 99-141.

18 MARQUES, Claudia Lima. *Contratos no Código de Defesa do Consumidor.* 9. ed. São Paulo: Thomson Reuters Brasil, 2019. p. 312. Nesse mesmo sentido ver: BRAGA NETTO, Felipe Peixoto. *Manual de direito do consumidor à luz da jurisprudência do STJ.* 14. ed. rev., atual. e ampl. Salvador: Juspodivm, 2019. p. 65-67.

19 Nesse sentido ver: MARQUES, Claudia Lima. *Contratos no Código de Defesa do Consumidor.* 9. ed. São Paulo: Thomson Reuters Brasil, 2019. p. 350-352; MARQUES, Claudia Lima; MIRAGEM, Bruno. *O novo direito privado e a proteção dos vulneráveis.* 2. ed. rev., atual. e ampl. São Paulo: Revista dos Tribunais, 2014. p. 201-202.

> pela qual opera, sobre a tipologia dos dados coletados e sobre as finalidades dadas (e se são desviadas), ou porque se sentem "pressionados" a anuir com a utilização dos dados que são titulares pela indispensabilidade do serviço prestado e pela sua vulnerabilidade diante das grandes plataformas, em que não há a possibilidade efetiva de discutir as termos e condições de uso, sendo comum que o serviço seja na base do *take-it or leave-it*, isto é, ou o consumidor aceita essas condições, ou não utiliza o serviço e lhe resta apenas o ostracismo digital.
> A preocupação, em termos gerais, é o aumento da vulnerabilidade dos consumidores nesses processamentos de dados pessoais que resultam não só na personalização da experiência desse sujeito, mas na hiperpersonalização resultante de práticas de perfilização que transbordam a relação com determinado fornecedor, especialmente considerando que os dados percorrem fluxos desconhecidos, de um controlador a outro, de um operador a outro, para usos e reusos com finalidades distintas, o que potencialmente prejudica o exercício dos direitos dos consumidores quando se sentirem lesados de alguma forma – e se souberem disso.[20]

Ademais, Claudia Lima Marques e Guilherme Mucelin prelecionam ainda sobre a existência de novas vulnerabilidades do consumidor no mercado de consumo digital – *a vulnerabilidade digital* e a *cybervulnerabilidade* – passíveis de facilitar ainda mais as assimetrias e os desequilíbrios das relações de consumo, diante dos avanços da tecnologia e da possibilidade de coleta, tratamento e utilização dos dados pessoais dos consumidores no mercado de consumo:

> Na economia digital que se desdobra, especial atenção deve se dar ao reconhecimento de possíveis novas tipificações, especialmente quando se considera que o mercado está em constante evolução, no sentido de que invariavelmente se desenvolvem novos métodos e novas aplicações para as tecnologias que culminam igualmente em novas práticas, as quais tendem a facilitar ainda mais as assimetrias e os desequilíbrios das relações de consumo. Assim é que podemos, dessas bases, reconhecer outros tipos de vulnerabilidade que poderão auxiliar a defesa dos consumidores nesta nova fase virtualizada que a sociedade de consumo se direciona: *a vulnerabilidade digital e a cybervulnerabilidade*. A primeira, em nossa visão, está mais ligada à ideia de exclusão dos consumidores da economia digital por conta de não haver acesso à Internet, aspecto este importante ao se considerar que, no Brasil, 25,3%

[20] MARQUES, Claudia Lima; MUCELIN, Guilherme. Mercado de consumo 'simbiótico' e proteção de dados dos consumidores. *In*: SARLET, Gabrielle Bezerra; TRINDADE, Manoel Gustavo Neubarth; MELGARÉ, Plínio (Coord.). *Proteção de dados*: temas controvertidos. Indaiatuba: Foco, 2021. p. 78-79.

da população (aproximadamente 46 milhões de pessoas) não acessa a Web. A segunda, estaria relacionada a relações travadas no ambiente online ou à utilização dos dados pessoais pelos fornecedores – que nem sempre é transparente e lícita – justo porque não se sabe sua destinação, sua legitimidade e sua finalidade específica, *tampouco é de conhecimento público a criação de perfis de cada consumidor* que são carregados de *cargas discriminatórias*, são inexatos ou têm por intuito a manipulação para a vinculação de obrigações.[21]

A Internet foi projetada sem qualquer contemplação de fronteiras territoriais nacionais, como já se anotou anteriormente. Entretanto, sempre existiu um conceito romântico de que a Internet teria sido concebida como um espaço igualitário e incontrolável de troca de informações.[22] O potencial de desarticular quaisquer iniciativas de controle estatal sobre a inovação e as novas tecnologias sempre foi festejado em propostas como a de Richard Stallman e de seu movimento em prol do *software* livre.[23] Porém, o assunto é bem mais complexo e vai além do debate em torno de licenças de *software* ou das ingerências estatais sobre o controle da Internet, como diz Lucas Pereira Baggio:

> A regulação da inovação tecnológica não consiste em assunto simples. Pelo contrário, mostra-se importante evitar o desestímulo à pesquisa e à inovação a partir de regras sobremaneira burocráticas. No entanto, o Estado igualmente não deve furtar-se a regular, tampouco adotar medidas protetivas, sob pena de prejudicar a sociedade até mesmo de forma irreversível.[24]

A despeito das implicações disso e da complexidade que uma discussão quanto à autonomia do ciberespaço poderia trazer, importa

---

21 MARQUES, Claudia Lima; MUCELIN, Guilherme. Mercado de consumo 'simbiótico' e proteção de dados dos consumidores. *In*: SARLET, Gabrielle Bezerra; TRINDADE, Manoel Gustavo Neubarth; MELGARÉ, Plínio (Coord.). *Proteção de dados*: temas controvertidos. Indaiatuba: Foco, 2021. Grifos nossos, E-book.

22 Pode-se citar, nesse contexto e a título exemplificativo, a Declaração de Independência do Ciberespaço, de 1996, proposta por John Perry Barlow, e que pode ser lida integralmente em: BARLOW, John Perry. *A Declaration of the Independence of Cyberspace*. Disponível em: https://eff.org/cyberspace-independence. Acesso em: 30 abr. 2023.

23 STALLMAN, Richard M. Why software should not have owners. *In*: GAY, Joshua (Ed.). *Free software, free society*: selected essays of Richard M. Stallman. Boston: GNU Press, 2002. p. 47 *et seq*.

24 BAGGIO, Lucas Pereira. O papel do Estado no desenvolvimento tecnológico. Do fomento estatal à regulação. *In:* FRAZÃO, Ana; CARVALHO, Angelo Gamba Prata de (Coord.). *Empresa, mercado e tecnologia*. Belo Horizonte: Fórum, 2019. p. 306.

saber em que medida esse debate quanto à inovação traz impactos para o direito dos seguros.[25] E não se pode negar que são muitos:

> No âmbito da operação de seguros, a Inteligência Artificial apresenta diversas utilidades, as quais repercutem não apenas no modo de exercício da atividade securitária, como também na forma de compreensão e execução dos múltiplos tipos contratuais securitários, levando ao surgimento de novos modelos de garantia. De um lado, a capacidade dos sistemas de Inteligência Artificial de organizar e interpretar dados automatiza a tomada de decisão no processo de subscrição do risco, compreendido, em sentido amplo, como processo de mensuração, monitoramento, seleção e precificação do risco. De outro lado, ao tempo em que fornece a tecnologia necessária à oferta de novos produtos securitários, a Inteligência Artificial leva ao surgimento de novos riscos a serem cobertos pelo seguro, assim como de novos modelos de oferta e contratação, pelos meios digitais e com processos automatizados.[26]

O italiano Bernardo Nicoletti tem dedicado seus estudos aos seguros digitais e, analisando esse universo e suas especificidades, é enfático ao indicar a transição necessária pela qual as companhias seguradoras precisarão passar para se adaptarem a esse novo contexto:

> As companhias de seguros devem ser mais pessoais e personalizadas. Hoje, as seguradoras encontram-se presas a sistemas legados. Esses sistemas são tão pesados e pouco documentados que é muito difícil para as empresas migrarem para sistemas modernos. As seguradoras não podem presumir que seus clientes aceitarão para sempre sofrer com essa inércia. Novas soluções e regulamentações tornarão mais fácil para os clientes abandonar a companhia de seguros que estão usando e passar para outra empresa. Haverá um forte impulso para as seguradoras quanto à customização com base na percepção do cliente, como preços baseados em comportamento de serviços financeiros, que serão baseados em análises de *Big Data*.[27]

---

[25] MARTINEZ, Leandro. Inovação, riscos e seguros: uma breve visão técnica e jurídica. *Consultor Jurídico*, 24 nov. 2022. Disponível em: https://www.conjur.com.br/2022-nov-24/seguros-contemporaneos-inovacao-riscos-seguros-breve-visao-tecnica-juridica. Acesso em: 30 abr. 2023.

[26] MIRAGEM, Bruno; PETERSEN, Luiza. *Direito dos seguros*. Rio de Janeiro: Forense, 2022. E-book.

[27] NICOLETTI, Bernardo. *Digital insurance*: business innovation in the post-crisis era. Nova York: Palgrave Macmillan, 2016. p. 268, tradução livre. No original: "*The insurance companies must be more personal and tailor-made. Insurance companies today find themselves stuck with legacy systems. These systems are so cumbersome and poorly documented that is very difficult for companies to migrate to modern systems. Insurance companies cannot assume that their customers will accept for ever to suffer from such inertia. New solutions and regulations*

Evidentemente, há um outro lado a se considerar, pois diversos perigos derivam da utilização desregulada, incalculada e carente de parametrizações quanto aos algoritmos empregados nos processos de contratação eletrônica.

Frank Pasquale, o renomado professor da Universidade de Maryland, atribuiu aos algoritmos hipercomplexos o nome de '*black boxes*' (caixas-pretas), e alertou para os perigos de uma sociedade regida pelos segredos.[28] A nova metodologia aplicável aos seguros digitais, exatamente por envolver a coleta e o tratamento de dados pessoais dos segurados, propicia muita empolgação em torno de um mercado no qual é possível exercer grande controle na alocação de riscos. Segundo Thiago Junqueira, "[a] possibilidade de diferenciação do valor do prêmio parte de uma constatação elementar: a prestação de garantia do risco provida pelo segurador encontra-se intimamente ligada ao perfil do segurado".[29]

Todavia, quando se fala em "perfil" do segurado – especialmente a partir da conjugação de dados coletados de fontes variadas –, tem-se um problema: essa utilização dos dados para a construção de perfis precisos gera uma 'corrida' pelos algoritmos mais eficazes e capazes de filtrar os variados acervos de dados coletados de plataformas que operam em mercados ricos em dados (*data-rich markets*),[30] a fim de

will make it easy for customers to abandon the insurance company they are using and move on to another company. There will be a strong push to insurance companies for customization based on customer insight such as behavioral-based pricing of financial services, which will be based on big data analytics".

28 PASQUALE, Frank. *The black box society*: the secret algorithms that control money and information. Cambridge: Harvard University Press, 2015. p. 6-7. Anota: "*Real secrecy establishes a barrier between hidden content and unauthorized access to it. We use real secrecy daily when we look our doors or protect our e-mail with passwords. Legal secrecy obliges those privy to certain information to keep it secret; a bank employee is obliged both by statutory authority and by terms of employment not to reveal customers' balances to his buddies. Obfuscation involves deliberate attempts at concealment when secrecy has been compromised. For example, a firm might respond to a request for information by delivering 30 million pages of documents, forcing its investigator to waste time looking for a needle in a haystack. And the end result of both types of secrecy, and obfuscation, is opacity, my blanket term for remediable incomprehensibility*".

29 JUNQUEIRA, Thiago. *Tratamento de dados pessoais e discriminação algorítmica nos seguros*. São Paulo: Thomson Reuters Brasil, 2020. p. 377-378.

30 Os mercados ricos em dados (*data-rich markets*) advêm de uma estrutura lógica denominada de *two-sided* (no caso, *multi-sided*) *markets*, que operam os interesses de grupos distintos, harmonizando-os por algoritmos que geram rentabilidade a partir do volume massivo de participantes interconectados para viabilizar os desideratos econômicos de uns em alinhamento aos interesses usualmente de consumo dos demais. Com efeito: "*The key difference between conventional markets and data-rich ones is the role of information flowing through them, and how it gets translated into decisions. In data-rich markets, we no longer have to condense our preferences into price and can abandon the oversimplification that was necessary because of*

propiciar vantagens concorrenciais, particularmente pela formatação de perfis dos usuários a partir de minúcias variadas e que podem interferir diretamente nos resultados concernentes aos termos contratuais de eventual apólice de seguro.[31]

> A tomada de decisão por algoritmos automatizados, com capacidade de fazer inferências a respeito do estado de risco do segurado, descobrindo padrões e correlações a partir da interpretação de dados pessoais, acentua o debate em torno da discriminação no contrato de seguro. Nesse âmbito, em que o risco é mensurado a partir do processamento de uma multiplicidade de dados pessoais do segurado, subjetivos ou comportamentais, podendo levar ao arbitramento de prêmios diferenciados conforme esses fatores ou à própria recusa da proposta de seguro, muito se discute a respeito da legitimidade das técnicas de subscrição do risco adotadas pelo segurador. (...)
> Nesse sentido, o desafio que se coloca ao intérprete a fim de identificar e coibir o tratamento discriminatório no processo de subscrição do risco é determinar o que configura a discriminação estatística ou algorítmica injusta, fundada em critério distintivo ilegítimo, de modo a diferenciá-la da diferenciação estatística ou algorítmica legítima, fundada em legítimo fator distintivo. Trata-se de questão complexa, que demanda a análise da justificativa do tratamento à luz do contexto em que empregado e dos limites impostos pela ordem jurídica. (...)
> Já a discriminação algorítmica, originada pelos resultados da aplicação de algoritmos, especialmente no tratamento de dados, pode se dar tanto em razão da aplicação de afirmações estatisticamente inconsistentes quanto de afirmações lógicas, mas que tomam em conta conclusões relativas a um grupo, sem que se considerem aspectos substanciais relativos aos indivíduos que o integram, de modo a tornar injusta a generalização. A questão assume destaque com relação ao contrato de seguro, tendo em vista que o cálculo do prêmio, realizado com base na

---

communicative and cognitive limits" MAYER-SCHÖNBERGER, Viktor; RAMGE, Thomas. *Reinventing capitalism in the age of big data.* Nova York: Basic Books, 2018. p. 7. Aliás, a formatação dos *multi-sided markets*, na teoria econômica, rendeu o Prêmio Nobel de Economia a Jean Tirole, em 2014. O assunto é instigante e merece estudo mais aprofundado, sobre o qual recomendamos, para aprofundamento, os seguintes textos: ROCHET, Jean-Charles; TIROLE, Jean. Platform competition in two-sided markets. *Journal of the European Economic Association*, Bruxelas, v. 1, n. 3, p. 990-1029, jun. 2003; LEE, Robin S. Vertical integration and exclusivity in platform and two-sided markets. *American Economic Review*, Pittsburgh, v. 103, n. 7, p. 2960-3000, 2013; RYSMAN, Marc. The economics of two-sided markets. *Journal of Economic Perspectives*, Nashville, v. 23, n. 3, p. 125-143, jun./ago. 2009.

[31] JUNQUEIRA, Thiago. Seguros para os riscos impostos pelo uso da inteligência artificial. *Consultor Jurídico*, 13 out. 2022. Disponível em: https://www.conjur.com.br/2022-out-13/seguros-contemporaneos-seguros-riscos-impostos-uso-inteligencia-artificial. Acesso em: 30 abr. 2023.

probabilidade estatística, e, cada vez mais frequente, com o recurso a algoritmos, costuma variar conforme aspectos subjetivos do segurado e que a própria recusa da proposta de seguro, muitas vezes, encontra fundamento no incremento do risco, identificado a partir da análise e interpretação de dados relativos àquele que pretende contratar.[32]

Essencialmente, a prática denominada *profiling*[33] não é, em si, ilícita; o que se repudia é o *seu uso algorítmico discriminatório*, como é possível constatar pela leitura da LGPD, que trata do "perfil comportamental" em seu artigo 12, §2º,[34] e em seu artigo 20,[35] deixando claro que:

> (...) A legislação, portanto, aponta para a distinção entre decisões automatizadas que afetam os interesses dos titulares de dados, enquanto outras não. Receber o resultado de acesso ou negativa a um plano de saúde, sem dúvida, afeta o interesse do titular de dados. A mera formação de perfil para envio de uma publicidade, pode não afetar os interesses desse titular.[36]

Para elucidar a questão, é preciso saber se "o inimigo conhece o sistema" – e, aqui, tomamos emprestado o título da interessante obra da professora espanhola Marta Peirano[37] –, pois o repúdio aos abusos

---

32 MIRAGEM, Bruno; PETERSEN, Luiza. *Direito dos seguros.* Rio de Janeiro: Forense, 2022. E-book.

33 GUTWIRTH, Serge; HILDEBRANDT, Mireille. Some caveats on profiling. *In:* GUTWIRTH, Serge; POULLET, Yves; DE HERT, Paul (Eds.). *Data protection in a profiled world.* Cham/Basileia: Springer, 2010. p. 33. Comentam: "*Before embarking on the commonly known caveats regarding human rights like privacy, non-discrimination and due process, we like to stress the risks of an increased dependence on data mining technologies. Profiling is a powerful technique that renders visible what is invisible to the naked human eye. This, however, concerns patterns in databases that must not be mistaken for reality. By making visible what is aggregated in the data base, profiling also make invisible what cannot be translated into machine-readable data. In as far as the governance of people and things becomes dependent on these advanced profiling technologies, new risks will emerge in the shadow of the real time models and simulations these technologies make possible*".

34 "Art. 12. (...) §2º Poderão ser igualmente considerados como dados pessoais, para os fins desta Lei, aqueles utilizados para formação do perfil comportamental de determinada pessoa natural, se identificada".

35 "Art. 20. O titular dos dados tem direito a solicitar a revisão de decisões tomadas unicamente com base em tratamento automatizado de dados pessoais que afetem seus interesses, incluídas as decisões destinadas a definir o seu perfil pessoal, profissional, de consumo e de crédito ou os aspectos de sua personalidade".

36 COLOMBO, Cristiano; FACCHINI NETO, Eugênio. Decisões automatizadas em matéria de perfis e riscos algorítmicos: diálogos entre Brasil e Europa acerca dos direitos das vítimas de dano estético digital. *In:* MARTINS, Guilherme Magalhães; ROSENVALD, Nelson (Coord.). *Responsabilidade civil e novas tecnologias.* Indaiatuba: Foco, 2020. p. 167.

37 *Cf.* PEIRANO, Marta. *El enemigo conoce el sistema*: manipulación de ideas, personas e influencias después de la Economía de la atención. Barcelona: Debate, 2019.

algorítmicos praticados por quem deles se vale indevidamente (os tais "inimigos") parte do desconhecimento de seus métodos: os *inputs* são conhecidos; os *outputs*, não.[38] Eis as caixas-pretas (*black boxes*) mencionadas por Pasquale! E, em razão de técnicas de *machine* e *deep learning*, a própria compreensão do funcionamento desses algoritmos se torna um desafio,[39] a ponto de seus próprios desenvolvedores não mais os conhecerem.

4 Discriminação algorítmica e contrato de seguro: como prevenir?

Algoritmos podem gerar enviesamento – a partir da chamada discriminação algorítmica (ou *algorithmic bias*) –, que costuma decorrer de "atalhos" adotados para o processamento de dados na formação dos perfis.[40] Se a mente humana recorre a "atalhos" para tomar decisões rápidas, também os algoritmos poderão gerar enviesamento se forem alimentados por dados incorretos ou incompletos ou, ainda, se as fontes utilizadas estiverem enviesadas.[41] Os "atalhos" algorítmicos – para

---

[38] DOMINGOS, Pedro. *The master algorithm*: how the quest for the ultimate learning machine will remake our world. Nova York: Basic Books, 2015. p. xv-xvi. Anota: "(...) *the learning algorithm driving the story is a black box. Even books on big data skirt around what really happens when the computer swallows all those terabytes and magically comes up with new insights. At best, we're left with the impression that learning algorithms just find correlations between pairs of events, such as googling "flu medicine" and having the flu. But finding correlations is to machine learning no more than bricks are to houses, and people don't live in bricks*".

[39] Sobre o tema, confira-se FINN, Ed. *What algorithms want*: Imagination in the age of computing. Cambridge: The MIT Press, 2017; HIDALGO, César. *Why information grows*: the evolution of order, from atoms to economies. Nova York: Basic Books, 2015.

[40] É como anota Tobias Baer: "*Biases are double-edged swords. As you will see in the next chapter, biases typically are not a character flaw or rare aberration but rather the necessary cost of enabling the human mind to make thousands of decisions every day in a seemingly effortless, ultra-fast manner. Have you ever marveled how you were able to escape a fast-moving object, such as a car about to crash into you, in a split-second? Neuroscientists and psychologists have started to unravel the mysteries of the mind and have found that the brain can achieve this speed only by taking numerous shortcuts*" BAER, Tobias. *Understand, manage, and prevent algorithmic bias*: a guide for business users and data scientists. Nova York: Apress, 2019. p. 3.

[41] MENDES, Laura Schertel; MATTIUZZO, Marcela. Discriminação algorítmica: conceito, fundamento legal e tipologia. *RDU*, Porto Alegre, v. 16, n. 90, p. 40, nov./dez. 2019. Comentam: "O desenvolvimento tecnológico provocou importantes contribuições nesse aspecto: não apenas é possível coletar e processar mais informação para a análise de riscos do que nunca, como também essa análise pode ser quantificada a partir de um score – que nada mais é do que uma prognose do comportamento futuro de um indivíduo. Esse score é produzido a partir de um procedimento automatizado, no qual os dados existentes são incorporados em um algoritmo e os indivíduos são alocados a uma categoria de risco específica. Desenvolvimentos recentes no campo da tecnologia da informação – que podem ser sintetizados sob o agora popular termo *data analytics* – fornecem incentivos ainda

concluir a comparação traçada à do exemplo de Baer – seriam consequência do uso apressado de informações mal coletadas, tratadas de forma inadequada, sem verificação de sua veracidade, mas com grande potencial de prejudicar o titular desses dados. Isso poderia ocorrer, por exemplo, na negativa de cobertura securitária decorrente de um alerta (*flag*) inserido em sistema por um algoritmo que não detenha dados suficientes do segurado para tal aferição.

> O desenvolvimento tecnológico provocou importantes contribuições nesse aspecto: não apenas é possível coletar e processar mais informação para a análise de riscos do que nunca, como também essa análise pode ser quantificada a partir de um score – que nada mais é do que uma prognose do comportamento futuro de um indivíduo. Esse score é produzido a partir de um procedimento automatizado, no qual os dados existentes são incorporados em um algoritmo e os indivíduos são alocados a uma categoria de risco específica. Desenvolvimentos recentes no campo da tecnologia da informação – que podem ser sintetizados sob o agora popular termo *data analytics* – fornecem incentivos ainda maiores para o uso de projeções no setor privado, na medida em que permitem que mais informações sejam processadas e que novas correlações entre dados e comportamentos futuros possam emergir.[42]

Nesse sentido, o ponto fundamental envolve a superação da desigualdade automatizada que Virginia Eubanks elucida em sua mais recente obra (*Automating Inequality*), na qual analisa parâmetros para a superação de todos os desafios apontados.[43]

Com efeito:

> Diferentemente, tomando-se o mercado de seguro de automóveis como exemplo, é fácil observar que o seguro para motoristas jovens do sexo masculino é mais caro do que o seguro para motoristas jovens do sexo feminino. O gênero guarda forte correlação com a taxa de acidentes de trânsito e, assim, é frequentemente utilizado para precificação. Neste segundo cenário, porém, o gênero não é uma variável endógena, mas sim exógena, pois nada no fato de que os homens pagam mais por seguros leva esse grupo a efetivamente se envolver em mais acidentes.

---

maiores para o uso de projeções no setor privado, na medida em que permitem que mais informações sejam processadas e que novas correlações entre dados e comportamentos futuros possam emergir".

42 MENDES, Laura Schertel; MATTIUZZO, Marcela. Discriminação algorítmica: conceito, fundamento legal e tipologia. *RDU*, Porto Alegre, v. 16, n. 90, p. 40, nov./dez. 2019.

43 EUBANKS, Virginia. *Automating inequality*: how high-tech tools profile, police, and punish the poor. Nova York: St. Martin's Press, 2018. E-book.

> Economicamente, essas observações são importantes, porque a discriminação estatística baseada em aspectos endógenos pode ser ineficiente. O resultado – por exemplo, ter um número menor de mulheres inseridas no mercado de trabalho – poderia ser modificado, levando a uma satisfação geral maior (maior número de mulheres qualificadas contratadas, empregador satisfeito com o trabalho realizado, maiores níveis de produtividade, etc.) se a hipótese inicial não estivesse presente.
>
> Esse uso de características discriminatórias pode ser encontrado especialmente no setor de seguros, onde nacionalidade e gênero, por exemplo, podem ser utilizados como critérios negativos em uma avaliação de risco de crédito.[44]

Essa natureza emancipatória pode ser extraída também da LGPD, que, no art. 2º, estabelece os fundamentos que a legislação busca alcançar, dentre eles a autodeterminação informacional e o livre desenvolvimento da personalidade.[45]

Essencialmente, o caminho para a propagação virtuosa de um modelo regulatório para os contratos eletrônicos de seguro, que seja capaz de condensar tudo o que se registrou até aqui como "desafios e perspectivas" desse novo universo dos dados e algoritmos, depende da governança para que não se permita o enviesamento praticado por algoritmos hipercomplexos (caixas-pretas), a ponto de ser humanamente incompreensível o processo discriminatório. A governança impõe, sem dúvidas, um debate necessário. Fluxos massivos de dados dão contornos cada vez mais claros ao papel do *Big Data* na configuração de um novo contexto do capitalismo informacional, e vulnerabilidades passam a assombrar quem sequer imagina que essa realidade existe e que corresponde ao momento presente.

Não há dúvida alguma de que, ao primar pelo consentimento, a LGPD procurou atribuir ao titular de dados o efetivo poder sobre seus dados. Essa realidade, contudo, seria mais perceptível em um mundo ideal – no qual estejam superadas as periclitâncias listadas no tópico anterior –, e não em um contexto marcado pelas práticas

---

44 MENDES, Laura Schertel; MATTIUZZO, Marcela. Discriminação algorítmica: conceito, fundamento legal e tipologia. *RDU*, Porto Alegre, v. 16, n. 90, p. 51-54, nov./dez. 2019.

45 "Art. 2º A disciplina da proteção de dados pessoais tem como fundamentos: I – o respeito à privacidade; II – a autodeterminação informativa; III – a liberdade de expressão, de informação, de comunicação e de opinião; IV – a inviolabilidade da intimidade, da honra e da imagem; V – o desenvolvimento econômico e tecnológico e a inovação; VI – a livre iniciativa, a livre concorrência e a defesa do consumidor; e VII – os direitos humanos, o livre desenvolvimento da personalidade, a dignidade e o exercício da cidadania pelas pessoas naturais".

de discriminação algorítmica e pela assimetria informacional. É como explica Thiago Junqueira:

> Em grande medida, a avaliação dos riscos pelo segurador baseia-se em dados pessoais, e o tratamento desses dados há de ser feito de maneira a possibilitar um grau adequado de proteção à privacidade e não à não discriminação do consumidor. A tarefa implica o reconhecimento de que, apesar de tais direitos serem intimamente ligados (ora a privacidade protege o indivíduo de sofrer um ato discriminatório, ora a proteção antidiscriminatória salvaguarda a sua privacidade), por vezes, eles se projetam de forma antagônica.[46]

Sendo nula a coleta do consentimento, quando realizada por meio de métodos que não demonstrem sua inequívoca manifestação,[47] novas técnicas de interação virtual passam a ser necessárias para que agentes e titulares de dados realizem trocas informacionais, e isto se revela a partir de inúmeros novos deveres advindos da governança.[48]

É nesse compasso que a lei passa a impor elementos fundamentais para a efetiva prevenção de ilícitos e para a mitigação de danos: a transparência (*disclosure*),[49] por exemplo, aparece como elemento

---

46 JUNQUEIRA, Thiago. *Tratamento de dados pessoais e discriminação algorítmica nos seguros*. São Paulo: Thomson Reuters Brasil, 2020. p. 379. Nesse sentido ver: JUNQUEIRA, Thiago. Notas sobre a discriminação em virtude do sexo e o contrato de seguro. *In:* MIRAGEM, Bruno; CARLINI, Angélica (Coord.). *Direito dos Seguros*: fundamentos de Direito Civil, Direito Empresarial e Direito do Consumidor. São Paulo: Revista dos Tribunais, 2014. p. 304.

47 Quanto à forma de obtenção do consentimento, o artigo 8º da lei assim prevê: "Art. 8º O consentimento previsto no inciso I do art. 7º desta Lei deverá ser fornecido por escrito ou por outro meio que demonstre a manifestação de vontade do titular. §1º Caso o consentimento seja fornecido por escrito, esse deverá constar de cláusula destacada das demais cláusulas contratuais. §2º Cabe ao controlador o ônus da prova de que o consentimento foi obtido em conformidade com o disposto nesta Lei. §3º É vedado o tratamento de dados pessoais mediante vício de consentimento. §4º O consentimento deverá referir-se a finalidades determinadas, e as autorizações genéricas para o tratamento de dados pessoais serão nulas. §5º O consentimento pode ser revogado a qualquer momento mediante manifestação expressa do titular, por procedimento gratuito e facilitado, ratificados os tratamentos realizados sob amparo do consentimento anteriormente manifestado enquanto não houver requerimento de eliminação, nos termos do inciso VI do caput do art. 18 desta Lei. §6º Em caso de alteração de informação referida nos incisos I, II, III ou V do art. 9º desta Lei, o controlador deverá informar ao titular, com destaque de forma específica do teor das alterações, podendo o titular, nos casos em que o seu consentimento é exigido, revogá-lo caso discorde da alteração".

48 MARTINS, Guilherme Magalhães; FALEIROS JÚNIOR, José Luiz de Moura. A contratação on-line de seguros e o papel dos algoritmos. *In:* GOLDBERG, Ilan; JUNQUEIRA, Thiago (Coord.). *Temas atuais de direito dos seguros*. São Paulo: Thomson Reuters Brasil, 2020, t. 1, p. 126-151.

49 KLOUS, Sander; WIELAARD, Nart. *We are Big Data*: the future of the information society. Amsterdã: Atlantis Press, 2016. p. 21-22. Os autores comentam, inclusive com um exemplo:

fundamental do tratamento de dados, demandando clareza em sua apresentação, razão pela qual "há que se pensar em alternativas não apenas para se avaliar o poder econômico que decorre dos dados, como também para assegurar a transparência nessa seara, por meio de incentivos para o *disclosure* espontâneo por parte das empresas".[50]

Tudo isso reflete a responsabilidade social da empresa:

> Mais que isso, contudo, e tendo em vista que nem sempre os diplomas legais se mostram suficientes para acompanhar o desenvolvimento tecnológico, é necessário que as empresas desenvolvam programas de responsabilidade social empresarial – *corporate social responsibility* – para que elevem os padrões éticos no processamento de dados. Isso será acompanhado de vantagens para as empresas, já que o mercado de dados está abalado com recentes escandalos de vazamentos de conteúdos e existe, de fato, um nicho grande de consumidores que privilegiam as empresas que adotam medidas para além das legais a fim de beneficiarem a coletividade como um todo. Ao fim, as empresas poderão se valer de novos padrões no processamento de dados, que respeitem não só a privacidade dos usuários como também os rigores metodológicos necessários aos algoritmos para que eles não incorporem vieses inconscientes dos seres humanos. Com isso, irão colher frutos reputacionais.[51]

Os deveres desdobrados da boa-fé objetiva, à luz do que se analisou no início deste ensaio, quando mencionadas as peculiaridades

---

"This lack of transparency generates an enormous imbalance in society's information flows: businesses and governments are getting to know us better and better, but we have to continue to guess how they operate. The question is for how long society will be willing to accept this lack of balance. Here is an example: at the end of 2014, certain smart TVs made by the Korean company LG were collecting information and forwarding it to the company's servers. This included information on which channels the television owner was watching, when the owner changed channels, and which programs were being stored on any media connected to the television by a USB plug. A blogger discovered this by researching the Internet traffic of an LG television.5 He initiated his research after seeing a commercial aimed at potential advertisers in which LG was promoting the possibilities of targeted advertising based on the user data collected. On the consumer side, LG was much less transparent and, according to the blogger, the television even sent information when the consumer had switched off data sharing. The defense given by the company afterwards was not convincing. The lack of transparency about the data collection – the company had not clearly informed buyers of the television's functionality – resulted in significant criticism of LG. For LG, it resulted in the firmware having to be adapted and a lot of reputational damage".

50 FRAZÃO, Ana. Big Data, plataformas digitais e principais impactos sobre o direito da concorrência. *In:* FRAZÃO, Ana; CARVALHO, Angelo Gamba Prata de (Coord.). *Empresa, mercado e tecnologia.* Belo Horizonte: Fórum, 2019. p. 196.

51 LINDOSO, Maria Cristine Branco. O processo decisório na era do "Big Data": ética de proteção de dados e responsabilidade social empresarial. *In:* FRAZÃO, Ana; CARVALHO, Angelo Gamba Prata de (Coord.). *Empresa, mercado e tecnologia.* Belo Horizonte: Fórum, 2019. p. 104.

observadas nos primeiros estudos sobre as contratações eletrônicas,[52] impõem a observância desses deveres, inclusive, do ponto de vista comunicacional, a ponto de autores como Anthony Novaes descreverem que "a aplicação do legal design nos seguros constitui uma importante vantagem competitiva".[53]

Para Nicoletti, algumas ações concretas que a empresa seguradora pode adotar em suas rotinas são: (i) enriquecimento da comunicação, como interação por vídeo com agentes e consultores; (ii) recursos de transações abrangentes: sites abrangentes, incluindo muitas funções que não estão apenas relacionadas às atividades de seguros; (iii) educação do cliente: "test drives" para demonstrações de serviços de seguros e opções de investimento e ótimo suporte para treinar e ajudar o cliente; (iv) conexões com novos segmentos de clientes: conexões com nativos digitais por meio de jogos e redes sociais customizadas para oferecer suporte às ofertas das seguradoras (por exemplo, por meio da chamada gamificação, que é a aplicação de elementos típicos do jogo [como pontuação, competição com outros, regras de jogo] com serviços de seguros, normalmente como uma técnica de marketing *online* para encorajar o envolvimento com o serviço oferecido pela seguradora); (v) monetização de conteúdo: temas de receita em nível micro, como passagens, e-books ou download de notícias; (vi) posicionamento vertical: ofertas em setores específicos de seguro digital ou investimentos alternativos; (vii) posicionamento horizontal: ofertas de seguro digital em todos os setores; (viii) personalização de experiências para vários papéis e hierarquias em seguros de negócios em contraste com as melhorias simples no contexto atual; (ix) construir

52 MARTINS, Guilherme Magalhães; FALEIROS JÚNIOR, José Luiz de Moura. Compliance digital e responsabilidade civil na Lei Geral de Proteção de Dados. *In:* MARTINS, Guilherme Magalhães; ROSENVALD, Nelson (Coord.). *Responsabilidade civil e novas tecnologias*. Indaiatuba: Foco, 2020. p. 274. Anotam: "Em outras palavras, deve-se trabalhar com linguagem simples, ilustrações intuitivas, explicações que permitam ao usuário-médio saber quais dados serão coletados, como serão tratados e qual é o grau de segurança que razoavelmente poderá esperar".

53 NOVAES, Anthony. Legal design e seguros: impacto real e duradouro. *In*: FALEIROS JÚNIOR, José Luiz de Moura; CALAZA, Tales (Coord.). *Legal design*: teoria e prática. 2. ed. Indaiatuba: Foco, 2023. p. 298-299. E o autor ainda complementa: "Para os seguros, as evidências indicam que um enfoque mais holístico gera uma resposta mercadológica mais satisfatória. Os clientes mais felizes não sentem a necessidade de recorrer a outros prestadores e as empresas também se beneficiam de uma operação mais fluida. A jornada do cliente também evolui, pois os pontos de contato do cliente durante a vigência do seguro e seu ciclo de vida são mais bem trabalhados. (...) Em cenários desafiadores como o atual, o legal design é o caminho para a sustentabilidade, expansão e modernização dos seguros".

uma marca de seguros melhor, ao mesmo tempo em que aprimora a "experiência do cliente".[54]

Em síntese, a oferta de um produto ou serviço no mercado acarreta a possibilidade de que qualquer consumidor efetue a sua contratação, ainda que eletronicamente, mas desde que esteja disposto a pagar o preço exigido e contanto que lhe sejam garantidos critérios justos de oferta, preço e acesso. Em razão disso, a lei veda que o fornecedor faça distinção de valores ou que realize ofertas contendo qualquer forma de indução exagerada (inclusive a partir da formação do perfil de consumo), qualificando-a como *prática comercial abusiva*, conforme expressamente prevê o CDC, em seu artigo 39, incisos II e IX.

5 Conclusão

Os contratos de seguro, cada vez mais comuns em plataformas digitais, possuem complexidades e desafios que vão além da mera formalização de um acordo entre as partes. Com a utilização de algoritmos e inteligência artificial, a discriminação algorítmica pode se tornar uma preocupação relevante nesse contexto, uma vez que esses mecanismos podem reproduzir e ampliar vieses sociais, raciais e de gênero.

É importante ressaltar que a discriminação algorítmica não é um problema novo, mas a utilização cada vez mais intensa de algoritmos em processos de tomada de decisão ampliou sua relevância. Dessa forma, a preocupação com esse tipo de discriminação também deve ser incorporada à regulação dos contratos de seguro, com o objetivo de evitar que os algoritmos utilizados nesses processos reproduzam e

[54] NICOLETTI, Bernardo. *Digital insurance*: business innovation in the post-crisis era. Nova York: Palgrave Macmillan, 2016. p. 252-253, tradução livre. No original: "*– communication enrichment, such as video interaction with agents and consultants; - pervasive transactions capabilities: comprehensive websites, including plenty of functions that are not only related to insurance activities; – customer education: 'test drives' for demos of insurance services and investment options and great support for coaching and helping the customer; – connections with new customer segments: connections with digital natives through games and social networks customized to support insurance companies' offerings (for instance, through the so-called gamification, that is the application of typical elements of game playing [such as point scoring, competition with others, rules of play] with insurance services, typically as an online marketing technique to encourage engagement with the service offered by the insurance company); – content monetization: micro-level revenue themes such as travel tickets, e-books, or news download; – vertical positioning: offerings over digital insurance-specific industries or alternative investments; – horizontal positioning: offerings over digital insurance across all the industries; – personalization of experiences for multiple roles and hierarchies in business insurance in contrast to the simple enhancements in the current context; – building of a better insurance brand while enhancing the 'customer experience'*".

amplifiquem preconceitos e desigualdades já existentes na sociedade. Nesse sentido, a Lei Geral de Proteção de Dados Pessoais (LGPD) é um importante instrumento para garantir a proteção dos dados dos usuários e evitar que eles sejam utilizados de forma discriminatória.

No entanto, é importante que haja uma regulamentação específica que discipline a utilização de algoritmos em contratos de seguro, de modo a evitar que esses mecanismos possam reproduzir ou ampliar preconceitos e desigualdades. A interação entre a LGPD e o Código de Defesa do Consumidor também se mostra relevante nesse contexto. É importante que haja uma leitura ampliativa dos dispositivos legais existentes, de modo a garantir uma proteção mais ampla dos consumidores que utilizam seguros digitais. Além disso, a governança também pode ser um instrumento importante para evitar a discriminação algorítmica, com a utilização de parâmetros e diretrizes que orientem o desenvolvimento e a utilização de algoritmos em contratos de seguro.

Vale ressaltar que os seguros digitais possuem peculiaridades que os diferenciam dos contratos de seguro tradicionais, e que por isso necessitam de uma regulamentação específica. Ainda que a utilização de algoritmos possa trazer benefícios em termos de agilidade e eficiência na tomada de decisão, é importante que sejam criados mecanismos de controle que permitam a identificação e correção de eventuais vieses discriminatórios. Por fim, é importante que o Estado atue de forma proativa na regulação dos contratos de seguro digitais, garantindo que os direitos dos consumidores sejam respeitados e que a discriminação algorítmica seja evitada. Dessa forma, será possível garantir a proteção dos dados pessoais dos usuários e evitar que os algoritmos reproduzam e amplifiquem preconceitos e desigualdades existentes na sociedade.

Por fim, nesse giro, os fornecedores devem nortear suas práticas comerciais pela imprescindível observância aos princípios da vulnerabilidade do consumidor e aos preceitos éticos-jurídicos emanados pela boa-fé objetiva, em consonância com os princípios da informação, transparência e confiança, com a finalidade de se garantir o reequilíbrio da relação jurídica de consumo e a proteção efetiva do consumidor no mercado de consumo digital.

Referências

ALVIM, Pedro. *O contrato de seguro.* 3. ed. Rio de Janeiro: Forense, 1999.

BAER, Tobias. *Understand, manage, and prevent algorithmic bias*: a guide for business users and data scientists. Nova York: Apress, 2019.

BAGGIO, Lucas Pereira. O papel do Estado no desenvolvimento tecnológico. Do fomento estatal à regulação. *In:* FRAZÃO, Ana; CARVALHO, Angelo Gamba Prata de (Coord.). *Empresa, mercado e tecnologia.* Belo Horizonte: Fórum, 2019.

BARLOW, John Perry. *A Declaration of the Independence of Cyberspace.* Disponível em: https://eff.org/cyberspace-independence. Acesso em: 30 abr. 2023.

BRAGA NETTO, Felipe Peixoto. *Manual de direito do consumidor à luz da jurisprudência do STJ.* 14. ed. rev., atual. e ampl. Salvador: Juspodivm, 2019.

BRASIL. *Lei nº 13.709, de 14 de agosto de 2018.* Lei Geral de Proteção de Dados Pessoais (LGPD). Publicado no DOU de 15.08.2018. Disponível em: http://www.planalto.gov.br/ccivil_03/_Ato2015-2018/2018/Lei/L13709.htm. Acesso em: 02 abr. 2023.

BRASIL. *Lei nº 13.853, de 8 de julho de 2019.* Altera a Lei nº 13.709, de 14 de agosto de 2018, para dispor sobre a proteção de dados pessoais e para criar a Autoridade Nacional de Proteção de Dados; e dá outras providências. Publicado no DOU de 15.08.2018. Disponível em: http://www.planalto.gov.br/ccivil_03/_ato2019-2022/2019/lei/l13853.htm. Acesso em: 02 abr. 2023.

BRASIL. *Lei nº 8.078, de 11 de setembro de 1990.* Dispõe sobre a proteção do consumidor e dá outras providências. Publicado no DOU de 12.09.1990. Disponível em: http://www.planalto.gov.br/ccivil_03/leis/l8078compilado.htm. Acesso em: 02 abr. 2023.

CAVALIERI FILHO, Sergio. *Programa de direito do consumidor.* 6. ed. Barueri, São Paulo: Atlas, 2022. E-book.

COLOMBO, Cristiano; FACCHINI NETO, Eugênio. Decisões automatizadas em matéria de perfis e riscos algorítmicos: diálogos entre Brasil e Europa acerca dos direitos das vítimas de dano estético digital. *In:* MARTINS, Guilherme Magalhães; ROSENVALD, Nelson (Coord.). *Responsabilidade civil e novas tecnologias.* Indaiatuba: Foco, 2020.

CORDEIRO, António Manuel da Rocha e Menezes. *Direito dos seguros.* 2. ed., rev. e atual. Coimbra: Almedina, 2016.

CORDEIRO, António Manuel da Rocha e Menezes. *Da boa-fé no direito civil.* 3. reimpressão. Coimbra: Almedina, 2007.

DOMINGOS, Pedro. *The master algorithm*: how the quest for the ultimate learning machine will remake our world. Nova York: Basic Books, 2015.

EUBANKS, Virginia. *Automating inequality*: how high-tech tools profile, police, and punish the poor. Nova York: St. Martin's Press, 2018. E-book.

FINN, Ed. *What algorithms want*: Imagination in the age of computing. Cambridge: The MIT Press, 2017.

FRAZÃO, Ana. Big Data, plataformas digitais e principais impactos sobre o direito da concorrência. *In:* FRAZÃO, Ana; CARVALHO, Angelo Gamba Prata de (Coord.). *Empresa, mercado e tecnologia.* Belo Horizonte: Fórum, 2019.

GRAVINA, Maurício Salomoni. *Princípios jurídicos do contrato de seguro.* Rio de Janeiro: Funenseg, 2015.

GRAVINA, Maurício Salomoni. *Direito dos Seguros.* 2. ed. São Paulo: Almedina, 2022.

GUERREIRO, Marcelo da Fonseca. *Seguros privados*: doutrina, legislação e jurisprudência. 2. ed., Rio de Janeiro: Forense Universitária, 2004.

GUTWIRTH, Serge; HILDEBRANDT, Mireille. Some caveats on profiling. *In:* GUTWIRTH, Serge; POULLET, Yves; DE HERT, Paul (Eds.). *Data protection in a profiled world*. Cham/ Basileia: Springer, 2010.

HIDALGO, César. *Why information grows*: the evolution of order, from atoms to economies. Nova York: Basic Books, 2015.

JUNQUEIRA, Thiago. Notas sobre a discriminação em virtude do sexo e o contrato de seguro. *In:* MIRAGEM, Bruno; CARLINI, Angélica (Coord.). *Direito dos Seguros*: fundamentos de Direito Civil, Direito Empresarial e Direito do Consumidor. São Paulo: Revista dos Tribunais, 2014, p. 291-316.

JUNQUEIRA, Thiago. Seguros para os riscos impostos pelo uso da inteligência artificial. *Consultor Jurídico*, 13 out. 2022. Disponível em: https://www.conjur.com.br/2022-out-13/seguros-contemporaneos-seguros-riscos-impostos-uso-inteligencia-artificial. Acesso em: 30 abr. 2023.

JUNQUEIRA, Thiago. *Tratamento de dados pessoais e discriminação algorítmica nos seguros*. São Paulo: Thomson Reuters Brasil, 2020.

KHOURI, Paulo R. Roque A. O direito à informação e o contrato de seguro. *In:* MIRAGEM, Bruno; CARLINI, Angélica (Coord.). *Direito dos Seguros*: fundamentos de Direito Civil, Direito Empresarial e Direito do Consumidor. São Paulo: Revista dos Tribunais, 2014, p. 133-143.

KLOUS, Sander; WIELAARD, Nart. *We are Big Data*: the future of the information society. Amsterdã: Atlantis Press, 2016.

KRIGER FILHO, Domingos Afonso. *Contrato de seguro no direito brasileiro*. Niterói: Labor Juris, 2000.

LEE, Robin S. Vertical integration and exclusivity in platform and two-sided markets. *American Economic Review*, Pittsburgh, v. 103, n. 7, p. 2960-3000, 2013.

LINDOSO, Maria Cristine Branco. O processo decisório na era do "Big Data": ética de proteção de dados e responsabilidade social empresarial. *In:* FRAZÃO, Ana; CARVALHO, Angelo Gamba Prata de (Coord.). *Empresa, mercado e tecnologia*. Belo Horizonte: Fórum, 2019.

MARQUES, Claudia Lima. *Contratos no Código de Defesa do Consumidor*. 9. ed. São Paulo: Thomson Reuters Brasil, 2019.

MARQUES, Claudia Lima; MIRAGEM, Bruno. *O novo direito privado e a proteção dos vulneráveis*. 2. ed. rev., atual. e ampl. São Paulo: Revista dos Tribunais, 2014.

MARQUES, Claudia Lima; MUCELIN, Guilherme. Mercado de consumo 'simbiótico' e proteção de dados dos consumidores. *In*: SARLET, Gabrielle Bezerra; TRINDADE, Manoel Gustavo Neubarth; MELGARÉ, Plínio (Coord.). *Proteção de dados*: temas controvertidos. Indaiatuba: Foco, 2021.

MARTINEZ, Leandro. Inovação, riscos e seguros: uma breve visão técnica e jurídica. *Consultor Jurídico*, 24 nov. 2022. Disponível em: https://www.conjur.com.br/2022-nov-24/seguros-contemporaneos-inovacao-riscos-seguros-breve-visao-tecnica-juridica. Acesso em: 30 abr. 2023.

MARTINS, Guilherme Magalhães; FALEIROS JÚNIOR, José Luiz de Moura. A contratação on-line de seguros e o papel dos algoritmos. *In:* GOLDBERG, Ilan; JUNQUEIRA, Thiago (Coord.). *Temas atuais de direito dos seguros*. São Paulo: Thomson Reuters Brasil, 2020, t. 1, p. 126-151.

MARTINS, Guilherme Magalhães; FALEIROS JÚNIOR, José Luiz de Moura. Compliance digital e responsabilidade civil na Lei Geral de Proteção de Dados. *In:* MARTINS, Guilherme Magalhães; ROSENVALD, Nelson (Coord.). *Responsabilidade civil e novas tecnologias*. Indaiatuba: Foco, 2020.

MARTINS, João Marcos Brito. *O contrato de seguro*: comentado conforme as disposições do Código Civil, Lei nº 10.406, de 10 de janeiro de 2002. 2. ed. Rio de Janeiro: Forense Universitária, 2005.

MARTINS-COSTA, Judith. *A boa-fé no direito privado*: critérios para sua aplicação. 2. ed. São Paulo: Saraiva Educação, 2018.

MAYER-SCHÖNBERGER, Viktor; RAMGE, Thomas. *Reinventing capitalism in the age of big data.* Nova York: Basic Books, 2018.

MENDES, Laura Schertel; MATTIUZZO, Marcela. Discriminação algorítmica: conceito, fundamento legal e tipologia. *RDU*, Porto Alegre, v. 16, n. 90, p. 39-64, nov./dez. 2019.

MIRAGEM, Bruno. Novo paradigma tecnológico, mercado de consumo e o direito do consumidor. *In*: MARTINS, Guilherme Magalhães; LONGHI, João Victor Rozatti (Coord.). *Direito digital*: direito privado e internet. 4. ed. Indaiatuba: Editora Foco, 2021.

MIRAGEM, Bruno; PETERSEN, Luiza. *Direito dos seguros.* Rio de Janeiro: Forense, 2022. E-book.

NICOLETTI, Bernardo. *Digital insurance*: business innovation in the post-crisis era. Nova York: Palgrave Macmillan, 2016.

NOVAES, Anthony. Legal design e seguros: impacto real e duradouro. *In*: FALEIROS JÚNIOR, José Luiz de Moura; CALAZA, Tales (Coord.). *Legal design*: teoria e prática. 2. ed. Indaiatuba: Foco, 2023.

PASQUALE, Frank. *The black box society*: the secret algorithms that control money and information. Cambridge: Harvard University Press, 2015.

PEIRANO, Marta. *El enemigo conoce el sistema*: manipulación de ideas, personas e influencias después de la Economía de la atención. Barcelona: Debate, 2019.

ROCHET, Jean-Charles; TIROLE, Jean. Platform competition in two-sided markets. *Journal of the European Economic Association*, Bruxelas, v. 1, n. 3, p. 990-1029, jun. 2003.

RYSMAN, Marc. The economics of two-sided markets. *Journal of Economic Perspectives*, Nashville, v. 23, n. 3, p. 125-143, jun./ago. 2009.

SHIH, Frank Larrúbia. *Temas relevantes de direito securitário.* Rio de janeiro: Lumen Juris, 2003.

SILVA, Michael César. *Contrato de seguro de automóveis*: releitura à luz da nova principiologia do direito contratual. Rio de Janeiro: Lumen Juris, 2012.

SILVA, Michael César. Convergências e assimetrias do princípio da boa-fé objetiva no direito contratual contemporâneo. *In*: BRAGA NETTO, Felipe Peixoto; SILVA, Michael César (Org.). *Direito privado e contemporaneidade*: desafios e perspectivas do direito privado no século XXI: volume II. Rio de Janeiro: Lumen Juris, 2018.

STALLMAN, Richard M. Why software should not have owners. *In*: GAY, Joshua (Ed.). *Free software, free society*: selected essays of Richard M. Stallman. Boston: GNU Press, 2002.

TOMASEVICIUS FILHO, Eduardo. *O princípio da boa-fé no direito civil.* São Paulo: Almedina, 2020.

TZIRULNIK, Ernesto; CAVALCANTI, Flávio de Queiroz B.; PIMENTEL, Ayrton. *O contrato de seguro*: novo código civil brasileiro. São Paulo: Instituto Brasileiro de Direito do Seguro, 2002.

Informação bibliográfica deste texto, conforme a NBR 6023:2018 da Associação Brasileira de Normas Técnicas (ABNT):

FALEIROS JÚNIOR, José Luiz de Moura; SILVA, Michael César. Inteligência artificial e seguros: como tutelar a perfilização e a discriminação na seleção algorítmica de riscos? *In*: EHRHARDT JÚNIOR, Marcos; CATALAN, Marcos; NUNES, Cláudia Ribeiro Pereira (Coord.). *Inteligência artificial e relações privadas – Relações patrimoniais*: entre o consumo, os contratos e os danos. Belo Horizonte: Fórum, 2023. v. 3. p. 79-105. ISBN 978-65-5518-586-7.

CONTORNOS DA RESPONSABILIDADE CIVIL NO ÂMBITO DA UTILIZAÇÃO DE SISTEMAS DE INTELIGÊNCIA ARTIFICIAL PELAS SOCIEDADES EMPRESÁRIAS

GERALDO FRAZÃO DE AQUINO JÚNIOR

1 Notas introdutórias

A disseminação, em escala mundial, de informações e de imagens mediante a utilização de mídias digitais e o exponencial desenvolvimento dos meios informáticos vêm fomentando o trabalho de pesquisadores para entender o alcance do fenômeno. O advento da internet, em especial, tem provocado mudanças no desenvolvimento das relações humanas e o direito, reflexo que é da sociedade, vem sofrendo o influxo dessas transformações, o que impõe enormes desafios aos juristas, legisladores e aplicadores.

Já há algum tempo, o espaço virtual não se limita às fronteiras do computador, já que dispositivos móveis utilizam tecnologia multimídia, trazem a nota distintiva da portabilidade e estão onipresentes, conectando pessoas nos mais diversos pontos do planeta. Novos aparelhos são lançados com uma periodicidade avassaladora, tornando os modelos anteriores rapidamente defasados e gerando a ânsia, nos consumidores, de apresentar, nos círculos sociais, o último exemplar de dispositivo móvel. É o apelo ao consumismo descomedido, traço indelével da sociedade da informação.

As sociedades empresárias detectaram, nesse novo ambiente de pessoas conectadas, um novo foco de atuação e começaram a expandir a atividade comercial para essas áreas, indo ao encontro das demandas que então já se faziam prementes. São travadas, então, relações virtuais que importam efeitos jurídicos, a exemplo dos contratos eletrônicos que utilizam um sistema informatizado que permite ao consumidor concluir o negócio com o fornecedor do bem ou serviço.

Não obstante, incertezas acerca dos efeitos de longo prazo normalmente acompanham os novos avanços tecnológicos, engendrando novas percepções da sociedade sobre sua utilidade e eventual regulação. Nessa linha, os avanços tecnológicos embutem a oportunidade de refletirmos acerca dos intrincados questionamentos entre a utilização dessas tecnologias e a preservação dos valores que permeiam a sociedade. Seria o mundo digital melhor que o analógico? O direito também se vê envolvido nessa questão, uma vez que a regulação estatal pode disseminar ou frear a inovação.

Nesse prisma de crescente avanço nos sistemas informacionais que intensificam as interações econômicas, políticas e culturais, vivencia-se um período de transição acentuada entre o analógico e o digital. O crescimento dessas relações proporcionadas pelo avanço nas telecomunicações e na informática assumiu proporções tais que se pode questionar se com isso se inaugurou um novo modelo de desenvolvimento social. Não obstante, não ocorreu, ainda, uma migração completa para as novas formas de interação digital, haja vista a abertura e a indefinição que marcam o tempo atual, pontuado por leituras ainda incipientes e contraditórias.

Diante desse quadro, tem-se que o direito não tem desenvolvido soluções que abarquem todo o fenômeno, o que tem gerado certa insegurança jurídica quanto aos efeitos advindos do uso da tecnologia. Daí porque o direito não pode manter-se inerte, sob pena de não mais atender aos anseios da sociedade. Deve, por conseguinte, adequar-se à nova realidade para proporcionar a necessária estabilidade e segurança jurídica reclamada pelo cidadão. O direito é responsável pelo equilíbrio das relações sociais e este só poderá ser alcançado com a adequada interpretação da realidade social, instituindo normas que garantam a segurança das expectativas e que incorporem as transformações por meio de uma estrutura flexível que possa sustentá-la no tempo.

Entre tantos desafios da sociedade contemporânea, destaca-se sobretudo a questão da existência de seres dotados de variado grau de autonomia capazes de interagir com o ambiente e dele extrair aprendizado que enriquecerá sua própria experiência e que balizará decisões posteriores. São dotados de inteligência artificial (IA) e fazem uso de aprendizado de máquina (*machine learning*) para solucionar questões para as quais não estavam programados e que são postas diante de si. Isso é feito por meio de técnicas de reconhecimento de padrões e correlações utilizando uma grande massa de dados. Quanto maior a quantidade de dados, mais exemplos terá o algoritmo para descobrir correlações significativas. A tecnologia capaz de simular o raciocínio humano é denominada "IA forte" ou "IA geral" e os sistemas projetados para tarefas específicas e predeterminadas são chamados "IA limitada" ou "IA fraca". O conceito dessa tecnologia capaz de simular o raciocínio humano, não obstante, vem sendo alvo de críticas:

> É importante ressaltar, no entanto, que o conceito de inteligência artificial, de maneira geral, vem sendo alvo de críticas por conduzir a problemas semânticos. A ideia de artificialidade, para a parte majoritária dos teóricos, está ligada ao ímpeto de emularmos tecnicamente a inteligência humana em agentes não humanos. Porém, ainda que seja uma meta ambiciosa, a inteligência artificial já demonstra um avanço enorme em relação à sua capacidade lógico-racional, fazendo com que a emulação da inteligência lógico-racional humana seja algo superável nos próximos anos. O conceito, portanto, tende a ficar defasado, tornando-se limitador em sua própria semântica. Por conta da indeterminação deste termo, alguns teóricos optam por substituir a expressão por "Inteligência Computacional", entre outras nomenclaturas.[1]

Isaac Asimov, autor do livro Eu, Robô, batizou as denominadas Três Leis da Robótica, de modo a permitir o controle e limitar os comportamentos dos robôs. São elas: 1ª Lei: Um robô não pode ferir um ser humano ou, por inação, permitir que um ser humano sofra algum mal; 2ª Lei: Um robô deve obedecer às ordens que lhe sejam dadas por seres humanos exceto nos casos em que tais ordens entrem em conflito com a Primeira Lei; 3ª Lei: Um robô deve proteger sua própria existência desde que tal proteção não entre em conflito com a Primeira ou a Segunda Lei. Mais tarde, Asimov acrescentou a "Lei Zero", que se sobrepunha às demais: um robô não pode causar mal à humanidade ou, por omissão, permitir que a humanidade sofra algum mal. O arcabouço por trás dessas leis (que são, na verdade, diretivas oriundas da ficção científica, mas factíveis na realidade da inteligência artificial) era possibilitar a coexistência de robôs inteligentes e humanos de molde a

---

1 MAGRANI, Eduardo. *Entre dados e robôs*: ética e privacidade na era da hiperconectividade. Porto Alegre: Arquipélago Editorial, 2019. p. 51-52.

impedir que haja uma rebelião das máquinas que viessem a subjugar a humanidade. Note-se que a palavra "robô" pode se referir tanto a máquinas físicas quanto a programas computacionais (*softwares*). Alguns preveem, inclusive, que com as pesquisas em torno da inteligência geral artificial (AGI) – máquinas pensantes capazes de realizar qualquer tarefa intelectual humana – seria possível que as máquinas pudessem melhorar a si mesmas, desencadeando um crescimento descontrolado na inteligência dos computadores que superaria a humana.[2]

Mais recentemente, foi lançado o *chatbot* de inteligência artificial da série GPT (*Generative Pre-Trained Transformer*), composta por grandes modelos de linguagem (*Large Language Models* — LLM). Esse modelo de linguagem treinado pela OpenAI está revolucionando a forma como as máquinas entendem e geram texto. É capaz de responder perguntas, completar frases incompletas e escrever textos coerentes, sendo utilizado de maneira eficiente para aplicações as mais variadas como assistentes virtuais, geração de conteúdo e tradução automática. A OpenAI coletou uma quantidade imensa de dados de texto, como livros, conversas e artigos. Assim, esses dados foram utilizados para treinar o modelo de inteligência artificial utilizando uma técnica chamada Aprendizado Profundo (*Deep Learning*). Paralelamente ao desenvolvimento de *chatbots* de texto, outras tecnologias dão passos largos para sua disseminação, a exemplo do VALL-E (modelo IA da Microsoft capaz de reproduzir qualquer voz humana após ouvi-la por três segundos) e do DALL-E (desenvolvida pela OpenAI, é capaz de criar imagens através de pequenos comandos de texto).

As questões ético-jurídicas tornam-se complexas a partir do instante em que há necessidade de dirimir conflitos surgidos nesse ambiente digital. Em particular, surge a questão da atribuição de personalidade e imputabilidade aos robôs. Ser pessoa é ter a possibilidade de ser sujeito de direito e de arcar com suas correlatas obrigações (ou seja, capacidade jurídica e titularidade de direitos em relações jurídicas de direito material ou formal). Nessa linha, analisando a proposta europeia de atribuição de personalidade jurídica, sustentam Marcos Ehrhardt e Gabriela Buarque:[3]

---

2 LEE, Kai-Fu. *Inteligência artificial*: como os robôs estão mudando o mundo, a forma como amamos, nos relacionamos, trabalhamos e vivemos. Rio de Janeiro: Globo Livros, 2019. p. 169.

3 EHRHARDT JÚNIOR, Marcos; SILVA, Gabriela Buarque Pereira. Pessoa e sujeito de direito: reflexões sobre a proposta europeia de personalidade jurídica eletrônica. *Revista Brasileira de Direito Civil – RBDCivil*, Belo Horizonte, v. 23, p. 78-79, jan./mar. 2020. DOI:10.33242/rbdc.2020.01.003.

> Verifica-se, portanto, que ainda não há fundamento antropológico-axiológico suficiente a fundamentar a instituição da personalidade eletrônica, além de dificuldades de índole operativa, não havendo, também, necessidade de tal instituto jurídico, considerando que existem outras formas de assegurar a reparação da vítima sem incorrer na formulação de um novo sujeito de direito. A necessidade de responsabilização não induz, necessariamente, na atribuição de personalidade. Tanto é assim que o instituto da responsabilidade objetiva, por exemplo, adveio como uma resposta às demandas de reparação integral dos danos das vítimas. Assim, é razoável que seja atribuído ao ente dotado de inteligência artificial o tratamento de coisa, especialmente no contexto em que não há miscigenação entre humanos e máquinas. Tal assertiva, contudo, não induz à conclusão de que a proposta europeia deve ser absolutamente desconsiderada, mas, somente, que o momento atual ainda não demanda a criação de um novo sujeito de direito, especialmente em face de possíveis dificuldades operacionais a serem enfrentadas e da viabilidade de alternativas suficientemente eficazes para tutelar os agentes sociais envolvidos.

Dessa forma, havendo um dano causado por um robô, é necessário identificar uma pessoa a quem possa ser imputada a obrigação de repará-lo, uma vez que a atribuição de personalidade jurídica é pressuposto para a responsabilização. Para que uma pessoa seja obrigada a reparar um dano, é necessário, pois, que tenha a capacidade de reconhecer a (i)licitude de sua conduta.

Nesse contexto, especificamente na seara empresarial, qual tratamento deve ser aplicado quando a sociedade empresarial utiliza-se de mecanismos de inteligência artificial para tomar decisões que impactam a vida da sociedade? Essa questão é particularmente importante no contexto atual caracterizado pela fragmentação e diluição da atividade empresarial e do poder de direção, potencializado pelos arranjos de poder em que os agentes delegam o poder decisório aos aplicativos dotados de inteligência artificial. Dessa forma, os regimes de responsabilidade funcionam como contrapesos às inovações organizacionais de modo que essa delegação de poder não reste impune em caso de danos ou prejuízos. Sob essa ótica, será feito neste texto, inicialmente, um breve panorama acerca da inteligência artificial e das decisões empresariais e, em seguida, será tratada a questão da responsabilidade civil dos administradores quando da utilização de mecanismos de inteligência artificial nas decisões que envolvem a sociedade.

2 Inteligência artificial e decisões empresariais

O gerenciamento de uma sociedade requer a constante tomada de decisões que impactarão seu desenvolvimento, assim como das pessoas que dela fazem parte. Essas decisões podem levar tanto ao sucesso como ao fracasso do empreendimento, razão pela qual é imprescindível que sejam baseadas em dados racionais. Nesse aspecto, sistemas decisórios calcados em inteligência artificial têm um importante papel de apoio, uma vez que podem apresentar respostas e propor estratégias de solução às demandas que se apresentam.

Os algoritmos guiam os sistemas computacionais na solução de problemas, razão pela qual não há inteligência artificial sem algoritmos.[4] Um algoritmo é um conjunto de regras ou instruções matemáticas que estabelecem uma sequência de operações que levam à solução de um dado problema. Nessa linha, subjaz a ideia de que a máquina falha menos do que o ser humano, que é naturalmente sujeito a vieses e tende a adotar certos padrões de comportamento. A máquina, por seu turno, seria teoricamente mais eficiente, objetiva e imparcial.

Não obstante essa concepção, há que se recordar que os algoritmos (até o momento) são elaborados por seres humanos. Normalmente, o *input* inicial que alimenta os algoritmos é formado por um imenso manancial de informações (*big data*) que, devidamente processados, transformam os dados brutos em dados economicamente apreciáveis e úteis aos tomadores de decisão. Esse banco de dados é carreado ao sistema pelo ser humano e, se o algoritmo estiver imbuído dos mesmos vieses humanos, não se pode considerá-lo neutro. As mesmas imperfeições humanas serão transferidas para o modelo matemático.

Levando-se em conta a premissa apontada de que a inteligência artificial embutiria decisões mais assertivas, imparciais e objetivas, sua utilização em processos decisórios pode englobar diversas áreas da sociedade empresária: ações de publicidade, investimentos, novas parcerias de negócios, escolha de novos funcionários, avaliação de riscos, desenvolvimento de produtos, entre outros.

Alguns setores que certamente se beneficiarão da inteligência artificial são: a) cibersegurança: algumas ferramentas já utilizam a inteligência artificial para prevenir ataques e detectar *malwares* e atividades suspeitas; b) redes de abastecimento: a inteligência artificial

[4] MCKENZIE, Raub. Bots, Bias and Big Data: Artificial Intelligence, Algorithmic Bias and Disparate Impact Liability in Hiring Practices. *Arkansas Law Review*, v. 71, n. 2, p. 532-533, 2018.

possibilita o oferecimento de informações detalhadas e descoberta de novos fornecedores; c) perfil do consumidor: com a inteligência artificial, é possível traçar o perfil de consumo dos usuários com apenas um clique, mapeamento que auxilia na otimização de estoques dos produtos e na construção e direcionamento de anúncios; d) gestão de risco: por meio da inteligência artificial, é possível antecipar e prevenir a exposição de dados, reduzir corrupções e fraudes, além de estabelecer uma cultura de transparência e responsabilidade; e) treinamento de habilidades: com a ajuda da inteligência artificial, as empresas podem detectar as competências e aptidões de cada colaborador, maximizando sua participação no desenvolvimento da sociedade.

Adicionalmente, podem-se identificar os aspectos relevantes a seguir descritos com relação a essas áreas que podem ser mais profundamente afetadas.

O recrutamento de talentos pode ser efetuado de maneira mais rápida. Muitas empresas já estão usando a IA para automatizar tarefas repetitivas e demoradas, como criar faturas ou enviar sequências de e-mail. O aprendizado de máquina pode auxiliar os departamentos de recursos humanos automatizando os processos de triagem de currículos, contato com candidatos e agendamento de entrevistas. A ferramenta também ajuda a economizar tempo ao selecionar candidatos para cargos que correspondam à sua experiência, conhecimento e habilidades necessárias para o trabalho ao qual estão se candidatando.

Quanto à tomada de decisão, à medida que a IA torna-se mais acurada em analisar e entender com precisão grandes quantidades de dados, as empresas têm a chance de criar campanhas mais direcionadas e personalizadas com maior lucratividade. Os aplicativos de IA são capazes de coletar padrões e outros *insights* de texto, números, imagens e vídeos. Com isso, as empresas podem alocar com mais garantia de sucesso o orçamento e os recursos necessários para as áreas que mais precisam.

Além disso, a implementação de IA também oferece o potencial de tomada de decisão automatizada. No entanto, nesses casos, é crucial que as empresas ofereçam transparência aos clientes e façam uma verificação para garantir que sejam melhores do que as escolhas que teriam sido feitas pelos administradores.

No tocante à simplificação do suporte ao cliente, muitas empresas já implementaram *chatbots* no atendimento ao cliente e é fácil entender o porquê. Eles podem responder às perguntas dos clientes rapidamente, estão disponíveis 24 horas por dia e podem encaminhar conversas para tarefas humanas realizadas por representantes quando necessário. E os clientes estão se tornando muito mais confortáveis em interagir com os robôs, com um número crescente de pessoas preferindo o *chat* ao vivo em vez de outros métodos de contato, uma vez que ele evita muito tempo de espera. É fato também que muitos clientes se sentem mais satisfeitos ao usar um recurso de bate-papo ao vivo.

Por meio da automação de processos, a cadeia de suprimentos é otimizada, garantindo mais agilidade e precisão. Algumas aplicações incluem drones de inventário, carrinhos de armazém sem motorista, análise de dados aprimorada e *software* de detecção de anomalias.

Aprimora-se também a segurança, uma vez que grande parte das violações de segurança cibernética ocorre devido a erros humanos. Portanto, faz sentido que a IA possa ser usada para tornar os computadores e as redes mais seguros, filtrando e-mails de *malware, spam* e *phishing*, antes mesmo de chegarem ao destinatário.

Há também soluções com tecnologia de análise de sentimentos, que permitem que as máquinas entendam com precisão o tom de voz de um cliente. Como resultado, as empresas podem responder a preocupações, reclamações e dúvidas com muito mais precisão, o que também ajuda na retenção de clientes. Muitas empresas já estão usando a IA para apoiar suas estratégias de experiência do consumidor e fortalecer o engajamento e a confiança na marca, a exemplo da recomendação automática de itens ou serviços semelhantes aos quais o cliente possa ter interesse.

Um dos efeitos mais desejados da implantação de qualquer nova ferramenta é a redução dos custos operacionais. Com a inteligência artificial nas empresas, a equipe economiza tempo, já que pode se concentrar em outras tarefas que demandem mais atenção. Claro que existe um investimento inicial, mas os benefícios no longo prazo resultam em economia financeira para as empresas. Além disso, com o passar do tempo ela tende a se tornar mais acessível.

Com a crescente digitalização dos negócios, surgem novos desafios que, sem a intervenção humana de cientistas de dados ou especialistas em IA, podem permanecer sem solução. Ao identificar problemas de negócios complexos como aprendizado de máquina, pesquisa de operações, gráficos ou inconsistências de pesquisa, os especialistas em IA podem reconhecer quais novas fontes de informação devem ser coletadas para ajudar as organizações a resolver problemas permanentes de maneira inovadora. Além disso, a coleta constante de dados possibilitada pela IA pode ajudar as empresas a criar melhores serviços.

Por conseguinte, o constante surgimento de novos dados implica a necessidade de as organizações melhorarem a consistência de suas práticas de IA para acompanhar a criação de novos produtos e incorporar *feedback* de consumidores e outros parceiros do ecossistema. As equipes de IA também devem se adaptar a mudanças não previstas nos pontos de contato com o cliente devido aos dados gerados por novos dispositivos, aí incluídos os vestíveis, como relógios, pulseiras e óculos de realidade virtual. Por fim, novas estratégias de contextualização do cliente podem ajudar o negócio a obter melhores resultados. No entanto, os modelos existentes e as entradas da fonte de dados precisarão ser ajustados para dar suporte a essa técnica.

Há de se considerar, também, que a maior parte das sociedades empresárias terá que lidar com crises em algum momento de sua existência, desde situações desencadeadas por reclamações de clientes até uma queda acentuada na lucratividade. Ter uma equipe de IA disponível para mergulhar profundamente nos dados gerados pela crise pode ajudar os líderes empresariais a entender o que realmente está acontecendo e como resolver esses problemas de forma eficaz.

Diante dessa vasta gama de aplicações destinadas a maximizar a atividade empresarial, pode-se afirmar que haverá responsabilização dos agentes empresariais pela escolha dos aplicativos operados por meio de inteligência artificial, assim como pela escolha do banco de dados que deu suporte às decisões tomadas e pela adoção cega dos caminhos propostos sem a necessária crítica e ponderação. Inclusive, pode-se pensar numa responsabilização pelo fato de o administrador eventualmente ignorar o indicativo da inteligência artificial ou atuar contrariamente a ele sem justificar sua decisão perante a sociedade. Não pode também o agente esquivar-se da responsabilidade sob a alegação de neutralidade do algoritmo utilizado, como se não houvesse uma subjetividade subjacente aos aplicativos de IA. Recorde-se, mais uma vez, que os dados são alimentados pelos funcionários, que também possuem sua parcela de responsabilização caso tenham se portado com desídia quando do fornecimento do *input* aos aplicativos. Em resumo, a responsabilidade do agente será diretamente proporcional à confiança depositada nos algoritmos, nos dados fornecidos e na obediência ou não aos caminhos propostos pelo sistema informatizado.

3 Responsabilidade civil dos administradores

No âmbito da responsabilidade civil, quando as decisões tomadas com base em inteligência artificial causam danos a terceiros, é possível cogitar-se em alguns caminhos possíveis com vistas à reparação. Inicialmente, cabe destacar que a responsabilidade subjetiva tem como fundamento a conduta voluntária causadora de dano, consubstanciada no ato ilícito.

Conforme se depreende do contido no art. 186, do Código Civil, delineiam-se os requisitos essenciais da responsabilidade subjetiva: a) conduta antijurídica do agente, permeada por culpa ou dolo; b) a existência de dano, ou seja, lesão a um bem jurídico, quer tenha natureza patrimonial ou não; c) o estabelecimento de um nexo de causalidade entre a conduta e o dano, de forma a precisar-se que o dano decorreu da conduta antijurídica. O efeito da responsabilidade civil é o dever de reparação, de modo que o responsável pelo rompimento do equilíbrio patrimonial e/ou moral é obrigado a restaurá-lo, indenizando o que a vítima efetivamente perdeu (dano emergente), assim como o que razoavelmente deixou de ganhar (lucro cessante).

Os atos ilícitos são aqueles que se originam direta ou indiretamente da vontade, ocasionando efeitos jurídicos contrários ao ordenamento. Esses atos estão intimamente ligados à imputabilidade, pois a voluntariedade desaparece ou torna-se ineficaz quando o agente é juridicamente irresponsável, não obstante o Código Civil, no art. 928, prever uma responsabilidade mitigada dos incapazes. O dever de indenizar vai centrar-se na análise da transgressão ao dever de conduta que constitui o ato ilícito: na responsabilidade subjetiva, o elemento subjetivo do ato ilícito, que gera o dever de indenizar, está na imputabilidade da conduta do agente.

É importante salientar que existem determinadas situações que rompem o nexo causal, excluindo a responsabilidade. São excludentes: a culpa exclusiva da vítima, o fato de terceiro, o caso fortuito e a força maior e, no campo contratual, a cláusula de não indenizar. Vale ressaltar que, fundamentando a responsabilidade no ato ilícito, o Código Civil, no art. 188, enumera hipóteses em que, não obstante a ação voluntária do agente e a ocorrência de dano, não haverá necessariamente o dever de indenizar. São aqueles praticados em legítima defesa ou no exercício regular de um direito reconhecido e a deterioração ou destruição de coisa alheia, ou a lesão à pessoa, a fim de remover perigo iminente. Nesse último caso, o ato será legítimo somente quando as circunstâncias o tornarem absolutamente necessário, não excedendo os limites do indispensável para a remoção do perigo.

No âmbito da responsabilidade objetiva, haverá obrigação de reparar o dano, independentemente de culpa, nos casos especificados em lei, ou quando a atividade normalmente desenvolvida pelo autor do dano implicar, por sua natureza, risco para os direitos de outrem (art. 927, parágrafo único, do Código Civil).

A tendência em termos de responsabilidade civil caminha no sentido de, mais do que apontar o responsável pelo dano, dizer como ele será reparado.[5] Ampliam-se os casos de responsabilidade objetiva, em que não se perquire o elemento subjetivo da culpa, e atribui-se maior liberdade ao juiz para identificar em que situações há um risco criado capaz de ocasionar danos advindos do exercício de atividades consideradas perigosas. Em todo caso, o centro das preocupações em matéria de responsabilidade civil passou do homem, tomado isoladamente, para o homem considerado coletivamente. Volta-se o olhar para a construção de uma sociedade que resgate os valores éticos em prol da redefinição da arquitetura social em que vivemos.

No caso de danos provocados por decisões baseadas em inteligência artificial, pode-se, inicialmente, pensar na responsabilidade delineada pelo art. 936, do Código Civil, que estabelece que o dono, ou detentor, do animal ressarcirá o dano por este causado, se não provar culpa da vítima ou força maior. Seria uma equiparação à responsabilidade aplicável aos animais, no sentido de que quem tem o uso do animal suporta o risco pelos danos que este venha a causar. De modo semelhante, o administrador que se utilizou da inteligência artificial seria responsabilizado por eventual direcionamento por ela sugerido. Também, a depender do risco inerente à atividade causadora do dano, poder-se-ia pensar em prescindir do próprio nexo de causalidade. Não obstante, em se tratando de vício ou fato do produto ou serviço, no âmbito do Código de Defesa do Consumidor, deve-se aplicar a responsabilidade civil objetiva.

Por outro lado, a lei das Sociedades por Ações (Lei nº 6.404, de 15 de dezembro de 1976) estabelece, em seu art. 153, que o administrador deve empregar, no exercício de suas funções, o cuidado e diligência que todo homem ativo e probo costuma empregar na administração dos seus próprios negócios. Daí decorre a necessidade de observância do dever

---

5 DIAS, José de Aguiar. *Da Responsabilidade Civil.* Rio de Janeiro: Renovar, 2006. p. 50.

de diligência, devendo o administrador empregar cautela ao utilizar a inteligência artificial, sempre atuando à luz da boa-fé objetiva. A boa-fé objetiva está calcada preponderantemente na conduta lastreada na probidade, na honestidade e no cuidado com o outro, tudo sob o manto do dever de informação que deverá permear as decisões societárias.

A boa-fé, como norma comportamental, direciona-se no sentido da exigência de um padrão de atuação correta, leal e honesta, desempenhando funções normativas de concretização reguladora, de integração e de delimitação. Confere um rumo no que concerne à conduta das partes. Caracteriza-se, pois, pela multifuncionalidade, exercendo diferenciadas funções no âmbito jurídico. Também é a boa-fé objetiva uma norma de responsabilidade,[6] pois, em caso de violação, gera a obrigação de indenizar. Ou seja, a violação da boa-fé objetiva enseja responsabilização.

Nessa linha, o art. 158 da Lei nº 6.404, 1976, estabelece que o administrador não é pessoalmente responsável pelas obrigações que contrair em nome da sociedade e em virtude de ato regular de gestão; responde, porém, civilmente, pelos prejuízos que causar, quando proceder dentro de suas atribuições ou poderes, com culpa ou dolo, ou com violação da lei ou do estatuto. O administrador não é responsável por atos ilícitos de outros administradores, salvo se com eles for conivente, se negligenciar em descobri-los ou se, deles tendo conhecimento, deixar de agir para impedir a sua prática. Exime-se de responsabilidade o administrador dissidente que faça consignar sua divergência em ata de reunião do órgão de administração ou, não sendo possível, dela dê ciência imediata e por escrito ao órgão da administração, no conselho fiscal, se em funcionamento, ou à assembleia geral.

No que tange à adoção de mecanismos de inteligência artificial, é imprescindível que seja disseminado o conceito de ética empresarial, que se refere às diretrizes que uma empresa adota ao interagir com clientes, funcionários e demais organizações. É um esforço consciente para tratar todas as pessoas (físicas e jurídicas) com respeito e estabelecer um ambiente de trabalho positivo. Os efeitos das práticas éticas nos negócios podem beneficiar financeiramente uma empresa, auxiliando-a no seu crescimento. Em outras palavras, a ética está relacionada aos princípios e valores que um indivíduo usa para fundamentar suas atividades e decisões. Em uma organização, um código de ética é um

---

6 RIBEIRO, Joaquim de Sousa. A Boa Fé como Norma de Validade. *In*: RIBEIRO, Joaquim de Sousa. *Direito dos Contratos*: Estudos. Coimbra: Coimbra, 2007. p. 209.

conjunto de princípios que a orienta em seus programas, políticas e decisões de negócios. E esse código embasará a tomada de decisões calcadas em mecanismos de inteligência artificial.

Também é importante a adoção de um programa de *compliance*. *Compliance* significa estar em conformidade com leis e regulamentos e vem do verbo inglês "*to comply*". A ideia é reduzir riscos e aumentar a segurança e a padronização dos processos da empresa. Isso garante que leis, normas e outros padrões sejam cumpridos com segurança. *Compliance* é, portanto, um termo usado no mundo da gestão para organizar os processos e a conduta de colaboradores, visando estar em conformidade com a legislação e com as normas definidas pela própria empresa. O *compliance* engloba também a questão dos valores éticos e íntegros da empresa para seus colaboradores e também para a sociedade, uma vez que o comportamento da equipe é propagado também em sua vida pessoal.

A ideia é que a empresa além de atender a legislação, possa também definir as regras e os valores da organização e assim os colaboradores podem propagar esses valores não só dentro da empresa, mas também para seus clientes, fornecedores, redes sociais etc. É importante ressaltar também que essas leis e regulamentos podem ser originários do governo da própria empresa. Portanto, é uma forma de garantir que os colaboradores da empresa realmente sigam os comportamentos desejados pela administração.

Tais iniciativas não são voltadas apenas para impedir violações, mas também para reduzir multas e atenuar sanções. Trata-se de importante esforço para conquistar e manter uma reputação positiva. Afinal de contas, o sucesso de qualquer organização depende da sua imagem pública. Quando uma empresa começa a enfrentar processos judiciais, o público em geral tende a perder confiança nela. O programa de *compliance* atua para assegurar que a empresa possa manter uma imagem positiva e merecer a confiança do consumidor.

Além disso, o *compliance* também desempenha papel fundamental na condução de mudanças e inovações dentro das empresas. O *compliance* é uma excelente ferramenta para influenciar o comportamento organizacional. As práticas de cada dia são moldadas por treinamentos e códigos de conduta. Esses mesmos códigos de conduta decorrem dos valores e visões estabelecidos pela administração e devem ser disseminados ao longo do tempo e, no que se refere à ética empresarial, incorporar práticas adequadas requer o desenvolvimento de um programa de *compliance* voltado às especificidades de cada negócio e às características gerais da equipe e do segmento de atuação.

Nesse contexto, a adoção de decisões baseadas em inteligência artificial que representem afronta às diretrizes do *compliance* empresarial ensejará a responsabilidade do administrador. É possível também considerar ato ilícito quando a sociedade adota um algoritmo sem ter conhecimento suficiente sobre sua ação ou não adota as providências pertinentes para evitar a falta do dever de diligência quando os resultados práticos obtidos a partir dos algoritmos denotam conduta antiempresarial. A violação do dever de diligência ensejará também a responsabilização. Daí a importância da transparência acerca do *modus operandi* da inteligência artificial, entendendo seus limites e evitando decisões equivocadas.

4 Notas conclusivas

Em termos de administração societária, o direito brasileiro atual não admite a delegação das decisões administrativas às máquinas, não obstante a prática disseminada de adoção dos parâmetros indicados em diagnósticos baseados em inteligência artificial ou outro mecanismo computacional que forneça prognósticos ou linhas de ação. O que se deve sempre pontuar é que, não obstante a eficiência levada a efeito por essa prática, há questões prementes a serem observadas, em especial o fato de que os sistemas informatizados são alimentados por dados inseridos por seres humanos, coletados de acordo com seus próprios pré-julgamentos. Além disso, nos sistemas que empregam o aprendizado de máquina, a própria tecnologia encarrega-se de se autoalimentar, muitas vezes reforçando os vieses iniciais.

Adicionalmente, a forma como esses dados são coletados também desperta preocupações, mormente quando se sabe que sua produção e processamento também possuem limitações, em especial quando desprovido de controle humano. Mesmo quando o controle da inserção desses dados existe, é grande a possibilidade de desvirtuamento e de inclusão de linhas de código computacional que beneficie determinados interesses. Daí a necessidade de interação humana com vistas a interpretar as propostas algorítmicas e correlacioná-las à realidade de modo a torná-las, de fato, decisões da administração da sociedade e não da máquina.

O poder de predição dos algoritmos é insuficiente quando se trata de eventos que ocorrem raramente ou que necessitam de uma intervenção singular. Como normalmente não há grande massa de dados em função da escassez de situações-tipo, maior será a probabilidade de correlações equivocadas, levando a decisões falaciosas, mormente quando desprovidas de exame mais acurado. Nesse sentido, sempre é de bom alvitre recordar que os indicativos algorítmicos são feitos a partir de critérios gerais que desconsideram as particularidades do caso e não respeitam a individualidade da situação. Por conta disso, é mister o cuidado com seu emprego amplo e indiscriminado, sem que existam mecanismos de controle e sem seguir as regras de *compliance* da sociedade.

Para tal, é necessário que esse controle abranja tanto a qualidade dos dados (sua precisão, adequação e acurácia) como a qualidade do processamento (idoneidade da programação computacional). Isso demonstra que é necessário prudência na incorporação de sistemas de inteligência artificial na atividade empresarial, especialmente se o sistema utiliza aprendizado de máquina em que o código é alterado de modo independente e cujo controle se torna de difícil consecução. Aliado a isso, a diligência na condução dos negócios exige atuação compatível com os riscos assumidos na utilização da tecnologia. Conclui-se, portanto, que a utilização de sistemas de inteligência artificial deve ser feita como apoio para a tomada de decisão, sem que haja a transferência do processo decisório para a máquina. Não obstante a introdução de mecanismos de inteligência artificial, as decisões e atos serão atribuídos ao administrador, que se sujeitará às regras de imputação de responsabilidade estabelecidas pela legislação em vigor, uma vez que a utilização desses mecanismos não altera os critérios legalmente previstos de responsabilização. A tecnologia não cria espaços imunes à aplicação do direito, que deve estar coadunado com as novas práticas que surgem a todo o momento, acompanhando de perto as inovações tecnológicas e, por conseguinte, promovendo um ambiente social mais próximo da segurança que deve nortear as relações jurídicas.

Referências

DIAS, José de Aguiar. *Da Responsabilidade Civil*. Rio de Janeiro: Renovar, 2006.

EHRHARDT JÚNIOR, Marcos; SILVA, Gabriela Buarque Pereira. Pessoa e sujeito de direito: reflexões sobre a proposta europeia de personalidade jurídica eletrônica. *Revista Brasileira de Direito Civil – RBDCivil*, Belo Horizonte, v. 23, p. 57-79, jan./mar. 2020. DOI:10.33242/rbdc.2020.01.003.

LEE, Kai-Fu. *Inteligência artificial*: como os robôs estão mudando o mundo, a forma como amamos, nos relacionamos, trabalhamos e vivemos. Rio de Janeiro: Globo Livros, 2019.

MAGRANI, Eduardo. *Entre dados e robôs*: ética e privacidade na era da hiperconectividade. Porto Alegre: Arquipélago Editorial, 2019.

MCKENZIE, Raub. Bots, Bias and Big Data: Artificial Intelligence, Algorithmic Bias and Disparate Impact Liability in Hiring Practices. *Arkansas Law Review*, v. 71, n. 2, p. 528-570, 2018.

RIBEIRO, Joaquim de Sousa. A Boa Fé como Norma de Validade. *In*: RIBEIRO, Joaquim de Sousa. *Direito dos Contratos*: Estudos. Coimbra: Coimbra, 2007.

Informação bibliográfica deste texto, conforme a NBR 6023:2018 da Associação Brasileira de Normas Técnicas (ABNT):

AQUINO JÚNIOR, Geraldo Frazão de. Contornos da responsabilidade civil no âmbito da utilização de sistemas de inteligência artificial pelas sociedades empresárias. *In*: EHRHARDT JÚNIOR, Marcos; CATALAN, Marcos; NUNES, Cláudia Ribeiro Pereira (Coord.). *Inteligência artificial e relações privadas – Relações patrimoniais*: entre o consumo, os contratos e os danos. Belo Horizonte: Fórum, 2023. v. 3. p. XX-XX. ISBN 978-65-5518-586-7.

RESPONSABILIDADE CIVIL PELO USO DA INTELIGÊNCIA ARTIFICIAL: A VISÃO EUROPEIA[1]

JOSÉ FERNANDO MÁRQUEZ

I Objetivo deste trabalho

Pretendemos delinear algumas possibilidades de regulamentação da responsabilidade civil pela utilização da inteligência artificial com base na visão europeia, projetada através de uma proposta em estudo na União Europeia, apresentada pela Comissão ao Parlamento.

Estamos conscientes de que, após a promulgação do Código Civil e Comercial argentino, o nosso regime jurídico não nos permitiria chegar às mesmas conclusões propostas pela Comissão.

A divulgação deste documento tem outro objetivo: colocar em crise a necessidade de regulamentação da matéria, talvez por meio de um estatuto especial, em que sejam considerados todos os problemas e interesses envolvidos.

A proximidade ideológica e intelectual do nosso país com a União Europeia facilita esta troca de ideias, pelo fato de trabalharmos quase sempre com conceitos e regras semelhantes.

Para isso, faremos uma abordagem elementar da noção de IA, seguida de uma breve referência às questões éticas geradas pela sua utilização, para concluir com a exposição da proposta europeia.

---

1 Baseado na dissertação do autor na Academia Nacional de Direito de Córdoba, em 05 de outubro de 2021.

II Mudanças tecnológicas e dilemas éticos e legais

Toda mudança tecnológica gera consequências sociais relevantes. Porém, algumas delas foram marcantes para o futuro do mundo.

Desse jeito, podemos mencionar, segundo critérios absolutamente discricionários, e sem descurar muitas outras mudanças que provocaram alterações profundas: a incorporação da rede de esgotos nas cidades (século XIV), a invenção da imprensa (século XV) ou da máquina a vapor (século XVIII). No século XX, surgiu a informática, que produziria uma grande mudança de paradigma, ao permitir que o mundo fosse representado em uma linguagem diversa e de formas absolutamente diferentes das conhecidas até então. Em 1936, foi desenvolvido o primeiro computador programável e, na década de '70, foi apresentado o primeiro computador pessoal, criado pelo engenheiro Edward Roberts. A liberação da tecnologia da Internet para uso público, em meados dos anos 90, permitiu a interconexão descentralizada de diferentes computadores, e o tráfego de informações por todo o planeta, tornando-se uma tecnologia de comunicação nuclear.

Nesta linha, não podemos deixar de citar a apresentação, em 2007, do Smartphone, criado por Steve Jobs. Este momento constitui, para alguns historiadores, o fim da era contemporânea e o começo da era digital.[2]

No entanto, o tema deste trabalho é a utilização da chamada inteligência artificial (IA), que nos confronta com problemas que parecem ficção científica. Veremos do que se trata.

III Mas o que é inteligência artificial?[3]

Em 11 de maio de 1997, um computador IBM chamado Deep Blue derrotou o campeão mundial de xadrez Gary Kasparov após uma partida de 6 jogos. A partida terminou com 2 vitórias para IBM, 1 vitória para Kasparov e 3 empates. A importância desse evento foi

---

[2] ANSON, Luis María. La Edad Digital. *El Español*, 26 enero, 2017. Disponível em: https://www.elespanol.com/el-cultural/opinion/primera_palabra_luis_maria_anson/20170126/edad-digital/188982432_0.html. Acesso em: 18 jul. 2023.

[3] Para a compreensão das questões técnicas envolvidas, explicadas de forma simples, v. Laura ACION, Laura ACION, Laura; ALONSO ALEMANY, Laura; FERRANTE, Enzo; LUTZOW HOLM, Eric; MARTINEZ, Vanina; H. MILONE, Diego; RODRIGUEZ, Ricardo; SIMARI, Guillermo; UCHITEL, Sebastián. Desmitificando la Inteligencia Artificial. *In*: SOLANET, Manuel. *Inteligencia artificial*: una mirada multidisciplinaria. Ciudad Autónoma de Buenos Aires: Academia Nacional de Ciencias Morales y Políticas, 2021. p. 63.

avaliar a capacidade dos computadores de lidar com cálculos complexos a novos limites. Esse tipo de tecnologia usa o mesmo tipo de cálculo necessário para ajudar na descoberta de novos medicamentos contra doenças, ou aquele usado na criação de modelos financeiros. Hoje esse jogo parece brincadeira de criança, em comparação com as aplicações que a informática nos apresenta.

Coloquialmente, o termo inteligência artificial é aplicado quando uma máquina imita as funções "cognitivas" que os seres humanos associam a outras mentes humanas, como "perceber", "raciocinar", "aprender" e "resolver problemas".

Andreas Kaplan e Michael Haenlein[4] definem inteligência artificial como "a capacidade que um sistema possui para interpretar corretamente dados externos, aprender com eles, e usar esse conhecimento para efetuar tarefas e atingir objetivos específicos por meio da adaptação flexível".

O Dicionário da Real Academia Espanhola[5] a define como "Disciplina científica que trata da criação de programas de computação, os quais executam operações comparáveis às realizadas pela mente humana, como o aprendizado ou o raciocínio lógico".

A Comunicação da Comissão Europeia sobre inteligência artificial para a Europa – COM (2018) 237final,[6] afirma: "O termo 'inteligência artificial' (IA) aplica-se a sistemas que apresentam comportamento inteligente, uma vez que são capazes de analisar o seu ambiente e agir (com certo grau de autonomia) a fim de atingir objetivos específicos. Os sistemas baseados na IA podem ser simplesmente software (por exemplo, assistentes de voz, software de análise de imagem, mecanismos de pesquisa, sistemas de reconhecimento facial e de voz). No entanto, a IA também pode ser incorporada ao hardware de dispositivos (por exemplo, robôs avançados, carros autônomos, drones ou aplicativos da Internet das Coisas)".

Para o grupo de especialistas de alto nível nomeados em junho de 2018 pela União Europeia, "os sistemas de inteligência artificial (IA) são

---

4 KAPLAN, Andreas; HAENLEIN, Michael. *Siri, Siri, in my hand*: Who's the fairest in the land? On the interpretations, illustrations, and implications of artificial intelligence. Disponível em: https://web.archive.org/web/20181121191205/https://www.sciencedirect.com/science/article/pii/S0007681318301393. Acesso em: 18 jul. 2023.

5 REAL ACADEMIA ESPAÑOLA. *Diccionario de la lengua española*. Disponível em: https://dle.rae.es/. Acesso em: 18 jul. 2023.

6 EUR-LEX. *Comunicación de la Comisión*: Inteligencia artificial para Europa. Disponível em: https://eur-lex.europa.eu/legal-content/ES/TXT/?uri=CELEX:52018DC0237. Acesso em: 18 jul. 2023.

programas de computador (e possivelmente também equipamentos de computador) projetados por seres humanos que, perante um objetivo complexo, atuam no âmbito físico ou na dimensão digital, através da percepção do seu ambiente e a consequente aquisição de dados, a interpretação de dados estruturados ou não estruturados, o raciocínio sobre o conhecimento ou o tratamento da informação, o resultado destes dados, e a decisão das melhores ações que serão realizadas a fim de atingir o objetivo definido".

Convivemos diariamente com a inteligência artificial, embora muitas vezes não saibamos disso. Existem inúmeros exemplos na área de controle de sistemas, planejamento automático, diagnósticos, previsão do tempo, reconhecimento de escrita, reconhecimento de fala, reconhecimento de padrões, entre outros. Hoje em dia, os sistemas de IA fazem parte da rotina em áreas como economia, medicina, engenharia, transporte e comunicações, bem como no âmbito militar.[7]

Hoje, é feita uma distinção entre inteligência artificial fraca e inteligência artificial forte, dependendo das funções que esta tecnologia pode cumprir: A inteligência artificial fraca (IA fraca) é uma abordagem para a pesquisa e o desenvolvimento de inteligência artificial, considerando que ela é e sempre será uma simulação da função cognitiva humana, e que pode parecer que os computadores pensam, mas eles não são realmente conscientes em nenhum sentido. Um bom exemplo de IA fraca são os personagens de vídeo games que agem de forma crível no contexto de seu personagem de jogo, mas que não podem fazer mais nada além disso. A inteligência artificial fraca é uma forma de IA projetada especificamente para se concentrar em uma tarefa restrita. A IA fraca contrasta com uma IA forte, capaz de todas e quaisquer funções cognitivas que um ser humano pode ter. Ela não é essencialmente diferente de uma mente humana real. A IA fraca nunca é considerada inteligência geral, mas sim uma construção projetada para ser inteligente na tarefa limitada para a qual foi programada.[8]

A ficção científica associa forte inteligência artificial[9] com qualidades humanas, como consciência, sensibilidade, sabedoria e

---

[7] Para uma visão do impacto da inteligência artificial nos diversos âmbitos científicos, ver SOLANET, Manuel. *Inteligencia artificial*: una mirada multidisciplinaria, cit.

[8] INTELIGENCIA Artificial Débil y Fuerte: Comprendiendo los Fundamentos de la IA. Acesso em: https://www.bigdata-social.com/inteligencia-artificial-debil-y-fuerte-fundamentos-de-la-ia/#:~:text=La%20inteligencia%20artificial%20d%C3%A9bil%20y%20fuerte%20representan%20diferentes%20enfoques%20en,humana%20en%20todos%20los%20aspectos. Acesso em: 28 jul. 2023.

[9] Ao fazer referencia à inteligência artificial forte.

autoconhecimento. Um bom exemplo da aplicação da Inteligência Artificial forte seriam os replicantes do filme "Blade Runner" de 1987, dirigido por Ridley Scott, ou "O caçador implacável", um filme do gênero distópico, ambientado na cidade de Los Angeles, durante o mês de novembro de 2019. Ele retrata um futuro em que humanos artificiais chamados de replicantes fabricados por bioengenharia, são empregados em trabalhos perigosos e como escravos. Fabricados pela Tyrell Corporation para serem "mais humanos do que os seres humanos", eles são fisicamente indistinguíveis de um humano, embora tenham maior agilidade e força física e, teoricamente, não tenham a mesma resposta emocional e empática.

Embora no passado diversas tecnologias tenham levantado algumas preocupações éticas e sociais, o surgimento e desenvolvimento da Inteligência Artificial suscitam novas preocupações, diante da perspectiva de profundas mudanças sociais que afetarão a humanidade de forma transversal.

IV Os dilemas éticos

O uso de inteligência artificial por meio de máquinas nos enfrenta a profundos dilemas éticos e legais.

Em 2021, tivemos a oportunidade de apresentar a obra publicada pela Universidade de Lima, Peru, intitulado "Roboética, inteligência artificial e o sentido da existência humana", que inclui quatro conferências proferidas naquela Universidade acerca da encruzilhada ética gerada pelo uso da IA.[10]

Na obra mencionada, Monsenhor Paglia (Professor da Academia para a Vida do Vaticano) se pergunta: Como é possível impedir que o homem se tecnologize, ao invés de a tecnologia se tornar humana? Que ética precisamos desenvolver para ter um impacto real na tecnologia? Por sua vez, Cárdenas Krenz, membro da Academia Nacional de Direito de Córdoba, se questiona: A tecnologia é a "fada cibernética" que nos permitirá realizar belos desejos? Ou ela é um gênio do mal que pode nos enganar cruelmente?

---

[10] PAGLIA, Vicenzo. *Roboetica, inteligencia artificial y el sentido de la existencia humana*. Comentarios Edgar Tejada Zevallos, María Teresa Quiroz y Ronald Cárdenas Krenz. Primera edición digital. Lima: Universidad de Lima, Fondo Editorial, 2021.

Em 2020, foi assinado no Vaticano o "Rome Call for IA Ethics",[11] no qual participaram: o Vaticano (através da referida Academia), a IBM, a Microsoft, o Parlamento Europeu e o Diretor Geral da FAO. O acordo nos faz lembrar que devemos escolher com cuidado quem se beneficiará da inteligência artificial e, ao mesmo tempo, fazer investimentos significativos em pessoas e habilidades. O documento expressa que a sociedade terá mais confiança nesta tecnologia quando as pessoas perceberem que ela está sendo construída sobre uma base ética e que as empresas por trás da inteligência artificial estão abordando diretamente questões de confiança e responsabilidade.

A UNESCO[12] propõe o desenvolvimento de um instrumento normativo global abrangente para fornecer à IA uma base ética sólida, que não só proteja, mas também promova os direitos humanos e a dignidade humana. Ele servirá como uma bússola ética orientadora e uma base normativa global, que permitirá gerar um forte respeito pelo estado de direito no mundo digital.

O Projeto de Regulamento sobre responsabilidade civil pela utilização de IA[13] é acompanhado de numerosos fundamentos. Resgatamos, por enquanto, um deles: "É importante salientar que as vantagens de implantar sistemas de IA deverão compensar as eventuais desvantagens. Eles ajudarão a combater a mudança climática de forma mais eficaz, além de melhorar os exames médicos e as condições de trabalho, promover a integração das pessoas com deficiência e dos idosos na sociedade e oferecer cursos de educação sob medida para todos os tipos de estudantes. Para aproveitar as diversas oportunidades tecnológicas e aumentar a confiança dos cidadãos no uso de sistemas de IA evitando situações prejudiciais, o melhor caminho é a geração/criação de fortes padrões éticos combinados com procedimentos de compensação sólidos e justos".

É consenso que, para além das normas legais que podem e devem ser articuladas, o uso da inteligência artificial precisa estar ancorado em firmes princípios éticos e no bem-estar da humanidade como seu objetivo final.

---

[11] RENALSSANCE FOUDATION. Disponível em: https://www.romecall.org/. Acesso em: Acesso em: 18 jul. 2023.

[12] UNESCO. *Ética de la inteligencia artificial.* Disponível em: https://www.unesco.org/es/artificial-intelligence/recommendation-ethics. Acesso em: 18 jul. 2023.

[13] PARLAMENTO EUROPEO. *Resolución del Parlamento Europeo, de 20 de octubre de 2020, con recomendaciones destinadas a la Comisión sobre un régimen de responsabilidad civil en materia de inteligencia artificial.* Disponível em: https://www.europarl.europa.eu/doceo/document/TA-9-2020-0276_ES.html. Acesso em: 18 jul. 2023.

V A Inteligência Artificial e o Direito

O direito é e será profundamente afetado pelas repercussões do uso da inteligência artificial.

A possibilidade de seu uso para a resolução de determinados conflitos sociais é apontada como um avanço irreprimível.[14]

Um claro exemplo de aplicação atual é o Prometea, o primeiro sistema preditivo de inteligência artificial da América Latina, criado no Ministério Público Fiscal da Cidade de Buenos Aires, Argentina, e atualmente aplicado à justiça e à Administração Pública.[15] Ele prevê a solução de um processo judicial em menos de 20 segundos, com uma taxa de sucesso de 96%. Em apenas 45 dias, elabora 1.000 pareceres em processos relacionados ao direito à moradia. Sem Prometea, o tempo necessário para obter esses resultados é de 174 dias. Em matéria de infrações, o sistema está em desenvolvimento para ser aplicado em casos de condução em estado de embriaguez. Uma primeira prova de conceito já foi realizada com ótimos resultados: se o sistema fosse implementado nestas investigações, poderiam ser geradas 1000 resoluções de suspensão de julgamento em 26 dias úteis, o que é feito manualmente em 110 dias. No caso dos autos de execuções fiscais, com o sistema de gestão utilizado em lotes, atualmente é possível realizar 255 sentenças de leilão em um mês. Com o sistema Prometea, segundo estimativas, poderiam ser realizadas 1.440 no mesmo período.

Na Corte Interamericana de Direitos Humanos, o sistema Prometea foi capacitado como assistente virtual para a criação de resoluções e notificações em diferentes idiomas e como ferramenta de busca avançada. A Corte Constitucional da Colômbia recebe milhares de processos por ano. Com intervenção humana, o Prometea conseguiu ler, analisar, detectar e sugerir casos prioritários sobre o direito à saúde, em menos de 2 minutos, algo que uma pessoa faria em 96 dias úteis, seguindo a

---

[14] De leitura obrigatória: Silvia BARONA VILAR, Silvia. *Algoritmizacion del derecho y de la justicia*: de la inteligencia artifical a la smart justice. Valencia: Tirant lo Blanch, 2021. *En contra de esta visión* BIANCHI, Alberto. La inteligencia artificial en el mundo jurídico actual (Implicancia, aplicaciones y posibilidades). *In*: SOLANET, Manuel. *Inteligencia artificial*: una mirada multidisciplinaria. Ciudad Autónoma de Buenos Aires: Academia Nacional de Ciencias Morales y Políticas, 2021. p. 198.

[15] V. ESTEVEZ, Elsa; LINARES LEJARRAGA, Sebastián; FILLOTRANI, Pablo. PROMETEA: Transformando la administración de justicia con herramientas de inteligencia artificial. *Banco Interamericano de Desarrollo – BID*, 2020. Disponível em: https://publications.iadb.org/es/publications/spanish/document/PROMETEA-Transformando-la-administracion-de-justicia-con-herramientas-de-inteligencia-artificial.pdf. Acesso em: 18 jul. 2023.

técnica de "aprendizado de máquina supervisionado". Esta ferramenta foi capaz de criar automaticamente 14 documentos em 16 minutos, algo que uma pessoa faz em 2 horas e 40 minutos de trabalho. Neste caso, o sistema demonstrou 937% mais eficiência.

Apresentamos à Academia Nacional de Direito de Córdoba, para sua futura publicação, um breve resumo de como os chamados "contratos inteligentes"[16] impactam a dogmática do contrato regulado na Argentina. Trata-se de contratos celebrados e executados por meio de máquinas e segundo ordens pré-determinadas, nos quais a intervenção do homem é mínima ou nula, após a entrada em funcionamento do sistema. Problemas como a autoexecução do contrato em caso de incumprimento (por exemplo, que a coisa vendida deixe de funcionar automaticamente no caso de falta de pagamento), dá-nos a noção da mudança de paradigma que implicaria para o sistema de execução forçada do contrato.

A substituição do trabalho humano por robôs, a captação e tratamento de milhões de dados sensíveis e a sua utilização, bem como a proteção da propriedade intelectual face ao novo mundo digital, são outros exemplos das questões que a utilização desta tecnologia põe à prova para o direito, e sobre as quais ainda há trabalho a fazer.

VI A responsabilidade civil pela utilização da IA

1 Antecedentes

Neste espaço, traremos algumas das ideias apresentadas pela Resolução do Parlamento Europeu, de 20 de outubro de 2020, com recomendações à Comissão sobre um regime de responsabilidade civil no domínio da inteligência artificial,[17] que faz parte de uma interessante lista de documentos produzidos pela União Europeia sobre a matéria.

Assim, citam-se como antecedentes desta Resolução:

- Proposta de Regulamento do Parlamento Europeu e do Conselho, de 06 de junho de 2018, que estabelece o programa Europa Digital para o período 2021-2027 (COM(2018)0434);

---

[16] Sobre o tema: HEREDIA QUERRO, Sebastián. *Smarts contracts*: que son, para que sirven y para que nos serviran? CABA: IJ Ed., 2020.

[17] PARLAMENTO EUROPEO. *Resolución del Parlamento Europeo, de 20 de octubre de 2020, con recomendaciones destinadas a la Comisión sobre un régimen de responsabilidad civil en materia de inteligencia artificial*. Disponível em: https://www.europarl.europa.eu/doceo/document/TA-9-2020-0276_ES.html. Acesso em: 18 jul. 2023.

- Comunicação da Comissão de 25 de abril de 2018, intitulada "Inteligência Artificial para a Europa" (COM (2018) 0237);
- Comunicação da Comissão de 07 de dezembro de 2018, intitulada "Plano Coordenado acerca da Inteligência Artificial" (COM (2018) 0795);
- Comunicação da Comissão de 08 de abril de 2019, intitulada "Gerar confiança na inteligência artificial focada no ser humano" (COM(2019) 0168),
- Relatório da Comissão ao Parlamento Europeu, ao Conselho e ao Comité Econômico e Social Europeu, de 19 de fevereiro de 2020, sobre as repercussões em matéria de segurança e responsabilidade civil da inteligência artificial, da internet das coisas e da robótica (COM (2020)0064);
- Livro Branco da Comissão, de 19 de fevereiro de 2020, sobre inteligência artificial – uma abordagem europeia orientada para a excelência e a confiança (COM (2020) 0065);
- Resolução do Parlamento, de 16 de fevereiro de 2017, com recomendações para a Comissão acerca de regulamentos de Direito Civil sobre robótica;
- Resolução PE, de 12 de fevereiro de 2019, sobre uma política industrial europeia global de inteligência artificial e robótica;
- Resolução PE, de 12 de fevereiro de 2020, sobre processos automatizados de tomada de decisão para garantir a proteção do consumidor, e a livre circulação de bens e serviços;
- Relatório, de 08 de abril de 2019, do Grupo de Especialistas de alto nível em Inteligência Artificial intitulado "Diretrizes Éticas para uma IA Confiável";
- Relatório, de 08 de abril de 2019, do Grupo de Especialistas de alto nível em inteligência artificial intitulado "Uma definição da inteligência artificial: principais capacidades e disciplinas científicas";
- Relatório, de 26 de junho de 2019, do Grupo de Especialistas de alto nível em inteligência artificial intitulado "Recomendações estratégicas e de investimento para uma IA confiável";
- Relatório do Grupo de Peritos sobre responsabilidade e novas tecnologias – Formação em novas tecnologias, de 21 de novembro de 2019, intitulado "Liability for artificial intelligence and other emerging digital technologies" (Responsabilidade civil pela inteligência artificial e outras tecnologias digitais emergentes);

- Estudo de avaliação do valor acrescentado europeu realizado pelo Serviço de Estudos Parlamentares (EPRS), intitulado "Civil liability regime for artificial intelligence: European added value assessment" (Regime de responsabilidade civil da inteligência artificial: avaliação do valor acrescentado europeu);
- Documento informativo de STOA do Serviço de Pesquisa do Parlamento Europeu, de junho de 2016, com reflexões éticas e legais sobre robótica;
- Estudo da Direção Geral de Políticas Internas do Parlamento Europeu, de outubro de 2016, para a Comissão de Assuntos Jurídicos, referido às regras de Direito Civil europeu sobre robótica.

A extensa lista de documentos procedentes das diferentes organizações da União Europeia não evidencia o valor estratégico que a Europa tem atribuído à matéria e a necessidade de regular os aspectos que a compõem.

2 Os fundamentos

O regime de responsabilidade civil dos operadores de inteligência artificial proposto pela Comissão ao Parlamento vem acompanhado de abundantes fundamentos que o justificam. Vamos resgatar aqueles que nos parecem mais importantes.

- Propõe-se uma legislação geral e universal, com princípios gerais, para todos os usos possíveis da IA, sem prejuízo de regulamentações parciais que possam ser feitas para setores específicos;
- A Comissão considera que não é necessária uma revisão total dos regimes de responsabilidade civil, porém, ela propõe a realização de adaptações específicas e coordenadas dos referidos regimes, perante a complexidade, conectividade, opacidade, vulnerabilidade, e capacidade de modificação (através de atualizações), bem como a capacidade de autoaprendizagem e a potencial autonomia dos sistemas de IA, além da multiplicidade de atores envolvidos. Eles representam um grande desafio para a eficácia das disposições no âmbito da responsabilidade civil da União e de cada país integrante;
- Considera-se que o quadro jurídico deve incutir confiança na segurança, fiabilidade e coerência dos produtos e serviços, incluindo as tecnologias digitais, a fim de encontrar um

equilíbrio entre a proteção eficaz e equitativa das potenciais vítimas de danos ou prejuízos e, ao mesmo tempo, oferecer margem de manobra suficiente para permitir que as empresas, em particular aquelas de pequeno e médio porte, desenvolvam novas tecnologias, produtos ou serviços. Isto permitirá gerar confiança e criará estabilidade para o investimento. Portanto, salienta-se a necessidade de equilibrar todos os interesses em jogo, tanto dos utilizadores, potenciais vítimas, como dos operadores e produtores da inteligência artificial;

- Considera-se também que a questão de um regime de responsabilidade civil no domínio da inteligência artificial deve ser objeto de um amplo debate público que leve em conta todos os interesses em jogo, nomeadamente os aspectos éticos, jurídicos, econômicos e sociais, a fim de evitar confusões e receios injustificados que esta tecnologia pode provocar nos cidadãos;
- Entre os desafios legais para determinar um quadro de responsabilidade civil nesta área, está determinar quem controlava o risco associado ao sistema de IA ou qual código, entrada ou dados acabaram causando a operação prejudicial. Isto poderia dificultar a identificação da relação entre dano ou prejuízo e o comportamento que o causa, portanto, as vítimas podem não receber uma compensação adequada. Outro desafio consiste em estabelecer qual é a conectividade entre um sistema de IA e outros sistemas (embora eles não sejam de IA), sua dependência de dados externos, sua vulnerabilidade a violações de segurança cibernética e o design de sistemas de IA cada vez mais autônomos usando, entre outras coisas, aprendizado de máquina e técnicas de aprendizado profundo;
- A Comissão acredita que fortes padrões éticos para os sistemas de IA combinados com procedimentos de indenização sólidos e justos podem ajudar a enfrentar estes desafios legais e eliminar assim o risco de relutância dos usuários em aceitar a tecnologia emergente, mediante um seguro adequado e uma via legal definida para a compensação;
- Observa-se que todas as atividades, dispositivos ou processos físicos ou virtuais governados por sistemas de IA podem ser tecnicamente a causa direta ou indireta de um dano ou prejuízo, porém, quase sempre eles são o resultado da ação de alguma pessoa que construiu ou implantou os sistemas, ou também interferiu neles. Nesse sentido, não é necessário atribuir personalidade jurídica aos sistemas de IA;

a opacidade, conectividade e autonomia deles poderiam dificultar e até tornar impossível na prática a rastreabilidade de ações prejudiciais que são próprias de sistemas de IA para intervenções humanas específicas ou decisões de design. Lembra-se que, em conformidade com conceitos de responsabilidade civil amplamente aceitos, pode se contornar este obstáculo, fazendo com que sejam responsáveis as diferentes pessoas ao longo da cadeia de valor que criam, mantêm ou controlam o risco associado ao sistema de IA;

- Considera-se, assim, que as ações de responsabilidade civil devem incidir contra o operador de um sistema de IA, uma vez que é ele quem controla o risco associado ao sistema de IA (comparável ao do proprietário de um automóvel), e porque em muitos casos, ele é o primeiro ponto de contato visível para a pessoa afetada;
- Considera-se que as normas de responsabilidade civil que afetam o operador devem abranger todas as operações de sistemas de IA, independentemente do local onde a operação é realizada e se ela é física ou virtual. No entanto, são diferenciadas as operações em espaços públicos que expõem muitas pessoas ao risco. Trata-se de casos que requerem uma reflexão mais profunda, uma vez que as potenciais vítimas de danos ou prejuízos desconhecem a operação e resulta difícil para elas reclamar a responsabilidade contratual contra o operador. Por esse motivo, propõe-se a transferência desses pressupostos para a responsabilidade objetiva, a fim de evitar dificuldades em provar a culpa do operador do sistema de IA, as quais poderia fazer com que fracassassem as correspondentes ações de responsabilidade civil;
- Estima-se que a responsabilidade civil é um dos fatores chave que define o sucesso das novas tecnologias, produtos e serviços; observa-se que uma cobertura apropriada de responsabilidade civil também é essencial para garantir que o público possa confiar nas novas tecnologias, embora existam possibilidades de danos. Portanto, salienta-se a necessidade de fornecer ao conjunto um sistema de seguro adequado.

3 O regime proposto

- Está estruturado com base na responsabilidade do operador, que define: "d) «operador»: tanto o operador final quanto o operador inicial, desde que a responsabilidade civil deste último não esteja já abrangida pela Diretiva 85/374/CEE ; e) "operador final": qualquer pessoa física ou jurídica que exerça um grau de controle sobre o risco associado à operação e funcionamento do sistema de IA e que se beneficie da sua exploração; f) "operador inicial": qualquer pessoa física ou jurídica que defina, de forma contínua, as características da tecnologia e forneça dados e um serviço final de apoio essencial e, por isso, exerça também um grau de controle sobre o risco associado à operação e funcionamento do sistema de IA;

- A Proposta distingue entre operadores de sistemas de IA de alto risco (que serão especialmente listados) e outros operadores de sistemas de IA, com diferentes fatores de atribuição de responsabilidade, regime de compensação e prazos de prescrição;
- Responsabilidade objetiva do operador de sistemas de IA de alto risco.

  Determina-se que os operadores de sistema de IA de alto risco (aqueles que serão especialmente listados) não poderão evitar sua responsabilidade civil, alegando que agiram com a devida diligência ou que o dano ou prejuízo foi causado por atividade autônoma, dispositivo ou processo governado por seu sistema de IA.

  Os operadores não serão responsáveis se o dano ou perda for causado por um caso de força maior.

  Tanto o operador inicial quanto o operador final de um sistema de IA de alto risco garantirão que as operações desse sistema de IA estejam cobertas por um seguro de responsabilidade civil adequado em relação aos montantes e ao alcance das compensações previstas no Regulamento proposto.

  Quanto ao valor da indenização, são fixadas taxas, tanto por danos causados por morte ou prejuízos à saúde ou integridade psicofísica (E 2.000.000) quanto por danos morais (E 1.000.000). É fixado um prazo prescricional de 30 anos, contados da data da ocorrência do dano, para os danos relativos à vida, à saúde ou à integridade física. Em relação aos danos materiais ou morais, o prazo é de dez anos a partir da data em que ocorreu o dano ao patrimônio ou a perda econômica verificável decorrente do dano moral, ou 30 anos a partir da data da operação do sistema de IA de alto risco que posteriormente tiver causado danos materiais ou morais, o que expirar primeiro;

- Em relação aos operadores de uma IA que não constitua um sistema de IA de alto risco, eles estarão sujeitos à responsabilidade subjetiva com relação a qualquer dano ou prejuízo causado por uma atividade física ou virtual, um dispositivo ou processo regido pelo sistema de IA. Neste caso, tanto os prazos de prescrição quanto os montantes e o alcance da indenização, serão determinados pela legislação do Estado membro em que ocorreu o dano ou perda;
- São estabelecidas regras para o caso de negligência concorrente da vítima e é determinada a responsabilidade solidária dos operadores.

VII Conclusões

Acreditamos que as consequências que o uso da IA trará para a humanidade ainda estão "in fieri", em processo de construção.

Isto não exclui a necessidade de as várias áreas envolvidas se debruçarem sobre o estudo de todas e cada uma das possíveis consequências, para delinear o futuro que nos espera.

A Ética e o Direito, em união indissolúvel, têm muito trabalho a fazer. Somente com regras éticas e jurídicas claras e focadas no ser humano a tecnologia cumprirá seu único propósito possível, tornar a vida em sociedade mais saudável.

A Proposta de regulamentação da responsabilidade civil pela utilização da IA da União Europeia é um modelo possível, de incontornável conhecimento e debate. Sua divulgação possibilitará essas tarefas.

O presente trabalho persegue esta contribuição mínima para o problema.

Referências

ACION, Laura; ALONSO ALEMANY, Laura; FERRANTE, Enzo; LUTZOW HOLM, Eric; MARTINEZ, Vanina; H. MILONE, Diego; RODRIGUEZ, Ricardo; SIMARI, Guillermo; UCHITEL, Sebastián. Desmitificando la Inteligencia Artificial. *In*: SOLANET, Manuel. *Inteligencia artificial*: una mirada multidisciplinaria. Ciudad Autónoma de Buenos Aires: Academia Nacional de Ciencias Morales y Políticas, 2021.

ANSON, Luis María. *La Edad Digital*. El Español, 26 enero, 2017. Disponível em: https://www.elespanol.com/el-cultural/opinion/primera_palabra_luis_maria_anson/20170126/edad-digital/188982432_0.html. Acesso em: 18 jul. 2023.

BARONA VILAR, Silvia. *Algoritmizacion del derecho y de la justicia*: de la inteligencia artifical a la smart justice. Valencia: Tirant lo Blanch, 2021.

BIANCHI, Alberto. La inteligencia artificial en el mundo jurídico actual (Implicancia, aplicaciones y posibilidades). *In*: SOLANET, Manuel. *Inteligencia artificial*: una mirada multidisciplinaria. Ciudad Autónoma de Buenos Aires: Academia Nacional de Ciencias Morales y Políticas, 2021.

ESTEVEZ, Elsa; LINARES LEJARRAGA, Sebastián; FILLOTRANI, Pablo. PROMETEA: Transformando la administración de justicia con herramientas de inteligencia artificial. *Banco Interamericano de Desarrollo – BID*, 2020. Disponível em: https://publications.iadb.org/es/publications/spanish/document/PROMETEA-Transformando-la-administracion-de-justicia-con-herramientas-de-inteligencia-artificial.pdf. Acesso em: 18 jul. 2023.

EUR-LEX. *Comunicación de la Comisión*: Inteligencia artificial para Europa. Disponível em: https://eur-lex.europa.eu/legal-content/ES/TXT/?uri=CELEX:52018DC0237. Acesso em: 18 jul. 2023.

HEREDIA QUERRO, Sebastián. *Smarts contracts*: que son, para que sirven y para que nos serviran? CABA: IJ Ed., 2020.

KAPLAN, Andreas; HAENLEIN, Michael. *Siri, Siri, in my hand*: Who's the fairest in the land? On the interpretations, illustrations, and implications of artificial intelligence. Disponível em: https://web.archive.org/web/20181121191205/https://www.sciencedirect.com/science/article/pii/S0007681318301393. Acesso em: 18 jul. 2023.

PAGLIA, Vicenzo. *Roboetica, inteligencia artificial y el sentido de la existencia humana*. Comentarios Edgar Tejada Zevallos, María Teresa Quiroz y Ronald Cárdenas Krenz. Primera edición digital. Lima: Universidad de Lima, Fondo Editorial, 2021.

PARLAMENTO EUROPEO. *Resolución del Parlamento Europeo, de 20 de octubre de 2020, con recomendaciones destinadas a la Comisión sobre un régimen de responsabilidad civil en materia de inteligencia artificial*. Disponível em: https://www.europarl.europa.eu/doceo/document/TA-9-2020-0276_ES.html. Acesso em: 18 jul. 2023.

REAL ACADEMIA ESPAÑOLA. *Diccionario de la lengua española*. Disponível em: https://dle.rae.es/. Acesso em: 18 jul. 2023.

RENALSSANCE FOUDATION. Disponível em: https://www.romecall.org/. Acesso em: Acesso em: 18 jul. 2023.

UNESCO. *Ética de la inteligencia artificial*. Disponível em: https://www.unesco.org/es/artificial-intelligence/recommendation-ethics. Acesso em: 18 jul. 2023.

Informação bibliográfica deste texto, conforme a NBR 6023:2018 da Associação Brasileira de Normas Técnicas (ABNT):

MÁRQUEZ, José Fernando. Responsabilidade civil pelo uso da inteligência artificial: a visão europeia. *In*: EHRHARDT JÚNIOR, Marcos; CATALAN, Marcos; NUNES, Cláudia Ribeiro Pereira (Coord.). *Inteligência artificial e relações privadas – Relações patrimoniais*: entre o consumo, os contratos e os danos. Belo Horizonte: Fórum, 2023. v. 3. p. 123-137. ISBN 978-65-5518-586-7.

O PRINCÍPIO DA RESPONSABILIDADE PESSOAL COMO LIMITADOR DO CONTROLE SOBRE AÇÕES PRATICADAS POR AGENTES INTELIGENTES

BRUNO CAVALCANTE LEITÃO SANTOS

FRANCISCO DE ASSIS DE FRANÇA JÚNIOR

1 Introdução

É indiscutível que a inteligência artificial já não pode ser dissociada do nosso cotidiano, quer seja em espaços e atividades conscientes, como na realização de operações bancárias ou no uso de assistentes como *Siri* ou *Alexa*, quer nas captações, muitas vezes sorrateiras de áudio e de texto, que essas mesmas assistentes fazem e utilizam para nos induzir a consumir produtos de determinadas empresas com as quais suas mantenedoras possuem lucrativos contratos, entre outras incontáveis utilizações para esse tipo de tecnologia.

A crescente quantidade de estudos e o crescente interesse sobre a influência, não apenas da tecnologia em geral, mas especificamente da inteligência artificial na vida humana, têm gerado inúmeros problemas, desde questões éticas e filosóficas à influência das telas no desenvolvimento da inteligência humana, que, segundo se depreende, pela primeira vez apresenta uma geração de filhos com QIs inferiores aos de seus pais.[1]

---

1 DESMURGET, Michel. *A fábrica de cretinos digitais*: os perigos das telas para as nossas crianças. Tradução de Mauro Pinheiro. São Paulo: Vestígio, 2021.

As tecnologias disponibilizadas têm ampliado o potencial de gerar danos diretos a bens jurídicos caros à comunidade, como patrimônio, saúde, integridade física e até mesmo a vida, passando-se o nosso olhar ao que chamaremos mais à frente de agentes inteligentes.

Nesse contexto, para problematizar o que interessa no presente artigo, indaga-se o seguinte: como exercer o controle social sobre esses agentes inteligentes? O aprofundamento nos estudos sobre o desenvolvimento da inteligência artificial, principalmente após o aprendizado profundo e a possibilidade de uma singularidade, tem gerado dúvidas sobre o alcance da racionalidade pelas máquinas, com discussões quanto à necessidade de remodelar determinados conceitos nas dogmáticas penal e civil.

Para responder a tal indagação, em primeiro lugar, apresentaremos o que seriam os agentes inteligentes e como as suas ações são vinculadas a alguma espécie de racionalidade, a fim de compreender sua tomada de decisão, a existência de alguma espécie de autonomia (ou não). Assim, buscamos identificar como (e quem) responsabilizar caso tais instrumentos proporcionem lesões a bens ou valores protegidos juridicamente.

Após explicitar o vínculo existente entre ação, tomada de decisão e resultado, urge verificar se tais articulações ajustam-se regularmente à dogmática penal de responsabilização pessoal – utilizada em democracia, acima de tudo, como *ultima ratio* –, em situação grave que justifique esse tipo invasivo de tutela, suplantando-se as soluções já apresentadas pelo controle exercido na esfera civil, ambos em conformidade com diretrizes já discutidas, como aquelas que impõem a necessidade de não discriminação, de transparência, imparcialidade e equidade, e o controle por usuários.

Com vistas à superação do desafio ora apresentado, obviamente que sem a pretensão de esgotar o assunto, sobretudo porque esse é um tema que ainda se acha em pleno desenvolvimento, com descobertas tecnológicas e com questões sobre o futuro que ainda não nos permitem respostas conclusivas, o método utilizado é o hipotético-dedutivo, com o auxílio da revisão bibliográfica, e com o foco numa abordagem qualitativa.

O texto que se apresenta adiante deve ser observado como uma complementação daquilo já desenvolvido por nós em outra oportunidade,[2] com o objetivo principal de chamar atenção à necessidade

---

[2] FRANÇA JÚNIOR, Francisco de Assis de; SANTOS, Bruno Cavalcante Leitão. Intersecções entre as responsabilidades civil e penal no (ab)uso da liberdade de expressão: ponderações

de se estabelecerem critérios seguros na elaboração de um complexo sistema de responsabilização, preferencialmente administrativo e civil, na disponibilização de tecnologias essencialmente movidas por inteligência artificial.

2 Agentes inteligentes, racionalidade, decisões, ações e responsabilizações

Cumpre observar o que chamamos de *agentes inteligentes*, na perspectiva de Russel e Norvig, a saber, "um agente é tudo o que pode ser considerado capaz de perceber seu ambiente por meio de sensores e agir sobre esse ambiente por intermédio de atuadores".[3]

Enquanto um agente humano utiliza como sensores seus sentidos e como atuadores seu corpo, um agente robótico (inteligente ou autônomo) pode utilizar, a título de exemplificação, câmeras e microfones como sensores e motores, e estruturas físicas como atuadores, além de *softwares* que desempenham ambas as funções. Para ser chamado de agente racional, "para cada sequência de percepções possível, um agente racional deve selecionar uma ação que se espera venha a maximizar sua medida de desempenho, dada a evidência fornecida pela sequência de percepções e por qualquer conhecimento interno do agente".[4] Este, independentemente de qualquer agente físico, pode agir de forma autônoma, entre opções programadas, ou até mesmo desenvolver uma espécie de aprendizagem própria.

O que se percebe é que há muito tempo a ideia de racionalidade já não é mais tratada como característica exclusiva de seres humanos, mas também de agentes não humanos, tendo em vista a existência de agentes inteligentes, há décadas, com capacidade de racionalização e aprendizagem, sobremodo com o desenvolvimento da inteligência artificial, que podem praticar ações com resultados lesivos. Deve-se identificar como se daria a responsabilização no âmbito criminal: se apenas para pessoas físicas na cadeia de produção e utilização, ou até para o próprio agente inteligente, e como ela ocorreria.

sobre limites, controle e eficácia em mídias sociais. *In*: EHRHARDT JÚNIOR, Marcos; LOBO, Fabíola Albuquerque; ANDRADE, Gustavo (Org.). *Liberdade de expressão e relações privadas*. Belo Horizonte: Fórum, 2021. p. 447-466.

3 RUSSEL, Stuart; NORVIG, Peter. *Inteligência artificial*. 3. ed. Tradução de Regina Célia Simille de Macedo. Rio de Janeiro: Elsevier, 2013. p. 66.

4 RUSSEL, Stuart; NORVIG, Peter. *Inteligência artificial*. 3. ed. Tradução de Regina Célia Simille de Macedo. Rio de Janeiro: Elsevier, 2013. p. 66.

Note-se que a inteligência artificial possibilita o uso da tecnologia para a criação de sistemas aptos a desempenhar atividades outrora só realizadas por seres humanos, com padrões que reproduzem a inteligência humana, incluindo tarefas como "aprendizagem, raciocínio, planejamento, percepção, compreensão de linguagem e robótica".[5]

Na literatura, identificam-se três espécies de inteligência artificial: a geral (IA forte), como a dos humanos, que envolve inúmeras habilidades em um mesmo agente; a específica (IA fraca), a mais difundida para o atual estágio dos agentes inteligentes, ocupando-se de tarefas específicas; e a superinteligência, um estágio ainda não alcançado, que poderia superar a inteligência humana. Contudo, a IA fraca já apresenta um alegado potencial de superá-la, como no uso de *machine learning* em diagnósticos médicos.[6]

Embora ainda se discuta a possibilidade de uma máquina pensar tal como os seres humanos, o que desenvolveremos melhor em outra oportunidade,[7] é indiscutível que o sistema de processamento de informações da mente humana e o da inteligência artificial possuem muitas semelhanças, envolvendo dispositivos de entrada e saída de informações, armazenamento, tratamento e operacionalização para a tomada de decisão.

Esses agentes inteligentes já estão sendo utilizados em sistemas complexos para procedimentos cirúrgicos e em veículos autônomos (drones ou automóveis), e, por mais que haja ações programadas, a depender da sua capacidade de aprendizagem, podem desenvolver autonomia para suas escolhas, especialmente com base na lógica do *custo-benefício*. Logo, podem gerar danos desassociados (dolosa ou até culposamente) da cadeia que envolve os agentes (físicos) na criação, fabricação, manutenção, operação, utilização e controle dos agentes inteligentes, o que nos obriga, enquanto pesquisadores, a realizar os estudos para a adequação (ou não) dos elementos dogmáticos sobre os danos causados pela incorporação gradual dessas tecnologias.

O fato é que o critério do *custo-benefício* para a tomada de decisões, também comumente utilizado pelos seres humanos, não é tão simples

---

5 HARTMANN PEIXOTO, Fabiano; SILVA, Roberta Zumblick Martins de. *Inteligência artificial e direito*. Curitiba: Alteridade Editora, 2019. p. 75.

6 HARTMANN PEIXOTO, Fabiano; SILVA, Roberta Zumblick Martins de. *Inteligência artificial e direito*. Curitiba: Alteridade Editora, 2019.

7 FRANÇA JÚNIOR, Francisco de Assis de; NASCIMENTO, Felipe Costa Laurindo; SANTOS, Bruno Cavalcante Leitão. Aspectos críticos da expansão das possibilidades de recursos tecnológicos na investigação criminal: a inteligência artificial no âmbito do sistema de controle e de punição. *Revista Brasileira de Direito Processual Penal*, v. 6, p. 211-246, 2020.

quanto pode parecer. Numa situação em que o dano seja inevitável, a máquina pode ser submetida à necessidade de uma escolha que não está imune a críticas e à possibilidade de responsabilização de seu programador.

Como pontuado por Thomas Weigend,[8] os debates sobre os critérios de tomada de decisão podem se apresentar mais frequentemente numa situação em que um agente inteligente (veículo autônomo ou drone, por exemplo) esteja submetido a uma situação-dilema, como no caso de um veículo autônomo passando por uma ponte na qual um pedestre apresenta-se inadvertidamente à frente, sem tempo hábil para a máquina parar. A única opção à mão para evitar o atropelamento seria jogar o veículo da ponte. Quem proteger nessa situação? O ocupante do veículo, tendo de atropelar o pedestre, ou o pedestre, jogando o carro da ponte junto ao passageiro? Não se pode menosprezar o fato de que, se a opção for pelo pedestre, a empresa deveria se preocupar com a sua lucratividade. Afinal, quem se disporia a adquirir ou a ser transportado num carro desses?

Os agentes inteligentes, uma vez disponibilizados nas suas mais variadas funcionalidades aos seres humanos (nos transportes, na medicina, no sistema de controle e de punição, na educação etc.), com toda certeza serão submetidos aos dilemas com os quais os próprios seres humanos convivem desde os primórdios, o que exige que pensemos nas consequências administrativas, civis e penais das decisões tomadas em tais situações, harmonizando as dogmáticas de toda essa estrutura jurídica, o que nos remete ao questionamento explorado na obra de Michael J. Sandel:[9] "o que é fazer a coisa certa?".

3 Dogmática penal e possibilidade de responsabilização

Como já anunciado na introdução, a problemática central do presente texto questiona como deve ocorrer a responsabilização por eventuais danos praticados por agentes inteligentes. Para atender aos objetivos pretendidos, necessária se faz uma revisão das dogmáticas jurídicas, em especial a penal, porquanto interfere diretamente na liberdade.

---

[8] WIEGEND, Thomas; GLESS, Sabine. Agentes inteligentes e o direito penal. *In*: LEITE, Alaor; ESTELLITA, Heloisa (Orgs.). *Veículos autônomos e direito penal*. São Paulo: Marcial Pons, 2019. p. 111.

[9] SANDEL, Michael J. *Justiça*. Tradução de Heloisa Matias e Maria Alice Máximo. Rio de Janeiro: Civilização Brasileira, 2015.

Será, portanto, preciso perspectivar sucintamente o atual estágio de atribuição de responsabilidade penal, ao passo que se exige compreender todas as características desses agentes inteligentes, sua capacidade de ação e racionalização a partir de sua programação, o que faremos por intermédio de uma abordagem hipotético-dedutiva que indique o alcance de uma possível adequação (e necessidade) de tutela penal sobre esses agentes.

Inicialmente, registre-se que o texto pressupõe que já exista, por parte do leitor ou leitora, certa pré-compreensão da dogmática do crime como um fato *típico*, *ilícito* e *culpável*.

Assim, para o contexto da análise da possível responsabilização pelos atos de agentes inteligentes, tem-se como necessário perspectivar como a dogmática penal trabalhou os elementos que constituem a ideia de culpabilidade, a última a ser escavada no feixe acima, que é justamente o elemento responsável pela aferição da reprovabilidade que recai sobre o agente, ou seja, um juízo de desvalor sobre a sua voluntariedade de ação.[10]

Resumidamente, na culpabilidade, naquilo que mais nos interessa, busca-se averiguar se o agente poderia ter atuado em conformidade com o direito e voluntariamente não o fez. Ou seja, a capacidade de racionalizar, no sentido de ponderar valores, é o seu elemento central, o que a dogmática clássica identifica como uma capacidade tipicamente humana.

Essa capacidade de consciência e de voluntariedade em proporcionar uma lesão não permitida decorre de uma aptidão (normativa) para compreender a preexistência de categorias de comportamentos proibidos e de uma não autorização para fazê-los (a categoria do injusto), ou seja, uma relação psíquica do autor com um elemento externo.[11]

Essa exigência de aferição ocorre na culpabilidade, que tem como primeiro elemento a imputabilidade, um "juízo que fazemos sobre fato futuro, previsto como meramente possível",[12] justamente o que justifica a reprovabilidade (desvalor de uma conduta conscientemente reprovável), complementado normativamente por outros elementos, como a potencial consciência da ilicitude e a exigibilidade de conduta

---

[10] WELZEL, Hans. *Derecho Penal*: parte general. Traducción de Carlos Fontan Balestra. Buenos Aires: Roque Depalma, 1956.

[11] FRANK, Reinhard. *Sobre la estructura del concepto de culpabilidad*. Traducción de Gustavo Eduardo Aboso. Montevideo: B de F, 2002.

[12] CARRARA, Francesco. *Programa de derecho criminal*. Traducción de Ortega Torres. Bogotá: Têmis, 1971. v. 1. p. 34.

diversa, ponderações consideradas tradicionalmente como típicas da condição de pessoa humana.

Todavia, há de se ressaltar que todas essas classificações são ficções jurídicas, e essa associação de reprovabilidade à pessoa humana não é mais exclusiva quando se trata de responsabilidade penal, tendo em vista que se passou a admitir a responsabilização penal mesmo de pessoas jurídicas (art. 225, §3º, da Constituição Federal, por exemplo), tendo como vertente mais conhecida a responsabilidade derivada.[13] Esta é uma espécie indireta de responsabilidade em que a ação de pessoas físicas ocorre em seu nome e benefício, conectando-se com o ente jurídico, devido à responsabilidade penal a partir de certos critérios de imputação. Portanto, não envolve imputabilidade (racionalidade própria), mas uma aferição de responsabilidade posterior a agentes imputáveis, expandindo-se assim o alcance das pessoas passíveis de tutela penal.

Como logo se vê, o tema é complexo.

A expansão do direito penal promoveu um alargamento das teorias preventivas, porquanto se mostra necessário conter novas condutas lesivas a bens jurídicos caros à comunidade, como bens de natureza ambiental e financeiro-econômicos. Esses conceitos servem ao direito, e não o inverso. Agora nos deparamos com novos agentes, não humanos, com capacidade de ações passíveis de racionalização. Cumpre refletir criticamente sobre se os critérios de aferição de culpabilidade os alcançariam.

Evidentemente que esse debate só se revela necessário quando os demais mecanismos de controle e de responsabilização não foram eficientes. Assim, devem ser dos direitos administrativo e civil as maiores responsabilidades sobre a apresentação de mecanismos preventivos, repressivos e restaurativos diante dos desvios.

Voltemos então ao que diz respeito especificamente à responsabilidade penal como *ultima ratio* no contexto da problematização proposta. Desdobram-se, como questões relevantes: como deve o programador da máquina definir os critérios daquele *custo-benefício* que há de ser articulado pelo agente inteligente quando precisar decidir diante de uma situação-dilema? O que deve pesar mais na decisão a ser tomada diante da inevitabilidade de uma colisão: a proteção dos passageiros

---

13 SILVA SÁNCHEZ, Jesús-María. La evolución ideológica de la discusión sobre la responsabilidad penal de las personas jurídicas. *Derecho Penal y Criminología*, v. 29, p. 86-87, 2008.

ou a dos pedestres? Pessoas idosas ou crianças? O sistema levaria em conta a cor da pele ou a roupa das pessoas?[14],[15]

Os desafios na estruturação de um ambiente relativamente seguro são enormes e incluem não apenas questões práticas de controle de danos, mas também questões éticas, filosóficas e morais, já que as tecnologias surgem no nosso cotidiano como instrumentos que viabilizam melhorias na qualidade de vida, mas que também acarretam alguns riscos. Não há, portanto, resposta pronta e acabada.

Imersos nesse debate, Sabine Gless e Thomas Weigend[16] advertem que seria preciso abordar a ideia de punibilidade dos agentes inteligentes e/ou seus programadores, observando-se inclusive a ideia de culpabilidade. Para os autores, "são perfeitamente pensáveis pontos de apoio para a adoção de uma 'culpabilidade' dos agentes inteligentes". Na sequência, os mesmos autores reconhecem ainda que, em face das situações-dilema, "no futuro, os agentes inteligentes, cada vez em maior medida, deverão também levar em conta aspectos éticos para seus processos de tomada de decisão".

Sabine Gless e Thomas Weigend,[17] especificamente sobre a atribuição de culpabilidade aos agentes inteligentes, como no caso de um drone programado para fazer entregas, aduzem que tal providência seria aceitável apenas quando se pressupuser que "um complexo sistema positivo-negativo [algo como o que chamamos alhures de custo-benefício] corresponderá funcionalmente, para o agente inteligente, à autovaloração ética e ao autocontrole humanos". Logo, numa adaptação, e ainda com os autores, "deveria, então, ser suficiente que o agente (humano ou inteligente) reconheça o caráter indesejado de uma conduta e possa, assim, 'internamente' valorar negativamente tal conduta".

Embora destinado aos seres humanos, o cenário tecnológico atual tem exigido um esforço imenso para que a dogmática de

---

[14] Veja-se, por exemplo: FERREIRA, Levi Kaique. Racismo Algorítmico não é apenas sobre engajamento nas redes sociais. *Mundo Negro*. 16 out. 2020. Disponível em: https://mundonegro.inf.br/racismo-algoritmico-nao-e-apenas-sobre-engajamento-nas-redes-sociais/. Acesso em: 30 abr. 2023.

[15] Para maior aprofundamento, ver: NOBLE, Safiya Umoja. *Algoritmos da opressão*: como o Google fomenta e lucra com o racismo. Tradução de Felipe Damorim. Santo André-SP: Rua do Sabão, 2021.

[16] WIEGEND, Thomas; GLESS, Sabine. Agentes inteligentes e o direito penal. *In*: LEITE, Alaor; ESTELLITA, Heloisa (Orgs.). *Veículos autônomos e direito penal*. São Paulo: Marcial Pons, 2019. p. 48-50.

[17] WIEGEND, Thomas; GLESS, Sabine. Agentes inteligentes e o direito penal. *In*: LEITE, Alaor; ESTELLITA, Heloisa (Orgs.). *Veículos autônomos e direito penal*. São Paulo: Marcial Pons, 2019. p. 51.

responsabilização penal se volte à atuação de uma série de máquinas programadas para interagir com as pessoas, sobretudo quando se discute a culpabilidade e a capacidade de autodeterminação desses agentes inteligentes.

Ao menos no atual estágio de desenvolvimento, tendo como foco os agentes inteligentes, e não seus programadores ou usuários diretos (que respondem penalmente quando se usam tais agentes para praticar ilícitos), como afirmam Sabine Gless e Thomas Weigend,[18] "há um longo caminho pela frente" até que se consiga sustentar coerentemente uma capacidade de suportar a responsabilização penal, o que nos obriga a focar emergencialmente nos direitos administrativo e civil.

A dogmática penal tradicional, que tem como mola propulsora de sua estruturação o comportamento humano doloso e culposo, e que se volta, em grande medida, à ameaça de privação da liberdade das pessoas que delinquem, de agora em diante haverá de ser constantemente revisitada para as necessárias adequações proporcionadas pelas novas tecnologias. Isso, evidentemente, demanda certo tempo de maturação, especialmente quando se trata de um ramo do direito tão invasivo, estigmatizante e traumático às liberdades individuais, o que nos leva ao questionamento: seria mesmo ele necessário, quando podemos dispor de outros instrumentos jurídicos?

Nesse passo, antes mesmo de pensarmos na utilização do direito penal, com Sabine Gless e Thomas Weigend[19] poderíamos argumentar que seria "perfeitamente factível construir a responsabilidade civil do agente inteligente como um sujeito independente (e dotá-lo, para tal fim, de um seguro de responsabilidade civil ou um fundo de responsabilidade)", podendo-se, até mesmo, "considerar a destruição ou a reprogramação de um agente inteligente que se torna incontrolável como uma sanção penal contra o seu proprietário".

Não se diga que nos demais ramos do direito, para além da responsabilização penal, as dificuldades de adaptação não existem. O foco do presente texto nas questões criminais se deve à formação acadêmica de seus autores, porém a necessidade de diálogo entre todas as áreas envolvidas, em especial a administrativa e a civilista, resta clara.

---

[18] WIEGEND, Thomas; GLESS, Sabine. Agentes inteligentes e o direito penal. *In*: LEITE, Alaor; ESTELLITA, Heloisa (Orgs.). *Veículos autônomos e direito penal*. São Paulo: Marcial Pons, 2019. p. 53-54.

[19] WIEGEND, Thomas; GLESS, Sabine. Agentes inteligentes e o direito penal. *In*: LEITE, Alaor; ESTELLITA, Heloisa (Orgs.). *Veículos autônomos e direito penal*. São Paulo: Marcial Pons, 2019. p. 53-62.

Questões sobre mecanismos de fiscalização, controle e responsabilização em virtude da expansão de uma tecnologia que está cada vez mais presente no nosso cotidiano somente serão respondidas adequadamente quando um esforço conjunto de todas as áreas impactadas for organizadamente levado a cabo, o que parece começar a acontecer com iniciativas como a da presente obra que o leitor ou leitora tem agora nas mãos.

4 Considerações finais

Constata-se que, simplificadamente, a partir da teoria normativa pura (ou até a limitada) da culpabilidade, todas as pessoas físicas envolvidas na produção e na utilização de agentes inteligentes, ao menos em tese, já poderiam ser responsabilizadas criminalmente, seja por dolo, em casos de uso intencional dos agentes inteligentes como meio para crimes, seja por culpa, quando houver inobservância do dever objetivo de cuidado.

Contudo, quando se trata dos agentes inteligentes, concluímos, com base nos elementos iniciais propostos, que no tocante à culpabilidade com fundamento na reprovabilidade, só o tempo e a evolução da inteligência artificial, provavelmente no estágio da singularidade, fornecerão subsídios para considerar o agente inteligente como capaz de imputabilidade, ou apto à atribuição de capacidade de culpabilidade (ponderação de valores morais). Em caso positivo, com base no atual contexto, não vemos óbice a fundamentar sua responsabilização.

Porém, com base nas diversas teorias sobre a culpabilidade, há de se refletir sobre a necessidade preventiva de se adotar a responsabilidade penal para os agentes inteligentes, já que a culpabilidade tem correlação direta com a responsabilidade pessoal, em que a pena se destina ao agente (pessoa física) que agiu com dolo ou culpa, mas, sobretudo, a um indivíduo capaz de compreender o alcance de suas ações e de deter potencial consciência da ilicitude e verificar que naquelas circunstâncias poderia se exigir uma conduta distinta da realizada, para então optar por uma consequência que, em regra, destina-se a restringir liberdades, medida que certamente não se amolda aos agentes inteligentes.

Segundo Juarez Tavares, "diversamente da orientação pelos fins da pena, que sedimentem as teorias preventivas, devem valer as soluções não penais e, portanto, menos rigorosas",[20] tendo em vista

[20] TAVARES, Juarez. *Fundamentos de Teoria do Delito*. Florianópolis: Tirant lo Blanch, 2018. p. 419.

que outros ramos do direito podem dispor de mecanismos eficazes de controle, seja administrativamente, pelo *accountability* sobre toda cadeia de produção e operacionalização (*compliance, blockchaim* etc.), assim como pela utilização da responsabilização civil – âmbitos que privilegiam a prevenção de riscos (*ex ante*), em detrimento do exercício do controle (*ex post*) do direito penal, opção adequada à *ultima ratio*.

Referências

CARRARA, Francesco. *Programa de derecho criminal*. Traducción de Ortega Torres. Bogotá: Têmis, 1971. v. 1.

DESMURGET, Michel. *A fábrica de cretinos digitais*: os perigos das telas para as nossas crianças. Tradução de Mauro Pinheiro. São Paulo: Vestígio, 2021.

DONEDA, Danilo Cesar Maganhoto *et al*. Considerações iniciais sobre inteligência artificial, ética e autonomia pessoal. *Pensar – Revista de Ciências Jurídicas*, v. 23, n. 4, p. 1-17, 2018.

FERREIRA, Levi Kaique. Racismo Algorítmico não é apenas sobre engajamento nas redes sociais. *Mundo Negro*. 16 out. 2020. Disponível em: https://mundonegro.inf.br/racismo-algoritmico-nao-e-apenas-sobre-engajamento-nas-redes-sociais/. Acesso em: 30 abr. 2023.

FRANÇA JÚNIOR, Francisco de Assis de; NASCIMENTO, Felipe Costa Laurindo; SANTOS, Bruno Cavalcante Leitão. Aspectos críticos da expansão das possibilidades de recursos tecnológicos na investigação criminal: a inteligência artificial no âmbito do sistema de controle e de punição. *Revista Brasileira de Direito Processual Penal*, v. 6, p. 211-246, 2020.

FRANÇA JÚNIOR, Francisco de Assis de; SANTOS, Bruno Cavalcante Leitão. Intersecções entre as responsabilidades civil e penal no (ab)uso da liberdade de expressão: ponderações sobre limites, controle e eficácia em mídias sociais. *In*: EHRHARDT JÚNIOR, Marcos; LOBO, Fabíola Albuquerque; ANDRADE, Gustavo (Org.). *Liberdade de expressão e relações privadas*. Belo Horizonte: Fórum, 2021.

FRANK, Reinhard. *Sobre la estructura del concepto de culpabilidad*. Traducción de Gustavo Eduardo Aboso. Montevideo: B de F, 2002.

HARTMANN PEIXOTO, Fabiano; SILVA, Roberta Zumblick Martins de. *Inteligência artificial e direito*. Curitiba: Alteridade Editora, 2019.

MARANHÃO, Juliano Souza de Albuquerque; FLORÊNCIO, Juliana Abrusio; ALMADA, Marco. Inteligência artificial aplicada ao direito e o direito da inteligência artificial. *Suprema: revista de estudos constitucionais*, Brasília, v. 1, n. 1, p. 154-180, jan./jun. 2021.

NOBLE, Safiya Umoja. *Algoritmos da opressão*: como o Google fomenta e lucra com o racismo. Tradução de Felipe Damorim. Santo André-SP: Rua do Sabão, 2021.

RUSSEL, Stuart; NORVIG, Peter. *Inteligência artificial*. 3. ed. Tradução de Regina Célia Simille de Macedo. Rio de Janeiro: Elsevier, 2013.

SANDEL, Michael J. *Justiça*. Tradução de Heloisa Matias e Maria Alice Máximo. Rio de Janeiro: Civilização Brasileira, 2015.

SILVA SÁNCHEZ, Jesús-María. La evolución ideológica de la discusión sobre la responsabilidad penal de las personas jurídicas. *Derecho Penal y Criminología*, v. 29, p. 86-87, 2008.

TAVARES, Juarez. *Fundamentos de Teoria do Delito*. Florianópolis: Tirant lo Blanch, 2018.

WELZEL, Hans. *Derecho Penal*: parte general. Traducción de Carlos Fontan Balestra. Buenos Aires: Roque Depalma, 1956.

WIEGEND, Thomas; GLESS, Sabine. Agentes inteligentes e o direito penal. In: LEITE, Alaor; ESTELLITA, Heloisa (Orgs.). *Veículos autônomos e direito penal*. São Paulo: Marcial Pons, 2019.

Informação bibliográfica deste texto, conforme a NBR 6023:2018 da Associação Brasileira de Normas Técnicas (ABNT):

SANTOS, Bruno Cavalcante Leitão; FRANÇA JÚNIOR, Francisco de Assis de. O princípio da responsabilidade pessoal como limitador do controle sobre ações praticadas por agentes inteligentes. *In*: EHRHARDT JÚNIOR, Marcos; CATALAN, Marcos; NUNES, Cláudia Ribeiro Pereira (Coord.). *Inteligência artificial e relações privadas – Relações patrimoniais*: entre o consumo, os contratos e os danos. Belo Horizonte: Fórum, 2023. v. 3. p. 139-150. ISBN 978-65-5518-586-7.

LA TRIPARTIZIONE SOGGETTIVA NELLA CATEGORIA "RESPONSABILITÀ DA ALGORITMO"

REMO TREZZA

1

In prima battuta, è d'uopo differenziare, per una comprensione più attenta per il prosieguo della trattazione, l'informatica giuridica[1] dal rapporto intelligenza artificiale e diritto.[2]

---

1 Sulla definizione e sulla disciplina dell'informatica giuridica, che a sua volta si distingue dal diritto dell'informatica, si veda R. Bin, N. Lucchi, *Informatica per le scienze giuridiche*, Padova, 2009; S. Russo, R. Scavizzi, *Manuale di diritto comunitario dell'informatica*, Milano, 2010; G. Ziccardi, *Il Computer e il giurista*, Milano, 2014; D. Valentino (a cura di), *Manuale di diritto dell'informatica*, Napoli, 2016; G. Sartor, *L'informatica giuridica e le tecnologie dell'informazione*, Torino, 2016; F. Faini, S. Pietropaoli, *Scienza giuridica e tecnologie informatiche*, Torino, 2017; Aa. Vv., *Informatica giuridica e informatica forense al servizio della società della conoscenza. Scritti in onore di Cesare Maioli*, Roma, 2018; A. M. Gambino, A. Stazi, D. Mula, *Diritto dell'informatica e della comunicazione*, Torino, 2019; G. Ziccardi, P. Perri, *Dizionario* Legal tech. *Informatica giuridica, protezione dei dati, investigazioni digitali, criminalità informatica,* cybersecurity *e* digital transformation law, Milano, 2020; T. Casadei, S. Pietropaoli, *Diritto e tecnologie informatiche. Questioni di informatica giuridica, prospettive istituzionali e sfide sociali*, Padova, 2021.

2 Si consenta rinviare a R. Trezza, *Diritto e intelligenza artificiale. Etica,* Privacy, *Responsabilità, Decisione*, Pisa, 2020. Si veda anche G. Taddei Elmi, A Contaldo (a cura di), *Intelligenza artificiale. Algoritmi giuridici.* Ius condendum *o "fantadiritto"?*, Pisa, 2020; U. Ruffolo (a cura di), *Intelligenza artificiale Il diritto, i diritti, l'etica*, Milano, 2020; G. Alpa (a cura di), *Diritto e intelligenza artificiale. Profili generali, soggetti, contratti, responsabilità civile, diritto bancario e finanziario, processo civile*, Pisa, 2020; A. Santosuosso, *Intelligenza artificiale e diritto. Perché le tecnologie di IA sono una grande opportunità per il diritto*, Milano, 2020; M. Cupersito, *Intelligenza artificiale e diritto: profili normativi, etici e politici*, in *Opinio Iuris*, 1° giugno 2020, consultabile *online*; A. Longo, G. Scorza, *Intelligenza artificiale. L'impatto sulle nostre vite, diritti e libertà*, Milano, 2020; A. D'Aloia, *Intelligenza artificiale e diritto: Come regolare un mondo nuovo*, Milano, 2021; U. Ruffolo (a cura di), *XXVI lezioni di Diritto dell'Intelligenza Artificiale*,

In merito alla prima questione, va subito detto che l'informatica giuridica è quella branca del diritto che, ormai da molti anni, si occupa dei meccanismi e degli strumenti tecnologici e digitali nel mondo del diritto in generale, specie quello processuale. Si pensi, infatti, al Codice dell'Amministrazione Digitale (d.lgs. nº 82/2005),[3] il quale, tra i tanti, prevede gli istituti della "firma digitale" e del "documento elettronico", soffermandosi sulla loro disciplina e sui loro risvolti validistici e probatori.[4]

Si ponga mente, ad esempio, anche a tutta la gestione telematica (mezzi tecnologici per il funzionamento del diritto) relativa ai processi. Oltre alla normativa in tema di processo civile telematico[5] (c.d. PCT), vi è anche una serie di strumenti tecnologici che possono

---

Torino, 2021; G. Schneider, N. Abriani, *Diritto delle imprese e intelligenza artificiale. Dalla* Fintech *alla* Corptech, Bologna, 2021; G. Taddei Elmi, *Il* Quid, *il* Quomodo *e il* Quid iuris *dell'IA. Una riflessione a partire dal volume "Diritto e tecnologie informatiche"*, in *Riv. it. inf. dir.*, n. 2/2021, p. 131 ss.; E. Bassoli, *Algoritmica giuridica. Intelligenza artificiale e diritto*, Modena, 2022; P. Severino (a cura di), *Intelligenza artificiale. Politica, economia, diritto, tecnologia*, Roma, 2022; R. M. Agostino, G. Dalia, M. Imbrenda, S. Pietropaoli (a cura di), *Frontiere digitali del diritto. Esperienze giuridiche a confronto su libertà e solidarietà*, Torino, 2022.

3 Sul c.d. CDA, si rinvia, *ex multiis*, a G. Cassano, C. Giurdanella, *Il codice della pubblica amministrazione digitale. Commentario al D.Lgs. n. 82 del 7 marzo 2005*, Milano, 2005; F. Trojani, *Il nuovo codice dell'amministrazione digitale*, Santarcangelo di Romagna, 2016.

4 Sui due istituti menzionati, si rinvia a G. D'Aietti, *Il documento elettronico: profili giuridici, civili e penali*, in *www.privacy.it*, Relazione presentata al Convegno Nazionale su "Informatica e riservatezza" del CNUCE – Pisa 26/27 settembre 1998, consultabile *online*; V. Rizzo (a cura di), *Documento informatico, firma digitale e commercio elettronico*, Napoli, 2000; N. Graziano, *Il disconoscimento del documento informatico sottoscritto con firma digitale*, in *Inf. dir.*, 17 gennaio 2001, consultabile *online*; C. Fiscale, F. Del Monte, A. Feliciani e G. Arenaccio, *La firma elettronica e il documento informatico: come semplificare la sottoscrizione e conclusione dei contratti durante il lockdown*, in *Dir. banc.*, 26 marzo 2020, consultabile *online*; M. Milanese, *L'atto pubblico informatico*, in *Comp. dir. civ.*, consultabile *online*; F. Delisi, *Forma digitale, contratto e commercio elettronico*, Padova, 2020; F. Ciclosi, *I documenti informatici dopo le nuove Linee guida AgID*, Santarcangelo di Romagna, 2021.

5 Sul punto, A. Didone (a cura di), *Le riforme del processo civile: dalla digitalizzazione del processo alla negoziazione assistita*, Milano, 2014; E. M. Forner, *Procedura civile digitale. Prontuario teorico-pratico del processo telematico*, Milano, 2015; S. Rossetti, M. Santopietro, D. Muradore, *Il processo esecutivo telematico*, Milano, 2016. A parte i lavori monografici e collettanei, si rinvia anche a P. Della Vedova, *La deriva telematica nel processo civile*, in *Judicium*, consultabile *online*. Si veda, di recente, anche A. Garapon, J. Lassègue, *La giustizia digitale. Determinismo tecnologico e libertà*, Bologna, 2021; G. Buccarella, F. Fimmanò, I. Pisano, I. Simona, *Giustizia digitale. Processi telematici e udienza da remoto*, Milano, 2021.

coadiuvare gli operatori del diritto, come per esempio i servizi Italgiure Web,[6] Sentenze Web,[7] Sigico[8] e il CED.[9]

In merito alla Corte di Cassazione,[10] vertice di legittimità nell'ordinamento, i servizi Italgiure e Sentenze Web, meccanismi funzionali alla più veloce e fruibile ricerca delle sentenze, sono stati messi a punto proprio dal Centro Elettronico di Documentazione (CED),[11] il quale si occupa di "telematizzare" i procedimenti e rendere quanto più funzionale il servizio-giustizia.[12]

---

6 Sul suo funzionamento, si rinvia a G. Lax, ItalgiureWeb: *la banca dati per gli avvocati*, in *www.studiocataldi.it*, 30 dicembre 2021, consultabile *online*.

7 Sui rischi di una informazione giudiziaria così accessibile a tutti, si rinvia all' intervento di Antonello Soro, Presidente del Garante per la protezione dei dati personali, del 3 novembre 2014, il quale già metteva in evidenza che: "La pubblicazione in rete cambia profondamente l'informazione – anche quella giuridica – nel significato, nel fine, nel valore, ma anche nei rischi. La pubblicazione sul *web* di dati preziosi quali quelli ricavabili da una sentenza e dai principi che vi sono affermati è indubbiamente più "democratica" perché raggiunge (potenzialmente) tutti i cittadini, mettendo a disposizione un patrimonio informativo importante, anche a coloro i quali, probabilmente, non si sarebbero mai avvicinati a una rivista giuridica. Ma questa facilità nell'accesso – che è una straordinaria risorsa per i singoli e le istituzioni – è anche, paradossalmente, la più grande fonte di rischio delle pubblicazioni *on-line*, suscettibili di indicizzazione, riproduzione decontestualizzata, alterazione, finanche manipolazione e per questo in alcun modo assimilabili alle pubblicazioni cartacee". Su tali rischi, anche M. Senor, *Sentenze*Web: *ricerca libera tra le sentenze della Corte*, in *Media Laws*, 21 ottobre 2014, consultabile *online*, per la quale: "(...) pare verosimile ipotizzare che la base normativa del trattamento sia stata individuata dal CED nell'art. 52 del codice *privacy*, il cui ultimo comma prevede che, fuori dai casi indicati (richiesta di oscuramento delle generalità da parte dell'interessato, dati identificativi delle persone offese di violenza sessuale, dei minori e delle parti nei procedimenti in materia di rapporti di famiglia e di stato delle persone), è ammessa la diffusione in ogni forma del contenuto anche integrale di sentenze o di altri provvedimenti giurisdizionali, per finalità di informazione giuridica".

8 Sul punto, si rinvia, per un approfondimento, a F. Rolleri, *I sistemi di gestione documentale della Corte Costituzionale*, in *Il processo telematico*, 8 marzo 2016, consultabile *online*.

9 Sugli strumenti "tecnologici" funzionali alla giustizia, si veda il dossier curato da D. Piana, *Percorsi e strumenti per una giustizia digitale al servizio del cittadino*, Roma, 2021.

10 Tra tutti, si veda G. Alpa, V. Carbone, *Giurisdizioni di legittimità e regole di accesso. Esperienze europee a confronto*, Bologna, 2011; U. De Martino, N. Picardi, P. Rescigno, G. P. Trifone, *La corte di cassazione dalle origini ai giorni nostri*, Roma, 2016; P. Curzio, *Il palazzo della Cassazione*, Bari, 2021.

11 Sul punto, si veda G. Mammone, *Relazione sull'amministrazione della giustizia nell'anno 2018*, 25 gennaio 2019, Roma, 2019, p. 95-98. Sulla stessa lunghezza d'onda anche id., *Relazione sull'amministrazione della giustizia nell'anno 2019*, 31 gennaio 2020, Roma, p. 21.

12 Il Centro Elettronico di Documentazione (C.E.D.) costituisce, nell'ambito della Corte di cassazione, una struttura autonoma, alle dirette dipendenze della Prima Presidenza, il cui compito consiste: a) nel fornire a tutti i magistrati italiani (ed in particolare a quelli della Corte di cassazione), ai magistrati europei che ne facciano richiesta ed al pubblico degli abbonati (avvocati, istituzioni pubbliche e private, quali Ministeri, Università etc.) servizi informatici aventi ad oggetto la realizzazione, la gestione e la messa a disposizione per la consultazione degli archivi di giurisprudenza e di legislazione (c.d. informatica giuridica); b) nel fornire alle strutture amministrative e ai magistrati della Corte servizi informatici destinati concernenti la gestione informatica dei processi (sia civili che penali) dal momento

del deposito del ricorso al momento della pubblicazione della sentenza e della restituzione degli atti al giudice a quo (c.d. informatica giudiziaria). In termini teorici, sul punto, si veda L. Izzo, *Ced Cassazione: cos'è e come funziona*, in *www.studiocataldi.it*, 19 giugno 2018, consultabile *online*. Completa è la disamina che fa F. Fiandanese, *Il Centro Elettronico di Documentazione della Corte Suprema di Cassazione*, in G. Peruginelli. M. Ragona (a cura di), *L'informatica giuridica in Italia. Cinquant'anni di studi, ricerche ed esperienze*, Napoli, 2014, p. 151-168. Ancora, si veda V. Di Cerbo, *Banche dati di giurisprudenza, nomofilachia e trasparenza dell'attività giurisdizionale. L'esperienza del Ced della Corte di cassazione*, in *Questione Giustizia*, consultabile *online*, ove si legge: "Appare quindi evidente il ruolo della banca dati come strumento fondamentale per l'affermazione un «diritto certo e stabile», ciò che dà la cifra della sua finalità ultima, di rendere tangibile nell'applicazione del diritto, e dunque nella costruzione di un «diritto vivente», quel principio di eguaglianza che è sotteso alla vita democratica di una società civile, per cui la prevedibilità delle decisioni è alla base di un trattamento uniforme dei cittadini dinanzi al giudice". Da un punto di vista della tutela della *privacy* e dell'accesso alle banche dati, il Garante della *Privacy*, già nel 2003, aveva avuto modo di sottolineare l'esigenza di assicurare un uso legittimo dei dati personali consultati nelle banche dati da parte degli utenti del Ced. Ciò si rende necessario in particolare per la consultazione di provvedimenti giudiziari che riportano generalità delle parti e dati riferiti a particolari condizioni o *status*, anche di natura sensibile. I dati consultabili attraverso l'accesso al Ced possono essere utilizzati dagli utenti per scopi di documentazione e ricerca in ambito giudiziario o professionale, di studio o per eventuali statistiche. Ma non anche, in mancanza di una specifica previsione e di una previa informativa agli interessati, per altre finalità indebite, quali potrebbero essere, ad esempio, il monitoraggio della giurisprudenza di alcuni uffici giudiziari che miri alla profilazione del comportamento del singolo imputato o magistrato o la valutazione a fini disciplinari della produttività dell'organo decidente". Sul rischio di profilazione, od anche della c.d. "sorveglianza di massa", su cui lo stesso Garante si è espresso con un Parere del 25 marzo 2021, sul c.d. Sistema Sari Real Time, si veda, seppur in tema di pubblicità targettizzata, G. D'Ippolito, *Profilazione e pubblicità targettizzata* online. Real-Time Bidding *e* behavioural advertising, Napoli, 2022. Il Garante, a proposito del sistema di cui sopra, ha specificato che: "Occorre in particolare considerare che il sistema in argomento realizza un trattamento automatizzato su larga scala che può riguardare, tra l'altro, anche coloro che siano presenti a manifestazioni politiche e sociali, che non sono oggetto di "attenzione" da parte delle forze di Polizia; ancorché la valutazione di impatto indica che i dati di questi ultimi sarebbero immediatamente cancellati, nondimeno, l'identificazione di una persona in un luogo pubblico comporta il trattamento biometrico di tutte le persone che circolano nello spazio pubblico monitorato, al fine di generare i modelli di tutti per confrontarli con quelli delle persone incluse nella "watch-list". Pertanto, si determina una evoluzione della natura stessa dell'attività di sorveglianza, passando dalla sorveglianza mirata di alcuni individui alla possibilità di sorveglianza universale allo scopo di identificare alcuni individui". Tale profilazione potrebbe valere, ad esempio, anche per i lavoratori. Sul punto, si veda A. Donini, *Profilazione reputazionale e tutela del lavoratore: la parola al Garante della* Privacy, in *Labour Law & Law Issues*, n. 1/2017, p. 49, ove, in maniera del tutto condivisibile, si legge che: "Il riconoscimento della tecnica di protezione dei dati fin dalla progettazione potrebbe comprendere forme di filtro e tutela *by design* delle prerogative personali del cittadino e del prestatore, come quelle ricavabili dall'art. 8 St. lav. Gli stessi sistemi di *advanced data analytics* possono dunque fornire adeguati strumenti di tutela dei diritti fondamentali, se finalizzati alla *compliance* normativa. Per raggiungere tale obiettivo, è utile orientare la progettazione delle strumentazioni informatiche in modo da stralciare ogni dato rilevatore delle attitudini personali del lavoratore, sperimentando in tal modo una regolazione veicolata dai codici informatici che attribuisca alla tecnologia una funzione indiretta ma essenziale di tutela delle posizioni giuridiche".

Allo stesso modo, anche la Corte costituzionale,[13] la quale, aiutata dagli uffici informatici, ha "digitalizzato" tutte le procedure – specie nel contesto emergenziale dovuto alla pandemia da Covid-19[14] –, dando la possibilità di accesso, non solo alle sentenze pubblicate, ma anche ai comunicati ufficiali della Corte,[15] alle ordinanze di ammissibilità o meno degli interventi (*ad adiuvandum* o *ad opponendum*),[16] oppure ancora alla possibilità telematica di usufruire delle ordinanze di ammissibilità o meno degli interventi degli *amici curiae*[17] o, ancora, di consultare, con

---

13 Sul punto, si veda S. Cassese, *Dentro la Corte: Diario di un giudice costituzionale*, Bologna, 2015; B. Barbisan, G. Amato, *Corte costituzionale e Corti europee. Fra diversità nazionali e visione comune*, Bologna, 2015; A. Celotto, *La Corte costituzionale. Quando il diritto giudica la politica*, Bologna, 2018; E. Lamarque, *Corte costituzionale e giudici nell'Italia repubblicana. Nuova stagione, altri episodi*, Napoli, 2021; A. Morrone (a cura di), *La corte costituzionale. Antologia di classici della letteratura italiana*, Torino, 2021.

14 Interessante è l'opera di A. Didone, F. De Santis (a cura di), *Il processo civile solidale. Dopo la pandemia*, Milano, 2020. Gli A. dell'opera, infatti, mettono in luce tutte le criticità che l'emergenza sanitaria ha innescato sul processo civile, mediante l'analisi di tutti i provvedimenti normativi adottati per fronteggiare la pandemia e per garantire il diritto di difesa e la continuazione dell'esercizio della giustizia. Sul fronte del processo penale, si veda L. G. Velani, *Gestione dell'emergenza Covid-19 e processo penale: un prodotto discutibile destinato a imporsi stabilmente?*, in *Leg. pen.*, 7 maggio 2020, p. 1-42, consultabile *online*. Sui risvolti giuridici della pandemia da covid-19, tra tanti, si rinvia a M. Frigessi di Rattalma (a cura di), *La pandemia da Covid-19. Profili di diritto nazionale, dell'Unione Europea ed internazionale*, Torino, 2020; G. A. Chiesi, M. Santise, *Diritto e Covid-19*, Torino, 2021; R. Marini (a cura di), *Pandemia e diritto delle persone*, Padova, 2021.

15 La Corte costituzionale, infatti, da un po' di tempo a questa parte, ha adottato, tramite l'Ufficio comunicazioni, la linea per cui, al termine delle udienze più delicate, i cui temi hanno un'attinenza specifica e "calda" dal punto di vista sociale, economico e politico, pubblica dei Comunicati per rendere partecipe la collettività (in anteprima) della decisione adottata e le brevi motivazioni che l'hanno spinta ad approdare ad una pronuncia piuttosto che ad un'altra. Si faccia l'esempio dei Comunicati in relazione al mancato accoglimento dei referendum costituzionali in tema di "cannabis" e di "suicidio assistito".

16 Su tale aspetto, si rinvia a P. Passaglia (a cura di), *L'intervento di terzi nei giudizi di costituzionalità concreti*, Roma, 2016, p. 9 ss.; E. Rossi, *L'intervento di terzi nel giudizio in via principale dopo la modifica delle norme integrative*, in *Rivista AIC*, n. 3/2020, p. 406 ss.; M. Romagnoli, *Il modello di partecipazione a "triplo binario" della Corte costituzionale italiana: la riforma delle norme integrative riguardo a interventi dei terzi,* amici curiae *ed esperti, nel segno del dialogo con la società civile e della rilegittimazione continua*, in *Revista de la Facultad de derecho de Mèxico*, n. 277/2020, p. 1047 ss.; L. M. Tonelli, *Le nuove Norme Integrative per i giudizi davanti alla Corte costituzionale: fra recepimento della costante giurisprudenza in materia di interventi di terzo in giudizio, alcune importanti innovazioni e… non pochi rischi applicativi*, in *Judicium*, n. 3/2021, consultabile *online*; A. Vuolo, *Il contraddittorio nei giudizi costituzionali alla luce delle recenti modifiche alle Norme integrative*, in *Federalismi*, n. 16/2020, p. 407 ss.

17 Sull'apertura della Corte alla cittadinanza attiva e alla società, si rinvia a E. Olivito, *Invito a Corte, con cautela. Il processo costituzionale si apre alla società civile?*, in *Rivista italiana per le scienze giuridiche*, n. 10/2019, p. 485 ss.; L. Salvato, *L'*amicus curiae *nei giudizi dinanzi alla Corte costituzionale: il Procuratore Generale della Corte di cassazione*, in *Quaderni costituzionali*, 2020, p. 727 ss.; R. Conti, *La Corte costituzionale aperta alla società civile Intervista a Valerio Onida e Vladimiro Zagrebelsky*, in *Giustizia insieme*, 4 aprile 2020, consultabile *online*; M. D'Amico, *Gli* amici curiae, in *Questione Giustizia*, n. 4/2020, consultabile *online*; C. Della

delle credenziali di accesso,[18] gli atti dei processi costituzionali (c.d. fascicolo elettronico).[19]

Questi citati sono soltanto alcuni casi di ciò che viene definita "informatica giuridica", ovvero quell'insieme di norme che tendono a "digitalizzare" e, dunque, a snellire le fasi procedimentali e processuali.[20]

Diversamente, invece, dall'informatica giuridica, vi è l'Intelligenza Artificiale,[21] che contempla in sé svariate apparecchiature, mezzi, *software*, applicazioni, variabili che hanno un impatto vantaggioso – il più delle volte – ma anche – altre volte – svantaggioso sul sistema sociale e sulle persone.[22] Tale è la ragione per la quale i sistemi intelligenti vanno vagliati

---

Giustina, Amicus curiae*: dalle origini alle modifiche delle "Norme integrative per i giudizi davanti alla Corte costituzionale"*, in *Rivista AIC*, n. 3/2020, p. 506 ss.; A. M. Lecis, *La svolta del processo costituzionale sotto il segno della trasparenza e del dialogo: la Corte finalmente pronta ad accogliere* amicus curiae *e esperti dalla porta principale*, in *Rivista di diritti comparati*, 23 gennaio 2020, consultabile *online*; G. Bergonzini, *Una Corte costituzionale aperta? Comunicazione partecipazione contraddittorio*, Napoli, 2021, p. 1 ss.

18 Sul punto, si veda I. Ferranti, *Processo costituzionale telematico, ecco come funziona*, in *Agenda digitale*, 23 febbraio 2022, consultabile *online*.

19 Sul fascicolo elettronico e sulla sua "dematerializzazione", si rinvia a I. Ferranti, *Fascicolo del processo civile telematico, come dematerializzarlo: le regole tecniche*, in *Agenda digitale*, 4 aprile 2020, consultabile *online*.

20 Sul punto, si rinvia a D. Piana, *Costo, ritualità, valore. Le qualità della giustizia nell'era digitale*, in *Giustizia insieme*, 16 settembre 2021, consultabile *online*. Inoltre, una delle richieste provenienti a più voci dall'Unione europea, specie nel solco del P.N.R.R. adottato a causa dell'emergenza epidemiologica, è proprio la "digitalizzazione" della giustizia italiana. In tema, si rinvia a G. Bertola, *La digitalizzazione del processo nel Pnrr*, in *www.lamagistratura.it*, 23 luglio 2021, consultabile *online*.

21 Su cosa sia l'Intelligenza Artificiale, si rinvia, tra tanti, a S. Quintarelli, *Intelligenza artificiale: Cos'è davvero, come funziona, che effetti avrà*, Milano, 2020; A. Longo, G. Scorza, *Intelligenza artificiale. L'impatto sulle nostre vite, diritti e libertà*, Milano, 2020; R. Marmo, *Algoritmi per l'intelligenza artificiale: Progettazione dell'algoritmo – Dati e* Machine Learning – Neural Network – Deep Learning, Milano, 2020; F. Cabitza, L. Floridi, *Intelligenza artificiale: L'uso delle nuove macchine*, Roma, 2021; M. Pierani, M. Scialdone, *Vivere con l'Intelligenza Artificiale. Società, consumatori e mercato*, Torino, 2021; G. Barone, Machine Learning *e Intelligenza Artificiale – Metodologie per lo sviluppo di sistemi automatici*, Palermo, 2021.

22 Si pensi, ad esempio, alla nuova Proposta di Regolamento europeo dell'aprile 2021, con la quale l'Unione europea intende uniformare la disciplina dell'I.A., con cui, in particolar modo all'art. 5, si vietano delle pratiche generali di utilizzo dell'I.A. qualora non siano funzionali al rispetto dei diritti e delle libertà fondamentali riconosciuti dalla cornice europea delle fonti. Sul punto, si rinvia a G. Proietti, *Intelligenza artificiale: una prima analisi della proposta di regolamento europeo*, in *www.dirittobancario.it*, 27 maggio 2021, consultabile *online*, ove si sottolinea la possibilità di una configurabilità di una responsabilità da contatto sociale: "Il paradigma normativo proposto, dunque, per le sue peculiarità, pone indirettamente una questione riguardante il tema dell'imputabilità di una responsabilità per la violazione di uno degli obblighi che si traducono in una regola di condotta, ovvero la possibilità o meno di generare una fattispecie di responsabilità da contatto sociale qualificato. Siffatta fattispecie di responsabilità si configurerebbe allorché l'ordinamento imponga ad un soggetto un'obbligazione, in ragione dell'attività o funzione esercitata, affinché osservi specifici comportamenti in determinate situazioni, generando quindi

nella loro meritevolezza.[23] Bisogna comprendere, dunque, se questi siano in grado di essere "funzionali" allo sviluppo e alla tutela della personalità umana.[24] La meritevolezza meccanicistica, quindi, deve assurgere ad elemento valutativo necessario ed indefettibile per la costruzione – ciò che ci si augura – di un diritto intelligente per le persone.[25]

2

La società nella quale ci si trova a risolvere conflitti – che, se prima erano maggiormente visibili e percepibili tra persone, oggi sono anche tra persone e macchine artificiali – è una società fortemente "globalizzata", nella quale è in atto una vera e propria "rivoluzione digitale ".

Come si sa, il fenomeno della globalizzazione ha innescato un "accorciamento" della velocità inter-relazionale, in quanto, semplicemente con un click, oggi è possibile addirittura interfacciarsi con un'altra parte del mondo.

La sociologa del diritto Ferrarese, dopo Giddens, il quale già definiva la globalizzazione come un fenomeno di "abbassamento chilometrico delle relazioni", ha sottolineato che il fenomeno del diritto nel mondo globale sia da attribuire allo "spostamento della sovranità dagli Stati ai mercati".

Il mercato, che di per sé dovrebbe essere regolato dal diritto statale, nel mondo galoppante della globalizzazione, rischia di annichilire lo Stato, appropriandosi di una sovranità autolegittimante che impone misure economiche sregolate , talvolta – in realtà il più delle volte – sgretolanti la tutela piena della persona umana.

---

obblighi di protezione «nei confronti di tutti coloro che siano titolari degli interessi la cui tutela costituisce la ragione della prescrizione di quelle specifiche condotte". Sulla necessità di leggere il diritto civile nella legalità costituzionale secondo il sistema italo-europeo delle fonti, si rinvia a P. Perlingieri, *Il diritto civile nella legalità costituzionale,* Napoli, 2006, p. 265 ss.

[23] Sulla necessità di un giudizio "ciclico di meritevolezza" dei sistemi intelligenti, si consenta rinviare a R. Trezza, Artificial Intelligence Act. *Giudizio "ciclico" di meritevolezza e* accountability *intelligenti,* Roma, 2021.

[24] Sul concetto di meritevolezza, tra gli ultimi, si veda P. Perlingieri, *Il diritto civile nella legalità costituzionale,* cit., p. 346-351; I. Martone, *Il giudizio di meritevolezza. Questioni aperte e profili applicativi,* Napoli, 2017; E. Minervini, *La «meritevolezza» del contratto. Una lettura dell'art. 1322 comma 2 c.c.,* Torino, 2019; R. Trezza, *Multiproprietà azionaria e tutela del consumatore: risvolti processuali e funzioni della causa negoziale,* in *Cultura giuridica e diritto vivente,* n. 7/2020, p. 2-13.

[25] Sul punto, si consenta rinviare a R. Trezza, *I diritti della persona tra "tecniche" e "intelligenze" artificiali. Casi, questioni, prospettive,* Cile, 2021, p. 19.

Il diritto, ma ancor prima la persona, deve essere prius nella dinamica mercantile (lex mercatoria) e regolare quanto più adeguatamente possibile il posterius del mercato.

Il diritto non può venire dopo, deve acquisire la capacità di "lungimiranza". È vero che "*ex facto oritur ius*", ma è anche vero che le dinamiche sociali e tecnologiche in atto non possono che far muovere il diritto verso un approccio risolutorio-dinamico piuttosto che di inerzia, frutto di un immobilismo comodo.

I sistemi intelligenti hanno già mutato le coordinate spazio-temporali, nonché fisiche e mentali delle componenti umane. Hanno penetrato il sistema, sempre più intriso di allocazioni fondate sulla velocità di accaparramento, portando a tre coordinate fattuali ormai evidenti: la de-materializzazione, la de-spazializzazione e la de-temporalizzazione.

L'Intelligenza Artificiale, dietro la quale vi è sempre l'uomo-elaboratore, non ha a che fare più con la dimensione tradizionale della materialità perché la trascende (dematerializzazione).

Inoltre, il poter comunicare – come soprattutto il periodo emergenziale ha fatto percepire – in qualsiasi modo possibile pur di raggiungere un uditorio internazionale, ha fatto venire meno le coordinate tradizionali dello spazio, circoscritto non più alla fisicità, ma alla dinamicità telematica che consente di rendere "spazio virtuale" l'ormai del quasi tutto assente "spazio fisico-relazionale". Inoltre, nei sistemi intelligenti non esiste tempo. Essi, salvo il click di spegnimento, sarebbero in grado di elaborazioni continue, frenetiche, con non pochi risvolti sulla salute e sullo sviluppo armonico della persona umana.

Vi deve, dunque, essere l'uomo (il giurista) capace di regolare, per quanto possibile, il mondo "sregolato" della tecnicità, con il mondo "al quanto regolato e regolatorio" della giuridicità.

3

Per cercare di dare delle risposte giuridico-sistematiche al mondo così tanto sregolato delle nuove tecnologie, è d'uopo soffermarsi sulla differenza ontologica, in quanto "contesto differenziale originario", tra ordinamento elettronico[26] e ordinamento giuridico.[27]

---

[26] Ciò non va confuso con l'"algoritmo di ordinamento", il quale viene utilizzato per posizionare gli elementi di un insieme secondo una sequenza stabilita da una relazione d'ordine, in modo che ogni elemento sia minore (o maggiore) di quello che lo segue. In assenza di altre specifiche, la relazione d'ordine viene sempre considerata totale (cioè tale da rendere sempre possibile il confronto tra due elementi dell'insieme): le relazioni d'ordine parziale danno origine agli algoritmi di ordinamento topologico. A seconda del verso della relazione considerato, un ordinamento può essere ascendente o discendente.

[27] Sul punto, si consenta rinviare a R. Trezza, *Diritto e intelligenza artificiale*, cit., p. 15.

Il primo lo si può definire come l'insieme delle "regole regolanti" del mondo elettronico, fondato su variabili algoritmiche in grado di far funzionare i sistemi intelligenti, ma che non possono, per superare il vaglio di meritevolezza del raggiungimento della funzione della *best human protection*, non essere confacenti ai valori giuridici su cui, invece, si fonda l'ordinamento giuridico.[28]

Quest'ultimo, infatti, è l'insieme delle regole che disciplinano i rapporti tra i soggetti attivi del sistema statale (aventi lo *status* primario di persona, e poi di cittadino),[29] fondato su "valori giuridici" (primi fra tutti i principi costituzionali e i diritti fondanti che nella Carta costituzionale sono contenuti[30] e, per interposto parametro,[31] anche nelle Carte[32] e nei Trattati sovranazionali).[33]

---

[28] Non può non farsi riferimento a R. Trezza, *L'algoritmo "protettivo": gli istituti di protezione della persona alla prova dell'Intelligenza Artificiale*, in *Tecnologie e diritto*, n. 1/2021, p. 217-255.

[29] Su tale questione, si rinvia a P. Perlingieri, *Il diritto civile nella legalità costituzionale*, cit., p. 667, ove l'A. sottolinea che: "Lo *status personae* ha funzione di garanzia espressa da un principio generale di tutela (art. 2 cost.) e da una serie di esplicite previsioni (...). Le situazioni soggettive che compongono lo *status personae* sono direttamente funzionalizzate al soddisfacimento dei bisogni esistenziali (...). Lo *status personae* (...) rappresenta la configurazione soggettiva di un valore. La personalità è il valore, lo *status personae* è situazione soggettiva unitaria".

[30] Tra tutti, sul punto, si vede P. Perlingieri, P. Femia, *Nozioni introduttive e principi fondamentali del diritto civile*, Napoli, 2004; P. Stanzione, B. Troisi, *I principi generali del diritto civile*, Torino, 2011, p. 1 ss. A. Morelli, *I principi costituzionali relativi ai doveri inderogabili di solidarietà*, in *Forum costituzionale*, n. 4/2015, p. 1 ss.; L. Ventura, A. Morelli (a cura di), *Principi costituzionali*, Milano, 2015; G. Silvestri, *L'individuazione dei diritti della persona*, in *Diritto penale contemporaneo*, 2018, p. 1 ss.; V. Baldini, *La classificazione dei diritti fondamentali. Profili storico-teorico-positivi*, in *Rivista del Gruppo di Pisa*, 2020, p. 1 ss.

[31] Cfr., sul punto, D. Tega, *Le sentenze della Corte costituzionale nn. 348 e 349 del 2007: la Cedu da fonte ordinaria a fonte "sub-costituzionale" del diritto*, in *Forum costituzionale*, 2007, p. 1-4; C. Casonato, *La scienza come parametro interposto di costituzionalità*, in *Rivista AIC*, n. 2/2016, p. 1 ss.; G. E. Polizzi, *Le norme della Carta sociale europea come parametro interposto di legittimità costituzionale alla luce delle sentenze Corte costituzionale nn. 120 e 194 del 2018*, in *Federalismi*, n. 4/2019, p. 2 ss.

[32] In particolar modo si fa riferimento alla Carta dei diritti fondamentali dell'Unione europea e alla Convenzione europea sulla salvaguardia dei diritti e delle libertà fondamentali. Sul punto, ma solo per un rapido approfondimento, si rinvia a G. Biagioni, *Carta UE dei diritti fondamentali e cooperazione giudiziaria in materia civile*, Napoli, 2018; A. Viglianisi Ferraro, *Il* private enforcement *in Italia della Carta dei diritti fondamentali dell'Unione europea a vent'anni dalla sua proclamazione*, in *Novos Estudios Juridicos*, n. 2/2020, p. 339; E. Cannizzaro, *La Carta dei diritti fondamentali e la determinazione della intensità della sua tutela*, in *Eurojus*, 7 dicembre 2020, consultabile *online*; B. Nascimbene, *Carta dei diritti fondamentali, applicabilità e rapporti fra giudici: la necessità di una tutela integrata*, in *European Papers*, n. 6/2021, p. 81 ss.; A. Viglianisi Ferraro, *Il diritto di proprietà nella Convenzione europea dei diritti dell'uomo e la necessità di una maggiore tutela dello stesso a livello nazionale*, in *Revista de estudos constitucionais , hermeneutica e teoria do direito*, 2020, p. 335 ss.

[33] Su tale aspetto, si veda P. Perlingieri, *Il diritto civile nella legalità costituzionale*, cit., p. 159 ss.; p. 265 ss. sul c.d. "sistema italo-comunitario delle fonti"; p. 305-307 sulle "fonti sovranazionali".

Non si può pensare ad un sistema intelligente che prende decisioni non conformi ai valori giuridici dell'ordinamento nel quale opera.[34] In tal senso, infatti, l'*homo informaticus* (il soggetto professionalmente deputato alla programmazione dei *software* abilitativi dei sistemi intelligenti), dovrà farsi trasmettere correttamente i valori giuridici dall'*homo juridicus* da dover necessariamente introitare nella macchina.[35] Tale trasmissione permette il "passaggio iniettivo" da valore giuridico a variabile algoritmica meritevole di poter funzionare.[36]

Il test di meritevolezza, dunque, deve essere svolto *ab origine* (*ethics by design*), durante e fino all'ultima possibilità di r-esistenza materiale della macchina (*ethics by default*).[37] Su tali criteri va costruito anche tutto l'assetto sicuritativo, ovvero relativo alla protezione della *privacy* (*by design* e *by default*).[38]

4

Quanto detto nel paragrafo precedente, permette di differenziare – qualora non fosse ancora chiaro – i valori giuridici dalle variabili algoritmiche.

I primi sono il frutto della precettività dell'ordinamento giuridico[39] e vengono tradotti dal giurista e calati dal mondo dell'astrattezza al

---

[34] Sembra in accordo anche E. Stradella, *La regolazione della Robotica e dell'Intelligenza artificiale: il dibattito, le proposte, le prospettive. Alcuni spunti di riflessione*, in *Rivista di diritto dei media*, n. 1/2019, specie p. 15.

[35] In tal senso, R. Trezza, *"Legal values" and "algorithmic values": an ethically oriented interpretation of Artificial intelligence*, in *Iura and legal systems*, n. 2/2021, p. 3-14.

[36] Si rinvia a R. Trezza, *Diritto e intelligenza artificiale*, cit., p. 15-17.

[37] Si rinvia a R. Trezza, *I diritti della persona tra "tecniche" e "intelligenze" artificiali*, cit. Sembra sostenere la stessa tesi, seppur in chiave dichiaratamente filosofica, L. Floridi, *Etica dell'intelligenza artificiale. Sviluppi, opportunità, sfide*, Milano, 2022, specie p. 91 ss., ove si sottolinea che ci sia la necessità di universalizzare i principi etici fondanti per una I.A. proiettata al bene comune e al benessere della persona umana.

[38] Sul punto, R. Trezza, *Artificial Intelligence Act*, cit., p. 72 ss., ove chi scrive sostiene che i sistemi intelligenti vadano vagliati nella loro meritevolezza in tutto il loro percorso costruente. Anche se questi venissero, in qualche modo, programmati diversamente *in itinere*, dovranno sempre superare il giudizio di meritorietà (*rebus sic stantibus* intelligente). Sul concetto di *privacy by design* e *by default*, si rinvia a F. Pizzetti, Privacy *e il diritto europeo alla protezione dei dati personali: dalla Direttiva 95/46 al nuovo Regolamento europeo*, Giappichelli, Torino, 2016; G. D'Acquisto, M. Naldi, Big Data *e* Privacy by design, Torino, 2017; E. Tosi (a cura di), Privacy *digitale. Riservatezza e protezione dei dati personali tra GDPR e nuovo Codice* Privacy, Milano, 2019; A. Stazi, Big Data *e diritto comparato*, in *Comp. dir. civ.*, n. 2/2019, p. 615 ss.; L. Bolognini (a cura di), Privacy *e libero mercato digitale. Convergenza tra regolazioni e tutele individuali nell'economia* data-driven, Torino, 2021; P. Stanzione (a cura di), *I "poteri privati" delle piattaforme e le nuove frontiere della* privacy, Torino, 2022.

[39] Su tale aspetto, non può non rinviarsi allo scritto di P. Femia (a cura di), Drittwirkung: *principi costituzionali e rapporti tra privati*, Napoli, 2018, p. VII ss. Inoltre, si rinvia a E.

mondo del dinamismo ordinamentale;[40] le seconde, invece, sono le variabili presenti nei sistemi intelligenti nelle quali sono stati inseriti i valori di riferimento. Solo così una macchina intelligente può operare nel sistema, attraverso – ovviamente – un vaglio continuo di meritevolezza in quanto la macchina, oltre a contenere dei *bias* (pregiudizi interni, del tutto ontologici),[41] potrebbe contenere anche degli errori di trasmissione da valori a variabili (*bias* dei *bias*, ovvero pregiudizi di natura umana indotta, che vanno subito corretti, rettificati).[42]

Qualsiasi sistema intelligente dovrà sempre perseguire uno scopo "eticamente" accettabile[43] e tutte le variabili algoritmiche, nelle quali vi sia stata già l'"iniezione valoriale", dovranno avere sempre la capacità di essere interpretate in maniera "eticamente" orientata.[44]

Tale dimensione, come si vedrà, ha una forte ripercussione sui profili della responsabilità civile della macchina, laddove, non solo il produttore della macchina artificiale potrà essere chiamato a rispondere, ma anche il traduttore dei valori giuridici (giurista) e il programmatore/introiettore (informatico).[45]

Navarretta, *Costituzione, Europa e diritto privato. Effettività e* Drittwirkung *ripensando la complessità giuridica*, Torino, 2017; id. (a cura di), *Effettività e* Drittwirkung *nelle discipline di settore. Diritti civili, diritti sociali, diritto al cibo e alla sicurezza alimentare*, Torino, 2017.

40 Sulla dinamicità dell'ordinamento giuridico, si veda P. Perlingieri, *Il diritto civile nella legalità costituzionale*, cit., p. 177 ss.

41 Cfr., in merito, D. Giribaldi, *Intelligenza artificiale, tutti i pregiudizi* (bias) *che la rendono pericolosa*, in *Agenda digitale*, 26 febbraio 2019, consultabile *online*.

42 Su tal punto, si rinvia a R. Trezza, *Diritto e intelligenza artificiale*, cit., p. 22-24. Fa, inoltre, ben comprendere il concetto L. Sambucci, *I* bias *dei modelli algoritmici sono colpa nostra*, in *www.ai4business.it*, 4 febbraio 2021, consultabile *online*, il quale, in completo accordo con lo scrivente, evidenzia che: "Per questo motivo si dovrebbe ripensare la costruzione dei *dataset*, iniziando a farla con la cura che necessitano, introducendo una vera e propria pulizia-*by-design* che consentirà a chi realizza modelli di *machine learning* di avere meno sorprese possibili, sia sul piano etico sia magari anche sul piano degli attacchi *adversarial*. Del resto, anche i decisori politici statunitensi hanno compreso che per aiutare il settore dell'intelligenza artificiale a fare un salto di qualità vi sia bisogno di creare e fornire *dataset* gratuiti e puliti, o comunque il più puliti possibile. Gli USA infatti, con la pioggia di miliardi che faranno piovere sul settore nei prossimi anni, hanno pensato fra le altre cose anche a finanziare la creazione di *dataset* di qualità, disponibili gratuitamente per tutti i ricercatori. La parte in salita sarà convincere chi costruisce modelli a usare solo *dataset* puliti e costruiti con determinati criteri, scartando quelli che già in passato hanno dimostrato di avere numerosi *bias*. Non sarà facile, ma sarà necessario per scongiurare che l'intelligenza artificiale diffonda e amplifichi ulteriormente i pregiudizi della nostra società".

43 La stessa necessità è illustrata da U. Ruffolo, G. Riccio, A. F. Uricchio, *Intelligenza Artificiale tra etica e diritti. Prime riflessioni a seguito del libro bianco dell'Unione europea*, Bari, 2020.

44 Sul punto, si consenta rinviare a R. Trezza, *"Legal values" and "algorithmic values": an ethically oriented interpretation of Artificial intelligence*, cit., p. 3 ss.

45 Su tale aspetto innovativo della triplice categoria soggettiva e relativo profilo di responsabilità, si rinvia a R. Trezza, *Diritto e intelligenza artificiale*, cit., p. 49 ss.

5

La macchina, alla stessa stregua di una persona umana, può provocare dei danni,[46] fisici (si pensi al campo dei *robot* sanitari)[47] o psichici (si pensi al caso del *cyber*-bullismo),[48] patrimoniali o non patrimoniali.[49]

Quale, dunque, lo statuto responsabilistico delle macchine intelligenti?

Oltre alla Risoluzione del Parlamento Europeo del 2017,[50] vi sono state anche quelle dell'ottobre del 2020[51] e del gennaio

---

46 In un'ottica comparatistica, si veda C. A. Agurto Gonzales, *El dano a la persona en la experiencia jurìdica italiana*, Cile, 2020, p. 33 ss.

47 Per una panoramica accorta del fenomeno, si rinvia a A. Biancardo, *Problematiche etico giuridiche relative all'utilizzo dell'intelligenza artificiale in ambito sanitario*, in *Jus online*, n. 3/2021, p. 1-51; E. Colletti, *Intelligenza artificiale e attività sanitaria. Profili giuridici dell'utilizzo della robotica in medicina*, in *Rivista di Diritto dell'Economia, dei Trasporti e dell'Ambiente*, XIX, 2021, p. 201 ss. Per una visione più approfondita e generale sulla digitalizzazione dei sistemi sanitari, si veda F. Maschio, *Innovazione digitale dei sistemi sanitari,* eHealth *e questioni di* data governance, *nell'agenda digitale sanitaria nazionale ed europea*, in *Comp. dir. civ.*, n. 2/2021, p. 559 ss.

48 Su tale fenomeno, per un approfondimento, si veda, fra tutti, A. C. Nazzaro, *Cyber*bullismo, in *Tecnologie e diritto*, n. 2/2020, p. 465 ss.; A. Contaldo, D. Mula (a cura di), Cybersecurity law. *Disciplina italiana ed europea della sicurezza cibernetica anche alla luce delle norme tecniche*, Pisa, 2020. Si sottolinea che, in Italia, proprio nel 2021, è nata l'ACN, l'Autorità nazionale per la cybersicurezza, istituita con il D.L. 14 giugno 2021, n. 82, a tutela degli interessi nazionali nel *cyber*spazio. Garantisce l'implementazione della strategia nazionale di *cyber*sicurezza adottata dal Presidente del Consiglio, promuove un quadro normativo coerente nel settore, ed esercita funzioni ispettive e sanzionatorie. Sviluppa collaborazioni a livello internazionale con agenzie omologhe. Assicura il coordinamento tra i soggetti pubblici e la realizzazione di azioni pubblico-private volte a garantire la sicurezza e la resilienza cibernetica per lo sviluppo digitale del Paese. Sulla natura giuridica di tale agenzia, riconducibile a quella delle Autorità Amministrative indipendenti, si può solo rinviare a R. Chieppa, G. P. Cirillo, *Le autorità amministrative indipendenti*, Padova, 2010; C. Giordano, A. Napolitano (a cura di), *Le autorità amministrative indipendenti. L'evoluzione oltre la contraddizione*, Roma, 2019.

49 Sul punto, anche e soprattutto in una visione "assicurativa", si rinvia a A. La Torre, *I robot fra responsabilità e assicurazione*, in *Rivista Assicurazioni*, n. 3/2019.

50 Sul punto, si veda la nota della Redazione *Ratio Iuris, Brevi note sulla risoluzione del Parlamento europeo del 16 febbraio 2017 concernente le norme di diritto civile sulla robotica*, consultabile *online*, p. 14, ove si legge che: "Nel dinamismo proprio delle sfide cui il diritto è chiamato a cimentarsi, infatti, l'eventuale prospettazione di un nuovo soggetto di diritto, di una "persona elettronica", chiama alle armi i pilastri portanti della scienza civilista - e non solo - del diritto. Occorre, pertanto, prendere coscienza di come gli impulsi europei (che, in effetti, rispecchiano in toto le problematiche concrete di una società in pieno divenire) possano trovare risposta nel nostro sistema giuridico, indipendentemente dallo strumento legislativo che si riterrà opportuno adottare".

51 Sul punto, tra tanti, si rinvia a A. Castagnedi, *La grande corsa verso un modello di Intelligenza Artificiale affidabile: il Parlamento Europeo propone un nuovo regime di responsabilità civile*, in *Eurojus*, n. 2/2021, p. 125 ss., ove, sugli assunti assicurativi, si evidenzia che: "Ad oggi già qualche copertura assicurativa è stata introdotta nel mercato, procedendo di pari passo

2021,[52] le quali, individuando le linee guida in tema di robotica e responsabilità civile dei sistemi intelligenti, hanno cercato di far assurgere a principio fondamentale del sistema quello dell'*accountability* (responsabilizzazione)[53] allo stesso modo della disciplina relativa alla protezione dei dati personali,[54] facendo così comprendere che la responsabilità debba essere intesa come "oggettiva", stando anche alla disciplina dettata dalla Direttiva comunitaria sui prodotti difettosi.[55]

---

con lo sviluppo della tecnologia, tuttavia la vere difficoltà si insidiano nell'ideare una soluzione che sia applicabile a tutti i sistemi di IA. Secondo il ragionamento illustrato dal Parlamento Europeo, la Commissione dovrebbe lavorare congiuntamente con il mercato assicurativo per stilare un elenco contenente prodotti assicurativi innovativi. Al contrario, qualora il risarcimento del danno sia maggiore rispetto ai massimali prefissati nel Regolamento, l'idea sarebbe quella di incoraggiare gli Stati Membri ad istituire un fondo, per un periodo limitato, da cui poter attingere. Così come la stessa idea potrebbe essere applicata nel caso in cui un sistema di IA, non ancora classificato come sistema di IA ad alto rischio e quindi non ancora assicurato, causi danni o pregiudizi".

52 Su tale aspetto, si rinvia, per un approfondimento, a S. Notaro, *La Risoluzione del Parlamento europeo sull'uso dell'intelligenza artificiale*, in *E-lex*, 12 febbraio 2021, consultabile *online*.

53 Sul punto, si rinvia a B. Borrillo, *La tutela della* privacy *e le nuove tecnologie: il principio di* accountability *e le sanzioni inflitte dalle Autorità di controllo dell'Unione europea dopo l'entrata in vigore del GDPR*, in *Diritti fondamentali*, n. 2/2020, p. 355, la quale sottolinea, in maniera ampiamente condivisibile, che: "sotto il profilo metodologico, si rinviene una marcatura molto forte dei diritti dell'interessato all'accesso, al blocco, alla rettifica, alla cancellazione dei dati e anche del diritto a riceverli in formato strutturato affinché si possano trasmettere ad altri liberamente. L'informazione, pertanto, è considerata non soltanto in maniera statica quanto e soprattutto come insieme di dati in movimento e, come tali, idonei a tramutarsi, per connessione, in nuove e più sofisticate informazioni. L'innovazione configura il passaggio da una concezione fondata in via esclusiva sul consenso informato a una concezione caratterizzata prevalentemente sul controllo, nella consapevolezza che il consenso non è sufficiente e che anzi è, per certi versi, fuorviante e non idoneo di fatto a garantire il rispetto della persona. Il processo evolutivo, realizzato in questa materia, va di pari passo con l'affermarsi delle tradizioni costituzionali europee, con la prevalenza del riconoscimento e della garanzia dei diritti inviolabili della persona umana su altri istituti pur definiti fondamentali, ma non inviolabili: inviolabile in maniera assoluta è esclusivamente il valore della persona umana, il suo sviluppo, la sua dignità".

54 A tal uopo, si rinvia a J. P. Aparicio Vaquero, *La protección de datos personales en las redes sociales. Apuntes desde los ordenamientos europeo y español*, in *Tecnologie e diritto*, n. 1/2020, p. 209 ss.

55 Si rinvia a C. Castronovo, *Problema e sistema del danno da prodotti*, Milano, 1979; R. Pardolesi, *La responsabilità per danno da prodotti difettosi*, in *Le nuove leggi civili commentate*, 1989, p. 487 ss.; A. Gorassini, *Contributo per un sistema della responsabilità del produttore*, Milano, 1990; G. Alpa, *Responsabilità civile e danno*, Bologna, 1991; G. Ponzanelli, *Responsabilità del produttore*, in *Rivista di diritto civile*, 1995, II, p. 215; G. Alpa, *Il diritto dei consumatori*, Roma-Bari, 1995; F. Cafaggi, *La nozione di difetto ed il ruolo dell'informazione. Per l'adozione di un modello dinamico-relazionale di difetto in una prospettiva di riforma*, in *Rivista critica di diritto privato*, 1995, II, p. 447; U. Carnevali, *La responsabilità del produttore*, Milano, 1974; C. Castronovo, *La nuova responsabilità civile*, Milano, 1997; A. Stoppa, *Responsabilità del produttore*, voce del Digesto delle discipline privatistiche (sez. civ.), XVII, Torino, 1998, p. 119 ss.; P. G. Monateri, *La responsabilità civile*, in Trattato di diritto civile diretto da R. Sacco, Torino, 1998; U. Carnevali, *Responsabilità del produttore*, voce dell'Enciclopedia del diritto, Agg., II, Milano, 1998, p. 936 ss.;

Le Risoluzioni citate, inoltre, hanno stabilito che sia necessario prevedere un fondo economico per le persone che siano direttamente danneggiate dai sistemi intelligenti non dotati dell'assicurazione obbligatoria contro i danni. Ancora, vi è la previsione della dotazione, per ciascuna macchina, di un "certificato di conformità etica" che conferma esattamente le ragioni espresse nei paragrafi precedenti: il sistema intelligente quale costruito ontologicamente in senso etico.[56]

Oltre alle dinamiche qualificatorie della responsabilità (si pensi alle ipotesi di applicazione dell'art. 2043, 2050 c.c.),[57] la proposta a cui

G. Alpa, M. Bessone, *La responsabilità del produttore*, Milano 1999; A. De Berardinis, *La responsabilità del produttore*, in G. Alpa (a cura di), *I precedenti. La formazione giurisprudenziale del diritto civile*, II, Torino, 2000, p. 1193 ss.; L. Mezzasoma, *L'importatore all'interno della C.E. di prodotti difettosi fabbricati in altro Stato comunitario*, in *Rassegna della giurisprudenza umbra*, 2001, I, p. 207; G. Ponzanelli, *Responsabilità del produttore*, in *Rivista di diritto civile*, 2000, II, p. 913; S. Della Bella, *Cedimento di scala estensibile e responsabilità del produttore-progettista: la nozione di danneggiato nella disciplina sulla responsabilità del produttore*, in *Responsabilità civile e previdenza*, 2003, I, p. 1153; G. Ponzanelli, *Responsabilità oggettiva del produttore e difetto di informazione*, in *Danno e responsabilità*, 2003, I, p. 1005; G. Nicolini, *Danni da prodotti agroalimentari difettosi: responsabilità del produttore*, Milano, 2006; P. Mariotti, *Prodotti difettosi e obsolescenza programmata*, Santarcangelo di Romagna, 2013; E. Graziuso, *La responsabilità per danno da prodotto difettoso*, Milano, 2015.

56 Su tale previsione, più nello specifico, si faccia riferimento a R. Trezza, *Artificial Intelligence Act*, cit., p. 88 sulla valutazione della c.d. "conformità", ma ancora p. 75 sulle c.dd. "prove di affidabilità" del sistema intelligente.

57 Sul punto, si rinvia a L. Coppini, *Robotica e intelligenza artificiale: questioni di responsabilità civile*, in *Politica del diritto*, n. 4/2018, p. 713-739; S. Tommasi, *L'Intelligenza Artificiale antropocentrica: limiti e opportunità*, in *Jus civile*, n. 4/2020, p. 886, ove, in maniera del tutto condivisibile, si afferma che: "Occorre, altresì, non perdersi in declamazioni o mere affermazioni o, come spesso avviene a livello europeo, in una fitta mole di documenti ripetitivi e pieni di "media della comunicazione simbolicamente generalizzati", ossia media che forniscono alla comunicazione la possibilità di venire accettata. Questo per dire che non basta affermare che si deve «assicurare che l'IA sia sviluppata e applicata in un quadro adeguato che promuova l'innovazione e rispetti i valori dell'Unione e i diritti fondamentali, oltre ai principi etici come la responsabilità e la trasparenza». Chi può non essere d'accordo sulla necessità di un'IA sicura, affidabile o rispettosa della dignità? Il punto è andare oltre i generici proponimenti e pensare a come rendere concretamente possibile tutto questo, scongiurando i rischi che intanto si profilano per la vita delle persone, vittime di profilazioni e discriminazioni spesso invisibili e silenziose, e per la dignità degli esseri viventi, appartenenti e non al genere umano"; E. Burgio, L. De Simone, *Intelligenza Artificiale e responsabilità* civile, in *Media Laws*, 15 aprile 2021, consultabile *online*, per le quali: "Bisogna analizzare in primo luogo quali possano essere le fattispecie ricollegabili alla responsabilità civile per danno da intelligenza artificiale. La dottrina maggioritaria, interpretando norme codicistiche, identifica che questa responsabilità potrebbe produrre esiti soddisfacenti con riferimento alla responsabilità oggettiva (come anche già immaginato nella Risoluzione del Parlamento del 2017), intesa come responsabilità contrapposta a quella per colpa. In questo caso, è sufficiente dimostrare danno e connessione causale tra questo e il funzionamento che lo ha generato ed una complessa valutazione dei rischi e della capacità di controllo da parte "persona che, in determinate circostanze, è in grado di minimizzare i rischi e affrontare l'impatto negativo" (punto 55) dell'intelligenza artificiale"; M. Costanza, *L'intelligenza artificiale e gli stilemi della responsabilità civile*, in *Giur. it.*, n. 7/2019, p. 1686 ss.;

qui si perviene è nella tripartizione soggettivo-categoriale che vede nel "traduttore" colui che traduce i valori giuridici, nel "produttore" colui che produce la macchina e nel "programmatore" colui che introduce le variabili algoritmiche. A tal proposito, anche la responsabilità civile sarà diversa a seconda dei soggetti inter-agenti nel processo artificiale. Si auspica, dunque, una costruzione della responsabilità algoritmica "caso per caso".[58]

Vi potrà essere, infatti, responsabilità del produttore semplicemente per un malfunzionamento della macchina e responsabilità del programmatore per "decisione finale errata", non conforme ai valori giuridici effettivi, così come sopra descritti.

In merito al regime liberatorio, si può affermare che il produttore potrà provare di aver fatto tutto il possibile per evitare il malfunzionamento o di non essere a conoscenza dello stesso (magari perché un pezzo della macchina era stato commissionato ad altri). Quest'ultimo caso potrebbe configurarsi come un'ipotesi di responsabilità oggettiva del produttore con possibilità – da parte sua – di esercizio dell'azione di regresso.[59]

Il programmatore, allo stesso modo, potrà provare di aver utilizzato tutta la diligenza necessaria per introiettare i valori giuridici

---

G. Capilli, *Responsabilità e* robot, in *Nuova giur. civ. comm.*, n. 3/2019, p. 621 ss.; G. Proietti, *Responsabilità nell'Intelligenza Artificiale e nella Robotica*, Milano, 2020; I. Martone, *Algoritmi e diritto: appunti in tema di responsabilità civile*, in *Tecnologie e diritto*, n. 1/2020, p. 128-153; M. Ratti, *Riflessioni in materia di responsabilità civile e danno cagionato da dispositivo intelligente alla luce dell'attuale scenario normativo*, in *Contr. impr.*, n. 2/2020, p. 1174; A. Procida Mirabelli Di Lauro, *Intelligenze Artificiali e responsabilità civile*, in Id, M. Feola, *Diritto delle obbligazioni*, Napoli, 2020, p. 507 ss.; A. Fusaro, *Quale modello di responsabilità per la robotica avanzata? Riflessioni a margine del percorso europeo*, in *Nuova giur. civ. comm.*, 2020, p. 1348; F. Naddeo, *Intelligenza artificiale: profili di responsabilità*, in *Comp. dir. civ.*, n. 3/2020, p. 1141; A. Lepore, *I.A. e responsabilità civile. Robot, autoveicoli e obblighi di protezione*, in *Tecnologie e diritto*, n. 1/2021, p. 190 ss.; C. Iorio, *Intelligenza artificiale e responsabilità: spunti ricostruttivi*, in *Tecnologie e diritto*, n. 2/2021, p. 51 ss.

[58] Cfr., P. Perlingieri, *Fonti del diritto e "ordinamento del caso concreto"*, in *Riv. dir. priv.*, n. 4/2010, p. 7 ss.

[59] Pare che sia d'accordo, con tale costruzione, anche U. Salanitro, *Intelligenza artificiale e responsabilità: la strategia della Commissione europea*, in *Rivista di diritto civile*, LXVI, n. 6/2020, specie p. 1276, ove l'A. afferma che: "lo spostamento di focale dal produttore all'operatore, ove approvato, consentirebbe di salvaguardare la struttura della direttiva della responsabilità del produttore, la quale ha dato prova di efficienza, evitando di incidere direttamente sui processi produttivi di sistemi di intelligenza artificiale, i quali potrebbe non sopportare un regime più rigoroso. La distinzione tra attività ad alto rischio e altre attività consentirebbe di adottare un regime flessibile per coloro che utilizzano i dispositivi di intelligenza artificiale, che risulterebbe per tanti versi meno incisivo dell'attuale regola interna della responsabilità per i danni causati da cose in custodia, secondo il modello franco-italiano".

nella macchina, salvo che non sia stato il traduttore (*homo juridicus*) a far introitare variabili algoritmiche riassuntive di valori giuridici errati. Anche questo caso si qualificherebbe quale ipotesi di responsabilità oggettiva con la possibilità di esercizio dell'azione di regresso.

Infine, il traduttore (giurista) potrà provare di aver tradotto i valori giuridici con la massima diligenza dovuta (art. 1176, co. 2, c.c.). In tale ultimo caso, l'ipotesi potrebbe anche essere quella di "responsabilità contrattuale" se il programmatore abbia stipulato un contratto di prestazione d'opera intellettuale con il traduttore medesimo.[60]

Informação bibliográfica deste texto, conforme a NBR 6023:2018 da Associação Brasileira de Normas Técnicas (ABNT):

TREZZA, Remo. La tripartizione soggettiva nella categoria "responsabilità da algoritmo". *In*: EHRHARDT JÚNIOR, Marcos; CATALAN, Marcos; NUNES, Cláudia Ribeiro Pereira (Coord.). *Inteligência artificial e relações privadas – Relações patrimoniais*: entre o consumo, os contratos e os danos. Belo Horizonte: Fórum, 2023. v. 3. p. 151-166. ISBN 978-65-5518-586-7.

60 R. Trezza, *Diritto e intelligenza artificiale*, cit., p. 49 ss. Si è cercato di applicare tale teoria anche alla responsabilità derivante dalle auto a guida autonoma. Cfr. R. Trezza, E. Quarta, *Driverless car o driverless law: quale direzione prenderà il diritto per evitare "incidenti sistematici"?*, cit. Si consenta rinviare, anche per un quadro comparatistico, a R. Trezza, *Responsabilidades legales atribuibles a máquinas y algoritmos: ¿categorías tradicionales o género novum de responsabilidad?*, in *Actualidad civil*, n. 76/2020, p. 155-177.

PARTE II

USO DE APLICAÇÕES DE IA NAS RELAÇÕES NEGOCIAIS

INTELIGÊNCIA ARTIFICIAL NOS CONTRATOS DE SEGURO E NA CADEIA DE *STAKEHOLDERS*

ANGÉLICA LUCIA CARLINI

Introdução

Este trabalho pretende construir uma reflexão sobre inteligência artificial e sua utilização em contratos de seguro a partir das contribuições da Teoria dos *Stakeholders* e dos estudos de ESG ou ASG – ambiental, social e governança, para analisar se as empresas que utilizam esse componente computacional em seus produtos devem gerenciar em conjunto os riscos que eles representam para os usuários. Também pretende utilizar os aportes teóricos de redes contratuais e os princípios que devem sustentá-las.

O exemplo prático que será analisado é de veículos autônomos que utilizam diferentes sistemas de inteligência artificial elaborados por fornecedores igualmente diversificados.

A hipótese é que o gerenciamento de riscos liderado pela empresa montadora em parceria com seus principais *stakeholders*, fornecedores de tecnologias, poderia ser realizado com a contratação de seguros de responsabilidade civil tendo a empresa fabricante como contratante junto à seguradora e, os *stakeholders* como coparticipantes do pagamento dos custos de contratação de seguros, ao mesmo tempo, protegidos pelas coberturas contratadas em casos em que ocorram danos a terceiros.

Para a análise dessa hipótese é preciso levar em conta o aspecto de responsabilidade social das empresas na utilização de novas tecnologias, especialmente a inteligência artificial, porque ainda não são conhecidos todos os riscos e danos que poderão causar em sistemas complexos como os de veículos autônomos, por exemplo.

É possível afirmar que o uso de inteligência artificial tem sido intensificado no setor econômico em diferentes partes do planeta. É utilizada em empresas de análise de dados, na automação de processos de gestão, atendimento a clientes, execução de cálculos atuariais e estatísticos para subscrição de riscos, previsão de tendências de consumo, entre muitas outras finalidades já conhecidas.

A tecnologia da inteligência artificial pode ser utilizada em sistemas complexos como *machine learning* e de *deep learning,* que viabilizam a tomada de decisões a partir da análise de dados e agem com relativa autonomia, tanto na coleta como na análise de dados, realizando conexões que não haviam sido feitas anteriormente por seres humanos. Não se trata mais do sistema aprender com os humanos e emular sua forma de proceder na tomada de decisões, mas sim de os sistemas computacionais mais complexos realizarem escolha de dados, análise e tomada de decisões muito diferentes daquelas que os humanos fariam, porém com resultados positivos para atingir os objetivos desejados.

As experiências realizadas com jogos de tabuleiro a partir de 2017 demonstraram que as máquinas aprendem com elas mesmas, treinam sucessivamente as possibilidades e, ao final, conseguem bons resultados a partir de opções que não haviam sido tentadas por humanos.[1]

A utilização de sistemas computacionais com esse poder – decisões automatizadas a partir da análise de dados que eles próprios coletam e analisam –, poderá resultar em eficiência e redução de custos de transação. Porém, na mesma medida, poderá ser causadora de danos materiais e imateriais sempre que as decisões automatizadas se originarem de dados organizados para aceitar e praticar comportamento temerário como pode acontecer, por exemplo, em veículos autônomos de passageiros, de carga ou, de serviço (tratores, colheitadeiras, guinchos, ambulâncias e outros).

A utilização de sistemas computacionais providos de inteligência artificial poderá se dar por meio de ecossistemas nos quais atuam diferentes empresas fornecedoras de componentes, por exemplo, na montagem de um veículo autônomo ou, de máquina capaz de executar

---

[1] GOGONI, Ronaldo. Alpha Zero: a IA do Google que Aprendeu a Jogar Sozinha. *Portal Meiobit*, 2019. Disponível em: https://meiobit.com/394684/google-alphazero-ia-jogos-sem-humano/. Acesso em: 06 maio 2023.

movimentos mais sensíveis como os robôs utilizados em cirurgias. Esses desenvolvedores de programas computacionais que utilizam inteligência artificial atuam em suas respectivas áreas de especialidade, porém todos fornecem componentes que utilizam inteligência artificial e que são necessários para a montagem do produto final, o veículo autônomo, por exemplo, de uma empresa que será responsável pela identificação por meio de sua marca e pela distribuição no mercado de consumo.

Quando um desses sistemas tomar decisão que cause danos poderá ser difícil ou, até mesmo impossível, identificar qual sistema computacional específico que falhou ou, qual sistema foi o responsável pela decisão danosa adotada pela máquina.

No sistema jurídico brasileiro há necessidade de identificação do causador do dano para que ele seja responsável pela reparação, embora essa determinação legal seja flexibilizada nas relações de consumo. De todo modo, no âmbito das relações não consumeristas se for difícil ou, impossível, identificar qual o programador ou produtor do programa gerador do erro na tomada de decisão da máquina, a empresa que contratou os serviços e colocou no mercado o produto poderia ser a única responsável pelo dever de indenizar? Essa com toda certeza não será a melhor solução para a sociedade porque vai gerar insegurança na utilização das novas tecnologias, o que inclusive, pode retardar o desenvolvimento tecnológico do país. Também não parece ser a melhor solução para a cadeia produtiva, porque poderá gerar perda de oportunidade para fornecimento futuro de componentes tecnológicos.

Nesse contexto, esta reflexão propõe uma solução possível para o problema de responsabilidade por danos decorrentes do uso de inteligência artificial, quando a utilização envolver diferentes fornecedores participantes da mesma cadeia de suprimentos.

1 Inteligência Artificial e Riscos de sua Utilização

As novas tecnologias são desejadas pelos agentes econômicos porque podem 'trazer maior eficiência, diminuir custos de transação, permitir a criação de produtos, serviços e sistemas de gestão com maior eficiência para os consumidores e, consequentemente, gerar resultados positivos para os investidores.

A tecnologia conhecida como inteligência artificial e suas subáreas – *machine learning* e *deep learning* – tem sido utilizada na fabricação de veículos autônomos de diferentes finalidades – transporte de carga, de pessoas, uso em atividades rurais e outras – e, há expectativa de que em futuro próximo esses veículos sejam utilizados com maior frequência em razão das vantagens que poderão oferecer, como por exemplo, redução dos índices de acidentes e dos prejuízos deles decorrentes.

A indústria de veículos autônomos utiliza cadeia de suprimentos bastante complexa, composta por diferentes fornecedores que disponibilizam componentes dotados de sistemas computacionais com inteligência artificial e aprendizagem de máquinas (*machine learning*).

Quando um desses componentes apresentar falha ou tomar decisão automatizada equivocada e gerar danos, será obrigatória a reparação mesmo nos casos em que não seja possível apurar objetivamente qual dos componentes computacionais foi o responsável pela falha e, consequentemente, pelos danos dela decorrentes.

Se vários participantes da cadeia de suprimentos ou *stakeholders* estiverem envolvidos no fornecimento de componentes que utilizam tecnologia de inteligência artificial e, se todos os componentes tiverem sido comprovadamente utilizados na construção de veículos autônomos, poderá não ser tecnicamente viável identificar com exatidão qual o fornecedor responsável pelo componente que causou o dano e, em consequência, a responsabilidade terá que ser assumida integralmente pela empresa montadora dos veículos perante a vítima do dano.

Essa possibilidade poderá gerar desconfiança na relação entre a empresa fabricante do produto final disponibilizado no mercado e seus *stakeholders* externos, e isso poderá impactar custos e resultados para todos porque as exigências de segurança serão cada vez maiores, o que em alguma medida poderá dificultar ou mesmo inviabilizar o uso das novas tecnologias.

É preciso considerar, ainda, que os danos poderão ser decorrentes de decisões que os sistemas adotem sozinhos em decorrência de sua programação para aprendizagem a partir de coleta e organização de dados. Há um certo grau de imprevisibilidade a ser considerado quando se utilizam sistemas com inteligência artificial e aprendizagem de máquinas, em razão da autonomia que eles podem desenvolver na interação com dados coletados durante a utilização (Tepedino e Guia Silva, 2019).

A responsabilidade por danos deve ser sempre aplicada na justa medida entre a necessidade da vítima e a possibilidade do causador, para que não se constitua em enriquecimento sem causa para a vítima e, não desestimule o desenvolvimento e a utilização de novas tecnologias por empresários e investidores (Frazão, 2016). Mas, para a segurança da sociedade, é essencial que nenhuma vítima de danos fique sem a reparação, porque é responsabilidade legal e social da atividade empresarial reparar os danos decorrentes de sua atividade econômica. A responsabilidade legal e social das empresas é parte do processo civilizatório da humanidade, essencial para garantir que o desenvolvimento econômico e tecnológico não seja superior à proteção da integridade dos seres vivos que habitam o planeta.

A hipótese desta reflexão é que a gestão de riscos e a responsabilidade por danos deverá ser compartilhada entre a empresa que coloca no mercado o produto final, e os *stakeholders* externos envolvidos na produção de componentes que são utilizados na fabricação do produto que, potencialmente, podem ser causadores de danos materiais e imateriais aos usuários, ainda que nem sempre seja possível identificar objetivamente o sistema que gerou o dano.

O gerenciamento e compartilhamento de responsabilidades por meio da contratação de seguro de responsabilidade civil coletivo, tendo como estipulante a empresa que coloca o produto no mercado e como participantes a cadeia de suprimentos, ou *stakeholders,* que fornecem componentes para o produto final, é uma possibilidade a ser investigada como medida de proteção para a sociedade, para as empresas e para a consolidação da rede de empresas fornecem e utilizam inteligência artificial.

2 Inteligência Artificial na Produção Econômica e a Cadeia de *Stakeholders*

A fundamentação teórica deste trabalho está ancorada na Teoria dos Stakeholders e nos estudos sobre ESG ou ASG (Ambiental, Social e Governança), em especial na responsabilidade social que as empresas devem assumir pelos produtos e serviços que disponibilizam no mercado e pelas escolhas que fazem de seus fornecedores de tecnologia, produtos e serviços.

Esta reflexão também utiliza aportes teóricos da Teoria das Redes Contratuais com estudos da área de Administração (Balestrin, Verschoore, 20160; e de Direito (Rizzardo Filho, 2022).

A Teoria dos Stakeholders propõe que a sociedade pode ter seus interesses atendidos de forma mais eficiente se empresas agirem com o propósito de gerar valor para todos aqueles que se relacionam com ela e, não apenas para seus acionistas. A geração de valor a longo prazo será resultado da atuação empresarial que leve em conta a visão balanceada dos diferentes interesses e não apenas dos *shareholders* (Jensen, 2001).

Nos anos 1980 e 1990, os estudos sobre as relações das empresas com a sociedade, a principal finalidade que as corporações devem alcançar e o relacionamento entre os diferentes agentes que participam da produção e da distribuição dos resultados empresariais incorporou aspectos voltados para a responsabilidade social corporativa (Andrade, Rossetti, 2009).

A relação entre as empresas e seus acionistas, trabalhadores, prestadores de serviços, fornecedores, governo e sociedade, entre outros que possam ter interesses relacionados às práticas e aos resultados corporativos, tornou-se central no debate sobre o valor que uma empresa deve gerar. O objetivo da atividade econômica empresarial deve ir além dos limites da geração de lucro para seus acionistas e, para isso, as empresas devem atuar de forma a gerar valor para todas as partes interessadas de forma direta ou indireta, o que representa colocar os valores éticos como elementos essenciais na gestão empresarial.

Freeman (1984) construiu os aportes iniciais da Teoria dos Stakeholders e, mais tarde, a reflexão avançou com a publicação de um trabalho coletivo sobre o estado da arte da teoria (2010). Desde então a pesquisa sobre o tema tem avançado e, na década de 1990, cindiu-se em dois ramos que interessam particularmente neste trabalho: a gestão estratégica dos interesses dos diferentes *stakeholders*; e, a postura moral dos administradores e da empresa para o equilíbrio dos diversos interesses de *stakeholders* internos e externos (Teixeira Neto, 2019).

Nesse contexto, cada organização precisa mapear seus *stakeholders*, identificar os interesses específicos que possuem, compreender as expectativas comuns entre as diferentes partes interessadas e realizar a gestão desses interesses de modo que seja possível alcançar os melhores resultados para todos.

Nesta reflexão o que importa é identificar interesses comuns entre os diferentes *stakeholders* envolvidos na produção de inteligência artificial para utilização em veículos autônomos e evitar danos a usuários de produtos que sejam fabricados com insumos da cadeia de suprimentos é um desses interesses. Os danos causados a usuários precisarão ser indenizados e isso significa perda para todos os *stakeholders*, tanto no aspecto econômico como para a confiabilidade e reputação das empresas envolvidas.

Antes de o surgimento da Teoria dos Stakeholders prevalecia a ideia de que principal finalidade de uma empresa era definida por seus resultados econômicos positivos e, consequentemente, para a satisfação dos interesses financeiros dos *shareholders* (Boaventura, 2012). Essa é a base do pensamento da Teoria da Firma que tem sua origem no século XVIII a partir de Adam Smith, na obra "A Riqueza das Nações" publicada em 1776.

Entre os autores apontados como relevantes por propiciarem novas reflexões sobre a Teoria da Firma está Ronald Coase (Boaventura, 2012). Em outubro de 1960, Ronald Coase publicou o artigo "O Problema do Custo Social" que, ao tratar dos custos de transação, proporcionou um novo viés para a teoria da firma. Nesse texto, o autor *"(...) se preocupa com os atos de firmas de negócios (business firms) que têm efeitos nocivos sobre terceiros"* (Coase, 1960). O autor discute as soluções que naquele momento histórico eram apontadas como ideais para solucionar o problema que era tornar o proprietário da empresa causadora de efeitos nocivos responsável pelos prejuízos ou cobrar dele um tributo em conformidade com a quantidade do prejuízo. O primeiro exemplo mencionado por Coase entre muitos outros que são analisados no artigo é sobre uma indústria que emite fumaça e polui o ambiente em seu entorno. Coase conclui o artigo com a afirmação de os direitos de propriedade, inclusive da propriedade utilizada como fator de produção, não são ilimitados e, *ao projetar e escolher entre arranjos sociais, devemos vislumbrar o efeito total* (Coase, 1960).

Essa perspectiva de levar em conta o efeito total para os arranjos sociais e para a utilização dos direitos de propriedade é encontrada nos estudos de ESG/ASG e de capitalismo de *stakeholders*.

ESG/ASG foi o termo utilizado a partir de 2004 quando o Secretário-Geral da Organização das Nações Unidas – ONU, Kofi Annan, incentivou 50 presidentes de instituições financeiras a inserirem aspectos ambientais, sociais e de governança no mercado de capitais. No mesmo ano, uma publicação do Pacto Global, Who Care Wins, passou a utilizar a sigla ESG para se referir a meio ambiente (*environmental*), social (*social*) e governança (*governance*). No Brasil, a sigla foi adaptada para ASG (2).

A Teoria dos Stakeholders contribuiu para o surgimento da concepção de empresas que devem ter entre seus propósitos produzir para obter resultados econômicos eficientes, porém sem perder de vista a necessidade de proteção ao meio ambiente, à sociedade e a prática de governança transparente e ética. Esses são os fundamentos do ESG/ASG que têm se tornado relevante para empresas de todos os portes neste século.

A construção do modelo de empresa voltado não apenas para o lucro de seus acionistas, mas também para a responsabilidade e o compromisso com as partes interessadas, é fruto de construção histórica. Lisa Beth Lentini Walker destaca entre esses fatos mais relevantes os movimentos antibélicos dos anos 1960; a comemoração do primeiro Dia da Terra em 1970; os esforços pelo fim do *apartheid* nos anos 1980; a criação da Convenção Quadro da Nações Unidas para Mudanças Climáticas nos anos 1990; e o Pacto Global em 2000, com o *"(...) apelo às empresas para alinhar meio ambiente e anticorrupção, e tomar ações que promovem esses objetivos"*.

Todos esses foram momentos determinantes para que a cultura ESG/ASG se consolidasse (Walker, 2021). Neste momento, existem vários incentivos institucionais e financeiros para que as empresas adotem práticas de ESG/ASG, seja para obter certificações, cumprir leis de incentivo ou para obter recursos de fundos que claramente já declararam que só investirão em empresas com indicadores satisfatórios de sustentabilidade, inclusão e diversidade, impacto social positivo e governança transparente.

O interesse pelo assunto ESG/ASG também está presente na imprensa, nas redes sociais, nas pesquisas acadêmicas e no debate dos diferentes setores produtivos, com um amplo portfólio de temas que incluem sustentabilidade ambiental, inclusão de minorias políticas, respeito à diversidade, igualdade de oportunidades de ascensão na hierarquia empresarial para todos os gêneros, combate às práticas de assédio moral e sexual, entre tantas outras abordagens tratadas no cotidiano.

Nos últimos anos e mais especificamente com o avanço no uso de tecnologias digitais, novos desafios surgiram para serem estudados à luz da Teoria dos Stakeholders, como o uso de veículos autônomos e as consequências dos acidentes que eles possam vir a causar a partir de decisões automatizadas colocadas em prática sem interferência dos seres humanos. O surgimento dessas novas tecnologias impõe maior responsabilidade social para as empresas e, em decorrência, a gestão de stakeholders se torna relevante para que o equilíbrio nas escolhas propicie resultados melhores para todos.

Em razão dos danos que a utilização de novas tecnologias poderá vir a causar, como no caso de inteligência artificial e *machine learning* na automação de veículos de transporte de pessoas ou de cargas, o ônus da reparação desses danos deverá ser assumido somente pela empresa que coloca o produto no mercado em face de sua responsabilidade social ou deverá ser partilhado com todos os *stakeholders* que produziram componentes para a fabricação do veículo e sua automação e que, potencialmente, poderiam ser corresponsáveis pelos danos?

A dificuldade de identificação do componente específico causador do dano poderá criar tensão no relacionamento entre a empresa e seus *stakeholders*, além de aumentar custos de transação para que a empresa monitore riscos nos sistemas computacionais fornecidos com uso de inteligência artificial e *machine learning* ou, ainda, levar a empresa a diminuir vantagens econômicas para seus *stakeholders* na aquisição de tecnologia para prevenir perdas decorrentes dos danos que poderão vir a ser causados aos usuários dos produtos.

A fundamentação teórica dessa discussão está na proposta de construção de uma estratégia de *ética relacional de compartilhamento comunal – caracterizada por uma intenção de confiar em contratos relacionais, criação conjunta de riqueza, altos níveis de confiança e cooperação mútua e compartilhamento comunal de propriedade – para um relacionamento próximo* (Jones, Harris e Felps, 2018, p.15).

Os estudos sobre redes têm em Castells (2011) um de seus precursores. Para o autor, *as redes constituem a nova morfologia social de nossas sociedades e a difusão da lógica de redes modifica de forma substancial a operação e os resultados dos processos produtivos e de experiência, poder e cultura* (Castells, 2011, p. 566).

Balestrin e Verschoore Filho (2016) identificam que as redes de cooperação interorganizacionais pressupõem três condições fundamentais: objetivos comuns, interação e gestão. E Rizzardo Filho define redes contratuais como *conexões de operações econômicas* (...) e não meras conexões de instrumentos contratuais (Rizzardo, 2022, p. 127).

A relação entre empresas e seus fornecedores tem características de rede contratual interorganizacional, liderada pela compradora de insumos que é fabricante do produto final que será colocado no mercado. Mas não se resume a uma relação econômica com o objetivo de obter os melhores resultados econômicos no mercado com os menores custos de transação. Para que a rede contratual funcione de maneira eficiente, é necessário que as partes estabeleçam regras de cooperação, como forma de buscar vantagens competitivas e concretizar os objetivos que planejaram.

3 Seguro de Responsabilidade Civil para a Cadeia de *Stakeholders* como Prática de Cooperação na Rede Contratual

O uso de novas tecnologias como inteligência artificial e aprendizagem de máquinas poderá ser bastante positivo para a indústria de veículos que tem produzido veículos com diferentes níveis de autonomia e, prepara-se para lançar no mercado veículos integralmente autônomos que não necessitarão da intervenção humana para funcionar. A utilização de veículos autônomos tem vários aspectos positivos que poderão impactar a cadeia de fornecedores, as empresas fabricantes e a sociedade, por exemplo, a diminuição de acidentes com perdas de vidas humanas, a redução da perda de produtos transportados e melhores custos de frete, entre outros.

As experiências conhecidas de utilização de veículos autônomos apontam para benefícios, mas também para a possibilidade de ocorrência de danos, materiais e morais, por acidentes causados por esses veículos, principalmente por decisões automatizadas de sistemas computacionais de inteligência artificial e aprendizagem de máquinas. No estado da arte do desenvolvimento tecnológico da inteligência artificial e da aprendizagem de máquinas, ainda não é possível prever todos os riscos que poderão ser criados por essas novas tecnologias, mas já é necessário gerir estrategicamente os riscos e os danos consequentes deles.

Uma das formas mais utilizadas no âmbito da produção econômica para gerir riscos é a contratação de seguros, experiência bastante antiga praticada pelos empresários desde a expansão do comércio marítimo a partir dos séculos XV e XVI e potencializada com as revoluções industriais e a automação da produção em diferentes níveis.

Na atualidade, a contratação de seguros continua sendo uma estratégia positiva para gerenciamento dos resultados de riscos da atividade empresarial, em especial na modalidade de seguros de responsabilidade civil, ou seja, riscos que a atividade econômica pode gerar para toda a sociedade, em especial para os usuários de produtos e serviços. Com a contratação de um seguro de responsabilidade civil com cobertura para danos causados por produtos colocados no mercado, a gestão empresarial desobriga-se de alocar recursos para o pagamento de indenizações causadas, por exemplo, por um produto alimentício que cause danos a um consumidor; ou, por um produto elétrico como uma serra, por exemplo, que desprovida de mecanismo adequado de proteção para as mãos do usuário provoque ferimentos. Esses danos serão indenizados pelo seguro contratado pela empresa após verificação de não ter havido intencionalidade nem fraude por parte do segurado.

No campo da responsabilidade empresarial, os seguros têm sido importante instrumento de gerenciamento de riscos até mesmo para as tomadas de decisão que geram danos, como ocorre em relação aos acionistas, por exemplo, quando diretores decidem pela aquisição de uma empresa e avaliam mal os resultados da operação que era para ser lucrativa, mas se converte em fonte de prejuízos. Ou quando investem no desenvolvimento de um produto ou estratégia de mercado que se mostra insatisfatória e prejudica acionistas minoritários sem direito a voto nas assembleias gerais. A depender da especificidade do caso concreto e presentes os elementos que caracterizam a cobertura securitária, os danos serão indenizados pela companhia de seguros e não pelos diretores ou responsáveis pelas decisões negativas adotadas pela empresa.

A experiência acumulada mundialmente no campo da utilização de seguros como instrumentos de gestão de risco e de reparação dos danos decorrentes desses riscos é bastante ampla no ambiente empresarial e, marcada por resultados positivos tanto para as empresas causadoras de danos como para as vítimas.

Essa experiência poderá ser utilizada na gestão das responsabilidades entre diferentes *stakeholders* para que as empresas e as partes interessadas tenham como garantir a responsabilidade civil e social da qual são protagonistas.

A gestão de risco na rede de *stakeholders* fornecedores de sistemas computacionais de inteligência artificial e *machine learning* poderá ser feita com a contratação de seguro de responsabilidade civil, tendo a empresa montadora do veículo como estipulante do seguro junto à seguradora, e os *stakeholders* diretamente envolvidos como participantes no pagamento do valor de contratação do seguro e, consequentemente, com cobertura em caso de danos que tenham que ser indenizados às vítimas.

O seguro de responsabilidade civil nessa hipótese será contratado por uma rede que inclui a empresa e seus *stakeholders*, gerenciado pela primeira perante a companhia seguradora e, com a participação de todos no compartilhamento do pagamento do valor do seguro contratado. Com isso será possível viabilizar contratação de seguro adequada ao tipo de risco que aquela rede pode provocar, com valores de indenização compatíveis para os danos que possam vir a ocorrer e, ainda, com custo de seguro competitivo por se tratar de contratação coletiva.

Se não é possível garantir a sociedade que os veículos autônomos não causarão danos, é possível garantir por meio da contratação de seguro que os danos sejam reparados, sem que isso represente um impacto no equilíbrio econômico-financeiro da empresa e nem de seus *stakeholders*.

A solução parece ser mais eficiente que a contratação de seguros de forma isolada porque nessa modalidade a montadora não poderá gerenciar as opções de seus *stakeholders*, e estes poderão formalizar contratos sem cobertura suficiente para a reparação dos danos causados aos usuários. Nessa situação, em que as coberturas de seguro contratadas não sejam suficientes para reparar os danos causados às vítimas, todas as empresas poderão sofrer abalo reputacional e econômico, se forem condenadas solidariamente.

É fundamental considerar que em muitas situações concretas de decisões automatizadas que gerem danos a terceiros, não será possível identificar claramente qual o sistema computacional foi o responsável pela manobra do veículo autônomo. De fato, se vários sistemas de inteligência artificial e *machine learning* atuam juntos no mesmo veículo autônomo, pode ocorrer a impossibilidade técnica de identificar claramente o sistema responsável por gerar o dano, o tornaria a responsabilidade solidária dos fornecedores de insumo e campo de intensa controvérsia entre eles para delimitarem a responsabilidade de cada um e, consequentemente, os valores indenitários com os quais deveria arcar.

O conflito em torno da identificação do sistema responsável pela decisão que causou o dano é negativo para a sociedade, para os consumidores de veículos autônomos e para a rede de empresas organizada para construir o produto final.

A solução de contratação coletiva por meio de contrato de seguro gerenciado pela empresa e assumido pelos *stakeholders* envolvidos diretamente na geração de riscos que poderão causar danos, é um caminho possível para a sustentabilidade e perenidade da rede, na mesma medida em que será benéfica para as vítimas de danos decorrentes de decisões automatizadas.

Conclusão

A contratação de seguros não pode ser confundida com a liberação para que os contratantes adotem condutas incompatíveis com as leis, com a ética e com os valores morais que devem sustentar as atividades privadas e econômicas.

Durante muito tempo se discutiu sobre a moralidade dos seguros de responsabilidade civil exatamente por essa razão, ou seja, que ele não fosse instrumento para flexibilizar os cuidados que todos devem adotar na prática de atos que possam ser, potencialmente, causadores de riscos e danos para terceiros.

A trajetória histórica da utilização dos contratos de seguro de responsabilidade civil comprovou o benefício que eles podem representar para atividades que podem ser causadoras de risco para a sociedade, porém sem as quais não se pode mais viver, como é o caso da utilização de transporte mais rápido de pessoas, cargas, colocação de produtos alimentícios ou farmacêuticos no mercado, uso de novas tecnologias e muitas outras possibilidades que estão sempre presentes na vida contemporânea.

A contratação de seguros de responsabilidade civil para a rede contratual composta por *stakeholders* fornecedores de tecnologia com uso de inteligência artificial e *machine learning* para fabricação de veículos autônomos, pode se constituir em instrumento de colaboração entre as empresas da rede, alinhadas com propósitos de responsabilidade social essenciais para a atividade empresarial neste século, em que a perenidade das empresas dependerá não apenas de seus resultados econômicos e financeiros, mas também da reputação e credibilidade que suas práticas vão construir.

Notas

(1) PACTO GLOBAL. Disponível em: https://www.pactoglobal.org.br/pg/esg. Acesso em: 20 jul. 2022.

(2) PORTAL PERIÓDICOS CAPES. Disponível em: https://www-periodicos-capes-gov-br.ezl.periodicos.capes.gov.br/index.php/buscador-primo.html. Acesso em: 27 jul. 2022.

Referências

ANDRADE, Adriana. ROSSETTI, José Paschoal. *Governança Corporativa*: Fundamentos, Desenvolvimento e Tendências. 4. ed. São Paulo: Atlas, 2009.

BALESTRIN, Alsones. VERSCHOORE, Jorge. *Redes de Cooperação Empresaria*: Estratégias de Gestão na Nova Economia. Porto Alegre: Bookman, 2016.

BOAVENTURA, João Mauricio Gama. *Dominância de stakeholders em empresas brasileiras: contribuições à teoria dos stakeholders*. 2012. Tese (Livre Docência em Teoria dos stakeholders) – Faculdade de Economia, Administração e Contabilidade, Universidade de São Paulo, São Paulo, 2012. Disponível em: https://teses.usp.br/teses/disponiveis/livredocencia/12/tde-17122013-090933/publico//Boaventura.pdf. Acesso em: 28 jul. 2022.

COASE, Ronald. The Problem of Social Cost. *The Journal of Law & Economics*, v. III, out. 1960. Disponível em: https://www.law.uchicago.edu/files/file/coase-problem.pdf. Acesso em: 28 jul. 2022.

FRAZÃO, A. Risco da Empresa e Caso Fortuito Externo. *Civilista.com*, a. 5, n. 1, 2016. Disponível em: https://civilistica.emnuvens.com.br/redc/article/view/239. Acesso em: 28 jul. 2022.

FREEMAN, R. E. *Strategic Management*: A Stakeholder Approach. Boston: Pitman, 1984.

FREEMAN, R. E; HARRISON, J.S; WICK, A.C.; PARMAR, B.L.; COLLE, S. *Stakeholder Theory: The State of The Art.* New York: Cambridge University Press, 2010.

GOGONI, Ronaldo. Alpha Zero: a IA do Google que Aprendeu a Jogar Sozinha. *Portal Meiobit*, 2019. Disponível em: https://meiobit.com/394684/google-alphazero-ia-jogos-sem-humano/. Acesso em 06 de maio de 2023.

JENSEN, Michael. Value Maximization, Stakeholder Theory and The Corporate Objective Function. *Journal of Applied Corporate Finance,* v. 14, n. 3, 2001.

JONES, T. M; HARRISON, J. S. FELPS, V. Como a Aplicação da Teoria Instrumental das Partes Interessadas Pode Oferecer Vantagem Competitiva Sustentável. *Academy of Management Review*, v. 43, n. 3, p. 371-391, 2018.

RIZZARDO FILHO, Arnaldo. *Curso de Redes Contratuais.* Porto Alegre: Livraria do Advogados, 2022.

TEIXEIRA NETO, J. M. F. Uma revisão da Teoria dos Stakeholders e principais pontos de controvérsias. *Revista Brasileira de Administração Científica*, v. 10, n. 2, p. 1-16, 2019.

TEPEDINO, Gustavo. GUIA SILVA, Rodrigo. Desafios da Inteligência Artificial em Matéria de Responsabilidade Civil. *Revista Brasileira de Direito Civil – RBDCivil*, Belo Horizonte, v. 21, p. 61-86, jul./set. 2019. Disponível em: https://rbdcivil.emnuvens.com.br/rbdc/article/view/465/308. Acesso em: 19 jul. 2023.

WALKER, Lisa Beth Lentini. *ESG dos EUA*: Sua História, Futuro e o Papel do Profissional de Compliance e Ética. *In*: NASCIMENTO, Juliana Oliveira. *ESG*: O Cisne Verde e o Capitalismo de Stakeholder – A Tríade Regenerativa do Futuro Global. São Paulo: Thomson Reuter, 2021.

Informação bibliográfica deste texto, conforme a NBR 6023:2018 da Associação Brasileira de Normas Técnicas (ABNT):

CARLINI, Angélica Lucia. Inteligência artificial nos contratos de seguro e na cadeia de *stakeholders*. *In*: EHRHARDT JÚNIOR, Marcos; CATALAN, Marcos; NUNES, Cláudia Ribeiro Pereira (Coord.). *Inteligência artificial e relações privadas – Relações patrimoniais*: entre o consumo, os contratos e os danos. Belo Horizonte: Fórum, 2023. v. 3. p. 169-182. ISBN 978-65-5518-586-7.

INTELIGÊNCIA ARTIFICIAL E OS NEGÓCIOS IMOBILIÁRIOS

CLAUDIA DOMINGUES

GUSTAVO SIMÕES PIOTO

1 Introdução

O avanço da tecnologia nos tempos atuais tem impactado de forma bastante rápida e significativa a vida em sociedade, tanto no aspecto pessoal quanto no âmbito profissional, gerando uma série de dúvidas e incertezas quanto ao futuro das inovações e seus impactos.

Muitos aplicativos e ferramentas que se encontram em funcionamento no mercado atual já estão de alguma forma envolvidas com o uso da inteligência artificial, como sistemas de buscas, *smarthphones, smartwatch*, reconhecimento facial, Siri, Alexa, *Waze, chatbots* (inclusive os mais avançados, como ChatGPT) e todos os tipos de assistentes nas mais diversas áreas, tais como finanças, educação, pesquisa, relacionamentos, trânsito e outras prestações de serviço.

Na esfera profissional surgem os maiores questionamentos quanto à aplicação da inteligência artificial: a possibilidade de substituição do ser humano, os limites que serão aplicados, o nível de transparência na sua utilização e onde estará o ser humano posicionado nessa nova grande ruptura da sociedade no que tange ao sistema tecnológico.

A inteligência artificial já se encontra amplamente aplicada ao judiciário, órgãos públicos e advocacia, com objetivo de celeridade e efetividade da consulta aos processos e sua triagem, porém, qual a transparência de toda essa aplicação tecnológica? Até que ponto a IA atua nesses processos? Qual grau de independência e revisão da IA por um ser humano?

Da mesma forma, os negócios imobiliários são diretamente impactados pelos avanços tecnológicos e aplicação da inteligência artificial, seja na forma de publicidade, prospecção ou na formalização dos negócios.

O mercado imobiliário e seus novos padrões tecnológicos, com o avanço da inteligência artificial, disponibilizará ao usuário uma nova experiência, com maior interação digital, facilidades eletrônicas e agilidade que esses negócios impõem.

Como preceitua Martha Gabriel, é importante ressaltar que o que realmente importa em uma revolução tecnológica não é a tecnologia em si, mas como ela pode transformar e afetar as nossas vidas – quanto mais rapidamente compreendemos a nova realidade e mudamos nossa mentalidade para o novo modelo de humanidade, mais bem-sucedidos nos tornamos nesse novo contexto.

E finaliza com uma frase de Leon C. Megginson, analisando a obra de Charles Darwin: "Não é o mais inteligente ou o mais forte que sobrevive, mas aquele que é capaz de se adaptar mais rapidamente às mudanças do ambiente em que se encontra".[1]

Assim, todos os segmentos profissionais envolvidos nas negociações imobiliárias são impactados por essas inovações, tais como a digitalização dos serviços, migração aos procedimentos eletrônicos e inúmeras ferramentas com uso da inteligência artificial, razão pela qual será necessária a adaptação e capacitação dos profissionais, usuários e sistemas aplicados ao mercado imobiliário.

2 Inteligência Artificial

2.1 Conceito

Inicialmente, antes de adentrarmos às questões centrais do presente trabalho, é fundamental para melhor compreensão do tema estabelecer elementos básicos da definição referente à inteligência artificial, para em seguida delimitar as aplicabilidades práticas.

---

[1] GABRIEL, Martha. *Você, eu e os robôs*: como se transformar no profissional digital do futuro. 2. ed. São Paulo: Atlas, 2021. p. 08-09.

A inteligência artificial é um termo amplo, que abriga debaixo de seu guarda-chuva as inúmeras disciplinas envolvidas com o desenvolvimento de máquinas pensantes. Como o objetivo de IA é o desenvolvimento da inteligência, ela se relaciona com todas as áreas do conhecimento que são usadas no estudo da inteligência, além de métodos, algoritmos e técnicas que possam tornar um *software/hardware* inteligente no sentido humano da palavra. Inclui, por exemplo, visão computacional, processamento de linguagem natural, robótica e tópicos relacionados.[2]

Podemos citar uma das inúmeras definições de inteligência artificial, conceituando-a como um sistema computacional criado para simular racionalmente a tomada de decisões dos seres humanos, tentando traduzir em algoritmos o funcionamento do cérebro humano.[3]

Nas últimas décadas, foi possível observar um avanço exponencial das inovações tecnológicas, em especial da inteligência artificial, área da ciência da computação que tem o intuito de replicar as habilidades, raciocínio, decisões e comportamentos humanos.

Nesse sentido, inteligência artificial refere-se à capacidade das máquinas em imitar as funções da mente humana, fazendo com que os principais objetivos no desenvolvimento de IA, consequentemente, sejam dotar os computadores de características como: conhecimento, criatividade, raciocínio, solução de problemas complexos, percepção, aprendizagem, planejamento, comunicação em linguagem natural, habilidade de manipular e mover objetos, autonomia para tomada de decisões e outras habilidades que consideramos um comportamento "inteligente".[4]

2.2 Espécies

Importante ressaltar que a inteligência artificial possui diversos níveis, espécies e classificações, desde inovações simples ou fracas, já incorporadas ao nosso dia a dia, até aquelas consideradas fortes e avançadas, chamadas de superinteligência, que ainda não estão em funcionamento e tampouco entre nós.

---

2 *Ibid.*, p. 189.

3 CHELIGA, Vinicius. *Inteligência Artificial*: aspectos jurídicos. 3. ed. rev. e atual. Salvador: Editora JusPodivm, 2021. p. 14-15.

4 GABRIEL, Martha. *Inteligência artificial*: do zero ao metaverso. 1. ed. Barueri: Atlas, 2022. p. 57.

Os níveis de inteligência, em síntese, podem ser separados em inteligência artificial limitada (IA Fraca), inteligência artificial geral (IA Forte) e a superinteligência. A limitada é o tipo mais básico, que realiza uma única tarefa, uma IA de reconhecimento facial, por exemplo. A geral já é tão inteligente quanto um ser humano, com inúmeras habilidades, porém, ainda não chegamos neste nível de IA aplicado às nossas vidas. E por fim, a superinteligência, que é aquela máquina mais inteligente que o melhor cérebro humano em todas as áreas.

Por sua vez, no que se refere aos métodos de inteligência artificial, esses podem ser divididos em *machine learning* (ML) e *deep learning* (DL). O que tem se mostrado mais promissor é a *machine learning* (ML), pois é um campo de estudo que dá aos computadores a habilidade de aprender sem serem explicitamente programados. Já o *deep learning* (DL) é a que mais se aproxima do "pensamento humano", utilizando algoritmos de redes neurais artificiais, aprofundando o processamento em camadas de neurônios artificiais para resolver problemas mais complexos.[5]

2.3 Aplicabilidade

Após uma breve explanação a respeito da definição e espécies da inteligência artificial, abordaremos as questões de aplicabilidade da IA ao nosso sistema jurídico, em especial o imobiliário.

Vale mencionar que a última grande inovação que causou um impacto disruptivo na civilização foi a internet, por sua vez, a nova grande revolução e ruptura que está em andamento é a aplicação da inteligência artificial em nossas vidas pessoais e profissionais.

No que tange ao objetivo e aplicabilidade da inteligência artificial, podemos concluir que seria a capacidade das máquinas em imitar as funções da mente humana, fazendo com que os principais objetivos no desenvolvimento de IA, consequentemente, sejam dotar os computadores de características como: conhecimento, criatividade, raciocínio, solução de problemas complexos, percepção, aprendizagem, planejamento, comunicação em linguagem natural, habilidade de manipular e mover objetos, autonomia para tomada de decisões, entre outras habilidades que consideramos comportamento "inteligente".[6]

---

[5] GABRIEL, Martha. *Você, eu e os robôs*: como se transformar no profissional digital do futuro. 2. ed. São Paulo: Atlas, 2021.

[6] GABRIEL, Martha. *Inteligência artificial*: do zero ao metaverso. 1. ed. Barueri: Atlas, 2022. p. 57.

Diante disso, cada vez mais haverá uma demanda não somente do conhecimento jurídico, mas outros como tecnológico, linguagem de programação e lógica computacional.

Aplicabilidade prática da inteligência artificial nos negócios imobiliários cria novos paradigmas no sistema diante das inovações tecnológicas acessíveis, ferramentas e aplicativos à disposição de todos. A digitalização integral da prospecção, publicidade por mídias sociais e gerenciamento dos empreendimentos de forma eletrônica. Todo procedimento referente aos negócios, direito imobiliário, notarial e registral transformam-se rapidamente em remotos, eletrônicos e digitais.

2.4 Regulamentação

As regulamentações a respeito da inteligência artificial ainda se encontram em desenvolvimento, porém, existe um consenso no que se refere à necessidade e urgência de sua regulação, para que haja o regramento em relação à responsabilidade, limites, ética, privacidade e segurança.

A inteligência artificial tem sido estudada desde os anos 50, mas somente agora, com esse avanço e evolução extremamente rápidos, despertou a preocupação em relação aos seus limites e impactos em relação ao ser humano.

Inicialmente, quanto à regulação, tivemos a Carta Europeia de Ética sobre o Uso de Inteligência Artificial em Sistemas Judiciais e seu ambiente, adotado pela Comissão Europeia para Eficácia da Justiça (CEPEJ) na sua 31ª reunião plenária, no ano de 2018, que vem se apresentando como um dos mais conhecidos documentos sobre o tema e foi o primeiro grande marco regulatório na área da inteligência artificial no aspecto jurídico.

Nesta mencionada Carta Ética sobre o Uso da Inteligência Artificial nos Sistemas Judiciais e no respectivo ambiente, existem cinco princípios norteadores: a) *princípio de respeito aos direitos fundamentais*, que visa assegurar a concessão e aplicação de instrumentos e serviços de inteligência artificial que sejam compatíveis com os direitos fundamentais; b) *princípio de não discriminação*, que possui o intuito de prevenir especificamente o desenvolvimento ou a intensificação de qualquer discriminação entre indivíduos ou grupos de indivíduos; c) *princípio de qualidade e segurança*, que, em relação ao processamento de decisões e dados judiciais, deve-se utilizar fontes certificadas e dados intangíveis com modelos elaborados de forma multidisciplinar, em ambiente tecnológico e seguro; d) *princípio da transparência, imparcialidade e equidade*, que objetiva tornar os métodos de tratamento de dados acessíveis e compreensíveis, autorizar auditorias externas; e) *princípio sobre o controle do usuário*, com objetivo de excluir uma abordagem prescritiva e garantir que os usuários sejam atores informados e controlem as escolhas feitas.[7]

Foi estabelecida pela Comissão Europeia e pelo parlamento que a inteligência artificial precisa se basear, respeitar os direitos fundamentais, colocando o ser humano e a dignidade da pessoa humana sempre como o objeto principal para identificar os direitos fundamentais.

No Brasil, existe um projeto de regulamentação em trâmite no Congresso Nacional, o Projeto de Lei nº 21/2020,[8] que cria o marco legal do desenvolvimento e uso da Inteligência Artificial (IA) pelo poder público, por empresas, entidades diversas e pessoas físicas. O texto, em tramitação na Câmara dos Deputados, estabelece princípios, direitos, deveres e instrumentos de governança para a IA.

Entre outros pontos, a proposta estabelece que o uso da IA terá como fundamento o respeito aos direitos humanos e aos valores democráticos, a igualdade, a não discriminação, a pluralidade, a livre iniciativa, a privacidade de dados, a garantia da transparência sobre o uso e funcionamento da IA.

Após o projeto de lei ser encaminhado ao Senado Federal, a presidência da casa convocou uma comissão de juristas para refletir sobre a regulação da inteligência artificial no Brasil e revisar o projeto de lei aprovado pela Câmara dos Deputados, pois foram detectadas inúmeras inconsistências no PL, sendo necessária uma ampla reformulação.[9]

Assim que concluído o processo legislativo, o Brasil será um dos primeiros países a regulamentar a inteligência artificial de forma abrangente, com foco na pessoa humana e seus direitos fundamentais.

---

7 CEPEJ. *Carta Europeia de Ética sobre o Uso da Inteligência Artificial em Sistemas Judiciais e seu ambiente*. Estrasburgo, 3 e 4 de dezembro de 2018. Disponível em:https://rm.coe.int/carta-etica-traduzida-para-portugues-revista/168093b7e0. Acesso em: 18 abr. 2023.

8 JÚNIOR, Janary. Projeto cria marco legal para uso de inteligência artificial no Brasil. *Agência Câmara de Notícias*, 04 mar. 2020. Disponível em: https://www.camara.leg.br/noticias/641927-projeto-cria-marco-legal-para-uso-de-inteligencia-artificial-no-brasil/. Acesso em: 16 abr. 2023.

9 FORUM CONVIDA: #29 A regulação da IA no Brasil: o que esperar para 2023? Entrevistado: Filipe Medon. Entrevistadores: Marcos Ehrhardt e Marcos Catalan. *Editora Fórum*, 24 fev. 2023. Podcast. Disponível em: https://open.spotify.com/episode/1LXCaZTWp4Sc6j9btap4di?si=Eg1-vhd5TYCqOHBitTxL4A. Acesso em: 16 mar. 2023.

A regulamentação geral da inteligência artificial no Brasil ainda não existe e enquanto não houver uma regulação específica utilizaremos como base os preceitos da Carta Europeia, os direitos fundamentais previstos na Constituição Federal, o Marco Civil da Internet (Lei nº 12.965/2014), a Lei Geral de Proteção de Dados (Lei nº 13.709/2018), o Código de Defesa do Consumidor e todas as normativas aplicáveis aos casos concretos que serão apresentados em nosso dia a dia.

3 Inteligência artificial e os impactos nos negócios imobiliários e profissionais do direito

3.1 Breve histórico evolutivo

Na área dos negócios imobiliários, durante décadas as negociações, propostas, aceites, contratos e documentos transitavam de forma física, sendo muitas vezes exigida a presença das partes.

As mudanças ao longo do tempo passaram por diversas fases: livros e contratos manuscritos, máquinas de escrever, fax, computadores, digitalizadores e o surgimento da internet. Mais recentemente, com implementação de inúmeras ferramentas, aplicativos e tecnologias, nasce a aplicação da inteligência artificial nas negociações imobiliárias.

O avanço tecnológico e inovações recentes ocorridas no direito imobiliário, notarial e registral são imensos, alterando toda a logística, parâmetros, demandas e formas na prestação dos serviços.

Essas alterações possibilitam uma busca mais assertiva de um negócio, análise completa de dados de forma remota (aplicativos, ferramentas e digitalização dos serviços), publicidade direcionada para tendências do mercado e clientes, assim como o gerenciamento dos negócios com indicativos e um planejamento muito mais eficaz.

Desse modo, é necessária a adaptação e capacitação não só dos usuários, mas principalmente dos profissionais que trabalham no direito imobiliário, como despachantes, corretores, incorporadores, advogados, escreventes, notários, registradores e todos aqueles envolvidos no mercado das negociações imobiliárias.

Durante a pandemia da Covid-19 foram acelerados alguns processos tecnológicos, muitos por necessidade das restrições impostas, e avançamos para documentos e assinaturas digitais, atos remotos e eletrônicos, equipamentos tecnológicos mais modernos (*smartphones*, computadores e *tablets*), *home-office*, *chatbots* (assistentes virtuais), dentre outras inovações tecnológicas que vieram para revolucionar o mercado de imobiliário.

3.2 Negociações Imobiliárias – Formalização Contratual

Durante as negociações imobiliárias existem algumas fases na elaboração de um contrato: tratativas preliminares, proposta e aceitação. Após esse primeiro momento, normalmente ocorre a formalização do negócio, com a elaboração e assinatura de um contrato preliminar.[10]

Nesse momento, normalmente já ocorre o envolvimento de vários profissionais na negociação que auxiliam as partes, tais como despachantes, corretores, incorporadores e advogados. Os documentos podem transitar de forma física ou eletrônica, inclusive com assinaturas digitais caso ocorra a opção pelo ato eletrônico.

A elaboração dos instrumentos e toda assessoria pode ser realizada de forma remota, com reuniões virtuais (telepresenciais) e encaminhamento de documentos digitais, sendo que as partes efetuarão assinatura eletrônica.[11] Nesse ponto, importante mencionar que o instrumento deve ser elaborado por um profissional qualificado e especializado em direito imobiliário, notarial e registral, resguardando a técnica jurídica e a segurança do ato.

E mais, até que ponto seria possível delegar essa função de redigir e formalizar contratos a uma inteligência artificial? A simples substituição de nomes, objeto e preço, obviamente que a máquina faz melhor e mais rápido. Entretanto, no que toca ao raciocínio, planejamento e a melhor adequação da legislação ao caso concreto, inclusive com cláusulas e previsões específicas, poderia a IA substituir a complexidade do atendimento profissional? Por enquanto, o profissional qualificado não será substituído pela máquina, pois é essencial.

3.3 Aplicação da inteligência artificial ao notariado brasileiro

No que se refere ao direito notarial, ligado diretamente às negociações imobiliárias, o avanço foi substancial, pois tivemos o surgimento

---

[10] Contrato preliminar (arts. 462 a 466 do CC): também chamado de contrato promessa ou pré-contrato, trata-se de um contrato propriamente dito, haja vista que já possui poder de vinculação. Este contrato passa por todas as fases, inclusive a de aceitação, motivo pelo qual não pode ser confundido com as negociações preliminares, fase embrionária na qual estão iniciando as tratativas para, talvez, chegar ao contrato (CASSETTARI, Christiano. *Elementos de Direito Civil*. 11. ed. Indaiatuba: Editora Foco, 2023. p. 232).

[11] Lei nº 14.063/2020 – dispõe sobre o uso de assinaturas eletrônicas.

dos atos eletrônicos,[12] praticados na plataforma do *e-Notariado* e regulamentado pelo Provimento nº 100/2020, da Corregedoria Nacional de Justiça, autorizando a prática de qualquer ato notarial de forma remota (ato eletrônico),[13] com a mesma segurança, efetividade e celeridade na prestação dos serviços extrajudiciais.

Dentro do próprio sistema do *e-Notariado* ocorre a prática dos atos eletrônicos e a inteligência artificial está presente, na videochamada para colheita da manifestação da vontade e aferição da capacidade, digitalização de documentos, no trânsito de documentos eletrônicos e digitais de forma remota, certificados digitais, nas assinaturas eletrônicas e emissões de documentos nato-digitais, utilizando aplicativos, ferramentas e sistemas repletos de IA.

Na plataforma do e-Notariado existe uma série de serviços eletrônicos à disposição dos usuários como APOSTIL (Apostilamento de Haia Eletrônico), CENAD (autenticação eletrônica de documentos – nas formas de desmaterialização e materialização de documentos autenticados), AEV (Autorização de Viagem Eletrônica), e-Not Assina (reconhecimento de firma de assinaturas digitais), Certificado Digital Notarizado, além dos mais diversos atos notariais eletrônicos.

A adoção de tecnologia que atendesse às regras legais existentes, bem como à demanda de evolução e às exigências de uma sociedade moderna, mantendo a proteção notarial e segurança jurídica no ambiente virtual. Esse é o eixo tecnológico do e-notariado.[14]

Ademais, vale mencionar ainda a possibilidade de emissão de todas as certidões de forma eletrônica,[15] utilizado as novas tecnologias e facilitando, agilizando e reduzindo os custos dos processos nos cartórios. É a inovação tecnológica atuando para desburocratizar e facilitar ao máximo o acesso às serventias extrajudiciais, sem qualquer necessidade de deslocamento, resultando na economia de tempo e dinheiro.

---

12 Provimento nº 100/2020, CNJ: Art. 2º, VI – *ato notarial eletrônico*: conjunto de metadados, gravações de declarações de anuência das partes por videoconferência notarial e documento eletrônico, correspondentes a um ato notarial;

13 Os arts. 41 e 42-A, da Lei nº 8.935/1994, autoriza ao notário a adoção de sistemas de com putação.

14 DUARTE, Andrey Guimarães. Avatar do tabelião: atuação do notário no ambiente virtual. *Consultor Jurídico*, 27 ago. 2022. Disponível em: https://www.conjur.com.br/2022-ago-27/andrey-guimaraes-duarte-notariado-avatar-tabeliao. Acesso em: 20 abr. 2023.

15 Site que concentra o link e acesso para todas as centrais eletrônicas de todas as especialidades notariais e registrais disponível em: http://cartoriosdigitais.com/.

Há a tendência dos negócios imobiliários e notariado disponibilizarem cada vez mais serviços remotos, eletrônicos e digitais, pois esse é o futuro, sendo necessária a adequação, qualificação e capacitação de todos os profissionais, bem como os usuários do sistema imobiliário.

3.4 Impacto da inteligência artificial nos profissionais do direito

Diante de um cenário segundo o qual a maioria dos usuários ainda não possui acesso ou conhecimento das tecnologias disponíveis e seus avanços, cresce a preocupação do profissional que precisa se adaptar – por uma questão de sobrevivência no mercado, e ao mesmo tempo ter a devida atenção com os usuários vulneráveis[16] ao ambiente eletrônico ou digital.

Na medida em que utilizamos a inteligência artificial para tarefas mais simples e mecânicas, como um atendimento eletrônico, mera substituição de dados, busca por arquivos ou documentos, os profissionais que exercem essas funções tendem a ser substituídos por robôs mais rapidamente, ou seja, por aplicativos e ferramentas que utilizam IA.

Por sua vez, mesmo os profissionais que realizam tarefas mais complexas serão impactados pelas transformações digitais e a inteligência artificial, seja pela implementação de tecnologias diversas, seja pela própria demanda do cliente.

Da mesma forma, os profissionais da área jurídica que atuam no direito imobiliário, notarial e registral devem estar adaptados às novas mudanças, pois hoje estamos na era dos documentos digitais, em que todas as certidões de imóveis e estado civil podem ser obtidas de eletronicamente, assim como os atos notariais e de registro podem ser realizados na sua maioria de forma eletrônica e remota.

Essencial, portanto, a atenção para essa nova realidade, não só para realizar atendimentos qualificados, mas para preservar os direitos da pessoa humana em face da inteligência artificial, de modo que o usuário não seja lesado por uma eventual vulnerabilidade tecnológica, falta de transparência e desrespeito aos seus direitos fundamentais. O novo profissional, adaptado às inovações, deverá auxiliar a empresa e

---

[16] A vulnerabilidade pode ser analisada sob vários aspectos: econômico, social, tecnológico, informacional, dentre outros, que podem gerar uma condição de fragilidade, exclusão ou desvantagem de um indivíduo ou grupo de pessoas dentro da sociedade em que estão inseridos.

o cliente na aplicação ética e garantir o respeito aos limites legais das negociações imobiliárias num ambiente eletrônico.

Cabe aqui pontuar uma reflexão lançada por Martha Gabriel: "se você não quer ser substituído por um robô, não seja um robô". E continua ao mencionar Kevin Kelly: "máquinas são para respostas; humanos são para perguntas".[17]

4 Mercado imobiliário: os benefícios das novas tecnologias. Utilização de moedas digitais. Influência da inteligência artificial

4.1 Mercado imobiliário e a inovação necessária

O mercado imobiliário é um setor econômico que apresenta crescimento exponencial nos últimos anos, especialmente em razão da expansão das construções nas grandes cidades e das facilitações creditícias, o que eleva as taxas de negociações e intermediações e exige novos padrões tecnológicos para atender a agilidade que os negócios impõem.

As tecnologias mais avançadas têm trazido diversas vantagens para este mercado, desde a melhoria da experiência do cliente, passando pela agilidade nas avaliações de crédito, até a facilitação nas finalizações de compras e vendas por meios eletrônicos, ordenando menor movimentação de todos os participantes das transações.

Grandes plataformas negociais eletrônicas surgiram,[18] baseadas em tecnologias mais avançadas em B2B (*business-to-business*) e B2C (*business-to-consumer*), a maioria delas com negociações via contratos inteligentes (*smart contracts*), processados por meio de redes *blockchain*,[19] com as quais é possível desde assinar contratos prévios e finais, até contratar seguros, financiamentos, dentre outros contratos acessórios.

Pode-se verificar a esteira de vantagens da tecnologia para o mercado imobiliário acompanhando toda a cadeia de transações,

---

[17] GABRIEL, Martha. *Você, eu e os robôs*: como se transformar no profissional digital do futuro. 2. ed. São Paulo: Atlas, 2021. p. 29.

[18] Entre tantas, podemos citar as maiores negociadoras: QuintoAndar (https://www.quintoandar.com.br/); Loft (https://loft.com.br/); ImovelWeb (https://www.imovelweb.com.br/); ZapImoveis (https://www.imovelweb.com.br/).

[19] *Blockchain*, de forma simplificada, é uma rede de dados compartilhados, que registra as transações de usuários em blocos de informações (*nós*) autocontrolados, sem participação de autoridades governamentais. Cópias de todos os blocos transacionados ficam armazenadas em todos os computadores envolvidos, impedindo alterações que não aprovadas por todos os participantes.

desde as autorizações para construção pelo poder público, passando pela escolha do imóvel pelo cliente, pelas consultas dos dados dos envolvidos, pelos créditos/transferências rápidas de recursos financeiros, até as Escrituras Eletrônicas e os registros efetuados por meio das Centrais Eletrônicas de Registros Públicos (SERP).

Para ilustrar, mais especificamente, alguns dos maiores benefícios que novas tecnologias trouxeram para todos os participantes da cadeia deste mercado como um todo, pode-se descrever as seguintes conveniências:

Bancos de Dados relacionais de plataformas digitais e *marketplaces*: Essas ferramentas permitem que os compradores e vendedores tenham acesso a uma grande quantidade de informações sobre o mercado, propriedades, bairros e valores. Isso facilita o processo de pesquisa, análise e decisões mais seguras nas transações.

Realidade virtual e realidade aumentada: Essas tecnologias possibilitam que os interessados visualizem localizações, plantas, imóveis e ambientes em 3D – terceira dimensão –, permitindo que tenham uma experiência mais realista e imersiva antes de visitar qualquer imóvel que pretendam adquirir. O que se habituou chamar de 'experiência do cliente' é potencializada por esses mecanismos virtuais, que geram negócios imobiliários com maior valor agregado e tornam o processo de decisão do usuário muito mais eficiente.

Automação: Os sistemas de controles de diversos níveis, desde os cadastros dos clientes até os contratos finais, permitem que os agentes do mercado automatizem tarefas rotineiras, como agendamento de visitas, contatos, acompanhamento de interessados, assessoria e suporte durante o processo negocial e após as tratativas finais, muitas vezes, por meio unicamente virtual, liberando tempo para aplicações em tarefas que exijam atuação presencial. Esses sistemas inteligentes produzem coleta e análise de informações sobre mercado, clientes, fornecedores e concorrentes, além de avaliações de viabilidade de incorporações/construções, e margens de preços, o que ajuda na tomada de decisões estratégicas, como melhores locais de implantação de unidades, valores de mercado e tipos de campanhas promocionais. Pode-se ainda eliminar a necessidade de diversos documentos físicos, e simplificando o processo de transferência de propriedade. Aqui se verifica o crescente uso dos *smart contracts*, assinaturas digitais, videoconferências, entre muitas outras tecnologias que agilizam transferências eletrônicas de fundos e comunicações a órgãos públicos sobre as transações realizadas.

Quando se pensa nos avanços vistos neste mercado, é necessário compreender que, evidentemente, não é um movimento isolado. O que se chama de 'avanço', representa um caminhar natural interligando muitos mercados relacionados, tais como o de transações financeiras/bancárias, as bases de informações com dados de fornecedores/consumidores, as facilitações nas consultas/fornecimento de créditos e a modernização dos agentes públicos, como as plataformas de *E-Governo*, órgãos do judiciário e Cartórios Extrajudiciais, que, aplicando novas ferramentas digitais, permitem que o caminho completo das negociações imobiliárias ocorra de forma mais ágil.

Observe-se, por exemplo, a plataforma online chamada de *e-Notariado*, utilizada por tabelionatos de notas para as lavraturas de documentos públicos, e acessadas por todos os interessados nos negócios imobiliários que exijam escritura pública, com escrituras lavradas de forma virtual. Acrescente-se a isto os registros das transmissões imobiliárias realizados por meio das plataformas eletrônicas, com segurança acrescida de fé pública. A junção de todo o ferramental eletrônico à disposição de diversos setores é o que produz a utilidade das novas tecnologias para o avanço deste mercado.

4.2 Futuro do mercado imobiliário e as novas tecnologias

Avançando na discussão para avaliar o '*futuro das coisas*' no mercado imobiliário, é possível visualizar novos e interessantes caminhos para o setor. Com o avanço da inteligência artificial e a crescente adoção de *chatbots* (robôs de aplicações inteligentes, baseados em tecnologias de autoinformações), os operadores deste mercado têm a oportunidade de transformar radicalmente a maneira como interagem com seus clientes e realizam negócios. Podem melhorar a eficiência e a precisão de suas operações, reduzir custos e melhorar a experiência do cliente.

Uma das principais aplicações da inteligência artificial no setor imobiliário é a utilização dos citados *chatbots* nas operações diárias. Estes aplicativos autoalimentados por *inteligência artificial* 'aprendem' com as tarefas já realizadas e podem automatizar as que sejam repetitivas e rotineiras, como responder a perguntas frequentes dos clientes e agendar visitas. Isso libera tempo dos profissionais de gestão para se concentrar em tarefas mais complexas.

Outra aplicação da inteligência artificial para este mercado é a análise de dados. Com a ajuda da tecnologia, as empresas do setor podem coletar, analisar e utilizar dados para melhorar a aplicação de recursos e métricas de resultados, de forma quase instantânea, incluindo as preferências do cliente à demanda por determinados tipos de imóveis, valores e tendências do mercado. Com essas informações é possível tomar decisões avançadas sobre estratégias de marketing, melhorando a precisão das perspectivas do mercado. Com o uso de *chatbots* e análise de dados, os atores desta área podem identificar as necessidades e preferências regionais e oferecer soluções personalizadas.

No entanto, é importante lembrar que a utilização da inteligência artificial e robôs automatizadores de processos ainda está em evolução, não apenas neste mercado, mas em toda a cadeia comercial, industrial e mercadológica, e enfrenta alguns desafios relacionados à segurança, como a necessidade de garantir a privacidade e armazenamento adequado dos dados dos envolvidos em negócios e contratos, e a necessária transparência na comunicação entre empresas e o mercado como um todo. A curiosidade na utilização de novas tecnologias não pode substituir a garantia de processos confiáveis e a proteção determinada pela Lei Geral de Proteção de Dados – LGPD.

4.3 Utilização de ativos digitais e a segurança nas transações imobiliárias

O uso de ativos digitais – que podem ser criptomoedas, como o *bitcoin*, ou *tokens* não fungíveis, como os *NFTs*[20] – em transações imobiliárias, é uma possibilidade crescente, devendo-se abordar, nessa utilização, as questões de segurança. Importante não perder de vista que as criptomoedas e outros ativos digitais entram nas operações deste tipo não apenas como meios de pagamento, mas também como meios de garantia ou complementos contratuais. E, para consolidar a prática dessas transações, alguns conceitos precisam ser dominados por todos os envolvidos, conceitos estes muitas vezes desconhecidos ou nunca testados pelo mercado.

Quando se decide utilizar um ativo digital para cumprimento de contratos nos negócios imobiliários, o primeiro passo indispensável é a realização de uma *due diligence*. Assim como nas transações-padrão, isso significa que, antes de se iniciar uma negociação em que um

[20] NFTs é a sigla para *no fungible tokens*, ou *tokens* não fungíveis, que significam ativos virtuais únicos representativos de um valor que não pode ser substituído por nenhum outro com suas características. Exatamente como se um pagamento em uma transação imobiliária fosse feito com um quadro famoso ou um objeto único e valioso.

pagamento ocorrerá por meio de uma criptomoeda, por exemplo, é importante fazer uma análise cuidadosa do histórico da operação, da origem e propriedade dos fundos e da documentação legal de vendedor e comprador. O fato de o pagamento/garantia estar sendo feito com um ativo diverso de um valor monetário não altera as análises de segurança jurídica do negócio, ao contrário, aumenta as necessidades de avaliações, tanto dos envolvidos na negociação quanto das plataformas garantidoras das transações, como as corretoras de criptoativos e as carteiras digitais.

Providência indispensável é verificar previamente a disponibilidade de recursos digitais em uma *Exchange*[21] confiável. Assim como instituições bancárias físicas ou digitais, há uma infinidade de opções de *Exchanges* para os usuários, e a escolha de uma delas, que garanta as disponibilidades dos fundos para a transação, é fundamental para a segurança financeira do mercado. Tais instituições devem ser estabelecidas há mais tempo e não ter histórico de falhas em transações. Os sites e blogs de avaliações das *Exchanges* devem ser pesquisados, assim como as notas dadas por seus usuários. São providências essenciais para se transacionar bens imóveis, por vezes, de altos valores, com ativos digitais, por meio de redes de computadores, baseadas em *smart contracts*.

Além de analisar a corretora de criptoativos dos envolvidos nos negócios imobiliários, com pagamentos em ativos digitais, é importante verificar as **carteiras digitais pessoais** (*personal digital wallet*). Esses modelos de carteiras já são bastante utilizados no Brasil para transferências de recursos em moeda nacional. São exemplos destas carteiras: *PicPay, PuyPal, ApplePay e Mercado Pago*. Mas quando se trata de ativos digitais, as carteiras são de outro padrão.

Imagine que se precise pagar um milhão de reais em *bitcoins* por um imóvel, por exemplo. Onde estão armazenados esses valores? Além de haver uma *Exchange* responsável pelos ativos que se transacionará, é importante que se tenha uma carteira digital. É nela que se armazenam os 'valores' que se possui em criptoativos. Apesar de a transação ocorrer por meio de uma rede de dados *blockchain* de uma *Exchange*, não se deve deixar valores relevantes em contas dessas corretoras, em razão

[21] *Exchange*, neste contexto, é uma plataforma de negociações de criptoativos. A diferença entre a *Exchange* e uma casa de câmbio comum é que aquela só existe no ambiente virtual, operacionalizando contratos inteligentes de transações com os ativos de seus usuários, sobre uma rede digital – *blockchain*. Exerce uma função 'bancária', administrando recursos de seus 'correntistas'. Entre as mais conhecidas e estáveis do mercado atual, pode-se citar a CoinBase, Kraken, KuCoin e Binance (esta a maior *Exchange* do mundo do mercado atual).

dos riscos, tanto digitais (*hackeamento*) quanto físicos (falência, por exemplo, como se verificou recentemente com uma grande *Exchange, a FTX*[22] americana).

No momento das realizações das operações imobiliárias, os valores em carteiras podem ser transferidos diretamente à carteira do vendedor, caso a possua, ou para sua conta em uma *Exchange*, como citado no passo anterior. A criptografia envolvida nas proteções das carteiras digitais é de alta segurança, com senhas[23] estruturadas de forma irrepetível (aliás, não se deve perder uma senha de carteira digital de modo algum, caso contrário, seus valores ficarão inacessíveis. Não existe 'recuperação de senha' para essas carteiras).[24]

Seguindo nosso roteiro para a utilização dos criptoativos em transações imobiliárias, é importante verificar a rede digital em que se opera e as modalidades de contratos utilizadas. As novas tecnologias são muito seguras na utilização dos *smart contracts*, ou contratos inteligentes, que possuem características e padrões automatizados, e executam dinamicamente as regras acordadas entre as partes. Esses contratos são processados de forma descentralizada, permitindo maior agilidade, já que os documentos circulam por redes *blockchain*, permitindo autopreenchimentos, impossibilidade de modificações sem a concordância de todos os envolvidos, além da garantia de execução de transações imobiliárias com criptoativos de forma transparente.

4.4 Profissionais especializados do 'novo' mercado imobiliário: riscos e vantagens da inteligência artificial

Evidentemente todas as novas tecnologias oferecem modernidade e agilidade aos padrões contratuais para o setor imobiliário, mas não há que se imaginar que, em razão disto, de um momento para o outro,

---

22 A FTX era a segunda maior Exchange de criptomoedas do mundo, com fundos aproximados de 08 bilhões de dólares de mais de 1 milhão de pessoas. Teve sua falência decretada em novembro de 2022, gerando prejuízo generalizado no mercado de criptoativos. (SILVA, Mariana Maria. FTX declara falência após crise de liquidez, saques bloqueados e ativos congelados. *Portal Exame: Future of Money*, 11 nov. 2022. Disponível em: https://exame.com/future-of-money/ftx-anuncia-que-ira-declarar-falencia-apos-crise-de-liquidez-saques-bloqueados-e-ativos-congelados/. Acesso em: 25 abr. 2023).

23 Para as carteiras digitais, esses acessos criptografados são chamados de *seed*.

24 As carteiras digitais mais utilizadas atualmente para manter os criptoativos são: *Metamask, Coinbase, Crypto.com e Capital.com*, entre outras.

as operações prescindam de profissionais com alto conhecimento, não apenas nas negociações do mercado, como, principalmente, nas novas tecnologias, regulações, plataformas, sistemas e processos que os novos modelos proporcionam. Assim, toda a cadeia profissional, envolvendo empresas, advogados, juízes, promotores, tabeliães e registradores deve formar um 'arcabouço de conhecimentos' necessário para que tantos avanços tecnológicos, quando levados à prática operacional, possam servir aos negócios, com contratos, verificações, análises, qualificações, lavraturas, registros e julgamentos realizados com todas as seguranças que um mercado tão relevante exige.

Muito se discute atualmente sobre as substituições de profissionais por sistemas de inteligência artificial, especialmente aqueles que lidam com documentações e processamentos destas negociações, em razão da 'mecanização' de processos. Em nossa opinião, é possível que ocorram ainda maiores e significativas modificações no '*modus operandi*' do mercado imobiliário, no que diz respeitos aos atores envolvidos em suas várias etapas, assim, não se pode descartar algumas eliminações de funções-meio.

Ao considerar as plataformas atualmente existentes, muitos processos já ocorrem com pouquíssima ou nenhuma interferência humana – *vide* as locações de espaços por meio de aplicativos como *Airbnb* e *Housi*,[25] nas quais a escolha do espaço, a reserva, o pagamento, a utilização e o encerramento do contrato podem ocorrer absolutamente online, e até sem nenhuma intervenção pessoal dos envolvidos. Sendo assim, é possível que profissionais intermediários, como corretores, avaliadores e agentes tenham sua funcionalidade diminuída ou extinta, mas não se pode – ao menos por ora – imaginar que toda a cadeia ligada ao mercado imobiliário seja, ao mesmo tempo, substituída por 'robôs jurídicos-negociais'.

Os conhecimentos humanos são de espectro amplo, cuja combinação gera a capacidade de análise de dados psicoemocionais envolvidos nos negócios, mas não se pode deixar de considerar que, no que diz respeito a contratos imobiliários *intervivos*, e seus envios às bases de registros públicos para conhecimento de terceiros, estes podem sim, em futuro próximo, prescindir de juristas qualificadores, se houver a concordância dos envolvidos nos negócios sobre os riscos possíveis,

[25] Plataformas de locação imobiliária, por temporada, cuja pesquisa, avaliação, escolha e contratação ocorrem diretamente via web, considerando os acordos pré-estabelecidos entre quem oferece o imóvel e quem o loca e utiliza.

e se tais interessados entenderem que essas tecnologias observam a vontade, a ética e a privacidade dos dados de todos.

Sim. Juristas podem ter suas funções extremamente modificadas, ou, eventualmente, algumas delas extintas, como verificou-se com muitas profissões e corporações nos últimos dez ou 15 anos – alguns em até menos tempo. Assim é o 'contrato social' que aceitamos observar na sociedade. Assim é o caminhar da humanidade. E não deve ser diferente em mercados onde haja interações entre pessoas.

5 Inteligência artificial nas formalizações contratuais: segurança jurídica e as novas automações – agilidade *x* segurança

5.1 Sistemas automatizadores para contratos

A utilização de sistemas inteligentes e outras tecnologias para a formalização de contratos de diversos tipos tem se tornado cada vez mais comum em muitos setores, assim como no mercado imobiliário. Essa tendência tem atraído a atenção de profissionais do direito, de tecnologia e de diversas áreas de negócios. Considerando-se que a automação pode trazer, de um lado, agilidade, e de outro, riscos à segurança jurídica, as discussões que se travam no momento estão focadas no pêndulo da balança: valorizaremos mais a segurança em detrimento da agilidade ou vice-versa? Será necessário escolher entre as duas? É possível ter o melhor dos dois aspectos, com um bom custo-benefício na substituição da natureza dos contratos atuais por *smart contracts*, por exemplo? Quando se trata de segurança e agilidade, é importante entender que esses dois objetivos podem ser conflitantes em alguns casos.

São muitas as questões a se avaliar, e evidentemente não temos a pretensão de, em um artigo curto abordar todas as implicações das novas tecnologias sobre contratos. Mas algumas premissas podem ser colocadas para início das análises de custos e benefícios de modernizações atuando em contratos de diversas espécies.

Antes de tudo, é necessário que tenhamos em mente que 'Automação Contratual' não é uma nova tecnologia em si. Os contratos não têm sua natureza jurídica alterada em função da forma por meio da qual são concretizados. Aqui discute-se a quantidade e a qualidade de tecnologia automatizada em todo o processo contratual, desde as tratativas iniciais até sua formalização final. E, em papel, público ou particular, ou em sistemas eletrônicos, a estrutura da contratação precisa apresentar-se segura.[26]

O que se coloca aqui é a utilização de plataformas inteligentes, como os *chatbots* – sistemas robotizados por inteligência artificial – que, diante de dados fornecidos pelos interessados, além de formalizar o próprio contrato, trata e faz trafegar os dados ali inseridos nas redes de computadores seguras – as *blockchains* – transmitindo todas as variáveis para os canais necessários, sejam eles sistemas públicos (como os órgãos de registros ou entes da Administração Pública) ou privados (como as instituições financeiras).

Os *'robôs automatizadores'* podem ser programados para *criar* (caso dos sistemas como o *ChatGPT*[27] e similares), *ler*, *processar*, *analisar*, *customizar* e *enviar* para os canais respectivos todos os documentos que gera ou analisa, de forma rápida e precisa, bastando que se forneçam informações essenciais sobre o negócio jurídico a ser realizado, o que pode tornar o processo mais eficiente e menos suscetível a erros humanos. Os *robots* inteligentes têm a vantagem da rapidez nas *revisões* documentais, identificando imediatamente cláusulas conflitantes e sugerindo alterações com base em padrões predefinidos. Isso certamente reduz o tempo e os custos envolvidos na elaboração contratual.

5.2 Segurança jurídica em contratos automatizados

A segurança jurídica é um aspecto crítico quando se trata de formalização de contratos de quaisquer modalidades. A automação total dos documentos, pode, eventualmente, apresentar riscos a essa segurança, já que os sistemas robotizados não possuem, regra geral, a capacidade de compreender o contexto e as nuances dos negócios, das vontades, dos limites e das regras legais aplicáveis – ao menos, atualmente. Essas limitações podem levar a erros e imprecisões na representação do negócio pretendido ou no atendimento às legislações aplicáveis, por exemplo, com consequências jurídicas e econômicas indesejadas para as partes envolvidas, além de falhas sistêmicas em softwares/aplicativos, que gerem eventuais prejuízos aos participantes.

---

26 PINHEIRO, Patricia Peck. *Direito Digital*. 4. ed. rev. atual. ampl. São Paulo: Saraiva, 2010.p. 206.

27 GPT: *"Generative Pre-trained Transformer"*. Lançado em junho de 2020 pela empresa OpenIA, é um *'chatbot'*, ou um *'robot de conversa'*, que se baseia em modelo de linguagem humana, não exigindo scripts prévios de códigos de programação para compreender as requisições e respondê-las em frases pré-ordenadas e complexas.

Não apenas a segurança jurídica, mas também a segurança dos próprios dados dos envolvidos nos contratos, fornecidos aos sistemas de automação para a confecção de tais documentos, podem gerar preocupações importantes. Esta é uma questão que já gera enormes celeumas e discussões sociais e legislativas, em razão da falta de transparência no uso de informações pessoais de usuários por muitas das plataformas digitais usadas diariamente.

Quando se trata de documentos que comprometem bens, direitos e obrigações – que é a maioria nas relações imobiliárias –, a utilização de robôs automatizadores em suas formalizações pode gerar questionamento sobre o controle das informações ali contidas e da eficácia dos termos contratuais. Poder-se-ia confiar na proteção de dados confidenciais e sensíveis? Ocorrendo eventuais divulgações indevidas, com prejuízos financeiros ou morais, a quem seriam atribuídas as responsabilidades? Se o contrato não atingir a eficácia pretendida, por falha em transmissão de dados, em sistemas ou por atuação de *hackers*, os robôs automatizadores seriam responsabilizados por meio de suas plataformas criadoras?

Não há dúvidas de que a automação de contratos, além de tendência crescente nos negócios modernos, é um caminho sem volta, permitindo que participantes de negócios jurídicos economizem tempo e ações humanas. No entanto, é importante que essa automação seja planejada de forma segura e *legalmente válida*. Neste sentido, existem algumas diretrizes que podem ser seguidas para garantir a segurança pretendida nos contratos automatizados, algumas das quais citamos a seguir.

5.3 Diretrizes básicas para segurança e validade de contratos automatizados

Em primeiro lugar, é importante que o processo de automação contratual seja transparente e documentado previamente, com solução de tecnologia que siga parâmetros predefinidos, de acordo com as melhores práticas de programação, de forma clara e acessível aos técnicos controladores dos sistemas. Além disso, é importante que os usuários finais dos contratos tenham acesso às informações necessárias para compreender as formas de captação e armazenamento de dados fornecidos e o modo de sua formalização. Como bem explica Patrícia Peck Pinheiro, em sua obra Direito Digital:

> Em termos de gestão, de nada adianta guardar a prova se não for possível encontrá-la quando precisar. Por esse motivo, tem crescido o uso de tecnologias para gestão, eletrônica de documentos, que devem não apenas observar o armazenamento, mas principalmente a segurança do ambiente para proteção da integridade ao longo do tempo e a taxonomia e demais indicadores de localização e identificação de base de dados.[28]

É muito relevante que questões como conteúdo, objeto, condições, função e eficácia sejam claras e precisas, sem dubiedades ou falhas de disposições. Isso significa que as informações contidas ali devem ser compreensíveis por todos os envolvidos e por terceiros a quem atinja. É importante que esses contratos sejam formalizados em linguagem simples e direta, o que evita interpretações equivocadas dos direitos. Neste aspecto, a supervisão humana sobre a estrutura final produzida por estes sistemas inteligentes pode ser de relevância para a eficácia pretendida.

Fator importante ainda para a segurança na utilização dos contratos automatizados é que os sistemas de geração dos dados observem a legislação aplicável, não apenas as Leis em sentido estrito, como normas extraordinárias e regulamentos específicos. Para o mercado imobiliário isso ganha relevância, visto a quantidade de obrigações para os envolvidos, de caráter tributário, fiscal e administrativo resultantes de sua formalização.

Os sistemas inteligentes com *scripts* de programação que observem o caminho legal completo já podem providenciar o cumprimento de obrigações dos participantes, tais como: *recolhimento de tributos com débitos automáticos nas contas dos responsáveis, informações aos órgãos fiscais e tributários, envio dos dados de transmissões aos órgãos registrários e informativos*, entre muitas outras funções automáticas, cuja origem é a realização do negócio jurídico representado no contrato inteligente. Esse é o conceito pleno de "automação contratual".

Deve-se observar também a necessária atualização dos dados, especialmente em aspectos pessoais, legais e normativos, monitorando automaticamente as alterações em informações pessoais dos envolvidos, em leis e regulamentos aplicáveis, gerando atualizações contratuais imediatas, notificando a todos os interessados. Um bom exemplo dessa *funcionalidade inteligente* seria uma comunicação automática, quando do

[28] PINHEIRO, Patricia Peck. *Direito Digital*. 4. ed. rev. atual. ampl. São Paulo: Saraiva, 2010. p. 392.

registro do casamento/divórcio/óbito de uma das partes, por meio de acesso aos dados do Registro Civil onde ocorra, com a base de informações daquele contrato, gerando dados atualizados para as próximas transações. Aqui estaria um bom conceito de "contrato inteligente".

Por fim, mas sem esgotar todas as possíveis diretrizes de segurança dos contratos automatizados, é necessário que a automatização preveja escalas de criptografias seguras e camadas de identificação de usuários com assinaturas eletrônicas armazenadas de forma legalmente válida, garantindo reconhecimento, integridade e autenticidade das declarações de vontade e dos negócios formalizados.

Por fim, é importante ressaltar que a automação de contratos não é uma solução mágica e imediata para todos os modelos contratuais atuais. Os avanços tecnológicos nos mostrarão os caminhos futuros a seguir. Por ora, é possível afirmar que não existe padrão perfeito que elimine completamente a atuação humana na gerência dos negócios jurídicos, mesmo os mais digitais. Pessoas ainda estarão por trás das novas tecnologias que vem mudando nossa forma de atuar e contratar, ainda que sejam excelentes programadores de dados, com conhecimento jurídico específico. Isso é o previsível. Já os próximos avanços tecnológicos, esses são realmente imprevisíveis.

6 Conclusão

Considerando todo avanço tecnológico e os novos mecanismos, aplicativos e ferramentas que utilizam a inteligência artificial, podemos afirmar que estamos diante de uma nova ruptura no sistema, com impactos e mudanças enormes em nossas vidas, especialmente no aspecto profissional.

A regulamentação da inteligência artificial ainda se encontra no início, inclusive no âmbito internacional, a exemplo da Carta Europeia de Ética sobre o Uso de Inteligência Artificial em Sistemas Judiciais (2018). No Brasil, o Projeto de Lei nº 21/2020 em tramitação no Congresso Nacional cria o marco legal do desenvolvimento e uso da Inteligência Artificial (IA) pelo poder público, por empresas, entidades diversas e pessoas físicas. A importância dessa regulamentação tem por objetivo estabelecer limites, preceitos éticos, transparência, foco na pessoa humana e nos direitos fundamentais.

Por sua vez, a inexistência de regulação atual em nosso país não é sinônimo de permissibilidade absoluta, pois as novas tecnologias e a aplicabilidade da AI deverão respeitar os princípios constitucionais, direitos fundamentais e toda legislação vigente aplicável, por exemplo, o Código Civil, Código de Defesa do Consumidor, Marco Civil da Internet e a Lei Geral de Proteção de Dados.

Quanto ao mercado imobiliário, as inovações tecnológicas trouxeram inúmeras vantagens ao setor, criando uma nova experiência digital ao cliente, desde a apresentação do negócio, avaliações do empreendimento, facilitação na busca de informações e documentos eletrônicos, resultando na agilidade das negociações, diminuição de deslocamentos físicos e redução de custos.

Diante das transformações e impactos nas transações imobiliárias, cria-se a necessidade de profissionais com alto conhecimento, não somente na área jurídica e nas negociações de mercado, mas essencialmente nas novas tecnologias e aplicações da inteligência artificial. Nesse ponto, surge a importância da adaptação, capacitação e qualificação dos profissionais e usuários, seja pela sobrevivência no mercado ou pela demanda do serviço.

Durante esse processo disruptivo, novas funções surgirão e outras serão extintas, porém, a presença humana ainda não pode ser afastada por completo em todos os casos, pois o profissional altamente qualificado permanece essencial às negociações imobiliárias. Entretanto, o futuro e o avanço da IA sem dúvida implementarão uma série de modificações nas profissões e empresas, mas vale ressalvar que alguns serviços já funcionam sem nenhum auxílio humano.

As negociações e o mercado imobiliário possuem hoje novos padrões tecnológicos, com o crescente uso dos *smart contracts*, plataformas eletrônicas, assinaturas digitais, videoconferências e utilização de ativos digitais (criptomoedas ou *tokens* não fungíveis), dentre outras inovações em tecnologia como *chatbots* e metaverso.

Na mesma tendência, os Tribunais, Governo Federal e Cartórios Extrajudiciais disponibilizam aos usuários plataformas digitais como o *e-Governo, e-Notariado* (que possibilita a prática de atos notariais eletrônicos pelos Tabelionatos de Notas) e SAEC (Serviço de Atendimento Eletrônico Compartilhado – que permite o registro eletrônico dos atos nos cartórios de Registro de Imóveis).

Uma reflexão pertinente a respeito do assunto tratado aqui neste trabalho no que se refere à atitude dos profissionais diante das inúmeras inovações tecnológicas e aplicação da inteligência artificial seria a seguinte: podemos aprender, nos capacitar, adaptar e aproveitar as novas oportunidades ou sofrer simplesmente as consequências do impacto.

Referências

BBC NEWS BRASIL. Inteligência artificial: o alerta de mil especialistas sobre 'risco para a humanidade'. *Folha de São Paulo*, 30 mar. 2023. Disponível em: https://www1.folha.uol.com.br/tec/2023/03/inteligencia-artificial-o-alerta-de-mil-especialistas-sobre-risco-para-a-humanidade.shtml. Acesso em: 22 abr. 2023.

CASSETTARI, Christiano. *Elementos de Direito Civil*. 11. ed. Indaiatuba: Editora Foco, 2023.

CEPEJ. *Carta Europeia de Ética sobre o Uso da Inteligência Artificial em Sistemas Judiciais e seu ambiente*. Estrasburgo, 3 e 4 de dezembro de 2018. Disponível em:https://rm.coe.int/carta-etica-traduzida-para-portugues-revista/168093b7e0. Acesso em: 18 abr. 2023.

CHELIGA, Vinicius. *Inteligência Artificial*: aspectos jurídicos. 3. ed. rev. e atual. Salvador: Editora JusPodivm, 2021.

DUARTE, Andrey Guimarães. Avatar do tabelião: atuação do notário no ambiente virtual. *Consultor Jurídico*, 27 ago. 2022. Disponível em: https://www.conjur.com.br/2022-ago-27/andrey-guimaraes-duarte-notariado-avatar-tabeliao. Acesso em: 20 abr. 2023.

EHRHARDT JR., Marcos *et al* (Coord.). *Vulnerabilidade e novas tecnologias*. Indaiatuba: Editora Foco, 2023.

FORUM CONVIDA: #29 A regulação da IA no Brasil: o que esperar para 2023? Entrevistado: Filipe Medon. Entrevistadores: Marcos Ehrhardt e Marcos Catalan. *Editora Fórum*, 24 fev. 2023. Podcast. Disponível em: https://open.spotify.com/episode/1LXCaZTWp4Sc6j9btap4di?si=Eg1-vhd5TYCqOHBitTxL4A. Acesso em: 16 mar. 2023.

FORUM CONVIDA: #26 A regulação da Inteligência Artificial a partir da experiência europeia. Entrevistado: Manuel David Masseno. Entrevistadores: Marcos Ehrhardt e Marcos Catalan. *Editora Fórum*, 15 nov. 2022. Podcast. Disponível em: https://open.spotify.com/episode/513D2Iyd6zO1rxd2HYdqhP?si=vAvxxMsITGGVBRESBWNl8A. Acesso em: 24 mar. 2023.

GABRIEL, Martha. *Inteligência artificial*: do zero ao metaverso. 1. ed. Barueri: Atlas, 2022.

GABRIEL, Martha. *Você, eu e os robôs*: como se transformar no profissional digital do futuro. 2. ed. São Paulo: Atlas, 2021.

JÚNIOR, Janary. Projeto cria marco legal para uso de inteligência artificial no Brasil. *Agência Câmara de Notícias*, 04 mar. 2020. Disponível em: https://www.camara.leg.br/noticias/641927-projeto-cria-marco-legal-para-uso-de-inteligencia-artificial-no-brasil/. Acesso em: 16 abr. 2023.

JUNQUILHO, Tainá Aguiar. *Inteligência Artificial no Direito*: Limites Éticos. São Paulo: Editora Juspodivm, 2022.

KASSAMA, Alexandre Gonçalves. Esfragística, criptografia, assinaturas e a função notarial. *Portal Migalhas*, 26 abr.2023. Disponível em: https://www.migalhas.com.br/coluna/migalhas-notariais-e-registrais/385359/esfragistica-criptografia-assinaturas-e-a-funcao-notarial. Acesso em: 25 abr. 2023.

OLIVEIRA, Carlos E. Elias de. *Direito Civil*: volume único. 2. ed. Rio de Janeiro: Método, 2023.

PARIS AFP. Elon Musk e especialistas pedem pausa em pesquisa sobre inteligência artificial. *Folha de São Paulo*, 29 mar. 2023. Disponível em: https://www1.folha.uol.com.br/tec/2023/03/elon-musk-e-especialistas-pedem-pausa-em-pesquisa-sobre-inteligencia-artificial.shtml. Acesso em: 22 abr. 2023.

Pause Giant AI Experiments: An Open Letter. *Future of Life*, march 22, 2023. Disponível em: https://futureoflife.org/open-letter/pause-giant-ai-experiments/. Acesso em: 19 abr. 2023.

PINHEIRO, Patricia Peck. *Direito Digital*. 4. ed. rev. atual. ampl. São Paulo: Saraiva, 2010.

RAHMAN, WAS. *Inteligência artificial e aprendizado de máquina*. Tradução de Lana Lim e Anna Lim. São Paulo: Editora Senac São Paulo, 2022.

SANTOS, Vinicius; RIOS, Weslei. Inteligência Artificial já é realidade no mercado imobiliário e no-code deve ser a próxima revolução. *Exame*, 27 mar. 2023. Disponível em: https://exame.com/colunistas/genoma-imobiliario/inteligencia-artificial-ja-e-realidade-no-mercado-imobiliario-e-no-code-deve-ser-a-proxima-revolucao/. Acesso em: 23 abr. 2023.

SILVA, Mariana Maria. FTX declara falência após crise de liquidez, saques bloqueados e ativos congelados. *Portal Exame: Future of Money*, 11 nov. 2022. Disponível em: https://exame.com/future-of-money/ftx-anuncia-que-ira-declarar-falencia-apos-crise-de-liquidez-saques-bloqueados-e-ativos-congelados/. Acesso em: 25 abr. 2023.

SOUZA, Bernardo de Azevedo e (Coord.). *Metaverso e Direito*: Desafios e Oportunidades. São Paulo: Thomson Reuters Brasil, 2022.

Informação bibliográfica deste texto, conforme a NBR 6023:2018 da Associação Brasileira de Normas Técnicas (ABNT):

DOMINGUES, Claudia; PIOTO, Gustavo Simões. Inteligência artificial e os negócios imobiliários. *In*: EHRHARDT JÚNIOR, Marcos; CATALAN, Marcos; NUNES, Cláudia Ribeiro Pereira (Coord.). *Inteligência artificial e relações privadas – Relações patrimoniais*: entre o consumo, os contratos e os danos. Belo Horizonte: Fórum, 2023. v. 3. p. 183-207. ISBN 978-65-5518-586-7.

É POSSÍVEL IDENTIFICAR UM REGIME JURÍDICO APLICÁVEL AOS "*SMARTS CONTRACTS*"?[1]

MARCOS EHRHARDT JÚNIOR

Desde a década de 1990 vivenciamos um período de crescente desmate- rialização das relações contratuais. Há muito não é mais suficiente distinguir a contratação entre ausentes e/ou presentes realizada por carta ou telefone. Em 1995, ingressamos efetivamente no debate sobre contratos "telemáticos" ou virtuais. Discutiam-se os limites e possibilidades de uma contratação cujo momento de formação ocorria remotamente, por intermédio de meios digitais. Prevaleceu entre nós a expressão "contrato eletrônico", tipo de acordo de vontades cujo ciclo de vida (celebração, execução e extinção) ocorre sem existir fisicamente.

Não me parece possível confundir contrato "eletrônico" com contrato "inte- ligente". Sem uma definição adequada, não conseguiremos avançar na busca da definição de um regime jurídico a ser aplicável. Infelizmente, no atual estado da arte, não parece existir consenso.

É preciso iniciar estas reflexões traçando um rumo: afinal, ao estudarmos os *smart contracts*, nós estaríamos diante de um novo tipo negocial, vale dizer, um "substantivo", colocando-o ao lado de espécies como doação, compra e venda, prestação de serviços ou locação, ou apenas diante de uma nova aplicação tecnológica a espécies negociais já existentes?

---

[1] Texto extraído do Editorial do recém-lançado número 32 da Revista Fórum de Direito Civil, Belo Horizonte, ano 12, n. 32, p. 7-11, jan./abr. 2023.

A expressão em análise, *smart contracts*, não teve origem em trabalhos jurídicos sobre o tema. Parece apontar para a intenção de ressaltar possibilidades técnicas de um "protocolo computadorizado" que teria por finalidade executar os termos de um contrato. Nos poucos trabalhos produzidos em nosso país sobre o tema, costuma-se destacar as vantagens da adoção dos contratos inteligentes fazendo referência à mitigação dos riscos de inadimplemento e a redução dos custos de transação, vale dizer, através de ferramentas técnicas que asseguram autoexecutoriedade (*self-enforcement*) destinadas a uma melhor gestão do risco contratual.

Dito de outro modo, os entusiastas da utilização de aplicações algorítmicas aos contratos destacam o aumento da confiança na contratação com o emprego de uma linguagem universal (matemática), sem que as partes necessitem recorrer ao judiciário para garantir a execução de suas avenças.

Entre o assombro de alguns e o encantamento de outros pelas novas possibilidades, não podemos perder de vista que qualquer forma de inovação gera novos desafios que precisam ser sopesados à luz da legalidade constitucional.

Considerando todas as possibilidades que se descortinam pelo emprego de ferramentas tecnológicas à atividade negocial, o Direito, enquanto ciência e técnica de adaptação social, vem sendo convocado para ajudar a estabelecer e definir as "regras do jogo". Resta saber se nós, operadores jurídicos, damos conta da tarefa. Um ponto sensível que merece reflexão é o problema da tradução de nossa linguagem natural para a linguagem do código computacional. No atual estágio do desenvolvimento das aplicações tecnológicas aos contratos, não nos parece adequado o pensamento dos entusiastas de que "code is law", pois, independentemente da espécie negocial, existem limites à autonomia privada e o código computacional não está acima dos códigos legislativos em seus diversos microssistemas.

Além disso, na busca por se garantir autoexecutoriedade, criamse códigos que exprimem cláusulas negociais inflexíveis, inexistindo ferramentas adequadas para lidar com o surgimento de contingências, especialmente alteração das circunstâncias fáticas existentes ao tempo da contratação ou de sua execução. Sem mencionar que nossa vulnerabilidade, ou até mesmo incapacidade técnica para escrever códigos computacionais ou mesmo compreender sua sintaxe, cria uma dependência de profissionais de outras áreas (programadores, por exemplo) e de serviços externos (os denominados "oráculos"), sem os quais os ditos *smart contracts* podem ficar impossibilitados de produzir os efeitos esperados.

Importante também ressaltar os problemas na identificação segura dos figurantes do contrato, uma vez que, para os sistemas computacionais nos quais serão inseridas as cláusulas negociais, a identificação dos contratantes ocorrerá mediante utilização de chaves criptografadas, sendo possível afirmar que comumente quem detém a chave é considerado titular dos direitos relacionados ao negócio, sem que seja possível verificação de sua capacidade negocial. Em alguns casos, pode-se, inclusive, realizar contratações em total anonimato, o que por si só gera inúmeros tópicos de preocupação e pontos de tensão com a legislação que trata do combate a atividades ilícitas relacionadas à sonegação fiscal e lavagem de ativos financeiros.

Se atualmente a maioria dos contratantes não tem conhecimento técnico suficiente para realizar a programação de tais contratos e nem sempre compreende a infraestrutura necessária para sua execução, seria adequado abraçar uma forma de contratação que pode criar uma dependência absoluta à plataforma na qual o contrato foi construído?

É tempo de questionar: quem já viu um *smart contract* já viu todos?

É muito difícil opinar sobre vários dos pontos apontados quando, em geral, no máximo, tivemos contato com tais contratos apenas como usuários de serviços massificados.

E para você que pensa que está a salvo deste tipo de contratação e que por isso não tem nada a temer no momento, talvez seja importante ressaltar que desde as já clássicas máquinas de venda de refrigerantes, passando por serviços de *streaming*, atualmente temos infinitas possibilidades de utilização dessa tecnologia em nosso cotidiano. Estamos tratando do tempo presente e não mais do futuro.

É preciso destacar que toda aplicação tecnológica é uma construção humana e não está imune a falhas: desde erros de programação até delay, vale dizer, atraso na execução de comandos autoexecutáveis por problemas na infraestrutura, passando pela interferência indevida de terceiros (*hackers*).

Como proceder diante do imprevisto, especialmente quando se verifica que atualmente, pelo modo como a programação é concebida, não é possível impedir a execução de certas cláusulas, mesmo quando constatada a alteração nas circunstâncias?

Uma simples consulta a serviços especializados vai permitir constatar que nem todo contrato dito inteligente depende da utilização de tecnologia *blockchain* ou de aplicações de inteligência artificial para existir. O grande número de possibilidades de utilização torna significativamente difícil discutir os contornos de um único regime jurídico sem conhecer a realidade concreta dos figurantes da avença negocial.

E a (r)evolução no universo contratual não para por aqui. Ainda é preciso distinguir os contratos *smart* (inteligentes) dos *self-driving contracts*, vale dizer, dos contratos algorítmicos. Mas isso será assunto para uma próxima oportunidade, afinal, os impactos da tecnologia não ocorrem da mesma forma para todos nós ao mesmo tempo. Mas será que podemos nos dar ao luxo de negligenciar ou até mesmo ignorar tais possibilidades?

Estamos nos primeiros passos de uma maratona, na qual a única certeza é de uma mudança evolutiva da tecnologia. Enquanto ainda estamos tentando consolidar as conquistas da repersonalização das relações privadas promovidas pelo advento da CF/88, não podemos deixar de refletir sobre o alto preço da adoção de tais ferramentas tecnológicas para as relações entre particulares.

Informação bibliográfica deste texto, conforme a NBR 6023:2018 da Associação Brasileira de Normas Técnicas (ABNT):

EHRHARDT JÚNIOR, Marcos. É possível identificar um regime jurídico aplicável aos "*smarts contracts*"? *In*: EHRHARDT JÚNIOR, Marcos; CATALAN, Marcos; NUNES, Cláudia Ribeiro Pereira (Coord.). *Inteligência artificial e relações privadas – Relações patrimoniais*: entre o consumo, os contratos e os danos. Belo Horizonte: Fórum, 2023. v. 3. p. 209-212. ISBN 978-65-5518-586-7.

CONTRATOS Y CHAT GPT: ¿MANIFESTACIONES DE VOLUNTAD IMPERFECTAS POR DISEÑO?

JUAN JOSÉ MARTÍNEZ-MERCADAL

1 Introducción: El despertar de una nueva forma de comunicación

El 30 de noviembre de 2022, *OpenAI*, una empresa de investigación en inteligencia artificial con sede de San Francisco, California, presenta al mundo un nuevo *chatbot* de inteligencia artificial: *GPT-3.5* (*Generative Pre-trained Transformer*, en español Transformador Pre-entrenado Generativo). Se trataba de una de las redes neuronales de procesamiento de lenguaje más grande y desarrollada hasta ahora conocida. En pocos días, la prensa mundial daba cuenta de un dato increíble: "mientras *Netflix* necesitó tres años y medio para llegar al millón de usuarios, *Twitter* los alcanzó en dos años, *Facebook* en diez meses, y *ChatGPT* llegó al millón de usuarios en cinco días".[1] El nuevo modelo de lenguaje comunicacional es capaz de recolectar información de las más diversas fuentes y elaborar, en cuestión de segundos, un texto con la apariencia de haber sido escrito por un humano.

---

[1] ZUNINI, Patricio. Portal INFOBAE. Inteligencia artificial en el aula: cómo es la tecnología que va a revolucionar la educación. Disponible: https://www.infobae.com/educacion/2023/01/27/inteligencia-artificial-en-el-aula-como-es-la-tecnologia-que-va-a-revolucionar-la-educacion/ 27 Ene, 2023. Consulta: 02 de mayo de 2023.

Basta preguntarle al mismo *chatbot* sobre de que se trata para que nos responda que: "*ChatGPT* es un modelo de lenguaje capaz de producir texto de forma autónoma, que puede ser utilizado para tareas de generación de texto, traducción automática, resúmenes, entre otras. En pocas palabras, es una herramienta de inteligencia artificial que se utiliza para generar respuestas a preguntas y realizar otras tareas naturales del lenguaje".[2]

Pero si la innovación en tecnología no era suficiente al 30 de noviembre de 2022, pocos meses después, el 14 de marzo de 2023, *OpenAI* presenta la última actualización de *ChatGPT-4* permitiendo con ella la creación no solo de texto, en forma potenciada, sino también audio e imágenes. En pocos días la creación por medio del nuevo lenguaje comunicacional comienza a invadir ámbitos educativos, de creación artística, la propia justicia, el ocio, la creación de software, e incluso de la creación de modelos de contratos entre otros usos. No es un mero buscador como los que conocíamos hasta la actualidad, sino que, por medio del uso de un tipo de inteligencia artificial generativa, utiliza texto predictivo y algoritmos para crear contenido sobre la base de las instrucciones que le proporcionen. Cuanto más precisa sea la instrucción proporcionada (*prompt*), más preciso podrá ser el resultado obtenido. Un *prompt* adecuado, proporcionará un contenido más preciso y acorde al resultado buscado por el agente.

Asistimos a un cambio drástico de relacionamiento que ahora se potencia con la nueva forma de lenguaje comunicacional. Un escenario en donde los datos siguen siendo una mercancía de gran valor, reafirmando esa idea de que los datos son el nuevo petróleo del siglo XXI,[3] o peor aún que forma parte de una nueva era de colonialismo: "el colonialismo de datos".[4]

---

[2] ZUNINI, Patricio. Portal INFOBAE. Inteligencia artificial en el aula: cómo es la tecnología que va a revolucionar la educación. Disponible:https://www.infobae.com/educacion/2023/01/27/inteligencia-artificial-en-el-aula-como-es-la-tecnologia-que-va-a-revolucionar-la-educacion/ 27 Ene, 2023. Consulta: 02 de mayo de 2023.
Agregando que "ChatGPT está desarrollado por OpenAI, una empresa de investigación en inteligencia artificial con sede en San Francisco, California. Fue fundada en 2015 por Elon Musk, Sam Altman, Greg Brockman, Ilya Sutskever, Wojciech Zaremba, John Schulman. OpenAI tiene como objetivo desarrollar tecnologías de IA de vanguardia y hacerlas accesibles al público en general. La empresa ha desarrollado varios modelos de IA, incluyendo GPT-3, una de las redes neuronales de procesamiento de lenguaje más grandes y avanzadas del mundo".

[3] THE ECONOMIST. *The world's most valuable resource is no longer oil, but data.* Disponible: https://www.economist.com/leaders/2017/05/06/the-worlds-most-valuable-resource-is-no-longer-oil-but. Consulta: 06 de mayo de 2017.

[4] HARO, Jose Luis de. Yuval Noah Harari: Estamos entrando en una era colonial nueva, la era del colonialismo de datos. *El Economista.es*, 07 enero 2021. Disponible: https://www.

Los ámbitos de la comunidad virtual se potencian dando paso a una gran deshumanización en dónde el rol humano pasa, por el momento, a ser un mero árbitro o controlador de la producción intelectual de la máquina. Recordemos que el término comunidad virtual fue introducido por Rheingold en 1993 al incluirlo como título de su obra publicada "*The virtual community*".[5] En tal sentido "el término fue empleado para identificar a los sujetos que participaban en dichas comunidades, determinando la presencia de elementos de empatía y solidaridad; (hoy) se la utiliza con los distintos grupos sociales que interactúan a través de internet[6] creando verdaderas comunidades globales. Pero la nueva realidad virtual está procurando ir más allá.

La construcción de un ciudadano global también implica al ciudadano digital. Éste comprende a todas las formas de ejercicio y práctica de la ciudadanía en el contexto de la sociedad de la información y sociedad de la red, produciéndose interacciones virtuales en todos los niveles de actuación de la sociedad (toma decisiones, ejercicio de derechos y libertades civiles, económicas y políticas) desarrollando una verdadera huella digital. La construcción de una nueva ciudadanía global, solidaria y digital irrumpe en la vida en sociedad y presenta nuevos desafíos para el Derecho, en especial para la protección de elementales Derechos Humanos.

El acceso a las tecnologías de la información democratiza los procesos de toma de decisiones y la adquisición de conocimiento, pero también puede crear ámbitos de manifestaciones de voluntad imperfectas, viciadas, o incluso, la causación de daños.

Por un lado, "la ciudadanía digital conlleva un componente individual, que se refleja en la identidad digital de los individuos, un componente colectivo, que es el resultado de la adherencia de los individuos a las comunidades virtuales, especialmente aquellas de alcance global; y un componente temporal espacial que se explica a través del ciberespacio".[7] Y a la vez es posible describirla "desde sus

eleconomista.es/mercados-cotizaciones/noticias/10977110/01/21/Yuval-Noah-Harari-Estamos-entrando-en-una-era-colonial-nueva-la-era-del-colonialismo-de-datos.html. Consulta: 07 de enero de 2021.

5 GUERRERO CARRERA, Jaqueline; E. PALACIOS, Diómedes. Ciudadanía digital y comunidades virtuales. *Revista de Derecho y nuevas Tecnologías*, Montevideo, La Ley Uruguay, n. 3, p. 51, 2020.

6 GUERRERO CARRERA, Jaqueline; E. PALACIOS, Diómedes. Ciudadanía digital y comunidades virtuales. *Revista de Derecho y nuevas Tecnologías*, Montevideo, La Ley Uruguay, n. 3, p. 51, 2020.

7 GUERRERO CARRERA, Jaqueline; E. PALACIOS, Diómedes. Ciudadanía digital y comunidades virtuales. *Revista de Derecho y nuevas Tecnologías*, Montevideo, La Ley Uruguay, n. 3, p. 50, 2020.

atributos, esto es, los derechos digitales que permiten el ejercicio de la ciudadanía de un nuevo espacio y el sentido de pertenencia de los individuos que adhieren a las comunidades virtuales".[8]

En el presente trabajo nos proponemos adentrarnos en la creación de manifestaciones de voluntad contractuales por medio del uso del nuevo lenguaje comunicacional y cómo debe actuar el intérprete de las mismas para desentrañar su significado en la nueva era digital en la que vivimos. Si bien el uso del Chat *GPT* tiene límites en cuanto a responder a instrucciones (*prompts*) que busquen un asesoramiento jurídico, los límites se desvanecen tiene cuando uno aclara que lo que pretende es un modelo contractual sobre la base de determinadas instrucciones.

En tiempos de constitucionalización del Derecho Privado, de encuentro entre lo público y lo privado, de marcada presencia del orden público en materia contractual para la protección de los vulnerables, y más aún de los hipervulnerables, y de la necesidad de un dialogo de fuentes para la interpretación de textos legales, la manifestación de voluntad (autonomía de voluntad en contratos negociados o paritarios) comienza lentamente a desaparecer, al menos tal y como la hemos conocido, lo que se traduce en la necesidad de adaptar las técnicas de interpretación del contrato al nuevo escenario.

2 Sobre la constitucionalización del Derecho Privado Contractual, el paradigma pro homine y el diálogo de fuentes

Se ha señalado que la constitucionalización del derecho, neologismo teñido de importante vaguedad, no es el mero sometimiento del orden jurídico a las normas fundamentales, pues "si así fuera deberíamos concluir que nada nuevo hay bajo el sol, pues nadie discutió nunca que el orden jurídico se encuentra estructurado jerárquicamente y que las normas inferiores deben ser acordes, en su contenido y modo de creación a lo estatuido por las de mayor jerarquía. Desde este punto de vista, el derecho civil siempre estuvo "constitucionalizado".[9]

---

[8] GUERRERO CARRERA, Jaqueline; E. PALACIOS, Diómedes. Ciudadanía digital y comunidades virtuales. *Revista de Derecho y nuevas Tecnologías*, Montevideo, La Ley Uruguay, n. 3, p. 51, 2020.

[9] PICASSO, Sebastián. Constitucionalización de la Responsabilidad Civil y Reparación Integral. *Revista Crítica de Derecho Privado*, Montevideo, n. 3, Estudios en Homenaje a Fernando Miranda, Carlos Álvarez Editor, p. 630, 2005.

El fenómeno de la constitucionalización refiere a algo distinto de la supremacía constitucional e interpretación del orden jurídico. Si bien nunca se desconoció que el Derecho Civil, como cualquier otra rama jurídica se encuentra sometido a los principios y normas constitucionales, tradicionalmente se prescindió en vincular directamente sus construcciones con el derecho constitucional. Hoy cualquier elaboración jusprivatista, tiende puentes entre lo público y lo privado, entre el orden público, la libertad contractual y autonomía de la voluntad.

Señala S. Picasso que "la tan mentada "constitucionalización" se traduciría entonces, ante todo, en un cambio de mentalidad, un cambio de paradigma, si se quiere, consistente en comenzar a pensar los problemas privados en términos de conflictos de derechos fundamentales".[10] Y debe tenerse presente que la "constitucionalización", "dista de ser un fenómeno exclusivo del derecho civil o del derecho privado en general. Por el contrario, es todo el sistema jurídico el que se "constitucionaliza", en el sentido de que "es impregnado", "saturado", o "embebido" por la Constitución".[11]

La pretendida constitucionalización del derecho privado, coloca en primer plano del discurso a las fuentes del derecho y su aplicación. Sin desconocer el valor de las normas constitucionales, la consideración del derecho como un conjunto sistémico de normas, impone la preminencia de determinados principios emanados de normas constitucionales y su contenido axiológico en clave de protección de la esencia humana, en una visión *pro homine*, aún por encima de la libertad individual. Señala L. Garrido Cordobera[12] que desde hace tiempo se sostiene la obligatoriedad de la observación de los Principios Generales del Derecho, por su capacidad para guiar racionalmente la solución de los problemas. Y el derecho privado contractual no es ajeno a ello.

Sumado a la constitucionalización del derecho privado, comienza también a desarrollarse un diálogo de fuentes desde la dogmática alemana de Erik Jayme, hasta la moderna doctrina latinoamericana, en el

---

10 PICASSO, Sebastián. Constitucionalización de la Responsabilidad Civil y Reparación Integral. *Revista Crítica de Derecho Privado*, Montevideo, n. 3, Estudios en Homenaje a Fernando Miranda, Carlos Álvarez Editor, p. 630, 2005.

11 PICASSO, Sebastián. Constitucionalización de la Responsabilidad Civil y Reparación Integral. *Revista Crítica de Derecho Privado*, Montevideo, n. 3, Estudios en Homenaje a Fernando Miranda, Carlos Álvarez Editor, p. 630, 2005.

12 GARRIDO CORDOBERA, Lidia. Aplicación de los Principios de No Regresión, de Solidaridad y Pro Homine. *Diario La Ley Argentina*, 12 de diciembre 2014.

derecho del consumo y el ambiental (y sus diálogos interdisciplinarios), de la mano de Claudia Lima Marques en Brasil y Ricardo Luis Lorenzetti en Argentina. De esta forma se impone, como propone el Código Civil y Comercial Argentino, la marcada necesidad de una "decisión judicial razonablemente fundada mencionando una pluralidad de fuentes que exceden su propio texto, lo cual lleva a un necesario diálogo entre ellas".[13] Un diálogo que dé lugar a la "complementariedad y no a la antinomia, y a la necesidad de aplicar un método distinto".[14]

Sin embargo, a diferencia de la teoría de la constitucionalización del derecho, el diálogo de fuentes considera que "las normas constitucionales no se aplican jerárquicamente respecto de las normas de las restantes fuentes normativas, sino dando preminencia al principio de protección que consagren las normas aplicables al caso específico, sea cual sea la fuente normativa de la cual provenga la norma protectoria".[15]

El problema de la unidad del Derecho, también ha estado presente en la conceptualización del mismo y con ello la recurrencia al tema de las fuentes. Y es que la propia diversidad de fuentes y normas, hacen a la unicidad del Derecho.

En el nuevo paradigma del neoconstitucionalismo, como dice Comanducci: "el estatalismo, el legicentrismo, y el formalismo interpretativo, tras características destacadas del ius positivismo teórico de matriz decimonónica, hoy no parecen sostenibles". La constitución es una norma suprema que vincula todos los poderes públicos no sólo en sus reglas, sino en sus principios, valores y derechos fundamentales. Más aún, una de las características el neoconstitucionalismo es que los principios predominan sobre las reglas".[16]

---

[13] LORENZETTI, Ricardo Luis. *Fundamentos de Derecho Privado.* Código Civil y Comercial de la Nación Argentina. Buenos Aires: Editorial La Ley, 2016. p. 54.
Código Civil y Comercial Argentino: "Artículo 3: Deber de resolver. El juez debe resolver los asuntos que sean sometidos a su jurisdicción mediante una decisión razonablemente fundada".

[14] LORENZETTI, Ricardo Luis. *Fundamentos de Derecho Privado.* Código Civil y Comercial de la Nación Argentina. Buenos Aires: Editorial La Ley, 2016. p. 54.

[15] MARIÑO LÓPEZ, Andrés. Principio precautorio, protección de consumidores y obligación de informar en el Anteproyecto de Ley de Defensa del Consumidor. *En*: SANTARELLI, Fluvio y CHAMATROPULOS, Demetrio Alejandro (dir). *Comentarios al Anteproyecto de Ley de Defensa del Consumidor*. Suplemento Especial. Buenos Aires: Editorial La Ley, 2019. p. 885.

[16] MONROY CABRA, Marco Gerardo. Perspectivas del constitucionalismo moderno. *En*: PARDO SHLESINGER, Cristina; PARRA DUSSÁN, Carlos. *Teoría Constitucional Liber Amicorum en Homenaje a Vladimiro Naranjo*. Colombia: Editorial Universidad del Rosario (Facultad de Jurisprudencia de la Universidad del Rosario, Colombia), septiembre, 2006. p. 74 y 75.

El proceso de constitucionalización va acompañado de la construcción de un nuevo desarrollo humanista en el cual el "principio *pro homine* (*pro persona*) es un criterio hermenéutico que informa todo el derecho de los Derechos Humanos, en virtud del cual se debe acudir a la norma más amplia, o a la interpretación más extensiva, cuando se trata de reconocer derechos protegidos e, inversamente, a la norma o a la interpretación más restringida cuando se trata de establecer las restricciones permanentes al ejercicio de los derechos humanos".[17] El transitar "de un derecho internacional con bases ordenativas fundadas en el acuerdo de los Estados y en el constitucionalismo internacional, a un derecho global, transnacional, centrado en la persona humana es fruto de la revalorización de las teorías sociológicas de fines del siglo XIX e inicios del XX".[18]

El cambio de perspectiva comienza en avanzada la segunda mitad del Siglo XX, adquiere impulso en el nuevo siglo y se ha potenciado con el desarrollo de la cuarta revolución industrial (inteligencia artificial, robótica y *big data*). Del alejamiento del voluntarismo de los Estados en el plano internacional, se vislumbra el paso a una "anunciada nueva sociedad de ciudadanía multicultural o transnacional en la que la gobernanza y la solidaridad deben reemplazar a la coerción estatal".[19] La esencia del principio "*pro homine*" se convierte en una verdadera regla general del derecho de los Derechos Humanos que procura asegurar que en toda decisión se alcance el resultado que mejor proteja a la persona humana. Es una prescripción de carácter normativo, en tanto constituye un principio general del derecho internacional de los derechos humanos, pero no se agota en la mera labor interpretativa o como criterio hermenéutico junto a principios de progresividad y no regresión, sino que también "ha abierto el camino de la construcción de nuevos derechos sustantivos y procesales, en calidad de eje dinamizador de todo el sistema de protección de los derechos humanos alejándose cada vez más de la voluntad de los Estados y el derecho positivo construido por ellos".[20]

---

[17] PINTO, Mónica. El principio pro homine. Criterios de hermenéutica y pautas para la regulación de los derechos humanos. *En*: ABREGÚ, Martín. *La aplicación de los tratados sobre derechos humanos por los tribunales locales*. Buenos Aires: Centro de Estudios Legales y Sociales, 1997. p. 163.

[18] DRNAS DE CLÉMENT; Zlata. La complejidad del principio pro homine. *Jurisprudencia Argentina*, Buenos Aires, Abeledo Perrot, fascículo 12, p. 98-111, 2015.

[19] DRNAS DE CLÉMENT; Zlata. La complejidad del principio pro homine. *Jurisprudencia Argentina*, Buenos Aires, Abeledo Perrot, fascículo 12, p. 101, 2015.

[20] DRNAS DE CLÉMENT; Zlata. La complejidad del principio pro homine. *Jurisprudencia Argentina*, Buenos Aires, Abeledo Perrot, fascículo 12, p. 103-104, 2015.

3 Constitución, Contrato, Mercado, Derechos Fundamentales y Algoritmos

El derecho contractual "está y estuvo vinculado al derecho constitucional porque sus principios generales son de raigambre constitucional; el orden público, la buena fe y la autonomía de la voluntad han tenido su pleno reconocimiento tanto en la constitución histórica como en la actual".[21]

El reconocimiento en las Constituciones de los Estados Modernos al derecho de propiedad, es un reconocimiento implícito a la propia libertad de contratación como derecho humano de primera generación propio del iluminismo y del liberalismo, hoy atemperado por derechos sociales, económicos, tutela de bienes sociales, colectivos y transgeneracionales. Señala Garrido Cordobera que con el advenimiento del constitucionalismo social con el Estado de bienestar se incorporan los derechos sociales y económicos, se habla ya de una igualdad no formal sino real de oportunidades, incorporando las garantías en la relación de consumo.[22]

Pero la crisis de la autonomía de la voluntad impone una reformulación en sus límites de acuerdo a la necesidad de protección de los nuevos débiles y vulnerables contractuales. Señalaba Alterini y López Cabana, citado por Garrido Cordobera, que "más que un problema de libertad, es un problema de límites, es un problema de medida".[23] La protección de los débiles por la ley y por el orden público, impuso una reformulación de los esquemas contractuales en clave constitucional. El derecho del consumidor aparece como centro de la regulación del mercado, creando no solo protección sino también estructurando un nuevo mercado, con incidencia también en la tutela de la competencia leal.

En palabras de Fluvio Santarelli, "el protagonismo central del consumidor, que no solo instaura en la consideración macroeconómica un estatuto de protección, sino mucho más que eso: delinea un nuevo orden del mercado.[24] Pero, la protección de los débiles, desde Louis

---

[21] GARRIDO CORDOBERA, Lidia. *Incidencias del Código Civil y Comercial, vol. 3.* Contratos en general. Buenos Aires: Editorial Hammurabi, 2015. p. 50 y 51.

[22] GARRIDO CORDOBERA, Lidia. *Incidencias del Código Civil y Comercial, vol. 3.* Contratos en general. Buenos Aires: Editorial Hammurabi, 2015. p. 51.

[23] GARRIDO CORDOBERA, Lidia. *Incidencias del Código Civil y Comercial, vol. 3.* Contratos en general. Buenos Aires: Editorial Hammurabi, 2015. p. 54.

[24] SANTARELLI, Fluvio. *Contrato y Mercado.* Buenos Aires: Editorial La Ley, 2018. p. 39.

Joserrand[25] hasta la actualidad, no es una lucha contra el mercado y su libertad. En tal sentido señala F. Santarelli que "los ordenamientos protectorios, en verdad, no lo son "del consumidor contra el mercado", sino que los regímenes de defensa del consumidor constituyen un nuevo diseño del mercado que reconocen al consumidor como participante protagónico, adecuando sus normas de juego de conformidad a su inclusión".[26]

Agrega el autor en cita que "la conformación del estatuto del consumidor impone un nuevo prisma de interpretación a la legislación que involucra, superando la visión de estatuto protectorio particular de una especie de contratante, ahora comprende a las normas que refieren a la organización del mercado en su conjunto, haciendo eje en la protección del consumidor, enancando a este segmento normativo sobre el derecho público y el privado".[27] Y en este orden de ideas, es dable pensar, "no solo en situaciones de corrección convencional ex post contrato, sino en el recurso a mecanismos de prevención que, además, tienen la impronta de la auto-regulación de un sector".[28]

Ahora bien, es insoslayable la relación entre contrato y mercado, por cuanto, compartimos la postura de que "el mercado contiene al contrato y éste se adapta a sus contornos, bien que la ductilidad del contenido también da forma al mercado, ... el mercado presenta aun realidad mutante que influye en los contenidos contractuales, a la vez que la sumatoria de lazos convencionales constituye el mercado; la realidad del mercado está dada por determinadas modalidades contractuales. Esta relación permite que el mercado sea controlado desde el contrato, al promover o prohibir determinadas prácticas contractuales. La normativa del consumidor es un claro ejemplo de ello".[29]

De esta forma "la finalidad de protección al débil lleva prevenir situaciones de mercado desfavorables para alguna de las partes contractuales, y la técnica para ello la constituye la aplicación de normas imperativas también en los contratos entre empresas, a modo de prevenir en esta relación contractual particular y evitar situaciones de "injusticia en cascada".[30]

---

[25] JOSSERAND, Louis. La protección de los débiles por el Derecho. *Revista Crítica de Derecho Privado*, n. 5, Carlos Álvarez Editor. p. 909 y ss, 2008.

[26] SANTARELLI, Fluvio. *Contrato y Mercado*. Buenos Aires: Editorial La Ley, 2018. p. 62.

[27] SANTARELLI, Fluvio. *Contrato y Mercado*. Buenos Aires: Editorial La Ley, 2018. p. 63.

[28] SANTARELLI, Fluvio. *Contrato y Mercado*. Buenos Aires: Editorial La Ley, 2018. p. 64.

[29] SANTARELLI, Fluvio. *Contrato y Mercado*. Buenos Aires: Editorial La Ley, 2018. p. 75.

[30] SANTARELLI, Fluvio. *Contrato y Mercado*. Buenos Aires: Editorial La Ley, 2018. p. 77.

En este esquema de protección constitucional del contrato, el orden público invade el esquema contractual en procura de dotar de garantías a los desiguales, asegurar un consentimiento pleno, protegiendo al emisor de la voluntad (vicios del consentimiento) y al receptor (principio de confianza y principio de recognosibilidad del error).[31]

De esta forma invade al contrato: a) un orden público de protección del débil, en especial en contratos de adhesión y en relaciones de consumo;[32] b) un orden público de coordinación entre los derechos individuales y los colectivos (adecuación al resultado contractual)[33] y c) el orden público de dirección (organización económica de la sociedad)[34] y finalmente d) un orden público que se articule con la protección de la dignidad humana.[35]

En este esquema de constitucionalización del derecho privado, de orden público de protección y coordinación, y de protección del propio mercado, no podemos dejar de desconocer la impronta que tiene la prevención y la precaución en el derecho privado, tanto en su función preventiva como indemnizatoria, tanto en la órbita extracontractual, como contractual y del consumidor. Desde el diálogo de fuentes, el propio Código Civil y Comercial Argentino, procura establecer "una comunidad de principios entre la Constitución, el derecho público y el derecho privado", que es apreciable en todos los ámbitos de

---

31 LORENZETTI, Ricardo Luis. *Fundamentos de Derecho Privado.* Código Civil y Comercial de la Nación Argentina. Buenos Aires: Editorial La Ley, 2016. p. 248.

32 LORENZETTI, Ricardo Luis. *Fundamentos de Derecho Privado.* Código Civil y Comercial de la Nación Argentina. Buenos Aires: Editorial La Ley, 2016. p. 54, 248. Al respecto señala que "No es una intervención que distorsiona la autonomía, sino que la mejora permitiendo que los contratantes se expresen en un pie de igualdad. Por ello es una garantía procesal y objetiva en la igualdad de oportunidades para expresar el consentimiento".

33 LORENZETTI, Ricardo Luis. *Fundamentos de Derecho Privado.* Código Civil y Comercial de la Nación Argentina. Buenos Aires: Editorial La Ley, 2016. p. 249. Señala el autor que "se trata de normas imperativas que controlan la licitud de lo pactado por las partes, principalmente su adecuación a los valores esenciales del ordenamiento jurídico (...) En este campo siempre existieron normas que coordinaron la actuación de los contratantes con el orden económico, principalmente con el mercado".

34 LORENZETTI, Ricardo Luis. *Fundamentos de Derecho Privado.* Código Civil y Comercial de la Nación Argentina. Buenos Aires: Editorial La Ley, 2016. p. 250: "En este caso lo relevante es la justicia distributiva: son los objetivos económicos que tiene el estado y que se imponen a la población y se mira en función de las externalidades económicas".

35 LORENZETTI, Ricardo Luis. *Fundamentos de Derecho Privado.* Código Civil y Comercial de la Nación Argentina. Buenos Aires: Editorial La Ley, 2016. p. 252. Habla así Lorenzetti de "...un orden público que se articula – en forma directa – en todo a la noción de la dignidad humana y que orienta, en lo que concierne al contrato, al orden jurídico en los conflictos que puedan surgir de la tensión entre la persona y el mercado".

tuición: "la protección de la persona humana a través de los derechos fundamentales, los derechos de incidencia colectiva, la tutela del niño, de las personas con capacidades diferentes, de la mujer, de los consumidores, de los bienes ambientales y muchos otros aspectos", "una reconstrucción de la coherencia del sistema de derechos humanos con el derecho privado".[36]

En sede de teoría contractual, la incidencia de los "*smart contracts*" (no solo como códigos o lenguaje informático hasta los conocidos como "*self driving contracts*"; contratos que no solo se autojecutan, sino que escriben su propio contenido[37]) han colocado al Derecho Privado entre la espada y la pared; y en especial a la teoría contractual, que como venimos de ver ha optado por una visión *pro homine* constitucionalizadora.

En ese escenario, señala Carlos A. Tur, adquieren especial significación los terceros de confianza. Ellos "se han erigido en intermediarios esenciales en los contratos y las notificaciones en un doble plano. En primer lugar, constituyen y diseñan la plataforma tecnológica (y su marco jurídico) en la que se produce el intercambio de declaraciones contractuales entre las partes (que pueden ser también particulares, territorio, entonces, *C2C*): centrales de reservas, *marketplaces* (como *EBay*) o los recientes intermediarios de la llamada economía colaborativa (como *Airbnb* o *Uber*). En segundo lugar, otros terceros de confianza se han ido especializando en facilitar, a instancia de parte, prueba del contenido y recepción de los distintos mensajes que pueden producirse en la celebración de un contrato o a lo largo de su vida".[38]

Según el autor "los "*smart contracts*" son secuencias de código y datos que se almacenan en una determinada dirección de la cadena de bloques. Aun cuando la utilización de la expresión "*contract*" puede inducir en error, debemos subrayar que la categoría jurídica de contrato no existirá en tanto no se cumplan los requisitos que la Ley exige para su validez y ello con independencia de la mayor o menor complejidad del programa que pueda, en su caso, formar parte del mismo".[39]

[36] Fundamentos del Anteproyecto de Código Civil y Comercial de la Nación Argentina elaborados por la Comisión Redactora en INFOJUS. *Proyecto de Código civil y comercial de la Nación*. 1. ed. Buenos Aires, 2012. E Book. Disponible: http://www.saij.gob.ar/docs-f/ediciones/libros/codigo_civil_comercial.pdf. Consulta 2 de mayo de 2023.

[37] CASEY, Anthony; NIBLETT, Anthony. Self-Driving Contracts. *43 Journal of Corporation Law 1*, 2017. Disponible: https://chicagounbound.uchicago.edu/cgi/viewcontent.cgi?article=13564&context=journal_articles. Consulta: 20 de julio de 2023.

[38] TUR FERNÁNDEZ, Carlos. *Smart Contracts. Análisis Jurídico*. Reus Editorial, 2018. p. 17.

[39] TUR FERNÁNDEZ, Carlos. *Smart Contracts. Análisis Jurídico*. Reus Editorial, 2018. p. 51 y 52.

Los contratos inteligentes se integran con internet de las cosas e interactúan con bienes conectados a internet, "son autoejecutables, es decir que las prestaciones a realizar por las partes una vez otorgado el consentimiento quedan fuera de su alcance volitivo dado que es el propio programa el que, de forma autónoma, las lleva a efecto de forma automática".[40]

La transparencia algorítimica deviene en un aspecto fundamental a la hora contratar, al extremo que ya no solo se necesitaran juristas para asesorar sino también técnicos informáticos. La caja negra es precisamente la opacidad tecnológica, en dónde es posible conocer y tener control sobre los datos ingresados y los resultados, pero no comprende el procedimiento subyacente. En ese proceso, "el código es inescrutable, porque el programa "evoluciona" y los seres humanos no pueden entender el proceso que siguió la programación para lograr una solución determinada".[41]

En ese escenario, la protección de los datos de la persona se presente como fundamental, para la propia autodeterminación de la persona, y con ello la libertad de elecciones no pre-condicionadas por la inteligencia artificial. Se habla de una autodeterminación algorítmica cuando se trata de "asegurar el "libre desarrollo de la personalidad", a partir de reconocer la autodeterminación informativa que se orienta a garantizar el derecho a elegir -asociado a la libertad de información-, el "derecho a saber", al "conocimiento" y a la "autorregulación de la información". Sobre esta base, los Estados y la comunidad internacional, responsablemente, deben invertir y desplegar los máximos esfuerzos de toda índole, para que se pueda garantizar la autodeterminación humana frente al uso de algoritmos inteligentes. Como la IA intermedia cada vez más entre los datos/información y las decisiones de las personas, resulta indispensable proteger sus derechos a partir de promover el respeto de los principios de necesidad, finalidad, proporcionalidad y pertenencia de los datos personales".[42]

En el mencionado proceso de autodeterminación, y en relación con la opacidad tecnológica, se hace imperioso una "transparencia algorítmica"; y desde la perspectiva del derecho a la información, "la

---

40 TUR FERNÁNDEZ, Carlos. *Smart Contracts. Análisis Jurídico*. Reus Editorial, 2018. p. 25.

41 CORVALÁN, Juan Gustavo. La primera inteligencia artificial predictiva al servicio de la Justicia: Prometea. *Diario LA LEY* de 29/09/2017, Buenos Aires, Argentina.

42 CORVALÁN, Juan Gustavo. La primera inteligencia artificial predictiva al servicio de la Justicia: Prometea. *Diario LA LEY* de 29/09/2017, Buenos Aires, Argentina.

inteligencia artificial debe ser transparente en sus decisiones, lo que significa que se pueda inferir o deducir una "explicación entendible" acerca de los criterios en que se basa para arribar a una determinada conclusión, sugerencia o resultado".[43]

El diseño y/o implementación de los algoritmos inteligentes deben respetar el principio de no discriminación, que consiste en impedir que los sistemas de IA procesen la información o los datos bajo sesgos o distinciones frente a los seres humanos, por motivos de raza, color, sexo, idioma, religión, opinión política o de otra índole, origen nacional o social, posición económica, nacimiento o cualquier otra condición social (art. 2º, inc. 2º, Pacto de los Derechos Económicos Sociales y Culturales)".[44]

C. Tur Fernández distingue entre contratos inteligentes y contratos legales inteligentes y en tal sentido "debe tomarse en consideración que un contrato legal inteligente solamente podrá existir en tanto que previamente exista un "*smart contract*" que constituya el instrumento de su ejecución automática y una cadena de bloques en la que aquél se haya insertado".[45]

De forma gráfica podemos distinguir dos momentos del proceso contractual, el jurídico y el tecnológica que le accede y que interviene en la ejecución del acuerdo producto de las manifestaciones de voluntad, expresadas directamente o mediante un proceso de autorización para su ejecución.

Una primera parte o momento del contrato, opera en la "*front end*",[46] lo que en lenguaje coloquial sería la página web, o la plataforma o aplicación. De ahí la importancia en la participación de los terceros de confianza y el rol al que están llamados a desempeñar en la nueva vinculación contractual. Y por otro lado existe el "*back end*", en dónde se encuentra alojado el *smart contract*, el programa que se ejecutará dependiendo de las condiciones que se hayan incorporado, y que no

---

43 CORVALÁN, Juan Gustavo. La primera inteligencia artificial predictiva al servicio de la Justicia: Prometea. *Diario LA LEY* de 29/09/2017, Buenos Aires, Argentina.

44 CORVALÁN, Juan Gustavo. La primera inteligencia artificial predictiva al servicio de la Justicia: Prometea. *Diario LA LEY* de 29/09/2017, Buenos Aires, Argentina.

45 TUR FERNÁNDEZ, Carlos. *Smart Contracts. Análisis Jurídico*. Reus Editorial, 2018. p. 25.

46 TUR FERNÁNDEZ, Carlos. *Smart Contracts. Análisis Jurídico*. Reus Editorial, 2018. p. 58. "El front end, es la parte del software que interactúa con los usuarios, dicho software es utilizado, fundamentalmente, para la creación de páginas web que permiten el acceso a la información de forma fácil mediante la construcción de una interfaz gráfica. El back end, es el programa o conjunto de programas que procesan la información que se proporciona a través del front end".

es materialmente visible al usuario. Una ejecución del contrato sin el concurso de voluntades.

El contrato inteligente (como código informático) es el que permite la ejecución de un vínculo contractual tradicional (contrato legal inteligente en la terminología citada).[47] Definitivamente que el encuentro de la manifestación de voluntades se da en el *front end* y su ejecución al *back end*. Ello nos conduce a la ineludible conclusión de que en los contratos legales inteligentes deben proporcionar a las partes información clara, precisa, exhaustiva y comprensible sobre los procedimientos mediante los que se va a desarrollar la ejecución automática de las prestaciones y su alcance patrimonial. Podrán volvernos ricos o pobres en cuestión de segundos.

En tiempos de una marcada necesidad de la impronta ética en la contratación, la ética de datos, y la ética en el uso de inteligencia artificial (véase la estrategia europea de datos aprobada en febrero de 2020 y la estrategia de un marco ético para la inteligencia artificial), el reverdecer del lenguaje de la criptografía (conocido ya en el viejo Imperio Romano y repotenciado hoy con las cadenas de datos, *blockchain*), cabe preguntarse ¿es posible hacer valoraciones interpretativas del contrato por encima de la programación, el automatismo y el autoaprendizaje? ¿Hay espacio para los marcos de interpretación del contrato en el algoritmo del nuevo negocio jurídico en tiempos de desarrollos constitucionalizantes y de dialogo de fuentes?

En ese nuevo mercado, toda clase de activos pueden circular mediante un sistema de negociación basada en la simple legitimación de la criptografía de los usuarios, sin más tecnología que un smart phone y con la garantía de autenticidad y transparencia que supone un registro de red de tipo blockchain.

Pero, por si dicha automatización fuera poca innovación y disrupción para el Derecho y la Teoría Contractual, irrumpe en escena

---

[47] TUR FERNÁNDEZ, Carlos. *Smart Contracts. Análisis Jurídico*. Reus Editorial, 2018. Señala C. Tur Fernández que: "un contrato inteligente (back end) puede, entre otras programaciones: a) podrá recibir fondos de la cuenta de un deudor, b) podrá cobrar automáticamente de la cuenta de un deudor y transferir fondos a su propia cuenta o a la del acreedor, con o sin intereses (siempre y cuando haya fondos en la cuenta del deudor); c) podrá retener fondos en su propia cuenta; d) podrá recibir información sobre cualquier hecho constatable en el mundo exterior y actuar en consecuencia, e) podrá ordenar que cualquier mecanismo electrónico exterior interconectado al programa: e.i. se inicie o detenga; e.ii. se encienda o se apague; e.iii se bloquee o desbloquee; f) podrá ordenar la detención de su propia autoejecución; g) podrá ordenar su autodestrucción, en cuyo caso jamás volverá a estar operativo en la cadena de bloques".

un nuevo lenguaje comunicacional alterando las manifestaciones de voluntad humana.

4 Cuando la manifestación de voluntad y la intención común de las partes es producto de algoritmos y textos predictivos

Entre las construcciones abstractas más importantes del Derecho Civil encontramos a la teoría del negocio jurídico como emblema de la manifestación voluntaria de una intención. Señalaba D. Barbero que "la manifestación" representa el hecho, el evento, el acontecimiento exterior; la "voluntad" determina su configuración en calidad de "acto" (acto humano); la "intención" además, caracteriza este acto en su calidad de "negocio". Estos tres elementos tienen relevancia en el "negocio": sin la manifestación, no habría "hecho"; si la voluntariedad es irrelevante o falta, no habrá acto; si falta o es irrelevante la intención, no habrá "negocio".[48] Define, el jurista italiano, al negocio jurídico como "la manifestación voluntaria de la intención a la cual el orden jurídico vincula los efectos reconocidos necesarios o convenientes para su mejor realización en la forma jurídica".[49]

Cuando en ocasiones nos interrogamos sobre si es posible seguir innovando en medio de la revolución algoritmia que vivimos, a fines de 2022 irrumpió la nueva forma de lenguaje comunicacional por inteligencia artificial (*GPT*) destinada a invadir distintos ámbitos de la vida cotidiana, y entre ellas la contratación. El 2 de enero de 2023 el portal de noticias Infobae titulaba "*ChatGPT*: así se pueden crear contratos, ensayos y correos con inteligencia artificial. El software de *OpenAI* busca información en internet y la ofrece a los usuarios de manera detallada y con procesos paso a paso"[50]. En la noticia se informa que "Los contratos, ya sean de alquiler, venta, laborales o de otro tipo, es uno de los documentos que el software tiene la posibilidad de generar en cuestión de segundos. Además, aclara que el texto que se ofrece es

[48] BARBERO, Domenico. Sistema de Derecho Privado. Tomo I. Buenos Aires: Ediciones Jurídicas Europa–América, 1967. p. 433.

[49] BARBERO, Domenico. Sistema de Derecho Privado. Tomo I. Buenos Aires: Ediciones Jurídicas Europa–América, 1967. p. 434.

[50] PORTAL INFOBAE. ChatGPT: así se pueden crear contratos, ensayos y correos con inteligencia artificial. 2 de enero 2023. Disponible: https://www.infobae.com/america/tecno/2023/01/02/chatgpt-asi-se-pueden-crear-contratos-ensayos-y-correos-con-inteligencia-artificial/. Consulta: 02 de mayo de 2023.

un "modelo de contrato que puedes utilizar como guía", lo que da a los usuarios una base sobre la cual pueden ingresar modificaciones".[51]

Estamos en presencia de agentes que por el uso de inteligencia artificial procesan lenguaje natural a través de una conversación multipropósito "que logra correlacionar patrones de información para responder consultas sobre la mayoría de los temas (...) no se retroalimenta de los usuarios de manera dinámica (quienes pueden etiquetar las respuestas incorrectas, parcialmente correctas u otras consideraciones) ni tampoco está conectado a internet", "si bien es un *chatbot* que funciona a modo de pregunta-respuesta, puede realizar una amplísima gama de tareas que requieran la comprensión del lenguaje natural, entre ellas: escribe código en lengua jes de programación, hace resúmenes de texto, prepara itinerarios de viaje, escribe poesías, novelas, acordes, guiones de películas, resuelve problemas matemáticos complejos, y localiza cláusulas abusivas en los contratos".[52] El procesamiento del lenguaje natural (NLP) "es una rama de la inteligencia artificial (IA) que permite a las computadoras comprender, generar y manipular el lenguaje humano".[53]

Los modelos del lenguaje comunicacional como el desarrollado "son redes neuronales artificiales de gran tamaño, capaces de analizar ingentes volúmenes de texto escrito para aprender la estructura con la que se presentan las palabras de un determinado idioma. Con este pre-entrenamiento, se convierten en modelos generales que se pueden re-entrenar con fines y corpus más específicos, ya sea para resolver una tarea concreta de PLN (procesamiento de lenguaje natural) o para adaptarlo al lenguaje y terminología de un dominio".[54]

---

51 PORTAL INFOBAE. ChatGPT: así se pueden crear contratos, ensayos y correos con inteligencia artificial. 2 de enero 2023. Disponible: https://www.infobae.com/america/tecno/2023/01/02/chatgpt-asi-se-pueden-crear-contratos-ensayos-y-correos-con-inteligencia-artificial/. Consulta: 02 de mayo de 2023.

52 CORVALAN, Juan Gustavo; ESTEVEZ, Elsa; LE FEVRE CERVINI, Enzo María. SCHAPIRA, Débora; SIMARI, Gerardo. ChatGPT vs. GPT-4: ¿imperfecto por diseño? Explorando los límites de la inteligencia artificial. Laboratorio de Inteligencia Artificial de la Facultad de Derecho de la Universidad de Buenos Aires. IALAB, Buenos Aires, p. 29, marzo, 2023. Ebook.

53 CORVALAN, Juan Gustavo; ESTEVEZ, Elsa; LE FEVRE CERVINI, Enzo María. SCHAPIRA, Débora; SIMARI, Gerardo. ChatGPT vs. GPT-4: ¿imperfecto por diseño? Explorando los límites de la inteligencia artificial. Laboratorio de Inteligencia Artificial de la Facultad de Derecho de la Universidad de Buenos Aires. IALAB, Buenos Aires, p. 29, marzo, 2023. Ebook.

54 INSTITUTO DE INGENIERÍA DEL CONOCIMIENTO. Modelo de Lenguaje español: RigoBERTa. Disponible: https://www.iic.uam.es/inteligencia-artificial/procesamiento-del-lenguaje-natural/modelo-lenguaje-espanol-rigoberta/. Consulta: 02 de marzo de 2023.

Estamos en presencia de inteligencia artificial generativa por cuanto se tratan de "algoritmos de aprendizaje automático (*machine learning*) que permiten crear todo tipo de contenido que sea nuevo, como música, video, fotografías, y, en el caso de ChatGPT, texto".[55]

Hasta ahora, hay dos técnicas predominantes de inteligencia artificial generativa: "Red adversaria generativa (GAN *Generative Adversarial Networks*) y Transformador pre-entrenado generativo (GPT *Generative Pre-Trained Transformer*). La Red Adversaria Generativa utiliza dos redes neuronales para generar nuevos datos que se asemejan a los datos de entrada. Una red genera datos falsos, mientras que la otra red trata de distinguir entre los datos falsos y los datos reales. Ambas compiten entre sí: la red generadora trata de producir datos que no se pueden distinguir de los datos reales, y la red discriminadora trata de identificar correctamente qué datos son falsos y cuáles son reales. A medida que se enfrentan, la red generativa va creando cada vez datos más creíbles, ya que puede haber cientos o miles de intentos antes de que la red discriminadora acepte el resultado ofrecido por su rival. Rechazo tras rechazo, la red generativa irá aprendiendo qué es lo que busca su rival".[56]

En esta modalidad de lenguaje comunicacional adquiere especial importancia el *prompt*, es decir la entrada o solicitud de información que le proporciona el usuario. Por ejemplo: *Prompt*: "¿Puedes elaborar un modelo de contrato de arrendamiento urbano de un bien inmueble situado en la ciudad de Montevideo?". *Respuesta*: A continuación, te propongo un modelo de contrato de arrendamiento que puedes utilizar como guía (...)".

El *prompt* es el contexto inicial para que el modelo genere un texto coherente. Puede ser desde una sola oración a un párrafo completo, o adicionar nuevos *prompts* para que pueda mejorar o completar la respuesta. En el ejemplo señalado solo se ha proporcionado muy poca información respecto del modelo contractual deseado por el usuario.

---

[55] CORVALAN, Juan Gustavo; ESTEVEZ, Elsa; LE FEVRE CERVINI, Enzo María. SCHAPIRA, Débora; SIMARI, Gerardo. ChatGPT vs. GPT-4: ¿imperfecto por diseño? Explorando los límites de la inteligencia artificial. Laboratorio de Inteligencia Artificial de la Facultad de Derecho de la Universidad de Buenos Aires. IALAB, Buenos Aires, p. 29, marzo, 2023. Ebook.

[56] CORVALAN, Juan Gustavo; ESTEVEZ, Elsa; LE FEVRE CERVINI, Enzo María. SCHAPIRA, Débora; SIMARI, Gerardo. ChatGPT vs. GPT-4: ¿imperfecto por diseño? Explorando los límites de la inteligencia artificial. Laboratorio de Inteligencia Artificial de la Facultad de Derecho de la Universidad de Buenos Aires. IALAB, Buenos Aires, marzo, 2023. Ebook.

Pero si al mismo *prompt* lo rediseñamos y le proporcionamos más información, el resultado será distinto.[57]

En el Centro de Desarrollo de las Competencias digitales de Castilla-La Mancha se señalan como consejos para mejores *prompts* o textos de entrada que: "(a) Proporcionra un *prompt* claro y específico: (...) incluye información relevante sobre el tema de la conversación y lo que esperas de la respuesta, (b) Formula preguntas abiertas: Las preguntas abiertas son aquellas que no se pueden responder con un simple "sí" o "no". En lugar de eso, fomentan una respuesta más larga y detallada por parte de *ChatGPT*. (...) (d) Sé específico: Cuando hagas una pregunta o pidas una explicación, intenta ser lo más específico posible. (...) (e) Haz uso de las sugerencias de *ChatGPT*: En la mayoría de las plataformas de chat, *ChatGPT* te ofrecerá sugerencias de respuestas basadas en lo que has escrito. Utiliza estas sugerencias para continuar la conversación o para explorar nuevos temas. (f) Experimenta con diferentes *prompts*: Si no estás obteniendo las respuestas que esperabas, intenta con diferentes *prompts*. *ChatGPT* puede tener dificultades para entender ciertos temas o preguntas, así que experimenta con diferentes formas de plantear tus preguntas. (G) Sé consciente de las limitaciones de *ChatGPT*: Aunque es una herramienta muy poderosa, tiene sus limitaciones. No siempre podrá proporcionar la respuesta exacta que estás buscando o puede generar respuestas irrelevantes o incoherentes.[58]

Supongamos que las futuras partes contratantes a efectos de minimizar los costes de transacción deciden celebrar un contrato utilizando modelos emitidos por la nueva forma de lenguaje comunicacional. En principio la situación parece no ser distinta de la autonomía de voluntad y el poder normativo negocial de las partes de crear un vínculo contractual.[59] Las partes podrán aceptar o no el modelo

[57] Siguiente el ejemplo, podemos introducir como prompt: "¿Puedes elaborar un modelo de contrato de arrendamiento urbano del bien inmueble padrón XX situado en la ciudad de Montevideo con frente a la Avenida Italia número XX, cuyo plazo de arrendamiento es de dos años contados a partir del 1 de junio de 2023, el precio mensual es de XX pesos, con destino a casa-habitación, siendo de cargo del arrendatario el pago de las expensas comunes y consumos, prohibiendo el subarrendamiento y la cesión del contrato conforme la legislación de Uruguay para fincas construidas a partir del año 1990?".

[58] CENTRO DE DESARROLLO DE COMPETENCIAS DIGITALES CASTILLA-LA MANCHA. El 'prompt' de ChatGPT: aprende a utilizarlo para obtener los mejores resultados. 18 de abril de 2023. Disponible: https://www.bilib.es/actualidad/blog/noticia/articulo/el-prompt-de-chatgpt-aprende-a-utilizarlo-para-obtener-los-mejores-resultados/#:~:text=El%20prompt%20es%20una%20gu%C3%ADa,que%20no%20cumpla%20tus%20expectativas. Consulta: 30 de abril de 2023.

[59] CAFARO, Eugenio; CARNELLI, Santiago. Eficacia Contractual. Montevideo: Fundación de Cultura Universitaria, 1996.

emitido y usarlo, o no. Podrán tener más o menos confianza en el mismo, o no. Pero, ¿es realmente lo mismo? ¿cómo interpretamos esa voluntad contractual resultante del modelo emitido por inteligencia artificial que se nutre de información limitada en el tiempo hasta el año 2021? ¿Los *prompts* son parte de las tratativas negociales (los *"pour parles"*)? ¿deberían integrar la voluntad e intención común de las partes?

5 Interpretando contratos creados en base a modelos contractuales creados por chatGPT

Cabe preguntarse si realmente asistimos a una nueva crisis de la autonomía de la voluntad o del contrato, o simplemente estamos ante una nueva forma de comunicación contractual.

No es la primera oportunidad en la que se ha hablado de la crisis de la autonomía de la voluntad, y eventualmente del contrato. El avance de la protección del consumidor, del orden público y de la revisión contractual para procurar reestablecer equilibrios perdidos supo significar una crisis conceptual que se ha resuelto en favor de la contratación. Así como el Derecho del consumo supo implicar un embate a la libertad contractual del siglo XIX y a los paradigmas de la contratación decimonónica inspirados en la pretendida igualdad de la revolución francesa, hoy nos enfrentamos a un nuevo embate y es el que refiere a la creación de contenido contractual por máquinas a solicitud expresa del hombre.

¿Qué debemos interpretar y cómo? ¿podemos señalar que los *prompts* son ofertas y propuestas contractuales? ¿son acaso los *pour parler- tratativas* del contrato? ¿son texto o contexto de la voluntad contractual? El modelo contractual resultado de la nueva forma de comunicación ¿es realmente la intención común de los contratantes?

Considerando que el Derecho es Lenguaje, la labor interpretativa del contrato desentrañando la voluntad de las partes hace ya tiempo que dejó de ser una tarea meramente superficial y de literalidad de sus signos aislados Existe consenso en señalar que "los estudios semióticos modernos han dejado en claro que no es la suma de signos aislados lo que produce el sentido, sino que éste devendrá del funcionamiento textual de los mismos. Es sobre el texto y no el signo individualmente considerado que debe realizarse la actividad interpretativa de atribución de significado".[60] Señala Mariño que "el contrato es un texto normativo. Este negocio jurídico no constituye una norma jurídica en sí mismo pero las crea o las produce. Es cierto que no todos los enunciados del contrato configuran proposiciones normativas, pero el sentido normativo que se atribuye al texto contractual por el intérprete se produce desde los enunciados contractuales en su funcionamiento dinámico contextual".[61]

Los sistemas contractuales de interpretación suelen referir en primer lugar, como pauta metodológica de interpretación, al sentido literal o gramático del contrato para poder asignar un significado claro al texto contractual, y en su defecto procurar desentrañar la intención común de las partes. A modo de ejemplo, el art. 1298 del Código Civil de Uruguay establece, replicando otros códigos decimonónicos esa pauta y orden interpretativo, pautas que no implican desestimar la interpretación contractual bajo la arcaica premisa de que *"in claris non fit interpretatio"*

El método literal o gramático, cuando logra su éxito, pone fin a la labor interpretativa y no corresponde desatender el mismo so pretexto de indagar en la voluntad e intención común de las partes contratantes. Pero el análisis de interpretación de la literalidad contractual (*intentio operis*) no implica "una suerte de traducción o versión de un testo a otro que, según se dice, expresa en otros términos el mismo sentido que el texto de origen. La interpretación literal no tiene como función producir simplemente una versión idéntica de un texto, sino de alcanzar una nueva versión que exprese con mayor acuidad el significado del texto interpretado".[62] Es decir, que la "interpretación literal del texto contractual consistirá en la elaboración de otros textos, sea mediante sustituciones léxicas (reemplazo de un término por su sinónimos, por ejemplo) o variaciones sintácticas (transformaciones gramaticales) a partir del texto indicado",[63] lo que despeja la "fórmula tradicional de

---

[60] MARIÑO LÓPEZ, Andrés. La interpretación judicial del contrato en el Derecho Uruguayo. Estudio del sistema de reglas hermenéuticas del Código Civil. Anuario de Derecho Civil Uruguayo. Tomo XXVIII. Montevideo: Fundación de Cultura Universitaria, 1998. p. 599.

[61] MARIÑO LÓPEZ, Andrés. La interpretación judicial del contrato en el Derecho Uruguayo. Estudio del sistema de reglas hermenéuticas del Código Civil. Anuario de Derecho Civil Uruguayo. Tomo XXVIII. Montevideo: Fundación de Cultura Universitaria, 1998. p. 600.

[62] MARIÑO LÓPEZ, Andrés. La interpretación judicial del contrato en el Derecho Uruguayo. Estudio del sistema de reglas hermenéuticas del Código Civil. Anuario de Derecho Civil Uruguayo. Tomo XXVIII. Montevideo: Fundación de Cultura Universitaria, 1998. p. 609.

[63] MARIÑO LÓPEZ, Andrés. La interpretación judicial del contrato en el Derecho Uruguayo. Estudio del sistema de reglas hermenéuticas del Código Civil. Anuario de Derecho Civil Uruguayo. Tomo XXVIII. Montevideo: Fundación de Cultura Universitaria, 1998. p. 610.

los juristas por la cual un texto normativo claro no debe ser objeto de interpretación alguna".[64]

Se trata de una etapa eminentemente objetiva de desentrañar el significado del texto contractual como discurso, analizando la cadena de signos que lo componen y no éstos en forma aislada. Ante la imposibilidad, por vaguedad o polisemia, de interpretar el texto contractual sobre la base de su literalidad, es frecuente que se acuda a la *"intentio autoris"* y poder así desentrañar el significado de la intención de las partes.

La pauta interpretativa base para una interpretación objetiva y literal es procurar "la asignación al texto contractual del significado que otorgaría una persona razonable ubicado en las circunstancias similares a las partes".[65] Y esa literalidad objetiva del texto contractual es producto de "declaraciones de voluntad que convergen en una declaración en una declaración común instrumentada en un texto que consiste en asignar el significado objetivo de su texto".[66]

Señala Mariño que el significado objetivo del texto debe buscarse considerando el contexto interno y externo del contrato junto al principio de buena fe. El primero procura buscar "la coherencia interna", en tanto que el contexto externo procura definir la operación económica, es decir "el ámbito de funcionalidad del contrato".[67] El derecho angloamericano postula como pauta objetiva "el significado que le asignaría una persona razonable en circunstancias similares a las partes contratantes".[68]

En la labor de interpretación, es de hacer notar que "el código lingüístico de significación que debe de utilizarse para interpretar el contrato es el de uso general de las palabras pues ese es el código que se empela para la asignación de sentido natural".[69]

---

[64] MARIÑO LÓPEZ, Andrés. La interpretación judicial del contrato en el Derecho Uruguayo. Estudio del sistema de reglas hermenéuticas del Código Civil. Anuario de Derecho Civil Uruguayo. Tomo XXVIII. Montevideo: Fundación de Cultura Universitaria, 1998.p. 610.

[65] MARIÑO LÓPEZ, Andrés. La metodología de interpretación del contrato. Estudio de las reglas interpretativas contractuales de los sistemas jurídicos codificados. Revista Crítica de Derecho Privado, Montevideo, Editorial La Ley Uruguay, n. 17, año 2020, p. 429, 2020.

[66] MARIÑO LÓPEZ, Andrés. La metodología de interpretación del contrato. Estudio de las reglas interpretativas contractuales de los sistemas jurídicos codificados. Revista Crítica de Derecho Privado, Montevideo, Editorial La Ley Uruguay, n. 17, año 2020, p. 429, 2020.

[67] MARIÑO LÓPEZ, Andrés. La metodología de interpretación del contrato. Estudio de las reglas interpretativas contractuales de los sistemas jurídicos codificados. Revista Crítica de Derecho Privado, Montevideo, Editorial La Ley Uruguay, n. 17, año 2020, p. 430, 2020.

[68] MARIÑO LÓPEZ, Andrés. La metodología de interpretación del contrato. Estudio de las reglas interpretativas contractuales de los sistemas jurídicos codificados. Revista Crítica de Derecho Privado, Montevideo, Editorial La Ley Uruguay, n. 17, año 2020, p. 429, 2020.

[69] MARIÑO LÓPEZ, Andrés. La metodología de interpretación del contrato. Estudio de las reglas interpretativas contractuales de los sistemas jurídicos codificados. Revista Crítica de Derecho Privado, Montevideo, Editorial La Ley Uruguay, n. 17, año 2020, p. 426, 2020.

En cambio, el método subjetivo supletorio de la literalidad procura desentrañar la intención común de las partes (art. 1156 del Código Francés de 1804, y 1188 del Código vigente, 1362 del Código Civil Italiano, 1061 de Código Civil Argentino, 1281 del Código Civil Español).[70] La búsqueda de la intención de los autores es una metodología compleja que atribuye pautas subjetivas y objetivas. Señala Mariño las "pautas de asignación subjetiva de significado establecen las bases que el intérprete debe seguir para indagar la intención común de las partes" y "pautas de asignación objetivas de significado donde en caso de sentidos polisémicos obligan al intérprete a adoptar uno de los sentidos que es posible asignar al texto".[71]

Los criterios de búsqueda subjetivo de la *intenio autoris* han sido los siguientes: a) "la coherencia contextual" ("el texto es un todo y debe atribuirse sentido considerándolo en forma integral y total, estudiando en su conjunto las diferentes partes del mismo", "considera las expresiones textuales polisémicas como emisiones lingüísticas que requieren de información contextual para ser perfectamente comprensibles y carentes de ambigüedad"),[72] b) "las respuestas de comportamiento que en definitiva son los hechos de los contrayentes posteriores al contrato ("...una regla que asocia las expresiones del texto del contrato y los actos posteriores de las partes de dicho contrato y les asigna significado"[73] y c) "las prácticas de usos y costumbres que refieren a código o sistema de significación ("las prácticas contractuales de uso y costumbres en el espacio de existencia de un contrato generan reglas de comprensión y validación de las normas creadas por los contratos que dan origen a aquellas").[74]

---

[70] MARIÑO LÓPEZ, Andrés. La metodología de interpretación del contrato. Estudio de las reglas interpretativas contractuales de los sistemas jurídicos codificados. Revista Crítica de Derecho Privado, Montevideo, Editorial La Ley Uruguay, n. 17, año 2020, p. 434 y 435, 2020.

[71] MARIÑO LÓPEZ, Andrés. La interpretación judicial del contrato en el Derecho Uruguayo. Estudio del sistema de reglas hermenéuticas del Código Civil. Anuario de Derecho Civil Uruguayo. Tomo XXVIII. Montevideo: Fundación de Cultura Universitaria, 1998. p. 612.

[72] MARIÑO LÓPEZ, Andrés. La interpretación judicial del contrato en el Derecho Uruguayo. Estudio del sistema de reglas hermenéuticas del Código Civil. Anuario de Derecho Civil Uruguayo. Tomo XXVIII. Montevideo: Fundación de Cultura Universitaria, 1998. p. 613.

[73] MARIÑO LÓPEZ, Andrés. La interpretación judicial del contrato en el Derecho Uruguayo. Estudio del sistema de reglas hermenéuticas del Código Civil. Anuario de Derecho Civil Uruguayo. Tomo XXVIII. Montevideo: Fundación de Cultura Universitaria, 1998. p. 613.

[74] MARIÑO LÓPEZ, Andrés. La interpretación judicial del contrato en el Derecho Uruguayo. Estudio del sistema de reglas hermenéuticas del Código Civil. Anuario de Derecho Civil Uruguayo. Tomo XXVIII. Montevideo: Fundación de Cultura Universitaria, 1998.p. 613.

Finalmente, y en caso de expresiones ambiguas en la labor de desentrañar la intención de las partes, se establecen como pautas objetivas: a) existiendo una interpretación previa que "asigna dos sentidos posibles a una expresión: la validez o la nulidad. En la asignación de uno u otro sentido debe preferirse el que de validez al contrato"[75] y b) el *favor debitoris*, las cláusulas ambiguas deben de interpretarse en favor del deudor, quien en la clásica codificación era la parte débil. Pero los sistemas consagran una excepción a la aplicación del *favordebitoris* que adquiere especial relevancia en la nueva forma de lenguaje comunicacional: la interpretación "*contra stipulator*". En efecto, "si la cláusula ambigua que aún no ha podido ser pasible de asignársele un sentido unívoco ha sido redactado por una de las partes – acreedora o deudora – se atribuirá el significado favorable a quien no redactó la cláusula, siempre que la ambigüedad provenga de la falta de explicación. Esta pauta se redacta en forma de proposición condicional (...) Se trata del principio *contra stipulatorem*: *situplator* por el cual "habiendo formulado la cláusula, estaba en condiciones de expresarse con claridad y en cambio ha resultado ambiguo".[76]

Señala A. Caumont que la interpretación de un negocio jurídico pertenece al campo de la hermenéutica discursiva y no meramente literal respecto del fragmento aislado objeto de discernimiento significacional, pues "de esta forma, una cláusula aparentemente clara, podría resultar ambigua, obscura o incompleta, en virtud de pruebas extrínsecas al instrumento (y, derivadamente, extrínsecas al propio fragmento literal bajo tarea interpretativa, agrega el autor del presente). La *claritas* del texto, en suma, no tendría más que un significado provisorio e interino (N. Irti), que eventualmente podría ser corregido mediante una actividad probatoria en contrario".

Para poder desentrañar cómo interpretaremos un contrato que es producto de un "modelo contractual" emitido por inteligencia artificial (ChatGPT) debemos tener presente que la nueva forma de lenguaje comunicacional es imperfecta y presenta diversos errores, propio de su estado de desarrollo, aunque, como vimos, avanza a pasos de gigante.

---

75 MARIÑO LÓPEZ, Andrés. La interpretación judicial del contrato en el Derecho Uruguayo. Estudio del sistema de reglas hermenéuticas del Código Civil. Anuario de Derecho Civil Uruguayo. Tomo XXVIII. Montevideo: Fundación de Cultura Universitaria, 1998. p. 614.

76 MARIÑO LÓPEZ, Andrés. La interpretación judicial del contrato en el Derecho Uruguayo. Estudio del sistema de reglas hermenéuticas del Código Civil. Anuario de Derecho Civil Uruguayo. Tomo XXVIII. Montevideo: Fundación de Cultura Universitaria, 1998. p. 615.

Esos errores hacen que el modelo comunicacional sea imperfecto, que requiera el control y supervisión humana, que la información que utiliza el sistema está limitada temporalmente hasta el año 2021 por así disponerlo la empresa creadora del modelo de lenguaje, que la información que recopila y genera está basada en pura estadística, que existe opacidad en la selección de información y que tiene límites que el intérprete del contrato debe conocer.

En el informe presentado por el Laboratorio de Inteligencia Artificial de la Facultad de Derecho de la Universidad de Buenos Aires, se señalan tres límites intrínsecos al modelo de lenguaje comunicacional Chat *GPT*. Ellos son: 1) los sesgos de maquina injustos o discriminatorios, 2) la falta de contexto y 3) la incapacidad de razonamiento.

En primer lugar, se señala como uno de los límites de la nueva tecnología los sesgos de máquina injustos o discriminatorios. Una discriminación que habíamos advertido anteriormente y que invade todo el espectro de la inteligencia artificial.[77] En tal sentido, "los agentes conversacionales no escapan a la problemática de los sesgos discriminatorios, ya sea de género, raciales, por motivos socioeconómicos, entre otros; incluso, por la combinación de varios de ellos en una suerte de interseccionalidad".[78] Si bien no necesariamente supone discriminación algorítmica, es posible advertir que "presentan déficits intrínsecos de trazabilidad, explicabilidad y transparencia, lo que se conoce como el fenómeno llamado "caja negra". Aunque se está avanzando mucho ... lo cierto es que resulta muy complejo o prácticamente imposible, en ciertos escenarios (como el de *ChatGPT*) desentrañar, en base a qué datos o sobre qué correlaciones el sistema arrojó los resultados sesgados negativamente, para volver sobre sus propios pasos y erradicarlo".[79]

---

[77] MARTINEZ-MERCADAL, Juan José. Discriminación algorítmica: anotaciones sobre la protección "pro homine" y la prevención del daño desde la Propuesta Europea de Regulación de la Inteligencia Artificial 2021. *En*: EHRHARDT JÚNIOR, Marcos; CATALAN, Marcos; MALHEIROS, Pablo (Coords.). *Direito Civil e tecnología*. Tomo II. 2. ed. Belo Horizonte: Fórum, 2022.

[78] CORVALAN, Juan Gustavo; ESTEVEZ, Elsa; LE FEVRE CERVINI, Enzo María. SCHAPIRA, Débora; SIMARI, Gerardo. ChatGPT vs. GPT-4: ¿imperfecto por diseño? Explorando los límites de la inteligencia artificial. Laboratorio de Inteligencia Artificial de la Facultad de Derecho de la Universidad de Buenos Aires. IALAB, Buenos Aires, marzo, 2023. Ebook.

[79] CORVALAN, Juan Gustavo; ESTEVEZ, Elsa; LE FEVRE CERVINI, Enzo María. SCHAPIRA, Débora; SIMARI, Gerardo. ChatGPT vs. GPT-4: ¿imperfecto por diseño? Explorando los límites de la inteligencia artificial. Laboratorio de Inteligencia Artificial de la Facultad de Derecho de la Universidad de Buenos Aires. IALAB, Buenos Aires, marzo, 2023. Ebook.

Habíamos advertido anteriormente que los sesgos humanos invaden la máquina en un escenario de falta de trazabilidad, exceso de datos y aprendizaje profundo (Deep learning) creando comportamientos y conductas no deseadas con aptitud de vulnerar elementales derechos humanos fundamentales, lo que obliga a no perder nuca la centralidad humana y su dignidad. En ese escenario, el derecho privado debe ser parte de la solución no parte del problema.[80]

En segundo lugar, el laboratorio de Inteligencia Artificial de la UBA hace referencia como límite intrínseco del Chat GPT a una fuerte falta de contexto, algo que decididamente influye en la interpretación discursiva de un contrato. Se señala que "como la herramienta no tiene un conocimiento previo del mundo que haya adquirido mediante su propia percepción y experimentación, donde pueda situar y actualizar la tarea que se le requiere, es lógico que cometa este tipo de errores. A esto es lo que se refiere *OpenAI* cuando, entre las limitaciones, aclara que *ChatGPT* suele adivinar y suponer lo que el usuario pretende, en lugar de formular preguntas aclaratorias como debería hacer idealmente. Pero el problema no es sólo ese conocimiento que adquirimos naturalmente y que llamamos sentido común, sino que, en ocasiones, se presentan dificultades por falta de información más especializada y compleja.[81]

La ambigüedad y la polisemia de los signos contractuales es un fenómeno que forma parte de la interpretación contractual tal y como la conocemos en la actualidad. Pero en el caso del nuevo lenguaje comunicacional puede existir una potenciación de la ambigüedad

---

80 MARTINEZ-MERCADAL, Juan José. Discriminación algorítmica: anotaciones sobre la protección "pro homine" y la prevención del daño desde la Propuesta Europea de Regulación de la Inteligencia Artificial 2021. *En*: EHRHARDT JÚNIOR, Marcos; CATALAN, Marcos; MALHEIROS, Pablo (Coords.). *Direito Civil e tecnologia*. Tomo II. 2. ed. Belo Horizonte: Fórum, 2022. p. 249.

81 CORVALAN, Juan Gustavo; ESTEVEZ, Elsa; LE FEVRE CERVINI, Enzo María. SCHAPIRA, Débora; SIMARI, Gerardo. ChatGPT vs. GPT-4: ¿imperfecto por diseño? Explorando los límites de la inteligencia artificial. Laboratorio de Inteligencia Artificial de la Facultad de Derecho de la Universidad de Buenos Aires. IALAB, Buenos Aires, p. 40 y 41, marzo, 2023. Ebook. Señala el IALAB como ejemplo: "En 2018, un policía de Kansas paró a una persona de nacionalidad mexicana llamada Cruz-Zamora que no tenía conocimientos profundos de inglés y usó el traductor de Google para comunicarse. Luego de tomar conocimiento de que el auto que conducía pertenecía a su novia y que en él había dinero en efectivo, el agente decidió inspeccionarlo. Para eso escribió en la herramienta: "Can I search your car?", lo que se tradujo como "¿puedo buscar el auto?" - "Yeah, yeah go"- respondió Cruz-Zamora. Más tarde, el juez consideró que la calidad de la traducción era tan pobre, que no se podía considerar que el conductor haya dado su consentimiento informado y por eso concluyó que la requisa había sido violatoria de la Cuarta Enmienda. Conforme testificó un perito, el contexto es muy importante para realizar interpretaciones. Por eso, las traducciones literales, en muchos casos, deben ser contextualizadas".

por cuanto "las inteligencias artificiales procesan los datos bajo otra lógica, en esencia, no son capaces de realizar contextualizaciones circunstanciadas que, además y en muchos supuestos, requieren de análisis sofisticados de relaciones causales o de inferencias lógicas".

Hemos visto que contexto del contrato, sus circunstancias orteguianas, son material de primera mano para la interpretación.

En tercer lugar, se señala la incapacidad de razonamiento que es natural a la creación por inteligencia artificial. El modelo de chat *GPT* como otros de inteligencia artificial "desconocen el contexto, las personas, los objetos, las situaciones y las conexiones entre ellos. La "comprensión" que tiene de ellos se basa en una aproximación basada en la matemática, la estadística y las técnicas computacionales para correlacionar símbolos o lenguaje. En el caso del lenguaje natural, correlaciona cadenas compuestas por palabras, a su vez compuestas por letras. Se trata de un procesamiento ultrarrápido de fragmentos de texto; no de pensar, imaginar, recordar o comprender. Ni siquiera sabe que las palabras representan cosas".[82]

6 Algunas primeras reflexiones e interrogantes

Nadie puede desconocer que, por más asombroso que sea la nueva forma de lenguaje comunicacional por inteligencia artificial nunca igualará, al menos eso esperamos, al lenguaje natural y a la creatividad humana con sus circunstancias orteguianas. La nueva tecnología, en un mundo colapsado por los datos, se limita a registrarlos y seleccionarlos estadísticamente sin vocación de poder realizar una comprensión de la realidad, de poseer cualidades humanas derivadas del "sentido común", de poder comprender y codificar valores, sentimientos, emociones o creencias. Son estrechamente débiles y no han llegado (aún) a un estado de evolución de sustitución de capacidades humanas que nos han colocado en la cúspide de la evolución animal.

Pero no podemos desconocer que el exponencial uso que está comenzando a tener la nueva forma de comunicación GPT, que en 5 días reunió su primer millón de usuarios invade el ámbito de creación

[82] CORVALAN, Juan Gustavo; ESTEVEZ, Elsa; LE FEVRE CERVINI, Enzo María. SCHAPIRA, Débora; SIMARI, Gerardo. ChatGPT vs. GPT-4: ¿imperfecto por diseño? Explorando los límites de la inteligencia artificial. Laboratorio de Inteligencia Artificial de la Facultad de Derecho de la Universidad de Buenos Aires. IALAB, Buenos Aires, marzo, 2023.

contractual. La posibilidad de utilizar modelos contractuales creados por *prompts* introducidos por el hombre, nos conduce a interrogarnos sobre si estamos ante una nueva crisis de la autonomía de la voluntad o del contrato.

La interpretación del contrato creado en esas condiciones es un nuevo problema para el aplicador del Derecho teniendo presente que "es sobre el texto y no en el signo individualmente considerado que debe realizarse la actividad interpretativa de atribución de significado".[83]

El Derecho, y dentro de él la norma creada por el contrato, es lenguaje y como tal debe ser interpretado. Señala Caumont que "solamente desde el Lenguaje se perfeccionará el abordaje que habilitará el entendimiento riguroso y científico. Siendo el Derecho lenguaje, su captación fundamental provendrá del esclarecimeinto semántico de las unidades de signifcación que lo constituyen tanto en el plano signico como en el plano discursivo".[84]

Desde esta perspectiva, varios desafíos e interrogantes nos presentan la creación contractual por Chat *GPT*: ¿puede elaborar un texto contractual que pueda contemplar el real contexto de la operación económica contractual en su finalidad (causa) y funcionalidad?; ¿ es posible, o deseable, que sea el propio lenguaje comunicacional el que interprete su propia obra contractual?; ¿es posible que las partes acuerden acudir a ella para desentrañar la literalidad o intención común del contrato?; ¿los *prompts* son manifestaciones de voluntad y como tales forman parte de la voluntad contractual?; ¿es posible señalar que integran los *pour-parles* o tratativas contractulaes?; ¿puede el chat *GPT* distinguir entre el valor de signos aislados y el discurso contractual?; ¿cómo analizamos la literalidad contractual, el contexto interno y externo del contrato, la coherencia contractual y las prácticas y usos de costumbres?; ¿quién es el *stipulator*? ¿el creador del *prompt* o se diluye en la máquina?;¿cómo interpretar la literalidad contractual (*intentio operis*) o en su defecto cómo indagar la intención común o voluntad de las partes (*intentio autoris*) cuando el texto contractual fue elaborado por un ChatGPT? En definitiva ¿cómo es posible interpretar manifestaciones de voluntad que son imperfectas por diseño?

---

[83] MARIÑO LÓPEZ, Andrés. La interpretación judicial del contrato en el Derecho Uruguayo. Estudio del sistema de reglas hermenéuticas del Código Civil. Anuario de Derecho Civil Uruguayo. Tomo XXVIII. Montevideo: Fundación de Cultura Universitaria, 1998.

[84] CAUMONT, Arturo. Interpretación del contrato de la semiosis del signo a la semiosis del discurso. Revista Critica de Derecho Privado, n. 1, año 2004. CAUMONT, Arturo. Una reflexión crítica sobre le dolo como vicio del consentimiento. Anuario de Derecho Civil Uruguayo Tomo XXXVI. Montevideo: Fundación de Cultura Universitaria, 2006. p 586.

Acaso ¿nos estamos acercamos a un mundo coasiano (a ese mundo ideal que el propio Coase entendió que no tenía relación con la propia realidad) donde se elimina por completo los costos de transacción?

Ha señalado Alfaro Águila-Real que el hombre ha conocido "dos sistemas distintos de organizar la producción de bienes y su intercambio en los mercados. El que ha utilizado la Humanidad desde el Neolítico hasta ahora es el del recurso a instrumentos sociales para maximizar la producción (lo que requiere minimizar los costes de producir en común y minimizar los costes de intercambiar lo producido). Estos mecanismos sociales incluyen la coacción, la moralidad, el Derecho, los lazos familiares y relaciones genéticas, la reputación, y, por otro lado, el sistema de precios de mercado. La aplicación de la inteligencia artificial supone sustituirlos por instrumentos mecánicos".[85] "La máquina será la que tome las decisiones de asignación de los recursos que ahora toman los individuos. En ese mundo ideal coasiano, la inteligencia artificial habría sustituido también al mecanismo de precios para averiguar las preferencias y la utilidad que la gente extrae de las cosas.[86]

Y nuevamente, en ese escenario ¿qué rol le vamos a asignar a la transparencia algorítmica en la teoría contractual de la cuarta revolución industrial? Realmente ¿vamos a asistir a la sustitución del Derecho por la inteligencia artificial en su función de "gestionar" la cooperación entre los seres humanos?, tal y como afirma Alfaro Águila-Real.[87]

En este escenario determinista, direccionado y maquinista, parece que poco lugar queda a una teoría ética del contrato, esa humanización de los vínculos que la propia constitucionalización

---

[85] ALFARO ÁGUILA-REAL, Jesús. La inteligencia artificial puede acabar con la necesidad del Derecho, del mercado y del sistema de precios A propósito de Casey, Anthony J. and Niblett, Anthony, Self-Driving Contracts. (March 1, 2017). Disponible: https://almacendederecho.org/contratos-mecanizados. Consulta: 20 de julio de 2023. "En ese mundo, la inteligencia artificial habría sustituido también al mecanismo de precios para averiguar las preferencias y la utilidad que la gente extrae de las cosas. Del mismo modo que las máquinas inteligentes pueden adivinar qué queremos, en qué cantidad y con qué características de los "bienes" que adquirimos en el mercado o producimos en común en la actualidad, las máquinas podrán adoptar las decisiones eficientes para producir esos bienes, es decir, no necesitaremos de los precios para indicar a cada productor lo que tiene que producir y cuándo dejar de hacerlo (porque sus costes de producción superen el precio de mercado).

[86] ALFARO ÁGUILA-REAL, Jesús. *La inteligencia artificial puede acabar con la necesidad del Derecho, del mercado y del sistema de precios.* A propósito de Casey, Anthony J. and Niblett, Anthony, Self-Driving Contracts (March 1, 2017).

[87] ALFARO ÁGUILA-REAL, Jesús. *La inteligencia artificial puede acabar con la necesidad del Derecho, del mercado y del sistema de precios.* A propósito de Casey, Anthony J. and Niblett, Anthony, Self-Driving Contracts (March 1, 2017).

del derecho privado pretende reivindicar en pos de protección de la dignidad humana. Señalaba Arturo Caumont que así como en el inicio de su obra "Provocaciones en torno al Derecho" recuerda Guibourg, para el delicado territorio de la persuasión y el debate, que *convencer* es vencer *CON* el otro y no *AL* otro también puede parafrasearse, como enunciado, que en el sensible ámbito de la contratación, *convenir* no es venir *CONTRA* el otro sino *CON* el otro. He ahí el fondo ético que marca, con indeleble impronta, el propio contenido conceptual y de significación del negocio jurídico contractual...". Parece que la nueva revolución tiene poco espacio para hablar de constitucionalización del derecho privado, de derechos fundamentales, de dialogo de fuentes, de justicia, de mercado, de Derecho y de un marco de eticidad contractual.

En enero de 2017, tuvo lugar una conferencia organizada por "*Future of Life Institute*" con el objetivo de dar a luz a la lista de recomendaciones. Apoyados por más de 1.200 figuras relacionadas con la innovación tecnológica y científica como Stephen Hawking y Elon Musk, junto a más de 800 investigadores especializados en inteligencia artificial, se presentaron los "principios de Asilomar", por la ciudad en donde se realizó la mencionada conferencia.[88]

---

[88] THE FUTURE OF LIFE INSTITUTE (FLI). *Asilomar Principles*. Disponible: ttps://futureoflife.org/ai-principles/ Diario El confidencial: "Los 23 mandamientos para evitar que la Inteligencia Artificial nos domine". Disponible: https://www.elconfidencial.com/tecnologia/2017-02-02/inteligencia-artificial-elon-musk-stephen-hawking-ia_1325057/. En la conferencia se establecieron como principios los siguientes: "Las metas y objetivos de la investigación deben discurrir por: 1) el objetivo de la investigación de la IA no debería ser crear inteligencia sin dirigir (autónoma), sino inteligencia beneficiosa. 2) la inversión (y financiación) en IA debería ir acompañada de fondos para investigar en asegurar su uso beneficioso, incluyendo cuestiones espinosas sobre ciencias de la computación, economía, legislación, ética y estudios sociales. 3) el enlace entre ciencia y política debería sostener un intercambio constructivo y sano entre los investigadores de IA y los legisladores. 4) una cultura de investigación basada en la cooperación, la confianza y la transparencia debería ser fomentada entre los investigadores y desarrolladores de IA. 5) evitar las carreras: los equipos que estén desarrollando sistemas de IA deberían cooperar activamente para evitar recortes en los estándares de seguridad. En sede de ética y valores: 6) los sistemas de IA deberían ser seguros a lo largo de su vida operativa, y verificables donde sea aplicable y posible. 7) la transparencia en los fallos con capital principal: si un sistema de IA causa daño debería ser posible determinar por qué. 8) transparencia judicial: cualquier intervención de un sistema autónomo en una decisión debería ir acompañada de una explicación satisfactoria y auditable por parte de una autoridad humana competente. 9) responsabilidad: los diseñadores y desarrolladores de sistemas avanzados de IA son depositarios de las implicaciones morales de su uso, mal uso y acciones, con la responsabilidad y oportunidad de dar forma a dichas implicaciones. 10) los sistemas de IA altamente autónomos deberían ser diseñados para que sus metas y comportamientos puedan alinearse con los valores humanos a lo largo de sus operaciones. 11) Valores humanos: los sistemas de IA deberían ser diseñados y operados para que sean compatibles con los ideales de dignidad humana, derechos, libertades y diversidad

El 22 de marzo de 2023, el Instituto Futuro of Life publicó una carta abierta con más de 27565 adhesiones, entre las que se encuentran figuras relevantes del desarrollo tecnológico y de la sociedad civil.[89] En un fragmento de la carta abierta se expresa: Los sistemas de inteligencia artificial contemporáneos ya compiten con los humanos en tareas generales, y debemos preguntarnos: ¿*Debemos* dejar que las máquinas inunden nuestros canales de información con propaganda y falsedades? ¿*Debemos* automatizar todos los trabajos, incluidos los más gratificantes? ¿*Debemos* desarrollar mentes no humanas que con el tiempo nos superen en número, inteligencia, obsolescencia y reemplazo? ¿*Debemos* arriesgarnos a perder el control de nuestra civilización? Estas decisiones no deben delegarse en líderes tecnológicos no elegidos. Los sistemas de IA potentes sólo deben desarrollarse cuando estemos seguros de que sus efectos serán positivos y sus riesgos controlables. Esta confianza debe estar bien justificada y aumentar con la magnitud de los efectos potenciales de un sistema. La reciente declaración de OpenAI en relación con la inteligencia artificial general afirma que "*En algún momento, puede ser importante obtener una revisión independiente antes*

---

cultural. 12) Privacidad personal: la gente debería tener el derecho de acceder, gestionar y controlar los datos que generan, dando a los sistemas de IA el poder de analizar y utilizar esa información. 13) Libertad y privacidad: la aplicación de la IA a los datos personales no puede restringir de forma poco razonable la libertad, real o sentida, de las personas. 14) Beneficio compartido: las tecnologías de IA deberían beneficiar y fortalecer a tanta gente como sea posible. 15) Prosperidad compartida: la prosperidad económica creada por la IA debería ser compartida ampliamente, para el beneficio de toda la Humanidad. 16) Control humano: los seres humanos deberían escoger cómo y si delegan decisiones a los sistemas de IA para completar objetivos escogidos previamente. 17) Sin subversión: el poder conferido por el control de sistemas de IA altamente avanzados debería respetar y mejorar, más que subvertir, los procesos sociales y cívicos de los que depende la salud de la sociedad.

Y finalmente a largo plazo: 18) debería ser evitada cualquier carrera armamentística de armas autónomas letales. 19) al no haber consenso, deberíamos evitar las asunciones sobre los límites superiores de las futuras capacidades de la IA. 20) la IA avanzada podría representar un profundo cambio en la historia de la vida en la Tierra, y debería ser planificada y gestionada con el cuidado y los recursos adecuados. 21) los riesgos asociados a los sistemas de IA, especialmente los catastróficos o existenciales, deben estar sujetos a planificación y esfuerzos de mitigación equiparables a su impacto esperado. 22) los sistemas de IA diseñados para automejorarse recursivamente o autorreplicarse de una forma que pudiera llevar al rápido incremento en su calidad o cantidad deben estar sujetos a unas estrictas medidas de control y seguridad. 23) la superinteligencia debería ser desarrollada sólo en servicio de unos ideales éticos ampliamente compartidos y para beneficio de toda la Humanidad, más que para un Estado u organización.

89 THE FUTURE OF LIFE INSTITUTE (FLI). Pause Giant AI Experiments: An Open Letter We call on all AI labs to immediately pause for at least 6 months the training of AI systems more powerful than GPT-4. Disponible: https://futureoflife.org/wp-content//March 22, 2023. Consulta: 06 de mayo de 2023.

de empezar a entrenar futuros sistemas, y que en los esfuerzos más avanzados se acuerde limitar la tasa de crecimiento de la computación utilizada para crear nuevos modelos.» Estamos de acuerdo. Ese momento ha llegado. Por lo tanto, pedimos a todos los laboratorios de IA que pongan inmediatamente en pausa durante al menos 6 meses el entrenamiento de sistemas de IA más potentes que GPT-4. Esta pausa debe ser pública y verificable, e incluir a todos los actores clave. Si esta pausa no puede realizarse rápidamente, los gobiernos deberían intervenir e instituir una moratoria".

A. Rodríguez de las Heras señalaba que "la disolución de la frontera entre lo natural y lo artificial se intensifica a causa del flujo y el reflujo que se producen en el ser humano. Hay una continua extraversión de nuestra naturaleza en creaciones artificiales. Una marea que ha ido llevando fuera de nosotros funciones anatómicas (…) hemos pasado a las máquinas el gasto energético de un trabajo que antes consumía nuestras calorías; y a los autómatas –desde el telar mecánico a un robot industrial– nuestras destrezas; y la memoria desde la escritura a la Red; y la inteligencia y los sentimientos se están intentando transmitir a las computadoras. En sentido contrario, lo artificial entra en el recinto de lo natural, el cuerpo, en forma de incisiones de tinta, tatuajes, desde siempre y en todas las culturas, perforaciones, prótesis, implantes, trasplantes, química de los medicamentos, células madre. Así que tenemos un *homo extraversus* y un *homo proteticus*. (…) Explosión: el mundo digital que está emergiendo es una impresionante manifestación de la extraversión de las capacidades naturales del ser humano en un mundo artificial, y de sus consecuentes amplificaciones. Implosión: y a la vez una contracción de este mundo hasta hacerse prótesis.[90]

No se trata de enfrentar las bondades y las desventajas de la nueva tecnología en una suerte de debate sin fin, sino de abocarnos a abordar la nueva realidad y sus implicancias en la vida en sociedad; de la cual el Derecho no es más que otro producto de su cultura en un momento histórico determinado.

Referencias

ALFARO ÁGUILA-REAL, Jesús. *La inteligencia artificial puede acabar con la necesidad del Derecho, del mercado y del sistema de precios.* A propósito de Casey, Anthony J. and Niblett, Anthony, Self-Driving Contracts (March 1, 2017).

[90] RODRÍGUEZ DE LAS HERAS, A. *Tensiones y tendencias en la cultura digital.* Anuario AC/E de Cultura digital, 2014.

BARBERO, Domenico. *Sistema de Derecho Privado.* Tomo I. Buenos Aires: Ediciones Jurídicas Europa–América, 1967.

CAFARO, Eugenio; CARNELLI, Santiago. *Eficacia Contractual.* Montevideo: Fundación de Cultura Universitaria, 1996.

CASEY, Anthony; NIBLETT, Anthony. Self-Driving Contracts. *43 Journal of Corporation Law 1*, 2017. Disponible: https://chicagounbound.uchicago.edu/cgi/viewcontent.cgi?article=13564&context=journal_articles. Consulta: 20 de julio de 2023.

CAUMONT, Arturo. Interpretación del contrato de la semiosis del signo a la semiosis del discurso. *Revista Critica de Derecho Privado*, n. 1, año 2004.

CAUMONT, Arturo. *Una reflexión crítica sobre le dolo como vicio del consentimiento.* Anuario de Derecho Civil Uruguayo Tomo XXXVI. Montevideo: Fundación de Cultura Universitaria, 2006.

CENTRO DE DESARROLLO DE COMPETENCIAS DIGITALES CASTILLA-LA MANCHA. *El 'prompt' de ChatGPT: aprende a utilizarlo para obtener los mejores resultados.* 18 de abril de 2023. Disponible: https://www.bilib.es/actualidad/blog/noticia/articulo/el-prompt-de-chatgpt-aprende-a-utilizarlo-para-obtener-los-mejores-resultados/#:~:text=El%20prompt%20es%20una%20gu%C3%ADa,que%20no%20cumpla%20tus%20expectativas. Consulta: 30 de abril de 2023.

CORVALAN, Juan Gustavo; ESTEVEZ, Elsa; LE FEVRE CERVINI, Enzo María. SCHAPIRA, Débora; SIMARI, Gerardo. ChatGPT vs. GPT-4: ¿imperfecto por diseño? Explorando los límites de la inteligencia artificial. *Laboratorio de Inteligencia Artificial de la Facultad de Derecho de la Universidad de Buenos Aires.* IALAB, Buenos Aires, p. 29, marzo, 2023. Ebook.

CORVALÁN, Juan Gustavo. La primera inteligencia artificial predictiva al servicio de la Justicia: Prometea. *Diario LA LEY* de 29/09/2017, Buenos Aires, Argentina.

DRNAS DE CLÉMENT; Zlata. La complejidad del principio pro homine. *Jurisprudencia Argentina*, Buenos Aires, Abeledo Perrot, fascículo 12, 2015.

GARRIDO CORDOBERA, Lidia. Aplicación de los Principios de No Regresión, de Solidaridad y Pro Homine. *Diario La Ley Argentina*, 12 de diciembre 2014.

GARRIDO CORDOBERA, Lidia. *Incidencias del Código Civil y Comercial, vol. 3.* Contratos en general. Buenos Aires: Editorial Hammurabi, 2015.

GUERRERO CARRERA, Jaqueline; E. PALACIOS, Diómedes. Ciudadanía digital y comunidades virtuales. *Revista de Derecho y nuevas Tecnologías*, Montevideo, La Ley Uruguay, n. 3, 2020.

HARO, Jose Luis de. Yuval Noah Harari: Estamos entrando en una era colonial nueva, la era del colonialismo de datos. *El Economista.es*, 07 enero 2021. Disponible: https://www.eleconomista.es/mercados-cotizaciones/noticias/10977110/01/21/Yuval-Noah-Harari-Estamos-entrando-en-una-era-colonial-nueva-la-era-del-colonialismo-de-datos.html. Consulta: 07 de enero de 2021.

INFOJUS. *Proyecto de Código civil y comercial de la Nación*. 1. ed. Buenos Aires, 2012. E-Book. Disponible: http://www.saij.gob.ar/docs-f/ediciones/libros/codigo_civil_comercial.pdf. Consulta 2 de mayo de 2023.

INSTITUTO DE INGENIERÍA DEL CONOCIMIENTO. *Modelo de Lenguaje español*: RigoBERTa. Disponible: https://www.iic.uam.es/inteligencia-artificial/procesamiento-del-lenguaje-natural/modelo-lenguaje-espanol-rigoberta/. Consulta: 02 de marzo de 2023.

JOSSERAND, Louis. La protección de los débiles por el Derecho. *Revista Crítica de Derecho Privado*, n. 5, Carlos Álvarez Editor. p. 909 y ss, 2008.

LORENZETTI, Ricardo Luis. *Fundamentos de Derecho Privado.* Código Civil y Comercial de la Nación Argentina. Buenos Aires: Editorial La Ley, 2016.

MARIÑO LÓPEZ, Andrés. *La interpretación judicial del contrato en el Derecho Uruguayo.* Estudio del sistema de reglas hermenéuticas del Código Civil. Anuario de Derecho Civil Uruguayo. Tomo XXVIII. Montevideo: Fundación de Cultura Universitaria, 1998.

MARIÑO LÓPEZ, Andrés. La metodología de interpretación del contrato. Estudio de las reglas interpretativas contractuales de los sistemas jurídicos codificados. *Revista Crítica de Derecho Privado*, Montevideo, Editorial La Ley Uruguay, n. 17, año 2020, p. 429, 2020.

MARIÑO LÓPEZ, Andrés. Principio precautorio, protección de consumidores y obligación de informar en el Anteproyecto de Ley de Defensa del Consumidor. *En*: SANTARELLI, Fluvio y CHAMATROPULOS, Demetrio Alejandro (dir). *Comentarios al Anteproyecto de Ley de Defensa del Consumidor*. Suplemento Especial. Buenos Aires: Editorial La Ley, 2019.

MARTINEZ-MERCADAL, Juan José. *Discriminación algorítmica: anotaciones sobre la protección "pro homine" y la prevención del daño desde la Propuesta Europea de Regulación de la Inteligencia Artificial 2021. En*: EHRHARDT JÚNIOR, Marcos; CATALAN, Marcos; MALHEIROS, Pablo (Coords.). Direito Civil e tecnología. Tomo II. 2. ed. Belo Horizonte: Fórum, 2022.

MONROY CABRA, Marco Gerardo. Perspectivas del constitucionalismo moderno. *En*: PARDO SHLESINGER, Cristina; PARRA DUSSÁN, Carlos. *Teoría Constitucional Liber Amicorum en Homenaje a Vladimiro Naranjo.* Colombia: Editorial Universidad del Rosario (Facultad de Jurisprudencia de la Universidad del Rosario, Colombia), septiembre, 2006.

PICASSO, Sebastián. Constitucionalización de la Responsabilidad Civil y Reparación Integral. *Revista Crítica de Derecho Privado*, Montevideo, n. 3, Estudios en Homenaje a Fernando Miranda, Carlos Álvarez Editor, p. 630, 2005.

PINTO, Mónica. El principio pro homine. Criterios de hermenéutica y pautas para la regulación de los derechos humanos. *En*: ABREGÚ, Martín. *La aplicación de los tratados sobre derechos humanos por los tribunales locales*. Buenos Aires: Centro de Estudios Legales y Sociales, 1997.

PORTAL INFOBAE. ChatGPT: así se pueden crear contratos, ensayos y correos con inteligencia artificial. 2 de enero 2023. Disponible: https://www.infobae.com/america/tecno/2023/01/02/chatgpt-asi-se-pueden-crear-contratos-ensayos-y-correos-con-inteligencia-artificial/. Consulta: 02 de mayo de 2023.

RODRÍGUEZ DE LAS HERAS, A. Tensiones y tendencias en la cultura digital. Anuario AC/E de Cultura digital, 2014.

SANTARELLI, Fluvio. *Contrato y Mercado*. Buenos Aires: Editorial La Ley, 2018.

THE ECONOMIST. *The world's most valuable resource is no longer oil, but data*. Disponible: https://www.economist.com/leaders/2017/05/06/the-worlds-most-valuable-resource-is-no-longer-oil-but. Consulta: 06 de mayo de 2017.

THE FUTURE OF LIFE INSTITUTE (FLI). *Pause Giant AI Experiments*: An Open Letter We call on all AI labs to immediately pause for at least 6 months the training of AI systems more powerful than GPT-4. Disponible: https://futureoflife.org/wp-content/uploads/2023/05/FLI_Pause-Giant-AI-Experiments_An-Open-Letter.pdf Signatures March 22, 2023. Consulta: 06 de mayo de 2023.

TUR FERNÁNDEZ, Carlos. *Smart Contracts. Análisis Jurídico*. Reus Editorial, 2018.

ZUNINI, Patricio. Portal INFOBAE. *Inteligencia artificial en el aula*: cómo es la tecnología que va a revolucionar la educación. Disponible: https://www.infobae.com/educacion/2023/01/27/inteligencia-artificial-en-el-aula-como-es-la-tecnologia-que-va-a-revolucionar-la-educacion/ 27 Ene, 2023. Consulta: 02 de mayo de 2023.

Informação bibliográfica deste texto, conforme a NBR 6023:2018 da Associação Brasileira de Normas Técnicas (ABNT):

MARTÍNEZ-MERCADAL, Juan José. Contratos y CHATGPT: ¿manifestaciones de voluntad imperfectas por diseño? *In*: EHRHARDT JÚNIOR, Marcos; CATALAN, Marcos; NUNES, Cláudia Ribeiro Pereira (Coord.). *Inteligência artificial e relações privadas – Relações patrimoniais*: entre o consumo, os contratos e os danos. Belo Horizonte: Fórum, 2023. v. 3. p. 213-246. ISBN 978-65-5518-586-7.

PARTE III

PROTEÇÃO DO CONSUMIDOR E INTELIGÊNCIA ARTIFICIAL

GIG ECONOMY: APONTAMENTOS BREVÍSSIMOS SOBRE A NECESSÁRIA PROTEÇÃO DOS CONSUMIDORES NO DIREITO BRASILEIRO

MARCOS CATALAN

Introdução

Nicolai Vassilievitch Gógol, em 1835, publicou *O retrato*. Em síntese bastante apressada, o *conto* flui através de uma espiral que transita (a) por pesadelos existenciais, vividos por seu protagonista, entremeio a pobreza tão comum entre os artistas que viveram no século XIX, (b) atravessa sonhos burgueses gestados em um cenário fantasmagórico que conduziram a personagem à experimentação de alguns anos de prazeres mundanos, (c) para mais tarde desaguar, de forma retumbante e inesperada, em frenético e insuperável tormento experimentado por Tchartkov, jovem pintor, culminando em sua abrupta queda, insanidade e morte. Da obra, outrossim, recorta-se nada mais que exígua passagem. Um trecho que, destoando do universo gótico que envolve e estrutura o conto, alimenta-se da crueza experimentada pelos menos favorecidos, retratando que:

> Há velhas que rezam; velhas que se embebedam; velhas que rezam e depois se embebedam; velhas que sobrevivem por conta de bicos inimagináveis, carregando, iguais às formigas, antigos trastes e roupas de baixo da ponte Kalínkin até o mercado de pulgas, a fim de vendê-los ali por quinze copeques – numa palavra, os resíduos mais infelizes da

humanidade. Nenhum benfazejo economista político acharia meios de melhorar o estado dessa gentinha.[1]

Quem eventualmente venha a ter contato com este ligeiro ensaio, provavelmente, intuirá, passados quase 200 da cena imortalizada por Gógol – mesmo ante a tendência de formular incabível e anacrônica crítica embebida no poder simbólico da linguagem – que os menos favorecidos seguem à espera de políticas públicas que lhes permitam experimentar, verdadeiramente, suas liberdades.

Isso inclui uma miríade de pessoas exploradas pela *gig economy*. O tema permite abordagens das mais distintas ordens. Este trabalho, de natureza exploratória – ou seja, sem uma hipótese que o anteceda – e lastreado em fontes bibliográficas e documentais, tem por escopo identificar imbricações possíveis entre a *gig economy* e a necessária proteção do consumidor no Brasil, necessária, registre-se explicitamente, ante o fato tratar de direito fundamental nos termos da Constituição Federal de 1988.

Gig economy: arquitetura e movimento

Gig é uma expressão inglesa tradicionalmente utilizada por bandas de Jazz para descrever as situações em que são contratadas para realizarem uma única apresentação pontual, um único espetáculo. O termo acabou sendo ligado, inicialmente, ao *freelance*,[2] àquilo que no Brasil é chamado de bico. Noutros termos, por *gig economy* deve-se compreender o campo, o espaço, o ambiente ocupado por atividades profissionais com curta ou curtíssima duração, usualmente, desvinculadas tanto dos serviços e marcas relativos às sociedades empresárias empregadoras como da pré-existência de contratos de trabalho moldados pelo direito laboral construído ao longo dos séculos XIX e XX.

Observe-se que a *gig economy* não é um fenômeno novo, afinal, os *freelancers* existem há algum tempo. Resgata-se nos porões da memória, por exemplo, o caso envolvendo a morte do príncipe Otto von Bismarck, havida em 1898.[3]

---

1 GÓGOL, Nikolai. O retrato. *In*: *Contos góticos russos*. Trad. Oleg Almeida. São Paulo: Martin Claret, 2020. p. 81.

2 *GIG Economy*: o que é e como funciona. *TD*, 2018. Disponível em: https://transformacaodigital.com/futuro-do-trabalho/gig-economy-o-que-e-e-como-funciona/. Acesso em: 29 out. 2022.

3 ALEMANHA. RGZ 45, 170.

Há, entretanto, recentíssima produção bibliográfica escancarando que a economia *gig* tem recebido a atenção dos holofotes em um movimento que parece ter origem em pelo menos três fatores: (a) a disrupção tecnológica recente, responsável por reduzir muitas das barreiras à entrada de pessoas neste mercado, tornando-o acessível a uma gama, sem precedentes, de seres humanos, (b) a crise econômica – operando em tempos distintos no contexto geográfico global – e a crise sanitária, ambas havidas neste século, ambas, com apetite pantagruélico, devorando empregos formais ao mesmo tempo em que amplia as linhas divisórias da pobreza e da fome e, por fim, (c) a flexibilização das relações de trabalho, tensionada pelo avanço da digitalização das relações humanas, das altas, embora sazonais, taxas de desemprego e, ainda, sem dúvida alguma, pelo sedutor, embora, inconsistente, discurso neoliberal; fragilidade comprovada no fato de que a *gig economy* alimenta-se, basicamente, de pessoas com trabalhos temporários: autônomos, *freelancers* e *parceiros* da *Uber*, da *Uber Eats* (...)

Levantamento do Centro de Ensino e Pesquisa em Inovação (CEPI) da Escola de Direito da Fundação Getúlio Vargas, situada em São Paulo, no Brasil, identificou que (a) além do *delivery* em geral, cabem no interior da moldura delineadora da *gig economy* (b) o transporte de passageiros, (c) a advocacia e a oferta de serviços jurídicos ocasionais e (d) o ensino em geral[4] que proliferam em meio à profusão de ofertas que, muito provavelmente, não possam ser cumpridas nos termos dos artigos 30 e 31 do Código de Defesa do Consumidor.[5]

A mesma pesquisa listou, ainda, (e) serviços domésticos de limpeza, (f) pessoas dispostas a passearem com nossos animais de estimação, os hospedarem ou prestarem cuidados episódicos como a alimentação de gatos, (g) atenção com a saúde e bem-estar pessoal, física e metafisica, (h) assistência na área da tecnologia da informação, (i) cuidados destinados a nossas crianças, (j) atividades nos ramos da hotelaria e turismo e (k) biscates em geral.[6]

---

[4] RAPOSO, Patrícia. Desinformação prevalece na Gig Economy, dificultando regulação no setor. *Movimento Econômico*, 2021. Disponível em: https://movimentoeconomico.com.br/economia/2021/12/29/desinformacao-prevalece-na-gig-economy-dificultando-regulacao-no-setor/. Acesso em: 29 out. 2022.

[5] BRASIL. *Lei nº 8.078, de 11 de setembro de 1990*. Dispoe sobre a proteção do consumidor e dá outras providências. Diário Oficial da União, Seção 1, Suplemento, 12 set. 1990, Página 1. Disponível em: https://www2.camara.leg.br/legin/fed/lei/1990/lei-8078-11-setembro-1990-365086-publicacaooriginal-1-pl.html. Acesso em: 20 jul. 2023.

[6] RAPOSO, Patrícia. Desinformação prevalece na Gig Economy, dificultando regulação no setor. *Movimento Econômico*, 2021. Disponível em: https://movimentoeconomico.com.br/economia/2021/12/29/desinformacao-prevalece-na-gig-economy-dificultando-regulacao-no-setor/. Acesso em: 29 out. 2022.

Uma economia que parece ser muito melhor qualificada como *freelancer* que como *compartilhada*; termo este deveras incorreto para descrever o fenômeno, afinal, em regra pouco parece compartilhar.

É verdade que quando se pensa o tema, talvez alguns poucos privilegiados possam encontrar trabalho em mais de uma cidade, estado ou, até mesmo, país, o que lhes permite uma vida nômade, sem as amarras do emprego tradicional e, por conta de especificidades de mercados de trabalho específicos, como o da tecnologia da informação, uma renda mais que digna.

Ocorre que tal *realidade*, certamente, não alcança a todos, afinal, mormente quando os talentos individuais ofertados são divididos por muitos – como a disposição para pedalar e entregar alimentos ou para passar mais de dez horas dirigindo, de sol a sol –, os lucros acabam sendo absorvidos pelas plataformas que intermedeiam a relação e os pagamentos: (a) usando a tecnologia para exercer amplo e irrestrito controle sobre a atividade dos trabalhadores com o monitoramento, em *tempo real*, e constante estado de vigilância,[7] (b) criando, deliberadamente, assimetrias informacionais – ao ocultarem, por exemplo, os endereços de entrega ou o preço pago pelo destinatário final do produto ou serviço – que reduzem a capacidade dos trabalhadores na tomada de decisões e, em alguns casos, (c) impondo que os entregadores arquem com os custos de sua atividade, sujeitando-nos a condições de trabalho inseguras.[8]

É difícil desdizer que a quase onipresença dos *smartphones* e a crescente familiaridade com o *e-commerce* alimentam o que *Tartufo* diria, de forma pomposa, ser a "economia do talento" e, nessa senda, permitem a crescente oferta de produtos e serviços sob demanda em diversas áreas.

De outro lado, sucessivas ameaças aos contratos de trabalho parecem ignorar que as pessoas não são iguais, que nem todos têm talentos ou nasceram em lares privilegiados. Há de salientar-se, ademais, que o trabalho temporário, em grande medida, não passa de cruel ficção quando se pensa a autonomia de trabalhadores, a liberdade de seres humanos que, paradoxalmente, o percebem como um meio para alcançarem crescimento pessoal e autorrealização na sociedade.[9]

---

7 NEWLANDS, Gemma. The algorithmic surveillance of gig workers. *In*: NESS, Immanuel (Ed.). *The routledge handbook of the gig economy*. London: Routledge, 2022.

8 BELANCHE, Daniel *et al*. The role of customers in the gig economy: how perceptions of working conditions and service quality influence the use and recommendation of food delivery services. *Service Business*, [s.l.], v. 15, p. 45-75, 2021.

9 SHIBATA, Saori. Fictitious autonomy and negotiated consent. *In*: NESS, Immanuel (Ed.). *The routledge handbook of the gig economy*. London: Routledge, 2022.

Esta seção alcança seu fim com a identificação de que "até o final de 2023, estima-se que a *gig economy* movimentará US$455 bilhões no mundo", sendo que "os serviços baseados em transporte liderem uma margem significativa da indústria, seguidos pelo compartilhamento de acomodações".[10]

A *gig economy* e a necessária proteção do consumidor: intersecções possíveis

Após essa breve e indispensável passagem buscando identificar os limites que circundam as reflexões centrais deste opúsculo, busca-se, a partir de agora, explorar os cenários sobre os quais desenvolvem-se as relações entre a *gig economy* e o consumo, cumprindo, desta forma, a promessa fundida ao título deste ensaio. Registre-se apenas, antes de prosseguir que, sem dúvida, como revelam alguns de nossos últimos estudos,[11] evidentemente, há aspectos positivos na *gig economy* que podem ser projetados através das lentes utilizadas por diversos consumidores.

Opta-se por lembrar, então, de modo a alimentar a necessária crítica, que se enaltece o fato de que "a popularização da *gig economy* permitiu a abertura de restaurantes *sem serviços de entrega* ou *localização aberta ao público*" ou, ainda, que "a *gig economy* beneficiou o setor do varejo [favorecendo], especialmente, iniciativas como o *pop-up retail*, lojas ou estabelecimentos temporários que ficam abertos ao público por um período limitado".[12] Na mesma esteira, comemora-se a descoberta das "*dark stores*, [que] funcionam como pequenos centros de distribuição, operando apenas para entregas de compras *online*" e que sendo "lojas exclusivas para canais digitais", "ganham em agilidade desde o recebimento do pedido, preparação e logística".[13]

---

[10] COZER, Carolina. GIG economy deve crescer 123% em cinco anos, segundo pesquisa. Whow, 2019. *WHOW*, 06 dez. 2019. Disponível em: https://www.whow.com.br/startups-principais-responsaveis-expansao-gig-economy/. Acesso em: 29 out. 2022.

[11] CATALAN, Marcos. Fragmentos de futuros possíveis, não necessariamente prováveis, do direito privado brasileiro. *In*: EHRHARDT JUNIOR, Marcos (Org.). *Direito civil*: futuros possíveis. Belo Horizonte: Fórum, 2022. v. 1, ainda, CATALAN, Marcos. Inteligências artificialmente moldadas e seguros: rubricas inspiradas no deus Janus. *In*: MARQUES, Cláudia Lima *et al* (Org.). *Direito do consumidor aplicado*: garantias de consumo. Indaiatuba: Foco, 2022. v. 1.

[12] FANIN, Carolina. *Gig economy*: o que você precisa saber sobre esse fenômeno. *E-commerce Brasil*, 2022. Disponível em: https://www.ecommercebrasil.com.br/artigos/gig-economy-o-que-voce-precisa-saber-sobre-esse-fenomeno. Acesso em: 29 out. 2022.

[13] JUDACHESKI, Pedro. Mudanças no delivery pós-pandemia. *E-commercebrasil*, 2022. Disponível em: https://www.ecommercebrasil.com.br/artigos/gig-economy-o-que-voce-precisa-saber-sobre-esse-fenomeno. Acesso em: 29 out. 2022.

Referidas características, entretanto, reenviam – ao menos, em tese – a problemas basilares afetos ao acesso à justiça nas hipóteses de vício e, o que costuma ser mais grave, de fato do produto ou serviço, afinal, nem sempre a regra transcrita no artigo 33 do Código de Defesa do Consumidor brasileiro[14] é respeitada.

Outra dimensão de problemas potenciais emerge na constatação de que a *gig economy* exige, usualmente, que os usuários forneçam diversos dados sobre si mesmos, o que pode incluir localização, endereço, dados pessoais, comportamento de consumo ou mesmo fotografias, dados que (a) podem ser aproveitados e usados, por exemplo, para influenciar o próprio usuário por meio de cada vez mais sofisticadas técnicas de *profiling* ou (b) serem comercializados com terceiros.

De outra banda, tendo como premissa a constatação de que as plataformas que movimentam a *gig economy* usualmente superam os entraves de confiança existentes na relação direta entre clientes e fornecedores que não têm contato prévio ou indicação. Elas atuam criando laços de familiaridade[15] com lastro em sofisticadas técnicas publicitárias. Também por isso é imperioso enfatizar a importância de responsabilização das plataformas, tratando-as como fornecedores.

Aliás, nos termos do Código de Defesa do Consumidor,[16] são fornecedores solidariamente responsáveis pelos vícios e pelos fatos do

---

[14] BRASIL. *Lei nº 8.078, de 11 de setembro de 1990*. Dispõe sobre a proteção do consumidor e dá outras providências. Diário Oficial da União, Seção 1, Suplemento, 12 set. 1990, Página 1. Disponível em: https://www2.camara.leg.br/legin/fed/lei/1990/lei-8078-11-setembro-1990-365086-publicacaooriginal-1-pl.html. Acesso em: 20 jul. 2023.
"Art. 33. Em caso de oferta ou venda por telefone ou reembolso postal, deve constar o nome do fabricante e endereço na embalagem, publicidade e em todos os impressos utilizados na transação comercial".

[15] MANGA, Erick. The gig economy in Kenya's informal transport sector. *In*: NESS, Immanuel (Ed.). *The routledge handbook of the gig economy*. London: Routledge, 2022.

[16] BRASIL. *Lei nº 8.078, de 11 de setembro de 1990*. Dispõe sobre a proteção do consumidor e dá outras providências. Diário Oficial da União, Seção 1, Suplemento, 12 set. 1990, Página 1. Disponível em: https://www2.camara.leg.br/legin/fed/lei/1990/lei-8078-11-setembro-1990-365086-publicacaooriginal-1-pl.html. Acesso em: 20 jul. 2023.
"Art. 7º Os direitos previstos neste código não excluem outros decorrentes de tratados ou convenções internacionais de que o Brasil seja signatário, da legislação interna ordinária, de regulamentos expedidos pelas autoridades administrativas competentes, bem como dos que derivem dos princípios gerais do direito, analogia, costumes e equidade. Parágrafo único. Tendo mais de um autor a ofensa, todos responderão solidariamente pela reparação dos danos previstos nas normas de consumo".
"Art. 18. Os fornecedores de produtos de consumo duráveis ou não duráveis respondem solidariamente pelos vícios de qualidade ou quantidade que os tornem impróprios ou inadequados ao consumo a que se destinam ou lhes diminuam o valor, assim como por aqueles decorrentes da disparidade, com a indicações constantes do recipiente, da embalagem, rotulagem ou mensagem publicitária, respeitadas as variações decorrentes de sua natureza, podendo o consumidor exigir a substituição das partes viciadas".

produto ou serviço, mesmo que inúmeras decisões judiciais o ignoram ou, intencionalmente, o desprezam, decisões que vêm ao mundo enquanto notórios exemplos de perversão do Direito,[17] situações patentes de não direito, mormente, diante da outrora destacada fundamentalidade do direito do consumidor no Brasil.

Quando se pensa na inteligência artificial, no *profiling* e nos sistemas de geolocalização, preocupa, sobejamente a possibilidade de oferta de produtos e serviços de baixíssima qualidade a pessoas cujo rastro digital revela ausência de senso crítico e aversão a discussões, mesmo quando envolvem direitos que talvez não saibam que possuem.

Por fim, busca-se enfatizar que o consumo ético cresce em importância ao redor do planeta; mesmo que tal fato ocorra muito lentamente quando confrontado com as utopias que alimentam estas ligeiras notas. Práticas empresárias socialmente responsáveis devem ser valorizadas pelos consumidores, em particular, a oferta de incentivos aos trabalhadores, como a contratação que lhes garanta direitos laborais e previdenciários, o pagamento de remuneração digna e o fornecimento de equipamentos para o trabalho, seguros ou garantias mínimas de estabilidade de renda. É imperioso, de outra banda, evitar o uso da tecnologia para alijar de direitos os trabalhadores vulneráveis.[18]

Obviamente, isso depende de políticas públicas impondo a divulgação de informações que permitam identificar que condutas são, de fato, socialmente responsáveis e, ainda, de que cada pessoa – o que inclui este ser que vos escreve, obviamente – deixe de usar lentes capazes de distorcerem a percepção daquilo que venha a ser um mundo justo e solidário, evidentemente, para todos...

"Art. 19. Os fornecedores respondem solidariamente pelos vícios de quantidade do produto sempre que, respeitadas as variações decorrentes de sua natureza, seu conteúdo líquido for inferior às indicações constantes do recipiente, da embalagem, rotulagem ou de mensagem publicitária, podendo o consumidor exigir, alternativamente e à sua escolha (...)".

"Art. 25. É vedada a estipulação contratual de cláusula que impossibilite, exonere ou atenue a obrigação de indenizar prevista nesta e nas seções anteriores. §1° Havendo mais de um responsável pela causação do dano, todos responderão solidariamente pela reparação prevista nesta e nas seções anteriores".

17 RODRIGUEZ, José Rodrigo. As figuras da perversão do direito: para um modelo crítico de pesquisa jurídica empírica. *Revista Prolegómenos Derechos y Valores*, Nueva Granada v. 19, n. 37, p. 99-124, 2016. *V.*, ainda, RODRIGUEZ, José Rodrigo. Perversão do direito (e da democracia): seis casos. *Direito & Práxis*, Rio de Janeiro, v. 7, n. 4, p. 261-294, 2016.

18 BELANCHE, Daniel *et al.* The role of customers in the gig economy: how perceptions of working conditions and service quality influence the use and recommendation of food delivery services. *Service Business*, [*s.l.*], v. 15, p. 45-75, 2021.

Alegra saber que estudos recentes têm demonstrado que os consumidores levam em consideração aspectos éticos ao realizarem suas compras e, portanto, podem vir a ser mobilizados tanto para que boicotem produtos e serviços como para produzirem engajamento em favor de alternativas eticamente preferíveis, logo, fomentando o que se convencionou ser um *buycott*.[19]

O uso massivo de *hashtags* é uma alternativa interessante, afinal, resta comprovado que as plataformas são bastante responsivas às demandas dos consumidores, em especial, porque mínimas diferenças nas condutas adotadas poderão influenciar as escolhas de cunho ético. Exemplo disso, nos Estados Unidos, a Uber criou inimizades após tentar minar uma greve de taxistas em um aeroporto de Nova York. Cientes do movimento, #DeleteUber logo foi observada nas mídias sociais.[20]

E pode-se pensar, ainda, em distintas formas de certificação,[21] autônomas ou heterônomas.

> Estas questões são estudadas na literatura de *marketing* sobre *consumo ético'* e revelam que o comportamento do consumidor é informado por múltiplas considerações éticas, incluindo os impactos de suas escolhas de consumo no meio ambiente, no uso ou não de animais em testes e em como são tratados os trabalhadores. Uma descoberta importante é que os consumidores estão dispostos seriamente a pagarem preços mais altos por bens produzidos eticamente, especialmente, quando acreditam que isso trará benefícios aos trabalhadores.[22]

---

[19] HEALY, Joshua; PEKAREK, Andreas; VROMEN, Ariadne. Sceptics or supporters? Consumers' views of work in the gig economy. *New Technology, Work and Employment*, [*s.l.*], v. 35, n. 1, p. 4-5, 2020.

[20] *Id.* p. 5. "*First, platforms are highly responsive to consumer demands. In the more established parts of the gig economy, consumers can switch platforms at low cost. Seemingly minor differences in platforms' practices could thereby sway the choices of consumers who are ethically minded. In the United States, Uber provoked widespread public enmity after it apparently attempted to undermine taxi drivers on strike at a New York airport; #DeleteUber was soon trending on social media and imploring Uber users to switch platforms*".

[21] *Id.* p. 5. "*Elsewhere, unions and labour-rights campaigners are already seeking to use the lever of ethical consumption to build support for better working conditions. The most common model involves non-governmental certification authorities that establish ethical criteria and conduct audits; the Fairtrade Foundation and Rainforest Alliance are well-known examples. In the spirit of these initiatives, the 'Fairwork certification scheme' brings a similar approach to gig work*".

[22] *Id.* p. 4-5. "*These points are echoed in the marketing literature on 'ethical consumption', which shows that consumer behaviours are informed by multiple ethical considerations, including the perceived impacts of their consumption choices on the environment, treatment of animals and workers. A key finding is that consumers will pay higher prices for goods that are produced ethically, in certain circumstances, especially when this is believed to deliver meaningful benefits to workers. Put simply, ethical labour practices appear to command a premium price from consumers in some markets. We do not present definitive evidence in this paper of whether such an ethical labour*

A título de conclusão

Resta patente que as circunstâncias precárias afetas ao cotidiano dos trabalhadores temporários, muitos deles explorados pela *gig economy*, criam oportunidades únicas para que os consumidores possam influenciar diretamente as condições de trabalho[23] e dignidade no cotidiano de milhões de brasileiros.

Resta saber se o patrimonialismo impregnado à cultura brasileira tirará o sono do seu povo quando descobrirem que um motorista de Uber, em São Paulo, precisa dirigir 60h por semana para lucrar R$3.000,00 no mês – hoje, algo que não chega a U$600,00 –, sendo do motorista todos os custos de manutenção do automóvel que dirige e todos os riscos afetos a eventuais acidentes...

> *Empty spaces.*
> *What are we living for?*
> *Abandoned places.*
> *I guess we know the score.*
> *On and on.*
> *Does anybody know what we are looking for?*[24]

Referências

ALEMANHA. *RGZ 45*, 170.

BELANCHE, Daniel *et al*. The role of customers in the gig economy: how perceptions of working conditions and service quality influence the use and recommendation of food delivery services. *Service Business*, [*s.l.*], v. 15, p. 45-75, 2021.

BRASIL. *Lei nº 8.078, de 11 de setembro de 1990*. Dispõe sobre a proteção do consumidor e dá outras providências. Diário Oficial da União, Seção 1, Suplemento, 12 set. 1990, Página 1. Disponível em: https://www2.camara.leg.br/legin/fed/lei/1990/lei-8078-11-setembro-1990-365086-publicacaooriginal-1-pl.html. Acesso em: 20 jul. 2023.

'premium' also applies to work in the gig economy, but, by raising the prominence of consumers in debates about platforms' labour practices, we hope to encourage further empirical research of that kind".

23 HEALY, Joshua; PEKAREK, Andreas. Consumers in the gig economy: resisting or reinforcing precarious work? *In*: NESS, Immanuel (Ed.). *The routledge handbook of the gig economy*. London: Routledge, 2022.

24 QUEEN. The show must go on. London. Sony: 1991. *Youtube*, 15 out. 2013. Vídeo (4min22seg.). Disponível em: https://www.youtube.com/watch?v=t99KH0TR-J4. Acesso em: 15 nov. 2022.

CATALAN, Marcos. Fragmentos de futuros possíveis, não necessariamente prováveis, do direito privado brasileiro. *In*: EHRHARDT JUNIOR, Marcos (Org.). *Direito civil*: futuros possíveis. Belo Horizonte: Fórum, 2022. v. 1.

CATALAN, Marcos. Inteligências artificialmente moldadas e seguros: rubricas inspiradas no deus Janus. *In*: MARQUES, Cláudia Lima *et al* (Org.). *Direito do consumidor aplicado*: garantias de consumo. Indaiatuba: Foco, 2022. v. 1.

COZER, Carolina. GIG economy deve crescer 123% em cinco anos, segundo pesquisa. Whow, 2019. *WHOW*, 06 dez. 2019. Disponível em: https://www.whow.com.br/startups-principais-responsaveis-expansao-gig-economy/. Acesso em: 29 out. 2022.

FANIN, Carolina. *Gig economy*: o que você precisa saber sobre esse fenômeno. *E-commerce Brasil*, 2022. Disponível em: https://www.ecommercebrasil.com.br/artigos/gig-economy-o-que-voce-precisa-saber-sobre-esse-fenomeno. Acesso em: 29 out. 2022.

GIG Economy: o que é e como funciona. *TD*, 2018. Disponível em: https://transformacao digital.com/futuro-do-trabalho/gig-economy-o-que-e-e-como-funciona/. Acesso em: 29 out. 2022.

GÓGOL, Nikolai. O retrato. *In*: *Contos góticos russos.* Trad. Oleg Almeida. São Paulo: Martin Claret, 2020.

HEALY, Joshua; PEKAREK, Andreas. Consumers in the gig economy: resisting or reinforcing precarious work? *In*: NESS, Immanuel (Ed.). *The routledge handbook of the gig economy*. London: Routledge, 2022.

HEALY, Joshua; PEKAREK, Andreas; VROMEN, Ariadne. Sceptics or supporters? Consumers' views of work in the gig economy. *New Technology, Work and Employment*, [*s.l.*], v. 35, n. 1, p. 1-19, 2020.

JUDACHESKI, Pedro. Mudanças no delivery pós-pandemia. *E-commercebrasil*, 2022. Disponível em: https://www.ecommercebrasil.com.br/artigos/gig-economy-o-que-voce-precisa-saber-sobre-esse-fenomeno. Acesso em: 29 out. 2022.

MANGA, Erick. The gig economy in Kenya's informal transport sector. *In*: NESS, Immanuel (Ed.). *The routledge handbook of the gig economy*. London: Routledge, 2022.

NEWLANDS, Gemma. The algorithmic surveillance of gig workers. *In*: NESS, Immanuel (Ed.). *The routledge handbook of the gig economy*. London: Routledge, 2022.

QUEEN. The show must go on. London. Sony: 1991. *Youtube,* 15 out. 2013. Vídeo (4min22seg.). Disponível em: https://www.youtube.com/watch?v=t99KH0TR-J4. Acesso em: 15 nov. 2022.

RAPOSO, Patrícia. Desinformação prevalece na Gig Economy, dificultando regulação no setor. *Movimento Econômico*, 2021. Disponível em: https://movimentoeconomico.com.br/economia/2021/12/29/desinformacao-prevalece-na-gig-economy-dificultando-regulacao-no-setor/. Acesso em: 29 out. 2022.

RODRIGUEZ, José Rodrigo. As figuras da perversão do direito: para um modelo crítico de pesquisa jurídica empírica. *Revista Prolegómenos Derechos y Valores*, Nueva Granada v. 19, n. 37, p. 99-124, 2016.

RODRIGUEZ, José Rodrigo. Perversão do direito (e da democracia): seis casos. *Direito & Práxis*, Rio de Janeiro, v. 7, n. 4, p. 261-294, 2016.

SHIBATA, Saori. Fictitious autonomy and negotiated consent. *In*: NESS, Immanuel (Ed.). *The routledge handbook of the gig economy*. London: Routledge, 2022.

Informação bibliográfica deste texto, conforme a NBR 6023:2018 da Associação Brasileira de Normas Técnicas (ABNT):

CATALAN, Marcos. *Gig economy*: apontamentos brevíssimos sobre a necessária proteção dos consumidores no direito brasileiro. *In*: EHRHARDT JÚNIOR, Marcos; CATALAN, Marcos; NUNES, Cláudia Ribeiro Pereira (Coord.). *Inteligência artificial e relações privadas – Relações patrimoniais*: entre o consumo, os contratos e os danos. Belo Horizonte: Fórum, 2023. v. 3. p. 249-259. ISBN 978-65-5518-586-7.

INTELIGÊNCIA ARTIFICIAL E RELAÇÕES DE CONSUMO: QUAL A FUNÇÃO DA RESPONSABILIDADE CIVIL?

JANAINA VIEIRA HOMCI

DENNIS VERBICARO

Introdução

Quando se analisa a relação de consumo tradicional estabelecida no CDC/90, têm-se a figura do consumidor, fornecedor, produto e serviço. O consumidor está inserido nos artigos 2, 17 e 29 do CDC, sob a perspectiva individual, coletiva e por equiparação. É o destinatário final da cadeia de consumo, considerado o vulnerável da relação, podendo ser pessoa natural ou pessoa jurídica, este último considerando a teoria finalista mitigada reconhecida pelo STJ. Sob o viés coletivo, pode-se apontar os conceitos de consumidor individual homogêneo, coletivo em sentido estrito e difuso. O primeiro e segundo exigem uma relação jurídica base e preexistente. Já o terceiro, vincula-se ao conceito de consumidor exposto.

Os direitos difusos são indivisíveis e seus sujeitos, indetermináveis, uma vez que não há condições de se os identificar, nem tampouco de se dividir o objeto da tutela, sendo as circunstâncias de fato o único liame entre tais sujeitos nessa relação de consumo. Já os direitos coletivos no seu sentido estrito, os sujeitos podem ser indetermináveis, mas passíveis de determinação, quando se apurar a responsabilidade e o próprio dano. Por fim, o interesse individual homogêneo é, por outro lado, materialmente individual, sendo coletivo apenas em razão da forma de instrumentalização, seja na via judicial (ação coletiva), seja na extrajudicial.[1]

O consumidor por equiparação é aquele que não tem uma relação jurídica pré-existente com o fornecedor, mas sofre os efeitos do acidente de consumo. Porém, qual seria a caracterização do fornecedor? Nos termos do artigo 3º, trata-se daquele, pessoa natural ou jurídica, privada ou pública, inclusive ente despersonalizado, que exerce atividade profissional de fabricação, produção, comercialização e demais atividades descritas no artigo supramencionado, que compõem a cadeia de fornecimento.

No que diz respeito ao produto, é bem material ou imaterial, imóvel ou móvel. O serviço é atividade realizada no mercado de consumo, com remuneração, inclusive de forma indireta.

Como resultado do novo paradigma tecnológico, há a reconfiguração da relação consumerista. O consumidor passa a ser a matéria-prima e destinatário final pelo tratamento de dados pessoais e, também, a transformação de produtos e (em) serviços.

Miragem[2] destaca, especialmente, os bens digitais, a internet das coisas (IoT) e a inteligência artificial como novos objetos ligados à hiperconectividade e à digitalização que, ao mesmo tempo, melhoram a experiência do consumidor e o expõem a novos riscos.[3] Trata-se de uma dualidade e de um novo paradigma tecnológico em que a interligação de produtos e serviços gera novos bens de consumo inteligentes e digitais.[4]

---

1 VERBICARO, Dennis. A tutela processual dos interesses individuais homogêneos no âmbito da relação de consumo e suas controvérsias. *Revista do Mestrado em Direito da Universidade Católica de Brasília*, v. 11, n. 1, p. 210, jan./jun. 2017.

2 MIRAGEM, Bruno. Novo paradigma tecnológico, mercado de consumo digital e o direito do consumidor. *Revista de Direito do Consumidor*, São Paulo, v. 28, n. 125, p. 3, set./out. 2019.

3 Para Miragem, "Frente à diversidade de novos produtos e serviços sobre os quais repercutem as novas tecnologias da informação, três aspectos merecem destaque. O primeiro deles, os denominados bens digitais, em relação aos quais, tanto a oferta e fornecimento, quanto sua fruição, supõem a existência da internet. Em seguida, o que vem sendo denominado como internet das coisas, que compreende a integração entre objetos e serviços que se realizem por intermédio deles, agregando-lhes utilidade a partir de infraestrutura que permite sua conexão à internet. E, por fim, a inteligência artificial, crescentemente utilizada tanto no desenvolvimento de produtos e serviços, como também no relacionamento entre os fornecedores e seus consumidores" (MIRAGEM, Bruno. Novo paradigma tecnológico, mercado de consumo digital e o direito do consumidor. *Revista de Direito do Consumidor*, São Paulo, v. 28, n. 125, p. 10, set./out. 2019).

4 MARQUES, Claudia Lima; MIRAGEM, Bruno. "Serviços simbióticos" do consumo digital e o PL 3.514/2015 de atualização do CDC. *Revista de Direito do Consumidor*, São Paulo, v. 29, n. 132, p. 2, nov./dez. 2020.

O STJ posicionou-se a respeito ao estabelecer:

> Há uma certa dualidade – entre o material e o digital – que não pode ser ignorada neste julgamento, que está de maneira implícita em todos os precedentes mencionados, antes e após a publicação do Marco Civil da Internet. Nos autos, está a se remover um conteúdo digital – um conjunto mais ou menos extenso de bits que formam uma informação acessível via internet – e não os produtos propriamente ditos, fisicamente considerados, da plataforma mantida pela recorrente.[5]

Assim, a aplicação da internet possibilita novas utilidades, conectividade e, consequentemente, a coleta e a transmissão de dados com a finalidade de otimizar sua utilização.[6] Tais bens repercutem diretamente nas relações de consumo, na reconfiguração da qualidade do produto e no surgimento de novos riscos no que diz respeito a um possível acidente de consumo. Observa-se, assim, que o consumo de tais bens situa-se na base estrutural do direito do consumidor, especialmente os princípios, destacando-se os da segurança, da precaução, da prevenção, da informação e da vulnerabilidade. A conectividade, portanto, possibilita novas funcionalidades e, por conseguinte, novas potenciais fragilidades.

Segundo Barbosa,[7] nesse contexto em discussão, os danos informativos relacionados à relação indivíduo-máquina são constantes e comuns. Os motivos são diversos, como a rapidez de desenvolvimento da máquina, o que, por vezes, impossibilita o homem de seguir na mesma medida. Além disso, o próprio fornecedor pode não informar de maneira devida as informações necessárias para o bom uso da má quina; tampouco, não há como saber como se portará aquela inteligência artificial em razão da imprevisibilidade no desenvolvimento e aprendizado. Assim, em razão da dimensão da profundidade do tratamento de dados pessoais não revela a exata dimensão dos benefícios e dos danos.

---

5 *Vide* STJ (3ª T.). REsp nº 1654221-SP. Relatora p/ acórdão: Min. Nancy Andrighi. Julgamento: 22.10.2019. Publicação: *DJe* de 28.10.2019.

6 MARQUES, Claudia Lima; MIRAGEM, Bruno. Serviços simbióticos ou inteligentes e proteção do consumidor no novo mercado digital: homenagem aos 30 anos do Código de Defesa do Consumidor. *Revista do Advogado*, São Paulo, ano 10, n. 147, p. 14-29, set. 2020.

7 BARBOSA, Fernanda Nunes. O dano informativo do consumidor na era digital: uma abordagem a partir do reconhecimento do direito do consumidor como direito humano. *Revista de Direito do Consumidor*, São Paulo, v. 28, n. 122, p. 203-266, mar./abr. 2019.

Neste contexto, exsurge o dilema de responsabilização de danos causados pela Inteligência Artificial em relações de consumo. Não há dúvidas da utilização da teoria do risco da atividade para amparar a responsabilidade objetiva pelo vício e defeito estabelecidos ao consumidor direto, individual e coletivo concreto, e ao terceiro por equiparação. No entanto, quando se analisam a inteligência artificial inserida nas relações de consumo, mister se faz estudar as dimensões da responsabilidade civil no sentido de proteger o consumidor, na função compensatória e punitiva face de acidentes de consumo, bem como na função preventiva e de precaução, conforme será estudado a seguir.

1 As Funções da Responsabilidade Civil

A responsabilidade assume a conotação de neutralidade e objetividade.[8] Consolida-se como fronteiras do exercício da liberdade. Ou seja, a responsabilidade, em sentido tradicional, é estabelecida para solucionar problemas intersubjetivos, reativo a um pós-fato. A precaução e prevenção estão vinculadas à proteção de uma vulnerabilidade das gerações futuras e ingressa na estruturação inibitória ao exercício de atividade potencialmente danosas.

Para Rosenvald,[9] em atenção ao contexto em discussão, apresenta a responsabilidade civil em quatro posições fundamentais:

> a) função de reagir ao ilícito danoso, com a finalidade de reparar o sujeito atingido pela lesão; (b) a função de repristinar o lesado ao status quo ante ao qual o lesado encontrava antes de suportar a ofensa; c) a função de reafirmar o poder sancionatório (ou punitivo) do Estado; (d) a função de desestímulo para qualquer pessoa que pretende desenvolver atividade capaz de causar efeitos prejudiciais a terceiros.

Assim, o autor destaca três funções essenciais da responsabilidade civil: a) *Função reparatória*: com finalidade de transferência do patrimônio do lesante ao lesado como forma de reequilíbrio econômico-patrimonial; b) *Função punitiva:* aplicação de uma pena civil como forma de desestimular comportamentos reprováveis; c) *Função precaucional*: possui o objetivo de inibir atividades potencialmente

---

[8] ROSENVALD, Nelson. *As funções da responsabilidade civil.* 3 ed. São Paulo: Sarauva Jur, 2017. p. 101.

[9] *Ibidem*, p. 114.

danosas. Rosenvald aduz que há uma *função preventiva* subjacente às três anteriores, consistindo em uma necessária consequência da incidência das três funções anteriores.[10]

No aspecto sancionatório por ilícito civil praticado, estabelece-se as sanções ressarcitórias e punitivas, sendo que, "no primeiro grupo, inserem-se todas as sanções capazes de restabelecer a situação jurídica anterior ao ilícito, dentre elas as sanções ressarcitórias, em que o retorno ao estado originário é alcançado por um equivalente econômico".[11] Já as punitivas, será exercida mediante dissuasão e persuasão, não se confundindo com sanção penal, uma vez que a primeira extravasa os limites do direito penal para alcançar o direito civil e administrativo.[12] Trata-se das funções reparatórias e punitivas.

O ilícito submetido à sanção poderá ser tratado i) valor sintomático, ruptura do ordenamento jurídico, intervindo na conduta; ii) valor causal, o desvalor do comportamento é proporcional aos efeitos derivados. Rosenvald[13] explica:

> Exemplificando, o art. 927 do Código Civil estabelece a regra geral pela qual "aquele que, por ato ilícito (arts. 186 e 187), causar dano a outrem, fica obrigado a repará-lo. O dispositivo sanciona um ilícito de valor causal, segundo o qual a liberdade de ação é soberana até o limite do neminem laedare. Portanto, não sanciona a conduta, porém um efeito dela, consistindo em impor concretamente um dano a outra pessoa, naquilo que é notoriamente conhecido como responsabilidade civil, extracontratual ou aquiliana.
>
> Em sentido inverso, quando o art. 187 do Código Civil dispõe que "também comete ato ilícito o titular de um direito que, ao exercê-lo, excede manifestamente os limites impostos pelo seu fim econômico ou social, pela boa-fé ou pelos bons costumes", traz uma noção de ilicitude aferida sob o prisma sintomático.

O CDC aufere os dois valores de responsabilização por sanção punitiva ao estabelecer a responsabilização por acidentes de consumo e por exposição ao risco em si. No entanto, segue em sentido ampliativo,

---

10 ROSENVALD, Nelson. *As funções da responsabilidade civil*. 3 ed. São Paulo: Sarauva Jur, 2017. p. 95.

11 ROSENVALD, Nelson. *As funções da responsabilidade civil*. 3 ed. São Paulo: Sarauva Jur, 2017. p. 53.

12 *Ibidem*, p. 54.

13 ROSENVALD, Nelson. *As funções da responsabilidade civil*. 3 ed. São Paulo: Sarauva Jur, 2017. p. 58.

ao destacar no seu artigo 6º, VI, "a efetiva prevenção e reparação de danos patrimoniais e morais, individuais, coletivos e difusos".

Entende-se o princípio da prevenção como a dissuasão às práticas prejudiciais, desencorajamento de comportamentos capazes de expor a inseguranças existenciais. Para Facci, a função preventiva da responsabilidade civil funciona como instrumento de controle social no confronto de atividade potencialmente lesivas.[14]

O princípio da prevenção tem como pilar a segurança, buscando uma nova ética de responsabilidade na antecipação de riscos ante um dano real e concreto à coletividade. Tal princípio é estabelecido na Constituição Federal, ao afirmar, no seu artigo 5º, que "todos são iguais perante a lei, sem distinção de qualquer natureza, garantindo-se aos brasileiros e aos estrangeiros o direito à vida, à liberdade, à igualdade, à segurança e à propriedade". Ainda, busca realizar a mesma função de monitoramento do mercado do que o princípio da boa-fé objetiva.[15] Estar-se-ia, então, o estabelecimento de uma estrutura imperativa de ações para suprimir riscos e incertezas?

Mister se faz ressaltar a distinção entre os princípios da prevenção e precaução apartados a distinção de risco e incerteza. Riscos supõe a eliminação de probabilidades. Diversamente da incerteza, que não se admite o conhecimento calculável da probabilidade. Rosenvald aduz que quando "há um risco real, factual, objetivo e mensurável que obedece às leis formais da estatística e, de outro lado, um risco objetivo, percebido de forma imprecisa".[16]

Garnett e Parsons[17] delimitam a aplicação do princípio da precaução em casos fortes, moderados e fracos, nos termos da Declaração Rio 1992, Comunicado da Comissão Europeia de 2000 e a Declaração de Wingspread de 1998. Tais graus incitam em ações de precaução para permitir regulação na ausência de certeza científica, estabelecimento de padrões regulatórios e proibição total das atividades:

---

[14] FACCI, Giovanni. *Le obbligazion*. A cura di Massimo Franzoni. Roma: Utet Giuridica, 2004. p. 13.

[15] ROSENVALD, Nelson. *As funções da responsabilidade civil*. 3 ed. São Paulo: Sarauva Jur, 2017. p. 117.

[16] *Ibidem*, p. 120-121.

[17] GARNETT, Kenisha; PARSONS, David J. Multi-Case Review of the Application of the Precautionary Principle in European Union Law and Case Law. *Risk Analysis*, v. 37, n. 3, p. 506, 2017. Disponível em: https://onlinelibrary.wiley.com/doi/epdf/10.1111/risa.12633. Acesso em: 02 jan. 2023.

FIGURA 1 – Interpretando a aplicação do princípio da precaução[18]

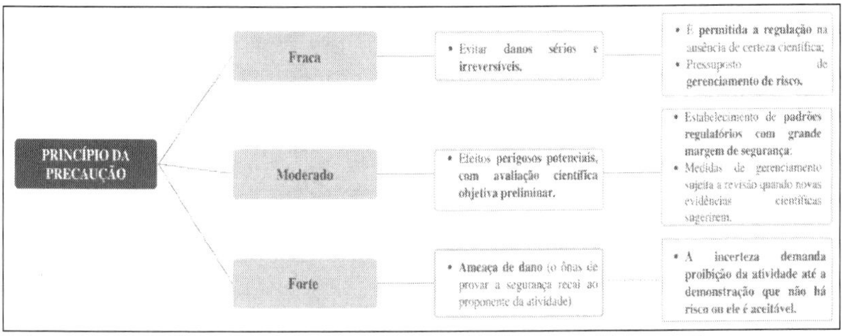

Fonte: Elaboração própria com base em GARNETT, Kenisha; PARSONS, David J (2017)

Com o avanço da tecnologia da informação atrelada à inteligência artificial, escancarou-se riscos pela capacidade da máquina em interpretar a realidade de forma autônoma, o que caracteriza o contexto de obscuridade e opacidade.

Nesse particular, o "cérebro eletrônico" do computador faz a sintaxe das informações obtidas a partir do superávit comportamental do consumidor na internet, forma enunciados e até toma decisões, muitas das quais no sentido de funcionar a vontade dos sujeitos. Todavia, é preciso entender que a máquina ainda não conseguiu atribuir valor semântico aos enunciados por ela criados, o que leva a distorções de alcance massificado, como nas hipóteses de assédio de consumo, discriminação algorítmica, assimetria informacional, comprometimento da liberdade de escolha e destinação mercadológica e involuntária de dados pessoais sensíveis.

2 A Configuração da Responsabilidade Civil por Acidentes de Consumo causados por Inteligência Artificial

Os algoritmos não são neutros, apesar da promessa de imparcialidade.[19] Geram, por vezes, danos por resultados enviesados

[18] Elaborado pelos autores com base GARNETT, Kenisha; PARSONS, David J. Multi-Case Review of the Application of the Precautionary Principle in European Union Law and Case Law. *Risk Analysis*, v. 37, n. 3, p. 506, 2017. Disponível em: https://onlinelibrary.wiley.com/doi/epdf/10.1111/risa.12633. Acesso em: 02 jan. 2023.

[19] MEDON, Filipe. *Inteligência Artificial e Responsabilidade Civil.* Salvador: editora Juspodivum, 2020. p. 308.

e discriminatórios. Medon[20] ressalta que a responsabilização dos administradores de tomada de decisão deverá ser tano pela culpa *in eligendo* (na escolha da tecnologia) e culpa *in vigilando* (ausência de monitoramento e má atuação). Ou seja, considerando tal perspectiva, para responsabilização, é necessário observar que independente da autonomia da máquina, há graus de humanização na relação. A delegação completa é incompatível ao dever de diligência, tendo em vista o risco da atividade[21] e o dever de segurança.

O Código de Defesa do Consumidor aduz pela possibilidade de responsabilização objetiva por vício de qualidade por insegurança (responsabilidade pelo fato) – artigos 12 ao 14; e vício de qualidade por inadequação (responsabilidade pelo vício) – artigos 18 ao 25. Quando se analisa os casos que afetam a incolumidade física e psíquica do consumidor, impera-se a caracterização do defeito, em atenção à apresentação, aos riscos que se esperam e à tecnologia existente à época da sua fabricação.

É fato que em danos físicos concretos, é mais fácil caracterizar a responsabilização por seus elementos serem evidenciados de forma direta. No entanto, em caso de discriminação algorítmica? Como comprovar a existência de vieses enviesados?

Barbosa[22] destaca o agravamento da vulnerabilidade informacional do consumidor por esta relação estar entrelaçada de obscuridade e opacidade, gerando, consequentemente, dano informativo. Como solução, Medon[23] assevera que o direito à explicação e revisão estabelecidos na LGPD serão essenciais para demonstração de enviesamento do algoritmo, inclusive via tutela extraprocessual.

De modo mais ampliativo, o Relatório Final da Comissão de Juristas para subsidiar a elaboração de minuta de substitutivo para instruir a apreciação dos Projetos de Lei nºs 5.051, de 2019, 21, de 2020, e 872, de 2021, para regular o desenvolvimento e a aplicação

---

[20] MEDON, Filipe. *Inteligência Artificial e Responsabilidade Civil*. Salvador: editora Juspodivum, 2020. p. 308-309.

[21] FRAZÃO, Ana. Responsabilidade Civil dos administradores de sociedades empresárias por decisões tomadas com base em sistema de inteligência artificial. *In*: FRAZÃO, Ana. MULLHOLLAND, Caitlin (Coords.) *Inteligência Artificial e Direito*: ética, regulação e responsabilidade. São Paulo: Thomson Reuters, 2019. p. 509.

[22] BARBOSA, Fernanda Nunes. O dano informativo do consumidor na era digital: uma abordagem a partir do reconhecimento do direito do consumidor como direito humano. *Revista de Direito do Consumidor*, São Paulo, v. 28, n. 122, p. 203-266, mar./abr. 2019.

[23] MEDON, Filipe. *Inteligência Artificial e Responsabilidade Civil*. Salvador: editora Juspodivum, 2020. p. 322.

da inteligência artificial no Brasil, destaca que a primeira opção de estabelecer uma responsabilização subjetiva aos danos causados pela inteligência artificial é insuficiente e, por isso, amplamente criticada pela doutrina em geral.[24]. Ainda, ressalta a complexidade de estabelecer um regime único de responsabilidade em atenção aos diversos tipos e autonomia da Inteligência artificial. Schreiber[25] aduz:

> o PL, para poder tratar de responsabilidade civil, teria que necessariamente passar por uma especificação das várias hipóteses e situações de responsabilidade civil, e isso acabaria por desnaturar o PL, não é? O PL tem um caráter um pouco mais geral, é um PL de um primeiro momento da IA, e ficaria impossível fazer esse tipo de especificação. A responsabilidade civil acabaria engolindo o PL.

Miragem[26] ressalta:

> uma grande contribuição possível deste marco legal da IA seja de um lado reconhecer que a sua aplicação, digamos assim, não se dá exclusivamente numa situação determinada, mas numa multiplicidade de situações, relações jurídicas do direito público, relações jurídicas do direito privado, relações jurídicas do mercado de consumo, com disciplina própria, relações jurídicas havidas em outros sistemas que possam ter um regime próprio de responsabilidade; e o marco legal da IA traçar, sim, os critérios para que, no âmbito de cada regime, se estabeleçam, então, as condições para verificação das condições de imputação própria de responsabilidade nesses regimes.

Assim, foi entendido que a imputação de um tipo de responsabilidade subjetiva e objetiva é insuficiente para regular a complexidade, tipologias e quantitativos de situações que envolvem danos causados por Inteligência Artificial. Além da estipulação de uma responsabilização estanque, em linhas de conclusão do referido relatório, Rosenvald defende a imputação do viés preventivo e precatório da responsabilidade, pelo *accountability* e a *answerability*, conforme será estudado a seguir.

[24] COMISSÃO DE JURISTAS RESPONSÁVEL POR SUBSIDIAR ELABORAÇÃO DE SUBSTITUTIVO SOBRE INTELIGÊNCIA ARTIFICIAL NO BRASIL. *Relatório Final.* Brasília: Senado Federal. 2022. p. 92.

[25] COMISSÃO DE JURISTAS RESPONSÁVEL POR SUBSIDIAR ELABORAÇÃO DE SUBSTITUTIVO SOBRE INTELIGÊNCIA ARTIFICIAL NO BRASIL. *Relatório Final.* Brasília: Senado Federal. 2022. p. 392.

[26] *Ibidem*, 394.

3 O Diálogo das Fontes no exercício da função precatória e preventiva da responsabilidade civil

A teoria do diálogo das fontes foi elaborada por Erik Jayme e por ele apresentada no seu Curso Geral ministrado em Haia em 1995 para explicar o pluralismo das fontes e o fenômeno da comunicação. A professora Claudia Lima Marques adaptou-a ao direito brasileiro. Tal teoria estabelece a "aplicação simultânea, coerente e coordenada das plúrimas fontes legislativas, internacionais, supranacionais e nacionais, leis especiais e gerais, com campos de aplicação convergentes, mas não mais iguais, daí a impossibilidade de revogação, derrogação ou ab-rogação".[27] Portanto, o diálogo das fontes expressa a necessidade de comunicação entre normas convergentes para resgatar valores de direitos humanos, de forma subsidiária ou complementar.

Benjamin e Marques[28] apresentam três principais sentidos do diálogo: a plasticidade contra a rigidez metodológica da aplicação das normas; a convivência de paradigmas e o aproveitamento recíproco; a harmonia na pluralidade de fontes no sentido de buscar uma coerência entre valores constitucionais e fundamentais. O diálogo representa, portanto, uma solução flexível e aberta mais favorável para a proteção dos direitos humanos e dos agentes considerados mais vulneráveis na relação. Leal[29] confirma o apontado ao aduzir:

> O diálogo das fontes considera a irradiação, por todo sistema jurídico, dos preceitos constitucionais de elevada carga axiológica, em especial a dignidade da pessoa humana e a solidariedade social, os quais viabilizam a aplicação coordenada e sistemática de normas, que embora contidas em subsistemas ou em diferentes ramos do direito, regulam e tutelam, por exemplo, categoriais de sujeitos em situação jurídica de vulnerabilidade decorrentes de múltiplos fatores como: sociais, econômicos e ambientais.

O artigo 7º do CDC respeita esses sentidos ao estabelecer a aplicação conjunta das leis em favor do consumidor. Cumpre destacar a

---

[27] BENJAMIN, Antônio Herman V.; MARQUES, Claudia Lima. A teoria do diálogo das fontes e seu impacto no Brasil: uma homenagem a Erik Jayme. *Revista de Direito do Consumidor*, São Paulo, v. 27, n. 115, jan./fev. 2018. p. 23.

[28] *Idem*.

[29] LEAL, Pastora do Socorro Teixeira. "Diálogo das Fontes" e Coerência na Concretização de Direitos Fundamentais. *In*: VELOSO, Zeno. OLIVEIRA, Frederico A. L., BACELAR, Jeferson. *Ciência e Interpretação do Direito*: homenagem a Daniel Coelho de Souza. Rio de Janeiro: Lumen Juris, 2017. p. 328.

inclusão do §2º nesse artigo por meio do Projeto de Lei (PL) nº 281/2012 para que seja aplicada a norma mais favorável ao consumidor. No entanto, a redação substitutiva do referido projeto no Senado, por meio do PL nº 3514/2015, retirou o parágrafo vinculado ao artigo 7º e propôs a criação do artigo 3º-A no mesmo sentido.

No mesmo sentido, o artigo 64 da LGPD estabelece a aplicação dialogada entre leis e tratados internacionais ao defender a não exclusão dos princípios e direitos expressos por outras legislações. Para Miragem, trata-se da "adoção expressa da interpretação sistemática segundo a técnica do diálogo das fontes".[30]

Não basta, no entanto, reconhecer a coexistência de normas protetivas de categorias vulneráveis, a cooperação e compatibilização são essenciais "a fim de reforçar a unidade axiológica e teleológica do ordenamento jurídico com base no mecanismo de diálogo das fontes".[31] Explica-se:

> Quando uma norma X regula de forma mais favorável a situação de determinados sujeitos vulneráveis e uma norma Y silencia sobre isso, tem-se uma antinomia de valoração ou mesmo uma lacuna na norma que silencia. Nesse caso, o "diálogo das fontes" apresenta-se como um critério valioso para utilizar a previsão contida na norma X para preencher o sentido da norma Y. Assim o fazendo estará, ao mesmo tempo, restabelecendo a coerência valorativa e preenchendo a lacuna da norma Y, que por ter silenciado não acompanhara a evolução da tutela, quer do bem jurídico, quer dos sujeitos em situação de vulnerabilidade.[32]

Marques[33] apresenta três tipos de diálogos possíveis entre fontes: a) aplicação simultânea de duas leis – diálogo sistemático de coerência; b) aplicação coordenada de duas leis – diálogo sistemático de complementaridade e subsidiariedade; c) redefinição do campo de aplicação da lei – diálogo das influências recíprocas sistemáticas.

---

30 MIRAGEM, Bruno. A Lei Geral de Proteção de Dados (Lei 13.709/2018) e o direito do consumidor. *Revista dos Tribunais*, São Paulo, v. 108, n. 1009, p. 2, nov. 2019.

31 LEAL, Pastora do Socorro Teixeira. "Diálogo das Fontes" e Coerência na Concretização de Direitos Fundamentais. *In*: VELOSO, Zeno. OLIVEIRA, Frederico A. L., BACELAR, Jeferson. *Ciência e Interpretação do Direito*: homenagem a Daniel Coelho de Souza. Rio de Janeiro: Lumen Juris, 2017. p. 335.

32 *Ibidem*.

33 MARQUES, Claudia Lima. Diálogo entre o Código de Defesa do Consumidor e o novo Código Civil: do "diálogo das fontes" no combate às cláusulas abusivas. *Revista de Direito do Consumidor*, São Paulo, n. 45, p. 71-99, jan./mar. 2003.

Barasuol Junior[34] entende que o diálogo entre o CDC e a LGPD visa coordenar as normas para criar uma estrutura de proteção do vulnerável na relação, na tentativa de restaurar a coerência, amenizar a complexidade e utilizar conceitos consolidados em matéria consumerista. Para isso, o autor recorre a três formas de interpretação sistemática das normas: a) coerência – observância dos princípios constitucionais; b) complementaridade ou subsidiariedade; c) adaptação e coordenação – influência recíproca de conceitos estruturais.

No que diz respeito à LGPD, admite o tratamento de dados pessoais por inteligência artificial nos termos do seu artigo 20, ao possibilitar a revisão de decisões tomadas unicamente com base em tratamento automatizado de dados pessoais, em atenção ao princípio da transparência estabelecido nos artigos 6º, VII, 9º, parágrafo 1º, 10, parágrafo 2º, 40 e 50, parágrafo 2º, I, da LGPD.

É importante frisar que o artigo 20 da LGPD inspira-se no artigo 43, parágrafos 1º e 6º, do CDC. Isso porque esse artigo consumerista introduziu o direito ao acesso, à revisão e à explicação de informação dos consumidores em banco de dados, tendo o artigo supramencionado ratificado o direito já disposto no CDC. De outro modo, igualmente relevante, sabe-se que o desenvolvimento da inteligência artificial atrelado ao tratamento de dados pessoais exige o estabelecimento da *Accountability* – responsabilidade e prestação de contas (art. 6, X, da LGPD); e *Answerability* – "explicabilidade", aduzidas pelo direito à explicação e à revisão (art. 20 da LGPD), ambos consubstanciam a função preventiva da responsabilidade. Neste sentido, além da compensação e punição em si pelos danos causados por defeito ou vícios estabelecidos pela inteligência artificial, as funções preventiva e de precaução devem ser premissa basilar no seu desenvolvimento, em observância aos princípios-deveres de *accontability* e de *answerability* imperados na LGPD, também aduzidos na legislação consumerista ao reger pela transparência, pela segurança e informação nas relações, em sentido individual e coletivo.

Na LGPD, a prevenção está ligada a diversas imposições porque a lei arquiteta uma estrutura regulatória e tecnológica voltada para a proteção do usuário com base na transparência qualificada. As arquiteturas e sistemas tecnológicos, por exemplo, centrados na privacidade do usuário conhecidos como *privacy by design* e *privacy by*

---

34 BARASUOL JUNIOR, Orlando. *Proteção de dados pessoais*: estudo do diálogo das fontes nas relações de consumo. 2020. E-book. p. 90-91.

default têm como fundamento a minimização de riscos. Visam a uma relação pautada pela confiança e pela fidelização do consumidor, além da preservação reputacional do fornecedor.

A governança e, consequentemente, o *compliance* seguem no mesmo sentido, ao estabelecerem critérios de boas práticas para a realização de atos de prevenção e de segurança pelos fornecedores. O Estado incentiva a adoção de códigos de conduta, que buscam assegurar uma relação construída com base na comunicação com os consumidores. No entanto, questiona-se a efetividade de tal estruturação preventiva e com base na precaução sem o estabelecimento de uma cultura de arquitetura da inteligência artificial baseada na proteção de dados.

No fomento de condutas inibitórias, as sanções premiais[35] instiga-se pela necessidade de compensar fornecedores diligentes[36] e encorajar uma estruturação da máquina baseada na transparência algorítmica.[37] Significa o exercício da "função promocional do direito por meio de incentivos, isto é, medidas que servem para facilitar o exercício de uma determinada atividade econômica, e, a partir dos prêmios objetiva-se dar satisfação a quem cumpre determinada ação".[38]

Em caráter exemplificativo, Fonseca e Leal[39] apontam o "cadastro positivo", estabelecido no artigo 44 do CDC como expressa tentativa de introduzir a função promocional e preventiva da responsabilidade civil, uma vez que a inclusão de informações sobre o comportamento empresarial ao consumidor ensejará dois pilares: 1) exercício de uma

---

35 Pode ser definida como "a consequência jurídica positiva para estimular determinado comportamento indicado na norma (legal ou convencional), independente da natureza (dever, direito, ônus, faculdade, etc.)". Em MAZZOLA, Marcelo. *Sanções Premiais no processo civil*: previsão legal, estipulação convencional e proposta de sistematização (standards) para sua fixação judicial. São Paulo: Juspodivm, 2022. p. 75.

36 FONSECA, Aline Klayse dos Santos; LEAL, Pastora do Socorro Teixeira. Aplicação de sanções positivas no Direito do Consumidor: reflexões acerca da função promocional da responsabilidade civil consumerista. *VII Encontro Internacional do CONPEDI/BRAGA*, 2017.

37 "O termo designa a exposição dos parâmetros e procedimentos utilizados pela máquina para o cumprimento das funções que lhes são atribuídas". Em PEREIRA, Thales Alessandro Dias. Transparência de algoritmos e decisões automatizadas: compreendendo o art. 20 da LGPD. *In*: PEIXOTO, Fabiano Hartmann. *Inteligencia Artificial*: Estudos de Inteligência Artificial. Curitiba: Alteridade, 2021. p. 161.

38 FONSECA, Aline Klayse dos Santos; LEAL, Pastora do Socorro Teixeira. Aplicação de sanções positivas no Direito do Consumidor: reflexões acerca da função promocional da responsabilidade civil consumerista. *VII Encontro Internacional do CONPEDI/BRAGA*, 2017. p. 39.

39 FONSECA, Aline Klayse dos Santos; LEAL, Pastora do Socorro Teixeira. Aplicação de sanções positivas no Direito do Consumidor: reflexões acerca da função promocional da responsabilidade civil consumerista. *VII Encontro Internacional do CONPEDI/BRAGA*, 2017. p. 41.

estrutura de governança no sentido de evitar a exposição ao risco; 2) confiança dos consumidores e fidelização.

Atrelado ao desenvolvimento da inteligência artificial, Rosenvald e Faleiros aduzem pela possibilidade de aplicação da sanção premial em observância ao artigo 53 da LGPD cumulado com 22, §2º da LINBD, no sentido de realizar a dosimetria do *quantum* indenizatório em atenção ao dano e às condutas antecessoras de prevenção. Ou seja, "a mesma estrutura metodológica que permite punir mais severamente também pode, por equivalência, reduzir a gradação e a intensidade da sanção imposta se, no caso específico, apurar-se que forma implementadas medidas para a mitigação do dano".[40]

A inclusão de parâmetros preventivos e precacionista, portanto, que promovam a interação entre a governança no desenvolvimento da inteligência artificial exige a adoção de um mecanismo de fomento que instiga práticas de inibição e mitigação do dano em si. Tais condutas estão inseridas no ordenamento jurídico brasileiro e em diálogo das fontes, material e processual, podem ensejar a finalidade inibitória apresentadas nas funções estudadas.

Conclusão

A complexidade que impera as relações que envolvem inteligência artificial também exigem reconfigurações. Viu-se que os conceitos clássicos consumeristas são atualizados pela inserção da IA na relação. No entanto, a própria configuração da segurança, exposição ao risco e, consequentemente, responsabilização deve ser moduladas.

Como muito bem aduzido no Relatório Final que subsidiará a reformulação do projeto de Lei relacionado à regulação da Inteligência Artificial, a necessidade de se desvencilhar de estruturas estanques da responsabilidade, devendo, sim, ser considerado o contexto, a tipologia e autonomia de máquina, não esquecendo também da condição de vulnerabilidade agravada do consumidor inserido nesta relação.

Ainda, importante sublinhar que, independentemente do grau de autonomia e aprendizagem da inteligência artificial, há humanização na sua formulação, estruturação e gerenciamento. É neste sentido a essencialidade da função preventiva e de precaução da responsabilidade

---

[40] ROSENVALD, Nelson; FALEIROS JÚNIOR, José Luiz de Moura. Accoutability e a Mitigação da Responsabilidade Civil na Lei Geral de Proteção de Dados. *In*: FRAZÃO, Ana; CUEVA; Ricardo Villas Bôas. *Compliance e Políticas de Proteção de Dados*. São Paulo: Revista dos Tribunais, 2021. p. 791.

civil, uma vez que, conforme grau de diligência, acompanhamento de exposição ao risco e aplicação de padrões de segurança, o fornecedor poderá ser beneficiado com sanção premial ou redução do *quantum* indenizatório, nos termos do artigo 944, parágrafo único, do CC/02, o que ensejaria uma conduta inibitória e mitigadora de danos.

Entende-se, portanto, já há no ordenamento, medidas estruturais que promovem a função preventiva e de precaução da responsabilidade civil no desenvolvimento da Inteligência Artificial. No entanto, exsurge a sua aplicação dialogada no sentido de proteger o consumidor que tem sua vulnerabilidade agravada no contexto em discussão.

Referências

BARBOSA, Fernanda Nunes. O dano informativo do consumidor na era digital: uma abordagem a partir do reconhecimento do direito do consumidor como direito humano. *Revista de Direito do Consumidor*, São Paulo, v. 28, n. 122, p. 203-266, mar./abr. 2019.

BARASUOL JUNIOR, Orlando. *Proteção de dados pessoais*: estudo do diálogo das fontes nas relações de consumo. 2020. E-book.

BENJAMIN, Antônio Herman V.; MARQUES, Claudia Lima. A teoria do diálogo das fontes e seu impacto no Brasil: uma homenagem a Erik Jayme. *Revista de Direito do Consumidor*, São Paulo, v. 27, n. 115, jan./fev. 2018.

BOSTROM, Nick. *Superinteligência*: Caminhos, perigos e estratégias para um novo mundo. Rio de Janeiro: DarkSide Books, 2018.

CHOLLET, François. *Deep Learning with python*. Manning Publications: New York, 2021.

COMISSÃO DE JURISTAS RESPONSÁVEL POR SUBSIDIAR ELABORAÇÃO DE SUBSTITUTIVO SOBRE INTELIGÊNCIA ARTIFICIAL NO BRASIL. *Relatório Final*. Brasília: Senado Federal. 2022.

FACCI, Giovanni. *Le obbligazion*. A cura di Massimo Franzoni. Roma: Utet Giuridica, 2004.

FALEIROS JÚNIOR, José Luiz de Moura. A evolução da inteligência artificial em breve retrospectiva. *In*: BARBOSA, Mafalda Miranda; NETTO BRAGA, Felipe; SILVA, Michael César; FALEIROS JÚNIOR, José Luiz de Moura. *Direito Digital e Inteligência Artificial*: Diálogo entre Brasil e Europa. Indaiatuba: Editora Foco, 2021.

FALEIROS JÚNIOR, José Luiz de Moura; MEDON, Filipe. Discriminação Algorítmica de preços, perfilização e responsabilidade civil nas relações de consumo. *Revista de Direito da Responsabilidade*, ano 3, 2021.

FRAZÃO, Ana. Responsabilidade Civil dos administradores de sociedades empresárias por decisões tomadas com base em sistema de inteligência artificial. *In*: FRAZÃO, Ana. MULLHOLLAND, Caitlin (Coords.) *Inteligência Artificial e Direito*: ética, regulação e responsabilidade. São Paulo: Thomson Reuters, 2019.

FONSECA, Aline Klayse dos Santos; LEAL, Pastora do Socorro Teixeira. Aplicação de sanções positivas no Direito do Consumidor: reflexões acerca da função promocional da responsabilidade civil consumerista. *VII Encontro Internacional do CONPEDI/BRAGA*, 2017.

GARNETT, Kenisha; PARSONS, David J. Multi-Case Review of the Application of the Precautionary Principle in European Union Law and Case Law. *Risk Analysis*, v. 37, n. 3, p. 506, 2017. Disponível em: https://onlinelibrary.wiley.com/doi/epdf/10.1111/risa.12633. Acesso em: 02 jan. 2023.

LEAL, Pastora do Socorro Teixeira. "Diálogo das Fontes" e Coerência na Concretização de Direitos Fundamentais. *In*: VELOSO, Zeno. OLIVEIRA, Frederico A. L., BACELAR, Jeferson. *Ciência e Interpretação do Direito*: homenagem a Daniel Coelho de Souza. Rio de Janeiro: Lumen Juris, 2017.

MARQUES, Claudia Lima. Diálogo entre o Código de Defesa do Consumidor e o novo Código Civil: do "diálogo das fontes" no combate às cláusulas abusivas. *Revista de Direito do Consumidor*, São Paulo, n. 45, p. 71-99, jan./mar. 2003.

MARQUES, Claudia Lima; MIRAGEM, Bruno. "Serviços simbióticos" do consumo digital e o PL 3.514/2015 de atualização do CDC. *Revista de Direito do Consumidor*, São Paulo, v. 29, n. 132, nov./dez. 2020.

MARQUES, Claudia Lima; MIRAGEM, Bruno. Serviços simbióticos ou inteligentes e proteção do consumidor no novo mercado digital: homenagem aos 30 anos do Código de Defesa do Consumidor. *Revista do Advogado*, São Paulo, ano 10, n. 147, p. 14-29, set. 2020.

MARQUES, Claudia Lima; MUCELIN, Guilherme. Inteligência artificial e "opacidade" no consumo: a necessária revalorização da transparência para a proteção do consumidor. *In*: TEPEDINO, Gustavo; SILVA, Rodrigo da Guia. *O Direito Civil na Era da Inteligência Artificial*. São Paulo: Thomson Reuters Brasil, 2020.

MAZZOLA, Marcelo. *Sanções Premiais no processo civil*: previsão legal, estipulação convencional e proposta de sistematização (standards) para sua fixação judicial. São Paulo: Juspodivm, 2022.

MEDON, Filipe. *Inteligência Artificial e Responsabilidade Civil*. Salvador: editora Juspodivum, 2020.

MIRAGEM, Bruno. Novo paradigma tecnológico, mercado de consumo digital e o direito do consumidor. *Revista de Direito do Consumidor*, São Paulo, v. 28, n. 125, set./out. 2019.

MIRAGEM, Bruno. A Lei Geral de Proteção de Dados (Lei 13.709/2018) e o direito do consumidor. *Revista dos Tribunais*, São Paulo, v. 108, n. 1009, nov. 2019.

MIRAGEM, Bruno. *Responsabilidade Civil*. Rio de Janeiro: Ed. Forense, 2021. v. 2.

MITTELSTADT, Brent Daniel; ALLO, Patrick; TADDEO, Mariarosaria; WACHTER, Sandra; FLORIDI, Luciano. The Ethics of Algorithms: Mapping the Debate. *Big Data & Society*, [*s.l.*], v. 3, n. 2, p. 1-21, Dec. 2016.

MULHOLLAND, Caitlin. Responsabilidade Civil e Processos Decisórios Autônomos em Sistemas de Inteligência Artificial (Ia): Autonomia, Imputabilidade e Responsabilidade. *In*: FRAZÃO, Ana; MULHOLLAND, Caitlin. *Inteligência Artificial e Direito: Ética, Regulação e Responsabilidade*. São Paulo: Editora Revista dos Tribunais. 2020. Disponível em: https://thomsonreuters.jusbrasil.com.br/doutrina/1196969611/inteligencia-artificial-e-direito-etica-regulacao-e-responsabilidade. Acesso em: 5 de dez de 2022.

NATIONAL HIGHWAY TRAFFIC SAFETY ADMINISTRATION. Preliminary Statement of Policy Concerning Automated Vehicles. Disponível em: https://www.nhtsa.gov. Acesso em: 30 nov. 2022.

PEREIRA, Thales Alessandro Dias. Transparência de algoritmos e decisões automatizadas: compreendendo o art. 20 da LGPD. *In*: PEIXOTO, Fabiano Hartmann. *Inteligencia Artificial*: Estudos de Inteligência Artificial. Curitiba: Alteridade, 2021.

ROSENVALD, Nelson. *As funções da responsabilidade civil*. 3 ed. São Paulo: Sarauva Jur, 2017.

ROSENVALD, Nelson; FALEIROS JÚNIOR, José Luiz de Moura. Accoutability e a Mitigação da Responsabilidade Civil na Lei Geral de Proteção de Dados. *In*: FRAZÃO, Ana; CUEVA; Ricardo Villas Bôas. *Compliance e Políticas de Proteção de Dados*. São Paulo: Revista dos Tribunais, 2021.

SCHWAB, Klaus. *A quarta revolução industrial*. São Paulo: Edipro, 2018.

SALOMÃO, Luiz Felipe (Coord.). *Inteligência Artificial*: Tecnologia aplicada a Gestão dos Conflitos no Âmbito do Poder Judiciário. FGV Conhecimento, 2022.

SAMUEL, Arthur L. *Some Studies in Machine Learning Using the Game of Checkers*. IBM Journal of Research and Development, v. 44, n.1.2, 1959.

VERBICARO, Dennis. A tutela processual dos interesses individuais homogêneos no âmbito da relação de consumo e suas controvérsias. *Revista do Mestrado em Direito da Universidade Católica de Brasília*, v. 11, n. 1, jan./jun. 2017.

VERBICARO, Dennis. A ressignificação do consumo no mundo pós-pandemia. *In*: VERBICARO, Dennis; VERBICARO, Loiane Prado. *Tensões de uma sociedade em crise*. Rio de Janeiro: Lumen Juris, 2020.

ZAMPIER, Bruno. *Estatuto Jurídico da Inteligência Artificial*. Indaiatuba: Editora Foco, 2022.

Informação bibliográfica deste texto, conforme a NBR 6023:2018 da Associação Brasileira de Normas Técnicas (ABNT):

HOMCI, Janaina Vieira; VERBICARO, Dennis. Inteligência artificial e relações de consumo: qual a função da responsabilidade civil? *In*: EHRHARDT JÚNIOR, Marcos; CATALAN, Marcos; NUNES, Cláudia Ribeiro Pereira (Coord.). *Inteligência artificial e relações privadas – Relações patrimoniais*: entre o consumo, os contratos e os danos. Belo Horizonte: Fórum, 2023. v. 3. p. 261-277. ISBN 978-65-5518-586-7.

RESPONSABILIDADE CIVIL PELOS DANOS CAUSADOS PELA INTELIGÊNCIA ARTIFICIAL E OS RISCOS DO DESENVOLVIMENTO

MARCELO JUNQUEIRA CALIXTO

Introdução

Um dos temas que tem ganhado imenso destaque nos últimos anos é aquele relativo aos danos causados por sistemas dotados de inteligência artificial. Uma das razões, naturalmente, é o aumento do número de vítimas, consequência dos inúmeros experimentos que têm sido realizados sobretudo nos países economicamente mais avançados. Tal situação, porém, não tem sido percebida como um impeditivo à realização de novos estudos e desenvolvimentos, sendo o uso da inteligência artificial visto como um caminho sem volta, em especial pelos benefícios que também têm sido verificados em decorrência de sua utilização.

Partindo-se dessa premissa, um dos grandes *desafios* – talvez o maior – seja o de oferecer um *tratamento jurídico* para a questão que, por um lado, garanta a efetiva prevenção e reparação dos danos sofridos e, ao mesmo tempo, não sirva de obstáculo ao pleno desenvolvimento das pesquisas e à criação de novos entes dotados de inteligência artificial. Este imenso desafio tem sido enfrentado, há algum tempo, no âmbito da União Europeia e, mais recentemente, também no Brasil, com propostas que, até o presente momento, têm se mostrado similares.

1 Inovações na regulamentação da inteligência artificial na União Europeia e no Brasil

Em relação ao cenário da União Europeia o primeiro destaque deve ser feito à Resolução nº 2015/2113, de 16 de fevereiro de 2017, elaborada pelo Parlamento Europeu. Entre outros temas, este diploma buscou enfrentar os seguintes: "proposta de criação de uma agência reguladora em nível europeu; proposta de elaboração de normas para a tutela dos dados pessoais; proposta de regulamentação da elaboração de procedimentos de experimentação para teste dos novos dispositivos robóticos no campo médico".[1] Em referida Resolução também se chegou a cogitar acerca da criação de uma nova categoria de pessoas – as chamadas *e-persons* – às quais poderiam ser imputados os danos injustos causados por seus atos autônomos ou decorrentes de suas omissões. Defendia, em suma, a criação de uma legislação específica para tratar do tema da *responsabilidade civil*, uma vez que se acreditava que a legislação então vigente não seria capaz de enfrentar este desafio.

Contudo, esta visão restou superada pela Resolução de 20 de outubro de 2020 do mesmo Parlamento Europeu (Resolução 2020/2014),[2] a qual, resumidamente, buscou estabelecer o seguinte: "(i) a desnecessidade de se realizar uma revisão completa das normas de responsabilidade civil existentes; (ii) o reconhecimento da importância de se analisar a tipologia da Inteligência Artificial para a definição do regime de responsabilidade civil aplicável, tendo em vista que IAs distintas implicam riscos distintos; e, por fim, (iii) a rejeição, pelo menos no presente momento, da criação de uma personalidade jurídica própria aos sistemas comandados por Inteligência Artificial".[3]

Nesta última Resolução, de fato, é possível encontrar um "regime tripartite" de responsabilidade civil, a saber: "(i) regime de produtos defeituosos segundo a Diretiva 85/374/CEE; (ii) regime dual, estabelecido pelo documento, para os operadores de *backend* e *frontend*, a depender da tipologia da IA, isto é, se de alto ou baixo risco; e, subsidiariamente,

---

[1] TEPEDINO, Gustavo; SILVA, Rodrigo da Guia. Inteligência artificial e elementos da responsabilidade civil. *In*: TEPEDINO, Gustavo; SILVA, Rodrigo da Guia (Coords.). *O Direito Civil na era da Inteligência Artificial*. São Paulo: Revista dos Tribunais, 2020. E-book.

[2] O texto integral da Resolução pode ser encontrado no seguinte endereço eletrônico: https://eur-lex.europa.eu/legal-content/PT/TXT/PDF/?uri=CELEX:52020IP0276&from=PT. Acesso em: 27 abr. 2023.

[3] MEDON, Filipe. *Inteligência Artificial e Responsabilidade Civil*: Autonomia, Riscos e Solidariedade. 2. ed. Salvador: JusPodium, 2022. p. 416.

(iii) regime de natureza subjetiva, com base nos ordenamentos nacionais, para terceiros/usuários".[4]

A aplicação do regime previsto na Diretiva nº 85/374/CEE decorre de uma interpretação conjunta do disposto no art. 3º, alíneas *d* e *j* da Resolução de 2020, *verbis*: "d) 'Operador', o operador de *frontend* e o operador de *backend*, desde que a responsabilidade do último não esteja já coberta pela Diretiva 85/374/CEE; j) 'Produtor', o produtor na acepção do artigo 3º da Diretiva 85/374/CEE". Ou seja, quando o sistema dotado de inteligência artificial for considerado *defeituoso*, o seu fabricante poderá ser *objetivamente* responsabilizado, desde que a vítima consiga provar o dano, o defeito e o nexo causal entre o defeito e o dano (art. 4º da Diretiva 85/374/CEE).[5]

Recorde-se, nesse sentido, que o conceito de "produto defeituoso" é um conceito *normativo*, isto é, definido pelo art. 6º da Diretiva nº 85/374/CEE como o "produto que não oferece a segurança que se pode legitimamente esperar".[6] O conceito de "produtor" também é amplo, abrangendo, por exemplo, aquele que apõe sobre o produto o seu "nome, marca ou qualquer outro sinal distintivo" (art. 3º da Diretiva).[7]

---

4 MEDON, Filipe. *Inteligência Artificial e Responsabilidade Civil*, cit., p. 416. A Resolução apresenta as seguintes definições para operadores de *backend* e de *frontend*: "Operador de backend", qualquer pessoa singular ou coletiva que, de forma contínua, defina as características da tecnologia, forneça dados e preste serviços essenciais de apoio de backend e, por conseguinte, exerça igualmente algum controle sobre o risco ligado à operação e ao funcionamento do sistema de IA" (art. 3º, alínea *f*); "Operador de frontend", qualquer pessoa singular ou coletiva que exerça um grau de controlo sobre um risco relacionado com a operação e o funcionamento do sistema de IA e que beneficie da sua operação" (art. 3º, alínea *e*).

5 Afirma o art. 4º da Diretiva 85/374/CEE: "Cabe ao lesado a prova do dano, do defeito e do nexo causal entre o defeito e o dano".

6 É a seguinte a redação do art. 6º da Diretiva: "Artigo 6º. 1. Um produto é defeituoso quando não oferece a segurança que se pode legitimamente esperar, tendo em conta todas as circunstâncias, tais como: a) A apresentação do produto; b) A utilização do produto que se pode razoavelmente esperar; c) O momento de entrada em circulação do produto. 2. Um produto não será considerado defeituoso pelo simples facto de ser posteriormente colocado em circulação um produto mais aperfeiçoado".

7 Afirma o art. 3º da Diretiva: "Artigo 3º. 1. O termo 'produtor' designa o fabricante de um produto acabado, o produtor de uma matéria-prima ou o fabricante de uma parte componente, e qualquer pessoa que se apresente como produtor pela aposição sobre o produto do seu nome, marca ou qualquer outro sinal distintivo. 2. Sem prejuízo da responsabilidade do produtor, qualquer pessoa que importe um produto na Comunidade tendo em vista uma venda, locação, locação financeira ou qualquer outra forma de distribuição no âmbito da sua atividade comercial, será considerada como produtor do mesmo, na acepção da presente diretiva, e responsável nos mesmos termos que o produtor. 3. Quando não puder ser identificado o produtor do produto, cada fornecedor será considerado como produto, salvo se indicar ao lesado, num prazo razoável, a identidade do produtor ou daquele que lhe forneceu o produto. O mesmo se aplica no caso de um produto importado, se este

A Resolução de 20 de outubro de 2020 também prevê, como dito, uma hipótese de responsabilidade civil *objetiva*, mas para os sistemas dotados de inteligência artificial que sejam considerados de "alto risco" (art. 4º, número 1).[8] Interessante observar que a definição desses sistemas de "alto risco" constará, em *rol taxativo*, de um *anexo* ao Regulamento, sendo também prevista a possibilidade de alteração dessa lista por decisão da Comissão Europeia (art. 4º, número 2).[9] A reforçar a natureza *objetiva* dessa responsabilidade, o número 3 do mesmo art. 4º prevê como *única excludente expressa* a "força maior", *restringindo* assim, sobremaneira, as defesas do operador do sistema em comparação com aquelas previstas pelo art. 7º da Diretiva sobre produtos defeituosos.[10]

---

produto não indicar o nome do importador referido no nº 2, mesmo se for indicado o nome do produtor".

8 Afirma o dispositivo: "Artigo 4º. Responsabilidade objetiva pelos sistemas de IA de alto risco 1. O operador de um sistema de IA de alto risco tem a responsabilidade objetiva por quaisquer prejuízos ou danos causados por uma atividade, um dispositivo ou um processo físico ou virtual baseado nesse sistema de IA".

9 Eis a redação do art. 4º, número 2: "2. Todos os sistemas de IA de alto risco e todos os setores críticos em que são utilizados são enumerados no anexo do presente regulamento. A Comissão fica habilitada a adotar atos delegados, nos termos do artigo 13º, para modificar essa lista exaustiva: a) incluindo novos tipos de sistemas de IA de alto risco e os setores críticos em que são implantados; b) suprimindo os tipos de sistemas de IA que deixam de poder ser considerados de alto risco; e/ou c) mudando os setores críticos para os sistemas de IA de alto risco existentes. Os atos delegados que alterem o anexo entram em vigor seis meses após a sua adoção. Ao decidir inserir no anexo novos sistemas de IA de alto risco e/ou setores críticos por meio de atos delegados, a Comissão deve ter plenamente em conta os critérios estabelecidos no presente regulamento, nomeadamente os referidos no artigo 3º, alínea c)".

10 Afirma o número 3 do art. 4º da Resolução de 20 de outubro de 2020: "3. Os operadores de sistemas de IA de alto risco não podem eximir-se da sua responsabilidade, alegando que agiram com a devida diligência ou que os prejuízos ou danos foram causados por uma atividade, um dispositivo ou um processo autónomo baseado no seu sistema de IA. Os operadores não são considerados responsáveis pelos prejuízos ou danos se estes tiverem sido causados por motivos de força maior". Contudo, mais à frente (art. 10) a Resolução admite que a *culpa da vítima*, exclusiva ou concorrente, também poderá servir de fundamento para *afastar* ou *atenuar* a obrigação de reparar: "Artigo 10º Culpa do lesado 1. Se os prejuízos ou danos forem causados tanto por uma atividade, um dispositivo ou um processo físico ou virtual baseado num sistema de IA como pelas ações de uma pessoa lesada ou de qualquer pessoa pela qual a pessoa lesada seja responsável, a extensão da responsabilidade do operador ao abrigo do presente regulamento deve ser reduzida em conformidade. O operador não é considerado responsável se a pessoa lesada ou a pessoa pela qual esta é responsável for a única culpada pelos prejuízos ou danos causados. 2. Um operador considerado responsável pode utilizar os dados gerados pelo sistema de IA para provar a concorrência de culpa da pessoa lesada, em conformidade com o Regulamento (UE) 2016/679 ou outra legislação pertinente em matéria de proteção de dados. A pessoa lesada pode também utilizar esses dados como meio de prova ou esclarecimento no âmbito da ação de responsabilidade".
No art. 7º da Diretiva 85/374/CEE, por sua vez, é possível encontrar o seguinte rol de excludentes: "Artigo 7º. O produtor não é responsável nos termos da presente diretiva se

Por fim, considerando justamente o "alto risco" apresentado pelo sistema dotado de inteligência artificial, a Resolução prevê a necessidade de contratação de "seguro" cuja natureza poderá variar de acordo com a espécie de operador de sistema de IA.[11]

Esta sistemática não será aplicada quando se tratar de um operador de um sistema de inteligência artificial considerado de "baixo risco". Nesse caso, a Resolução prevê um sistema de responsabilidade civil *subjetiva*, embora com *culpa presumida* do operador do sistema (art. 8º da Resolução).[12] Interessante observar, por fim, que a própria Resolução,

---

provar: a) Que não colocou o produto em circulação; b) Que, tendo em conta as circunstâncias, se pode considerar que o defeito que causou o dano não existia no momento em que o produto foi por ele colocado em circulação ou que este defeito surgiu posteriormente; c) Que o produto não foi fabricado para venda ou para qualquer outra forma de distribuição com um objetivo econômico por parte do produtor, nem fabricado ou distribuído no âmbito da sua atividade profissional; d) Que o defeito é devido à conformidade do produto com normas imperativas estabelecidas pelas autoridades públicas; e) Que o estado dos conhecimentos científicos e técnicos no momento da colocação em circulação do produto não lhe permitiu detectar a existência do defeito; f) No caso do produtor de uma parte componente, que o defeito é imputável à concepção da produto no qual foi incorporada a parte componente ou às instruções dadas pelos fabricante do produto".
Deve ser observado, porém, que, em relação ao tema dos *riscos do desenvolvimento* (alínea *e* transcrita acima), a Diretiva permite que cada Estado-Membro, em sua lei nacional, decida pela manutenção ou afaste a excludente, o que será objeto de análise no número 2 do presente estudo.

11 É o que afirma o número 4 do art. 4º da Resolução: "4. O operador de *frontend* de um sistema de IA de alto risco deve assegurar que todas as operações desse sistema de IA estejam cobertas por um seguro de responsabilidade adequado aos montantes e à dimensão das indemnizações previstos nos artigos 5º e 6º do presente regulamento. O operador de *backend* deve assegurar que os seus serviços estejam cobertos por um seguro de responsabilidade empresa ou produtos, adequado aos montantes e à dimensão das indemnizações previstos nos artigos 5º e 6º do presente regulamento. Se se considerar que os regimes de seguro obrigatório do operador de *frontend* e de *backend* já vigentes em virtude de outra legislação da União ou nacional ou de fundos voluntários existentes de seguro das sociedades cobrem a operação do sistema de IA ou o serviço prestado, reputa-se cumprida a obrigação de subscrever um seguro para o sistema de IA ou o serviço prestado nos termos do presente regulamento, desde que o seguro obrigatório existente ou o fundo de seguro voluntário da sociedade cubra os montantes e a dimensão das indemnizações previstos nos artigos 5º e 6º do presente regulamento".

12 Afirma o art. 8º: "Artigo 8º Responsabilidade culposa relativa a outros sistemas de IA. 1. O operador de um sistema de IA que não constitua um sistema de IA de alto risco na acepção dos artigos 3º, alínea c), e 4º, nº 2, e, consequentemente, não figure no anexo do presente regulamento, está sujeito à responsabilidade culposa por quaisquer prejuízos ou danos causados por uma atividade, um dispositivo ou um processo físico ou virtual baseado no sistema de IA. 2. O operador não é considerado responsável pelos danos ou prejuízos se puder provar que estes foram causados sem culpa da sua parte, baseando-se num dos seguintes motivos: a) O sistema de IA foi ativado sem o seu conhecimento, embora tenham sido tomadas todas as medidas razoáveis e necessárias para evitar essa ativação fora do controle do operador, ou b) Foi observada a devida diligência através da execução das seguintes ações: seleção de um sistema de IA adequado para as tarefas e capacidades em causa, correta colocação em operação do sistema de IA, controle das

considerando a velocidade com que ocorre o desenvolvimento dos sistemas dotados de inteligência artificial, prevê a possibilidade de sua *revisão* a cada período de três anos (art. 14).[13]

Nada obstante o avanço representado pela Resolução de 20 de outubro de 2020, certo é que, em 28 de setembro de 2022, a Comissão Europeia apresentou uma proposta de "Diretiva sobre a Responsabilidade Civil da Inteligência Artificial" (*AI Liability Directive*) como forma de "evitar a fragmentariedade das soluções legislativas dentro do bloco".[14] No que interessa, porém, ao presente artigo, basta observar que a proposta de Diretiva não pretende revogar a Diretiva nº 85/374/CEE e nem apresentar novas definições de risco para os sistemas dotados de inteligência artificial.[15]

---

atividades e manutenção da fiabilidade da operação, graças à instalação regular de todas as atualizações disponíveis. O operador não pode furtar-se à sua responsabilidade, alegando que os prejuízos ou danos foram causados por uma atividade, um dispositivo ou um processo autônomo baseado no seu sistema de IA. O operador não é considerado responsável pelos prejuízos ou danos se estes tiverem sido causados por motivos de força maior. 3. Caso os prejuízos ou danos tenham sido causados por um terceiro que tenha interferido no sistema de IA alterando o seu funcionamento ou os seus efeitos, o operador é, não obstante, responsável pelo pagamento da indemnização, se esse terceiro não for localizável ou carecer de recursos financeiros. 4. O produtor de um sistema de IA tem o dever de cooperar com o operador ou a pessoa lesada, a pedido destes, bem como a fornecer-lhes informações, na medida em que a importância do pedido de indemnização o justifique, a fim de permitir o apuramento da responsabilidade".

13 Dispõe o art. 14: "Artigo 14. Revisão. Até 1 de janeiro de 202X [3 anos após a data de aplicação do presente regulamento] e, posteriormente, de três em três anos, a Comissão apresenta ao Parlamento Europeu, ao Conselho e ao Comité Económico e Social Europeu um relatório circunstanciado em que procederá à revisão do presente regulamento à luz da evolução da inteligência artificial. No âmbito da elaboração do relatório a que se refere o primeiro parágrafo, a Comissão deve solicitar aos Estados-Membros informações pertinentes sobre a jurisprudência e as transações judiciais, bem como estatísticas sobre acidentes, como o número de acidentes registados, os danos sofridos, as aplicações de IA envolvidas, as indemnizações pagas pelas companhias de seguros, bem como uma avaliação do número de ações intentadas pelas pessoas lesadas, a título individual ou coletivo, e dos prazos em que essas ações são tratadas em tribunal. O relatório da Comissão deve ser acompanhado, se for caso disso, de propostas legislativas destinadas a colmatar as eventuais lacunas nele identificadas".

14 MEDON, Filipe. Primeiras impressões sobre a proposta de diretiva sobre responsabilidade civil da IA da Comissão Europeia. *Portal Migalhas*, 04 out. 2022. Disponível em: https://www.migalhas.com.br/coluna/migalhas-de-responsabilidade-civil/374629/impressoes-sobre-a-proposta-de-diretiva-sobre-responsabilidade-civil. Acesso em: 23 jul. 2023.

15 De fato, referida proposta de Diretiva é assim resumida por Filipe MEDON: "Outrossim, é importante consignar, desde já, que a norma não ordena os sistemas internos de Responsabilidade Civil, nem cria hipóteses de imputação. No fundo, o escopo da Proposta está em fornecer um ferramental para as vítimas e para os aplicadores do Direito quando as legislações internas dos países integrantes da União Europeia previrem hipóteses específicas de responsabilidade civil baseada na culpa, diante do chamado "efeito black box" da IA, ao mesmo tempo em que estabelece regras de conformidade claras para os agentes, minimizando os efeitos da insegurança jurídica" (MEDON, Filipe. Primeiras

Passando à análise do cenário normativo brasileiro, deve ser recordado que a primeira tentativa de regulamentação específica do tema consta do Projeto de Lei nº 21/2020, o qual, segundo sua ementa, "estabelece fundamentos, princípios e diretrizes para o desenvolvimento e a aplicação da inteligência artificial no Brasil; e dá outras providências". Referido Projeto de Lei entrou em "regime de urgência" na Câmara dos Deputados em 07 de julho de 2021 e restou "aprovado, com alterações" pelo Plenário em 29 de setembro de 2021.[16]

Além da surpreendente velocidade com que tem tramitado, o Projeto de Lei nº 21/2020 merece a crítica de consagrar, como regra, uma responsabilidade civil de natureza *subjetiva* para os agentes que utilizam sistemas de inteligência artificial. É o que se deduz do disposto no art. 6º, inciso VI, do Projeto:

> Art. 6º Ao disciplinar a aplicação de inteligência artificial, o poder público deverá observar as seguintes diretrizes: (...); VI – responsabilidade: as normas sobre responsabilidade dos agentes que atuam na cadeia de desenvolvimento e operação de sistemas de inteligência artificial deverão, salvo disposição legal em contrário, pautar-se na responsabilidade subjetiva e levar em consideração a efetiva participação desses agentes, os danos específicos que se deseja evitar ou remediar e a forma como esses agentes podem demonstrar adequação às normas aplicáveis, por meio de esforços razoáveis compatíveis com os padrões internacionais e as melhores práticas de mercado.

Dessa forma, o Projeto em apreço parece *desconhecer* as regras já vigentes no ordenamento jurídico brasileiro, em especial, o disposto no art. 927, parágrafo único, e no art. 931, ambos do Código Civil, além das normas do CDC relativas à responsabilidade civil pelo fato do produto (arts. 12 e 13) e pelo fato do serviço (art. 14).[17] Não é por outra razão

impressões sobre a proposta de diretiva sobre responsabilidade civil da IA da Comissão Europeia. *Portal* Migalhas, 04 out. 2022. Disponível em: https://www.migalhas.com.br/coluna/migalhas-de-responsabilidade-civil/374629/impressoes-sobre-a-proposta-de-diretiva-sobre-responsabilidade-civil. Acesso em: 23 jul. 2023).

16 Segundo o *site* do Senado Federal (www.senado.leg.br, acesso em 03.05.2023), o Projeto aguarda deliberação pelo Plenário do Senado desde 16.02.2023.

17 Afirmam os dispositivos: "Art. 927. (...). Parágrafo único. Haverá obrigação de reparar o dano, independentemente de culpa, nos casos especificados em lei, ou quando a atividade normalmente desenvolvida pelo autor do dano implicar, por sua natureza, risco para os direitos de outrem"; "Art. 931. Ressalvados outros casos previstos em lei especial, os empresários individuais e as empresas respondem independentemente de culpa pelos danos causados pelos produtos postos em circulação"; "Art. 12. O fabricante, o produtor, o construtor, nacional ou estrangeiro, e o importador respondem, independentemente da

que o Projeto de Lei nº 21/2020 vem sendo, corretamente, criticado pela doutrina especializada.[18]

Estas críticas encontraram acolhida no Senado Federal, tendo a Presidência desta Casa de Leis determinado a constituição de uma Comissão de Especialistas para que fosse apresentado um "substitutivo" ao Projeto de Lei nº 21/2020. O Relatório da Comissão foi apresentado em 06 de dezembro de 2022 e se converteu no Projeto de Lei nº 2.338/2023 em 03 de maio de 2023. Este Projeto de Lei traz interessantes novidades, merecendo destaque, inicialmente, a "categorização dos riscos" em *excessivo, alto* e *baixo*.[19] Esta última espécie apresenta um

---

existência de culpa, pela reparação dos danos causados aos consumidores por defeitos decorrentes de projeto, fabricação, construção, montagem, fórmulas, manipulação, apresentação ou acondicionamento de seus produtos, bem como por informações insuficientes ou inadequadas sobre sua utilização e riscos"; "Art. 13. O comerciante é igualmente responsável, nos termos do artigo anterior, quando: I - o fabricante, o construtor, o produtor ou o importador não puderem ser identificados; II - o produto for fornecido sem identificação clara do seu fabricante, produtor, construtor ou importador; III - não conservar adequadamente os produtos perecíveis"; "Art. 14. O fornecedor de serviços responde, independentemente da existência de culpa, pela reparação dos danos causados aos consumidores por defeitos relativos à prestação dos serviços, bem como por informações insuficientes ou inadequadas sobre sua fruição e riscos".

18 Entre os críticos do Projeto de Lei 21/2020 pode ser destacado, em primeiro lugar, Anderson SCHREIBER, segundo o qual, referido diploma, "ao recomendar em seu artigo 6º, VI, a adoção de responsabilidade civil subjetiva em relação aos 'agentes que atuam na cadeia de desenvolvimento e operação de sistemas de inteligência artificial', cria uma fratura no ordenamento brasileiro, trilhando caminho casuístico que se distancia da unidade e da coerência esperada de qualquer sistema jurídico" ("PL da Inteligência Artificial cria fratura no ordenamento jurídico brasileiro", disponível em www.jota.info, acesso em 02.11.2021). Também Filipe MEDON, *Inteligência Artificial e Responsabilidade Civil*, cit., p. 529, entende que "o Projeto de Lei aprovado coloca em risco a garantia da reparação integral a partir de uma norma flagrantemente equivocada, atécnica e que beira a inconstitucionalidade. Trata-se do inciso VI do art. 6º (...)".

19 Os sistemas dotados de "risco excessivo" estão referidos no arts. 14 a 16 do diploma projetado:
"Art. 14. São vedadas a implementação e o uso de sistemas de inteligência artificial: I – que empreguem técnicas subliminares que tenham por objetivo ou por efeito induzir a pessoa natural a se comportar de forma prejudicial ou perigosa à sua saúde ou segurança ou contra os fundamentos desta Lei; II – que explorem quaisquer vulnerabilidades de grupos específicos de pessoas naturais, tais como as associadas a sua idade ou deficiência física ou mental, de modo a induzi-las a se comportar de forma prejudicial a sua saúde ou segurança ou contra os fundamentos desta Lei; III – pelo poder público, para avaliar, classificar ou ranquear as pessoas naturais, com base no seu comportamento social ou em atributos da sua personalidade, por meio de pontuação universal, para o acesso a bens e serviços e políticas públicas, de forma ilegítima ou desproporcional.
Art. 15. No âmbito de atividades de segurança pública, somente é permitido o uso de sistemas de identificação biométrica à distância, de forma contínua em espaços acessíveis ao público, quando houver previsão em lei federal específica e autorização judicial em conexão com a atividade de persecução penal individualizada, nos seguintes casos: I – persecução de crimes passíveis de pena máxima de reclusão superior a dois anos; II – busca de vítimas de crimes ou pessoas desaparecidas; ou III – crime em flagrante. Parágrafo único.

caráter *subsidiário*, uma vez que, de forma semelhante ao previsto na Resolução europeia de 2020, os sistemas dotados de risco excessivo ou alto constarão de uma "lista" que poderá ser, periodicamente, "atualizada".[20]

A lei a que se refere o caput preverá medidas proporcionais e estritamente necessárias ao atendimento do interesse público, observados o devido processo legal e o controle judicial, bem como os princípios e direitos previstos nesta Lei, especialmente a garantia contra a discriminação e a necessidade de revisão da inferência algorítmica pelo agente público responsável, antes da tomada de qualquer ação em face da pessoa identificada.
Art. 16. Caberá à autoridade competente regulamentar os sistemas de inteligência artificial de risco excessivo".
Os sistemas de "alto risco", por sua vez, mereceram tratamento no art. 17 do Projeto, *verbis*:
Art. 17. São considerados sistemas de inteligência artificial de alto risco aqueles utilizados para as seguintes finalidades: I – aplicação como dispositivos de segurança na gestão e no funcionamento de infraestruturas críticas, tais como controle de trânsito e redes de abastecimento de água e de eletricidade; II – educação e formação profissional, incluindo sistemas de determinação de acesso a instituições de ensino ou de formação profissional ou para avaliação e monitoramento de estudantes; III – recrutamento, triagem, filtragem, avaliação de candidatos, tomada de decisões sobre promoções ou cessações de relações contratuais de trabalho, repartição de tarefas e controle e avaliação do desempenho e do comportamento das pessoas afetadas por tais aplicações de inteligência artificial nas áreas de emprego, gestão de trabalhadores e acesso ao emprego por conta própria; IV – avaliação de critérios de acesso, elegibilidade, concessão, revisão, redução ou revogação de serviços privados e públicos que sejam considerados essenciais, incluindo sistemas utilizados para avaliar a elegibilidade de pessoas naturais quanto a prestações de serviços públicos de assistência e de seguridade; V – avaliação da capacidade de endividamento das pessoas naturais ou estabelecimento de sua classificação de crédito; VI – envio ou estabelecimento de prioridades para serviços de resposta a emergências, incluindo bombeiros e assistência médica; VII – administração da justiça, incluindo sistemas que auxiliem autoridades judiciárias na investigação dos fatos e na aplicação da lei; VIII – veículos autônomos, quando seu uso puder gerar riscos à integridade física de pessoas; IX – aplicações na área da saúde, inclusive as destinadas a auxiliar diagnósticos e procedimentos médicos; X – sistemas biométricos de identificação; XI – investigação criminal e segurança pública, em especial para avaliações individuais de riscos pelas autoridades competentes, a fim de determinar o risco de uma pessoa cometer infrações ou de reincidir, ou o risco para potenciais vítimas de infrações penais ou para avaliar os traços de personalidade e as características ou o comportamento criminal passado de pessoas singulares ou grupos; XII – estudo analítico de crimes relativos a pessoas naturais, permitindo às autoridades policiais pesquisar grandes conjuntos de dados complexos, relacionados ou não relacionados, disponíveis em diferentes fontes de dados ou em diferentes formatos de dados, no intuito de identificar padrões desconhecidos ou descobrir relações escondidas nos dados; XIII – investigação por autoridades administrativas para avaliar a credibilidade dos elementos de prova no decurso da investigação ou repressão de infrações, para prever a ocorrência ou a recorrência de uma infração real ou potencial com base na definição de perfis de pessoas singulares; ou XIV – gestão da migração e controle de fronteiras.

20 É o que se encontra previsto no art. 18 do Projeto: "Art. 18. Caberá à autoridade competente atualizar a lista dos sistemas de inteligência artificial de risco excessivo ou de alto risco, identificando novas hipóteses, com base em, pelo menos, um dos seguintes critérios: I – a implementação ser em larga escala, levando-se em consideração o número de pessoas afetadas e a extensão geográfica, bem como a sua duração e frequência; II – o sistema puder impactar negativamente o exercício de direitos e liberdades ou a utilização de um serviço; III – o sistema tiver alto potencial danoso de ordem material ou moral, bem como discriminatório; IV – o sistema afetar pessoas de um grupo específico vulnerável;

Também de forma semelhante à norma europeia, uma das consequências dessa classificação é a consagração de *regimes distintos* para a responsabilidade civil, uma vez que, para o "risco excessivo" ou "alto risco", prevê-se uma responsabilidade civil *objetiva* do "agente de inteligência artificial", ao passo que, no "baixo risco", essa responsabilidade terá natureza *subjetiva,* embora com *culpa presumida* do agente causador do dano.[21]

É interessante também observar que o Projeto, agora de forma semelhante ao Código de Defesa do Consumidor, apresenta excludentes *expressas* em favor do "agente de inteligência artificial".[22] Por fim, o diploma projetado determina a aplicação do próprio Código de Defesa do Consumidor para os "danos causados por sistemas de inteligência artificial no âmbito das relações de consumo" (art. 29).[23]

V – serem os possíveis resultados prejudiciais do sistema de inteligência artificial irreversíveis ou de difícil reversão; VI – um sistema de inteligência artificial similar ter causado anteriormente danos materiais ou morais; VII – baixo grau de transparência, explicabilidade e auditabilidade do sistema de inteligência artificial, que dificulte o seu controle ou supervisão; VIII – alto nível de identificabilidade dos titulares dos dados, incluindo o tratamento de dados genéticos e biométricos para efeitos de identificação única de uma pessoa singular, especialmente quando o tratamento inclui combinação, correspondência ou comparação de dados de várias fontes; IX – quando existirem expectativas razoáveis do afetado quanto ao uso de seus dados pessoais no sistema de inteligência artificial, em especial a expectativa de confidencialidade, como no tratamento de dados sigilosos ou sensíveis. Parágrafo único. A atualização da lista mencionada no caput pela autoridade competente será precedida de consulta ao órgão regulador setorial competente, se houver, assim como de consulta e de audiência públicas e de análise de impacto regulatório".

[21] É o que se depreende dos §§1º e 2º do art. 27: "Art. 27. O fornecedor ou operador de sistema de inteligência artificial que cause dano patrimonial, moral, individual ou coletivo é obrigado a repará-lo integralmente, independentemente do grau de autonomia do sistema. §1º Quando se tratar de sistema de inteligência artificial de alto risco ou de risco excessivo, o fornecedor ou operador respondem objetivamente pelos danos causados, na medida de sua participação no dano. §2º Quando não se tratar de sistema de inteligência artificial de alto risco, a culpa do agente causador do dano será presumida, aplicando-se a inversão do ônus da prova em favor da vítima".

[22] Veja-se, nesse sentido, o disposto no art. 28 do Projeto: "Art. 28. Os agentes de inteligência artificial não serão responsabilizados quando: I – comprovarem que não colocaram em circulação, empregaram ou tiraram proveito do sistema de inteligência artificial; ou II – comprovarem que o dano é decorrente de fato exclusivo da vítima ou de terceiro, assim como de caso fortuito externo". É inegável a semelhança com o disposto no art. 12, §3º, do CDC: "Art. 12. (...). §3° O fabricante, o construtor, o produtor ou importador só não será responsabilizado quando provar: I - que não colocou o produto no mercado; II - que, embora haja colocado o produto no mercado, o defeito inexiste; III - a culpa exclusiva do consumidor ou de terceiro". A diferença fundamental é que o Projeto se refere, expressamente, ao fortuito *externo,* o que não consta do CDC. Contudo, é pacífico na jurisprudência do STJ que o fortuito "externo", entendido como o fato que "não guarda conexidade" com o produto, termina por afastar a própria responsabilidade, ainda que objetiva, do fornecedor.

[23] Eis a redação do art. 29: "Art. 29. As hipóteses de responsabilização civil decorrentes de danos causados por sistemas de inteligência artificial no âmbito das relações de consumo

Aqui reside uma questão bem interesse. Percebe-se que o Projeto, ao fazer referência expressa à aplicação do CDC quando se tratar de uma relação de consumo, terminará por seguir a mesma trilha traçada pela Resolução europeia de 20 de outubro de 2020. Esta, como visto, também de forma expressa, determina a aplicação da sistemática prevista na Diretiva 85/374/CEE, que trata da "responsabilidade civil do produtor por produtos defeituosos".

É inegável que esta última Diretiva serviu de inspiração para o tratamento dado pelo CDC ao fornecedor no tocante à "responsabilidade pelo fato do produto", a qual também está alicerçada no conceito de "produto defeituoso". Tal regime, portanto, deverá continuar a ser observado mesmo após a esperada entrada em vigor do atual Projeto de Lei nº 2.338/2023. Contudo, deve ser lembrado que a Diretiva nº 85/374/CEE não foi integralmente consagrada pelo CDC e um dos aspectos que separa o regime europeu do nacional diz respeito às *excludentes* da responsabilidade civil do fornecedor.

De fato, na norma comunitária (art. 7º), as excludentes estão previstas em um rol bem mais extenso do que aquele consagrado no art. 12, §3º, do CDC.[24] Além disso, é preciso recordar que, por força das inúmeras controvérsias que cercaram a elaboração da Diretiva, teve de ser adotada uma "solução de compromisso" em relação a uma possível excludente – aquela fundada nos chamados "riscos do desenvolvimento" – deixando-se para posterior decisão legislativa *interna* o tratamento da questão (art. 15, número 1, alínea *b*).[25]

---

permanecem sujeitas às regras previstas na Lei nº 8.078, de 11 de setembro de 1990 (Código de Defesa do Consumidor), sem prejuízo da aplicação das demais normas desta Lei".

24 Recorde-se o disposto no art. 7º da Diretiva: "Artigo 7º. O produtor não é responsável nos termos da presente diretiva se provar: a) Que não colocou o produto em circulação; b) Que, tendo em conta as circunstâncias, se pode considerar que o defeito que causou o dano não existia no momento em que o produto foi por ele colocado em circulação ou que este defeito surgiu posteriormente; c) Que o produto não foi fabricado para venda ou para qualquer outra forma de distribuição com um objetivo econômico por parte do produtor, nem fabricado ou distribuído no âmbito da sua atividade profissional; d) Que o defeito é devido à conformidade do produto com normas imperativas estabelecidas pelas autoridades públicas; e) Que o estado dos conhecimentos científicos e técnicos no momento da colocação em circulação do produto não lhe permitiu detectar a existência do defeito, f) No caso do produtor de uma parte componente, que o defeito é imputável à concepção da produto no qual foi incorporada a parte componente ou às instruções dadas pelos fabricante do produto".

25 Eis a redação do dispositivo: "Artigo 15. 1. Qualquer Estado-membro pode: (...); b) Em derrogação da alínea e) do artigo 7º, manter ou, sem prejuízo do procedimento definido no n. 2, prever na sua legislação que o produtor é responsável, mesmo se este provar que o estado dos conhecimentos científicos e técnicos no momento da colocação do produto em circulação não lhe permitia detectar a existência do defeito".

2 O tratamento dado aos riscos do desenvolvimento na Comunidade Europeia e no Brasil

Certamente um dos temas mais controvertidos da responsabilidade civil do fornecedor, os *riscos do desenvolvimento*, podem ser definidos como aqueles riscos desconhecidos pelo mais avançado estado da ciência e da técnica, no momento da prestação do serviço, ou da introdução do produto no mercado, e que só vêm a ser descobertos mais tarde, por força do desenvolvimento científico.[26] A expressão consagrada é, portanto, uma redução da expressão "riscos do produto ou do serviço que o desenvolvimento técnico-científico permite descobrir".

Para que se possa falar em *riscos do desenvolvimento* é necessário, em suma, que estejam presentes dois requisitos: a) *temporal* e b) *científico*. O primeiro quer significar que, para que se possa falar em riscos do desenvolvimento, é indispensável o decurso de um prazo, o qual pode ser mais ou menos longo. Dentro deste prazo é necessário que se observe o segundo requisito, isto é, novas descobertas científicas que permitam afirmar a existência de um risco que, anteriormente, era desconhecido.

A hipótese, assim, é certamente distinta do disposto no art. 12, §2º e no art. 14, §2º, ambos do CDC, uma vez que, em tais casos, o que se observa é a introdução no mercado de um produto mais seguro ou a prestação de um serviço dotado de um patamar mais elevado de segurança.[27] Dessa forma, nos dois casos é possível falar que somente

---

A expressão "solução de compromisso" pode ser encontrada em SILVA, João Calvão da. *Responsabilidade Civil do Produtor*. Coimbra: Almedina, 1990. p. 505.

[26] Sobre o tema seja consentido, remeter a CALIXTO, Marcelo Junqueira. *A Responsabilidade Civil do Fornecedor de Produtos pelos Riscos do Desenvolvimento*. Rio de Janeiro; Renovar, 2004.
Entre os inúmeros artigos jurídicos nacionais específicos sobre o tema dos riscos do desenvolvimento podem ser citados: a) CALIXTO, Marcelo Junqueira. O art. 931 do código civil de 2002 e os riscos do desenvolvimento. *Revista Trimestral de Direito Civil – RTDC*, Rio de Janeiro, Padma, v. 21, p. 53-93, 2005; b) CATALAN, Marcos. Notas acerca do desenvolvimento tecnológico e do dever de reparar danos ignorados no desvelar do processo produtivo. *In*: STAUT JÚNIOR, Sérgio Said (Org.). *Estudos em Direito Privado*: uma homenagem ao prof. Luiz Carlos Souza de Oliveira. Curitiba: Centro de Estudos Jurídicos Luiz Carlos, 2014; c) Maria Cândida KROETZ e Luiz Augusto da SILVA, SILVA, Luiz Augusto da; KROETZ, Maria Cândida. Um Prometeu "Pós-Moderno?" Sobre desenvolvimento, riscos e a responsabilidade civil nas relações de consumo. *Revista Brasileira de Direito Civil*, v. 09, jul./set. 2016; d) GLITZ, Frederico Eduardo; MILANI, Juliane Teixeira. Anotações sobre o risco de desenvolvimento: análise do caso da Talidomida. *Revista Luso-Brasileira de Direito do Consumo*, Curitiba, Bonijuris, v. V, n. 17, p. 177-205, mar. 2015; e) WESENDONK, Tula. A responsabilidade civil pelos riscos do desenvolvimento: evolução histórica e disciplina no Direito Comparado. *Direito e Justiça – Revista de Direito da PUC/RS*, Porto Alegre, v. 38, p. 213-227, jul./dez. 2012..

[27] Recorde-se o disposto no art. 12, §2º e no art. 14, §2º, ambos do CDC: "Art. 12. (...). §2º O produto não é considerado defeituoso pelo fato de outro de melhor qualidade ter sido

se está mitigando um risco *já conhecido* pelo fornecedor e pela sociedade de consumo. Está ausente, em resumo, o segundo requisito dos riscos do desenvolvimento, a saber, o *avanço científico* capaz de descobrir um *novo risco* anteriormente desconhecido.

Feita esta distinção, é possível recordar que os *riscos do desenvolvimento* não ganharam tratamento expresso no CDC brasileiro. E nem mesmo na Diretiva nº 85/374/CEE, por força da apontada "solução de compromisso". Em consequência, é possível observar que, embora muitos países tenham realmente optado por manter a exclusão, outros, em menor número, afastaram-na, sendo ainda possível observar países que adotaram uma "solução intermediária", isto é, mantiveram a excludente como regra, mas passaram a prever a responsabilidade do fornecedor para certos produtos, justamente aqueles com maior potencial para a ocorrência dos riscos do desenvolvimento.[28]

A razão para tamanha divisão parece residir no fato de os argumentos para uma ou outra decisão legislativa serem realmente relevantes. De fato, a favor da *exclusão* da responsabilidade, costuma ser apontado o desestímulo à realização de novas pesquisas científicas, – por força do temor de vir a ser descoberto um risco anteriormente desconhecido –, e a dificuldade na contratação de um seguro pelo fornecedor, uma vez que se trata de risco desconhecido. Da mesma forma, o permanente estudo acerca de *potenciais riscos* pode levar à excessiva demora na introdução de um produto no mercado ou na prestação de um serviço, o que poderia ser considerado, ao menos em tese, como prejudicial aos interesses do consumidor.

A favor, porém, da *responsabilidade* do fornecedor, deve ser apontado o fato de que, sendo o risco desconhecido pela ciência, será, com maior razão, desconhecido pelo consumidor. Assim, este se vê surpreendido em sua "legítima expectativa de segurança", sendo, igualmente, a *vítima* de uma atividade que se acredita lucrativa para o fornecedor. Tal situação poderia, inclusive, levar à convicção de que seres humanos passaram a ser tratados, sem o seu consentimento, como *cobaias humanas*.

---

colocado no mercado"; "Art. 14. (...). §2º O serviço não é considerado defeituoso pela adoção de novas técnicas".

[28] Para um estudo mais aprofundado das leis nacionais europeias seja consentido remeter a Marcelo Junqueira CALIXTO, *A Responsabilidade Civil*, cit., p. 183-190. Na doutrina europeia é recomendável a magnífica obra de João Calvão da SILVA, *Responsabilidade Civil do Produtor*, cit., *passim*.

Não é por outra razão que se pode reconhecer verdadeira *divisão* na doutrina brasileira, uma vez que, de um lado, estão aqueles que defendem a *inexistência de defeito* no produto ou serviço, pois este é um conceito *relativo* e necessariamente dependente do conhecimento científico. Seria possível, em suma, falar que a *legítima expectativa* do consumidor é dependente do avanço obtido pela ciência.[29]

Outros autores, porém, entendem que esta hipótese pode ser considerada como uma nova espécie de defeito, – o *defeito do desenvolvimento* –, pois parece inquestionável a *reversão* da expectativa de segurança do consumidor, critério suficiente para a afirmação do caráter *defeituoso* do produto ou do serviço.[30] Também semelhante a esta última visão seria o tratamento da questão como uma nova espécie de *fortuito interno*, uma vez que se trata de um *risco inerente* ao produto ou ao serviço, o qual, portanto, deve ser suportado pelo fornecedor e não pelo consumidor.[31]

A necessidade, entretanto, de conciliar o desenvolvimento científico com a proteção do consumidor, nos termos do art. 4º, inciso III, do CDC, parece permitir a defesa da *responsabilidade* do fornecedor nesta hipótese, limitando-a, porém, a um prazo máximo, um *prazo de responsabilidade* e não, propriamente, de prescrição ou de decadência.[32] À falta de referência expressa no CDC, tal prazo pode ser buscado, por analogia, no Código Civil, sendo então aplicável o prazo máximo de *dez anos* do art. 205 deste diploma.[33] Observe-se que esta situação, embora inovadora na legislação nacional, não se mostra divorciada da solução adotada pela Diretiva nº 85/374/CEE que a prevê no art. 11,

---

29 Veja-se, nesse sentido, TEPEDINO, Gustavo. A Responsabilidade Médica na Experiência Brasileira Contemporânea. *Revista Trimestral de Direito Civil*, Rio de Janeiro, Padma, v. 02, abr./jun. 2000. p. 41-75.

30 É o que se lê em BENJAMIN, Antônio Herman de Vasconcelos *et al. Comentários ao Código de Proteção do Consumidor*. São Paulo: Saraiva, 1991. p. 67-68.

31 É a tese defendida por Sérgio CAVALIERI FILHO, Sérgio. Responsabilidade civil por danos causados por remédios. *Revista de Direito do Consumidor*, Revista dos Tribunais, São Paulo, n. 29, p. 55-62, jan./mar. 1999.

32 Recorde-se a redação do dispositivo: "Art. 4º A Política Nacional das Relações de Consumo tem por objetivo o atendimento das necessidades dos consumidores, o respeito à sua dignidade, saúde e segurança, a proteção de seus interesses econômicos, a melhoria da sua qualidade de vida, bem como a transparência e harmonia das relações de consumo, atendidos os seguintes princípios: (...); III - harmonização dos interesses dos participantes das relações de consumo e compatibilização da proteção do consumidor com a necessidade de desenvolvimento econômico e tecnológico, de modo a viabilizar os princípios nos quais se funda a ordem econômica (art. 170, da Constituição Federal), sempre com base na boa-fé e equilíbrio nas relações entre consumidores e fornecedores".

33 Afirma o art. 205 do Código Civil: "Art. 205. A prescrição ocorre em dez anos, quando a lei não lhe haja fixado prazo menor".

inclusive estipulando o mesmo prazo decenal.[34] Tal prazo, é oportuno lembrar, teria sido previsto justamente para a hipótese de adoção da *responsabilidade* do fornecedor, nos termos do citado art. 15, número 1, letra "b", da mesma norma comunitária.

Certo é, porém, que o tema só muito recentemente foi julgado pelo STJ, provavelmente pelo fato de se ter adotado uma *socialização* do *risco* para a situação mais conhecida, a saber, o caso do medicamento *Talidomida*.[35] Esta *socialização* do *risco* se revelou por meio da promulgação da Lei nº 7.070/1982, a qual atribui ao Instituto Nacional da Seguridade Social (INSS) a obrigação de pagar uma *pensão mensal* a tais pessoas após a realização da competente perícia. Este exame pericial destina-se a estabelecer o "grau da dependência" da vítima, sendo avaliados e graduados *quatro* aspectos, o que determina que o valor da pensão varie entre um e quatro salários mínimos.[36] Referida perícia servirá de fundamento para o pagamento de uma nova parcela, a título de danos *extrapatrimoniais*, a qual variará entre R$50 mil e R$400 mil, conforme

---

[34] Dispõe o art. 11 da norma comunitária: "Art. 11. Os Estados-membros estabelecerão na sua legislação que os direitos concedidos ao lesado nos termos da presente diretiva se extinguem no termo de um período de dez anos a contar da data em que o produtor colocou em circulação o produto que causou o dano, exceto se a vítima tiver intentado uma ação judicial contra o produtor durante este período".

[35] De origem alemã, tal medicamento foi largamente usado no final dos anos cinquenta e início dos anos sessenta como um eficiente analgésico. Contudo, o avanço dos estudos científicos permitiu afirmar que o seu princípio ativo era capaz de atravessar a placenta e, em consequência, acarretar graves danos ao feto, em especial aos seus membros superiores e inferiores, os quais não se desenvolvem plenamente. Essas pessoas são consideradas como "portadoras da síndrome da Talidomida".

[36] Veja-se, nesse sentido, o disposto no art. 1º da Lei 7.070/82: "Art. 1º - Fica o Poder Executivo autorizado a conceder pensão especial, mensal, vitalícia e intransferível, aos portadores da deficiência física conhecida como 'Síndrome da Talidomida' que a requererem, devida a partir da entrada do pedido de pagamento no Instituto Nacional de Previdência Social – INPS.
§1º - O valor da pensão especial, reajustável a cada ano posterior à data da concessão segundo o índice de Variação das Obrigações Reajustáveis do Tesouro Nacional ORTN, será calculado, em função dos pontos indicadores da natureza e do grau da dependência resultante da deformidade física, à razão, cada um, de metade do maior salário mínimo vigente no País.
§2º - Quanto à natureza, a dependência compreenderá a incapacidade para o trabalho, para a deambulação, para a higiene pessoal e para a própria alimentação, atribuindo-se a cada uma 1 (um) ou 2 (dois) pontos, respectivamente, conforme seja o seu grau parcial ou total".
A realização da perícia vem prevista no art. 2º da mesma Lei: "Art. 2º - A percepção do benefício de que trata esta Lei dependerá unicamente da apresentação de atestado médico comprobatório das condições constantes do artigo anterior, passado por junta médica oficial para esse fim constituída pelo Instituto Nacional de Previdência Social, sem qualquer ônus para os interessados".

o grau da dependência da vítima.[37] Tal parcela, paga uma única vez pelo INSS, está prevista na Lei nº 12.190/2010, a qual também impõe que a vítima assine um "termo de opção" por meio do qual renuncia a qualquer ação judicial em face do fabricante do produto.[38]

Trata-se de solução que *não* encontra paralelo na legislação comunitária europeia a qual, como dito, serviu de inspiração para o diploma consumerista nacional. Também não é possível afirmar que esta decisão do legislador venha a ser utilizada em novos casos envolvendo os riscos do desenvolvimento, sendo, de todo modo, possível acreditar que a mesma poderá ser adotada em hipóteses de elevada *repercussão social*, tal como se observou no caso da *Talidomida*, e que poderá vir a ser igualmente observada em um sistema dotado de inteligência artificial. Este tratamento *coletivo* da questão, porém, não afasta a convicção acerca do caráter *defeituoso* do produto, antes a confirma, embora seja necessária, igualmente, a submissão desta responsabilidade a um prazo máximo, a fim de harmonizar os interesses de consumidores e fornecedores, nos termos da lei (CDC, art. 4º, inciso III).

Também favorável à tese da responsabilidade, embora sem qualquer referência a um prazo máximo, pode ser visto a recente decisão do Superior Tribunal de Justiça por ocasião do julgamento do Recurso Especial nº 1.774.372/RS, sendo Relatora a Ministra Nancy Andrighi.[39]

---

[37] Veja-se, nesse sentido, o disposto no art. 1º da Lei 12.190/2010: "Art. 1º É concedida indenização por dano moral às pessoas com deficiência física decorrente do uso da talidomida, que consistirá no pagamento de valor único igual a R$ 50.000,00 (cinquenta mil reais), multiplicado pelo número dos pontos indicadores da natureza e do grau da dependência resultante da deformidade física (§1º do art. 1º da Lei nº 7.070, de 20 de dezembro de 1982)".

[38] É o que se lê no art. 4º do Decreto nº 7.235/2010, de 19 de julho de 2010, o qual regulamentou a Lei 12.190/2010, *verbis*: "Art. 4º Para o recebimento da indenização por dano moral de que trata este Decreto, a pessoa com deficiência física decorrente do uso da talidomida deverá firmar termo de opção, conforme modelo anexo a este Decreto, declarando sua escolha pelo recebimento da indenização por danos morais de que trata a Lei nº 12.190, de 2010, em detrimento de qualquer outra, da mesma natureza, concedida por decisão judicial. Parágrafo único. O termo de opção poderá ser firmado por representante legal ou procurador investido de poderes específicos para este fim".

[39] Recurso Especial nº 1.774.372/RS, relatora Ministra Nancy Andrighi, Terceira Turma, julgado em 05.05.2020, DJe de 18.05.2020. Eis a ementa do julgado, no que interessa para a presente reflexão: "(...) 5. O risco inerente ao medicamento impõe ao fabricante um dever de informar qualificado (art. 9º do CDC), cuja violação está prevista no §1º, II, do art. 12 do CDC como hipótese de defeito do produto, que enseja a responsabilidade objetiva do fornecedor pelo evento danoso dele decorrente. 6. O ordenamento jurídico não exige que os medicamentos sejam fabricados com garantia de segurança absoluta, até porque se trata de uma atividade de risco permitido, mas exige que garantam a segurança legitimamente esperável, tolerando os riscos considerados normais e previsíveis em decorrência de sua natureza e fruição, desde que o consumidor receba as informações necessárias e adequadas

Neste julgamento, relativo a danos causados por medicamento, se fez referência expressa aos *riscos do desenvolvimento* como uma hipótese de *fortuito interno*, isto é, *não excludente* da responsabilidade civil do fornecedor.

Conclusão

Pelo exposto, entende-se como um avanço importante o tratamento dado pelo Projeto de Lei nº 2.338/2023 ao tema da responsabilidade civil dos "agentes de inteligência artificial". Também se louva a ressalva contida neste diploma no sentido da manutenção do regime de responsabilidade civil previsto no CDC quando se tratar de "relações de consumo".

Em consequência, pode ser defendido, com fundamento em expressiva parcela da doutrina, e também em recente precedente judicial, que os riscos do desenvolvimento não deverão ser interpretados como uma excludente da responsabilidade civil do agente e sim como mais uma situação em que este poderá ser responsabilizado. Tal situação, oportuno observar, coloca o Brasil em uma posição de destaque na defesa dos direitos dos consumidores.

---

a seu respeito (art. 8º do CDC). 7. O fato de o uso de um medicamento causar efeitos colaterais ou reações adversas, por si só, não configura defeito do produto se o usuário foi prévia e devidamente informado e advertido sobre tais riscos inerentes, de modo a poder decidir, de forma livre, refletida e consciente, sobre o tratamento que lhe é prescrito, além de ter a possibilidade de mitigar eventuais danos que venham a ocorrer em função dele. 8. O risco do desenvolvimento, entendido como aquele que não podia ser conhecido ou evitado no momento em que o medicamento foi colocado em circulação, constitui defeito existente desde o momento da concepção do produto, embora não perceptível a priori, caracterizando, pois, hipótese de fortuito interno. 9. Embora a bula seja o mais importante documento sanitário de veiculação de informações técnico-científicas e orientadoras sobre um medicamento, não pode o fabricante se aproveitar da tramitação administrativa do pedido de atualização junto a Anvisa para se eximir do dever de dar, prontamente, amplo conhecimento ao público – pacientes e profissionais da área de saúde –, por qualquer outro meio de comunicação, dos riscos inerentes ao uso do remédio que fez circular no mercado de consumo. 10. Hipótese em que o desconhecimento quanto à possibilidade de desenvolvimento do jogo patológico como reação adversa ao uso do medicamento SIFROL subtraiu da paciente a capacidade de relacionar, de imediato, o transtorno mental e comportamental de controle do impulso ao tratamento médico ao qual estava sendo submetida, sobretudo por se tratar de um efeito absolutamente anormal e imprevisível para a consumidora leiga e desinformada, especialmente para a consumidora portadora de doença de Parkinson, como na espécie. 11. De um lado, a culpa concorrente do consumidor não está elencada dentre as hipóteses que excluem a responsabilidade do fabricante, previstas no rol do §3º do art. 12 do CDC; de outro lado, a responsabilidade por eventual superdosagem ou interação medicamentosa não pode recair sobre o paciente que ingere a dose prescrita por seu médico, considerando, sobretudo, a sua vulnerabilidade técnica enquanto consumidor. (...)".

Referências

BARBOSA, Mafalda Miranda. Responsabilidade civil pelos danos causados por entes dotados de inteligência artificial. *In*: BARBOSA, Mafalda Miranda; BRAGA NETTO, Felipe; SILVA, Michael César; FALEIROS JÚNIOR, José Luiz de Moura (Coords.). *Direito Digital e Inteligência Artificial*: diálogos entre Brasil e Europa. Indaiatuba: Foco, 2021. p. 157-179.

BENJAMIN, Antônio Herman de Vasconcelos *et al*. *Comentários ao Código de Proteção do Consumidor*. São Paulo: Saraiva, 1991.

CALIXTO, Marcelo Junqueira. *A Responsabilidade Civil do Fornecedor de Produtos pelos Riscos do Desenvolvimento*. Rio de Janeiro; Renovar, 2004.

CALIXTO, Marcelo Junqueira. O art. 931 do código civil de 2002 e os riscos do desenvolvimento. *Revista Trimestral de Direito Civil – RTDC*, Rio de Janeiro, Padma, v. 21, 2005.

CATALAN, Marcos. Notas acerca do desenvolvimento tecnológico e do dever de reparar danos ignorados no desvelar do processo produtivo. *In*: STAUT JÚNIOR, Sérgio Said (Org.). *Estudos em Direito Privado*: uma homenagem ao prof. Luiz Carlos Souza de Oliveira. Curitiba: Centro de Estudos Jurídicos Luiz Carlos, 2014.

CAVALIERI FILHO, Sérgio. Responsabilidade civil por danos causados por remédios. *Revista de Direito do Consumidor*, Revista dos Tribunais, São Paulo, n. 29, jan./mar. 1999.

GLITZ, Frederico Eduardo; MILANI, Juliane Teixeira. Anotações sobre o risco de desenvolvimento: análise do caso da Talidomida. *Revista Luso-Brasileira de Direito do Consumo*, Curitiba, Bonijuris, v. V, n. 17, mar. 2015.

MEDON, Filipe. *Inteligência Artificial e Responsabilidade Civil*: Autonomia, Riscos e Solidariedade. 2. ed. Salvador: JusPodium, 2022.

MEDON, Filipe. Primeiras impressões sobre a proposta de diretiva sobre responsabilidade civil da IA da Comissão Europeia. *Portal Migalhas*, 04 out. 2022. Disponível em: https://www.migalhas.com.br/coluna/migalhas-de-responsabilidade-civil/374629/impressoes-sobre-a-proposta-de-diretiva-sobre-responsabilidade-civil. Acesso em: 23 jul. 2023.

MIRAGEM, Bruno. *Responsabilidade Civil*. 2. ed. Rio de Janeiro: Forense, 2021.

MULHOLLAND, Caitlin. Responsabilidade civil e processos decisórios autônomos em sistemas de Inteligência Artificial (IA): autonomia, imputabilidade e responsabilidade. *In*: FRAZÃO, Ana; MULHOLLAND, Caitlin (Coords.). *Inteligência Artificial e Direito*: Ética, Regulação e Responsabilidade. 2. ed. São Paulo: Revista dos Tribunais, 2020. p. 327-350.

PEREIRA, Paula Moura Francesconi de Lemos. *Responsabilidade Civil nos Ensaios Clínicos*. Indaiatuba: Foco, 2019.

POLETTO, Carlos Eduardo Minozzo. Considerações acerca da responsabilização do produtor pelos danos decorrentes dos efeitos colaterais do Sifrol. *Revista de Direito do Consumidor*, São Paulo, Revista dos Tribunais, v. 131, p. 297-321, set./out. 2020.

SCHREIBER, Anderson. *Manual de Direito Civil Contemporâneo*. 3. ed. São Paulo: Saraiva, 2020.

SCHREIBER, Anderson. PL da Inteligência Artificial cria fratura no ordenamento jurídico brasileiro. *Portal Jota*, 02 nov. 2021. Disponível em: https://www.jota.info/opiniao-e-analise/colunas/coluna-do-anderson-schreiber/pl-inteligencia-artificial-cria-fratura-no-ordenamento-juridico-02112021. Acesso em: 23 jul. 2023.

SCHREIBER, Anderson; TARTUCE, Flávio; SIMÃO, José Fernando; MELO, Marco Aurélio Bezerra de; DELGADO, Mário Luiz. *Código Civil Comentado* – Doutrina e Jurisprudência. 2. ed. Rio de Janeiro: Forense, 2020.

SILVA, João Calvão da. *Responsabilidade Civil do Produtor*. Coimbra: Almedina, 1990.

SILVA, Luiz Augusto da; KROETZ, Maria Cândida. Um Prometeu "Pós-Moderno?" Sobre desenvolvimento, riscos e a responsabilidade civil nas relações de consumo. *Revista Brasileira de Direito Civil*, v. 09, jul./set. 2016.

TARTUCE, Flávio. *Responsabilidade Civil*. 2. ed. Rio de Janeiro: Forense, 2020.

TEPEDINO, Gustavo. A Responsabilidade Médica na Experiência Brasileira Contemporânea. *Revista Trimestral de Direito Civil*, Rio de Janeiro, Padma, v. 02, abr./jun. 2000.

TEPEDINO, Gustavo; SILVA, Rodrigo da Guia. Inteligência artificial e elementos da responsabilidade civil. *In*: TEPEDINO, Gustavo; SILVA, Rodrigo da Guia (Coords.). *O Direito Civil na era da Inteligência Artificial.* São Paulo: Revista dos Tribunais, 2020. E-book.

WESENDONK, Tula. A responsabilidade civil pelos riscos do desenvolvimento: evolução histórica e disciplina no Direito Comparado. *Direito e Justiça – Revista de Direito da PUC/RS*, Porto Alegre, v. 38, jul./dez. 2012.

WESENDONK, Tula. Inteligência Artificial e Responsabilidade Civil pelos Riscos do Desenvolvimento: um estudo comparado entre as propostas de regulamentação da matéria na União Europeia e o ordenamento vigente brasileiro. *In*: BARBOSA, Mafalda Miranda; BRAGA NETTO, Felipe; SILVA, Michael César; FALEIROS JÚNIOR, José Luiz de Moura (Coords.). *Direito Digital e Inteligência Artificial*: diálogos entre Brasil e Europa. Indaiatuba: Foco, 2021, p. 195-217.

Informação bibliográfica deste texto, conforme a NBR 6023:2018 da Associação Brasileira de Normas Técnicas (ABNT):

CALIXTO, Marcelo Junqueira. Responsabilidade civil pelos danos causados pela inteligência artificial e os riscos do desenvolvimento. *In*: EHRHARDT JÚNIOR, Marcos; CATALAN, Marcos; NUNES, Cláudia Ribeiro Pereira (Coord.). *Inteligência artificial e relações privadas – Relações patrimoniais*: entre o consumo, os contratos e os danos. Belo Horizonte: Fórum, 2023. v. 3. p. 279-297. ISBN 978-65-5518-586-7.

DISRUPÇÃO DOS MEIOS DE PAGAMENTO NA SOCIEDADE DE CONSUMO: O MODELO PIX

CRISTINA STRINGARI PASQUAL

Introdução

Em 12 de agosto de 2020, foi aprovada a Resolução nº 1 do Banco Central do Brasil, a qual instituiu o arranjo de pagamento denominado Pix, estabelecendo a disciplina a ser seguida pelas instituições financeiras para viabilizar sua adequada utilização.[1]

Estabelece a Resolução que todas as instituições financeiras, assim como as instituições de pagamento autorizadas, devem oferecer a seus clientes a utilização do Pix, e com a oferta proporcionar a segurança necessária à operação.[2]

Da leitura da Resolução é possível depreender-se que este novo modelo trouxe uma maior celeridade às transações bancárias, assim como um custo zero à maioria dos usuários,[3] pois passou a permitir

---

1 Veja em: https://www.bcb.gov.br/estabilidadefinanceira/exibenormativo?tipo=Resolução BCB&numero=1.

2 Conforme estabelece o *caput* do Art. 3º da Resolução nº 1 do BCB, Institui o arranjo de pagamentos Pix e aprova o seu Regulamento. BRASIL. *Resolução BCB nº 1, de 12 de Agosto de 2020.* 12 ago. 2020. https://www.bcb.gov.br/estabilidadefinanceira/exibenormativo?tipo=Resolução BCB&numero=1. Acesso em: 23 jul. 2023.

3 Exceto no caso de pessoa jurídica, a qual pode ser tarifada nos casos de transferência se o recebedor for uma pessoa física e informar os dados da conta, chave ou iniciação de transação de pagamento ou se o recebedor for pessoa jurídica e usar o Pix informando os dados da conta ou chave. Também pode ser a pessoa jurídica tarifada no caso de recebimento

aos consumidores deixarem de utilizar os denominados TED e o DOC para transferirem valores a instituições financeiras diferentes, não tendo mais de aguardar o tempo necessário para a finalização de transação, como nestes dois modelos. Além disso, no que se refere aos meios de pagamento, também proporcionou o Pix a compensação imediata, sem ter fornecedor e consumidor que aguardar o tempo que tradicionalmente era necessário.

Ao lado dos inegáveis benefícios do Pix aos consumidores é possível identificar que, apesar de o Banco Central do Brasil ter fixado alguns mecanismos de proteção aos usuários, têm ocorrido eventos danosos advindo golpes e fraudes não solucionadas, surgindo cada vez com mais frequência demandas judiciais sobre a matéria, exigindo do Judiciário uma análise cautelosa a partir das regras existentes acerca da responsabilidade civil, em especial quando a relação for de consumo.

A fim de analisar a temática aqui proposta, o presente artigo será dividido em três partes. Em um primeiro momento, serão trazidas as características do meio de pagamento Pix, seus benefícios, assim como os problemas de segurança nas transações que têm sido observados. Na sequência, serão apresentados os mecanismos administrativos que o Banco Central do Brasil oferece para proteção dos consumidores no caso de danos advindos de fraudes ou problemas no sistema. Por fim, serão analisadas as soluções que podem e vem sendo dadas com base no ordenamento jurídico brasileiro, assim como as que vem sendo concedidas aos consumidores frente às demandas de consumo já identificadas nos tribunais brasileiros.

1 O modelo Pix: aspectos positivos e negativos do meio de pagamento brasileiro

Durante muitos anos no Brasil, salvo no caso de transferências entre contas da mesma instituição, o único meio de transferências interbancárias era o denominado Documento de Crédito (DOC). O sistema DOC foi importante para a sua época, mas trouxe um aspecto negativo, pois os recursos demoram um dia para chegar a seu destinatário, o que acaba muitas vezes exigindo que o consumidor efetue pagamentos e transferências diretamente no caixa da agência bancária do destinatário.

---

de Pix (situação de compra) se o pagador for pessoa física ou se for pessoa jurídica e usar Pix por QR Code ou serviço de iniciação. Assim, https://www.bcb.gov.br/meubc/faqs/p/quanto-a-pessoa-juridica-paga-para-usar-o-Pix.

Com o passar do tempo, especificamente a partir do lançamento do Sistema de Pagamento Brasileiro (SPB), em abril de 2002, foi implementado o Sistema de Transferência de Reservas (STR) e com ele originou-se a Transferência Eletrônica Disponível (TED), mecanismo que pode ser utilizado para enviar dinheiro a outras contas bancárias no mesmo dia, desde que respeitados horários predeterminados de transação.[4]

Inegavelmente passou a TED a ser bastante utilizada, deixando o DOC de ocupar a posição de protagonista. Porém, à semelhança do DOC, a TED também trouxe algumas restrições, afinal, apesar de proporcionar a transferência imediata, tal possibilidade fica sua realização restrita a determinados horários e dias, não sendo possível, por exemplo, utilizar o serviço nos finais de semana e feriados, sendo nestes casos a transferência delegada para o próximo dia útil. Além disso, salvo situações de clientes com relacionamento bancário especial, normalmente decorrente do valor aplicado na instituição financeira em questão, a regra é de cobrança de valor para cada transação realizada, ou por vezes há a oferta de um número de transações sem custo individualização, por fazer parte do pacote de serviços ofertado pelo banco mediante pagamento de mensalidade.

Frente à realidade dos custos gerados aos usuários e a limitação de dias e horários para transação, agregado aos objetivos da agenda BC#, estando entre eles o de cada vez mais inserir novas tecnologias às transações bancárias e aos meios de pagamento, veio a motivação para a criação de um novo modelo de pagamento, o denominado Pix.

O Pix, diferentemente da TED, proporciona transferências interbancárias 24 horas por dia e sete dias por semana. Como referido pelo Banco Central do Brasil, o *Pix é o pagamento instantâneo brasileiro* e ele proporciona que *os recursos sejam transferidos entre contas em poucos segundos e a qualquer hora do dia* e *pode ser realizado a partir de uma conta corrente, conta poupança ou conta de pagamento pré-paga.*[5] Basta a utilização de chaves de endereçamento, que podem ser o CPF, CNPJ, endereço eletrônico ou número de telefone celular, que a transferência é realizada.

[4] Veja em https://normativos.bcb.gov.br/Lists/Normativos/Attachments/46887/Circ_3115_v1_O.pdf. Também, a interessante tabela elaborada por SANTIAGO, Mariana Ribeiro; ZANETONI, Jaqueline de Paula Leite. Inclusão Financeira, Inovação e Promoção ao Desenvolvimento Social e Econômico através do PIX. *Revista Jurídica*, Curitiba, v. 04, n. 61, p. 123-152, 2020.

[5] BANCO CENTRAL DO BRASIL. Pix. Disponível em: https://www.bcb.gov.br/estabilidadefinanceira/pix. Acesso em: 30 jul. 2023.

Em comparação com o tradicional boleto, observa-se que o Pix é bem mais simplificado, afinal, diferentemente daquele – que proporciona o recebimento do recurso pelo credor no dia útil seguinte ao pagamento –, o Pix permite a liquidação do pagamento em tempo real, mediante a leitura de QR Code. Além disso, o pagamento pode ser feito em qualquer dia, não ficando atrelado a dias úteis como no caso do boleto.

Se feita a comparação entre o Pix e os cartões de débito e crédito, observa-se que além do Pix não exigir o uso de maquininhas ou outro tipo de instrumento semelhante, podendo a transação pode ser feita até mesmo pelo telefone celular, o recebimento do recurso pelo credor não se dá de forma imediata.

Não há dúvida, pela análise do modelo Pix, que se tem uma disrupção em matéria de meios de pagamento no Brasil. Trouxe o Pix uma inovação tecnológica com inegável impacto na economia, seja em virtude de sua instantaneidade, baixo custo ou custo zero, disponibilidade em tempo integral e possibilidade de utilização para transferências e pagamentos facilmente pelo uso de telefones inteligentes.[6]

Analisando os reflexos do Pix na sociedade de consumo é possível identificar que ele proporciona uma redução de assimetria socioeconômicas na população, gerando inclusão e democratização financeira, pois permite um acesso isonômico ao sistema financeiro mediante exclusão de custos antes existentes.[7] Materializa o Pix, a dimensão da competitividade, um dos quatro pilares da agenda BC#, pois *prepara o sistema financeiro para um futuro tecnológico e inclusivo.*[8]

Segundo destacado pelo Banco Central do Brasil, o Pix alavanca a competitividade e eficiência do mercado, pois baixa o custo, aumenta a segurança e aprimora a experiência dos clientes, incentiva a eletronização do mercado de pagamento de varejo, promove a inclusão financeira e preenche uma série de lacunas existentes na cesta de instrumentos de pagamentos disponíveis atualmente à população.[9]

---

[6] Sobre as características e regulação envolvendo a matéria ver por todos: PESSANHA, Pedro; SEVERO, Tiago. O regime jurídico do Pix. *Revista de Direito Bancário e do Mercado de Capitais,* ano 24, vol. 94, p. 249-306, out./dez./2021. Disponível em: http://revistadostribunais.com.br/maf/app/document?stid=st-rql&marg=DTR-2021-47668. Acesso em: 11 abr. 2023.

[7] Neste sentido, SANTIAGO, Mariana Ribeiro; ZANETONI, Jaqueline de Paula Leite. Inclusão Financeira, Inovação e Promoção ao Desenvolvimento Social e Econômico através do PIX. *Revista Jurídica,* Curitiba, v. 04, n. 61, p. 123-152, 2020.

[8] Sobre o tema, ver Agenda BC# - pauta de trabalho (bcb.gov.br).

[9] BANCO CENTRAL DO BRASIL. Pix. Disponível em: https://www.bcb.gov.br/estabilidadefinanceira/pix. Acesso em: 30 jul. 2023.

O Pix, como antes dito, proporciona a transferência de recursos e pagamento em poucos segundos. Além disso, não há limite para a operação, diminui o risco de fraudes e roubos, pois exige chaves de acesso e dispensa o uso de cédulas e assim como a necessidade de saques e trocos, e dispensa o uso de cartões. Basta inscrever-se no sistema e possuir um telefone inteligente que poderá o usuário realizar todas as transações que necessitar, desde transferências até pagamentos.

A oferta do Pix pelas instituições financeiras e pelas instituições de pagamento autorizadas a funcionar pelo Banco Central do Brasil é obrigatória, sendo assim resguardado aos consumidores a possibilidade de utilizarem o serviço independentemente da instituição financeiro com quem contratarem, seja um banco exclusivamente digital ou não.

Ao lado de todos estes pontos inegavelmente positivos aos consumidores, a partir da implantação do Pix, passou-se também a verificar alguns problemas, gerando danos aos consumidores, pois apesar de o ambiente mostrar-se em tese seguro, inclusive recebendo os usuários notificações a cada envio e recebimento de Pix, em alguns casos, por ausência de plena segurança no sistema, passaram a ser identificadas algumas fraudes praticadas por terceiros, sofrendo os consumidores muitas vezes danos significativos.

2 Mecanismos administrativos de proteção ao consumidor

A fim de garantir confiabilidade, segurança e sigilo nas transações, o Pix exige autenticação digital do usuário e só pode ser iniciado em ambiente seguro, mediante senha ou outros dispositivos de segurança dos telefones inteligentes. Além disso, conforme estabelece o manual de segurança elaborado pelo Banco Central do Brasil,[10] o tráfego de informações das transações se dá de forma criptografada dentro da Rede do Sistema Financeiro Nacional, tendo os participantes do Pix que emitir certificados de segurança para realizar transação.[11]

Infelizmente, todavia, apesar de todos os benefícios que o PIX proporciona aos consumidores, tem sido identificado um crescente número de fraudes geradoras de danos aos usuários. Estes danos têm decorrido de diversas causas, como a clonagem de *WhatsApp*,

[10] Ver: https://www.bcb.gov.br/content/estabilidadefinanceira/cedsfn/Manual_de_Seguranca_PIX.pdf.

[11] https://www.bcb.gov.br/detalhenoticia/591/noticia.

engenharia social com *WhatsApp,* contato feito por falsos prepostos ou falsas centrais telefônicas, falha no sistema eletrônico, cadastramento de chaves Pix mediante links falsos, entre outras situações.[12]

O Banco Central do Brasil, tendo verificado que, apesar de todas as medidas adotadas para a segurança dos usuários, ainda assim, passaram a ocorrer fraudes em prejuízo dos usuários, acabou criando, no ano de 2021, dois mecanismos de proteção aos consumidores: o denominado bloqueio cautelar e o mecanismo especial de devolução (MED).[13]

O bloqueio cautelar é uma medida que pode ser adotada unilateralmente pela instituição financeira detentora de conta do recebedor do Pix. Nestes casos, quando houver suspeita de ocorrência de alguma fraude pelo banco, deve ele bloquear o recurso por até 72 horas, para que dentro de tal período possa fazer uma análise detalhada da situação, no intuito de aumentar a possibilidade de recuperação de recursos das vítimas do evento.

Também, criou o Banco Central do Brasil o chamado mecanismo especial de devolução (MED) que pode ser utilizado nos casos de fundada suspeita de fraude[14] ou para o caso de crédito indevido por falha operacional.[15]

O referido mecanismo não é aplicável a qualquer caso, pois pode a discussão em torno do pagamento ter por fundamento divergência contratual entre os usuários ou ainda mesmo a transação tendo envolvido fundada suspeita de fraude, o recurso acabar sendo destinado à conta transacional de um terceiro de boa-fé. Neste quesito, fica evidente que não se confunde o MED com o mecanismo de reversão de pagamento que pode e é frequentemente utilizado nos casos do usuário de cartão de crédito contestar a transação, requerendo o não pagamento

---

12 Disponível em: https://www.cnnbrasil.com.br/economia/veja-quais-sao-os-golpes-mais-comuns-com-o-pix-e-saiba-como-se-prevenir/.4.

13 BRASIL. Pix está ainda mais seguro. *BCB.GOV,* 19 nov. 2021. Disponível em: https://www.bcb.gov.br/detalhenoticia/591/noticia. Acesso em: 24 jul. 2023.

14 Neste caso, sejam elas identificadas pelas instituições financeiras envolvidas ou pelo usuário do Pix que logo depois se dá conta que foi vítima de golpe. Exige-se em tais situações que seja feita a ocorrência policial e o aviso imediato à instituição financeira, a qual deverá utilizar a infraestrutura do Pix para notificar a instituição recebedora do valor para que bloqueie os recursos. Com isso, terão as partes o prazo de sete dias para verificar a existência ou não de fraude, para assim determinar ou não a devolução do valor.

15 Sobre o MED – Mecanismo Especial de Devolução, veja, BRASIL. BCB. *FAQ*: participantes do Pix. Disponível em: https://www.bcb.gov.br/content/estabilidadefinanceira/Pix/FAQ_Participantes.pdf. Acesso em: 24 jul. 2023.

pela administradora do cartão de crédito ao terceiro, por divergência comercial entre as partes.

Ponto importante estabelecido por normativa do Banco Central do Brasil é o de que a instituição financeira tem a obrigação de ajustar o contrato de relacionamento com seus clientes, incluindo o procedimento de proteção MED, assim como tem de informar a seus clientes quanto a possibilidade de acioná-lo, respeitando assim o dever de informação do consumidor. Uma vez deixando de fazer a comunicação, ficará o usuário do Pix impossibilitado de utilizar o sistema, sendo, entretanto, os efeitos daí resultantes de responsabilidade da instituição financeira.

Um ponto que tem sido observado é que, apesar do MED estar à disposição dos participantes do Pix desde 2021, a publicidade de sua existência ou dos procedimentos a serem adotados, por parte das instituições ofertantes, não é uma constante, o que faz com que a busca pelo Judiciário seja uma conduta comumente utilizada pelos consumidores, mesmo também existindo a possiblidade das partes fazerem uso da resolução de disputas implementada pelo Banco Central do Brasil, como mais um mecanismo que visa à resolução de discussões no âmbito do Pix.[16]

3 A tutela do consumidor em juízo: a interpretação dos tribunais em face de danos por defeitos de segurança do arranjo de pagamento Pix

Durante um largo período as instituições financeiras buscaram excluir a incidência das regras constantes do Código de Defesa do Consumidor (CDC) à atividade bancária. Defendiam não ser aplicável a regra constante do artigo 3º, §2º da lei consumerista, assim como consideravam inaplicável a definição de destinatário final do consumidor aos sujeitos com quem contratavam.[17]

A discussão tomou tal extensão que acabou sendo promovida pela Confederação Nacional das Instituições Financeiras – CONSIF, a Adi nº 2.591, interposta perante o Supremo Tribunal Federal. A decisão,

---

[16] Sobre a disciplina da resolução de conflitos no âmbito do Pix, ver: BRASIL. BCB. *Manual de Resolução de Disputas*. Disponível em: https://www.bcb.gov.br/content/estabilidadefinanceira/pix/Regulamento_Pix/XI_Manual_de_resolucao_de_disputa.pdf. Acesso em: 24 jul. 2023.

[17] MIRAGEM, Bruno. *Direito Bancário*. 2. ed. São Paulo: Revista dos Tribunais, 2019. E-book.

em consonância com o já sumulado pelo Superior Tribunal de Justiça,[18] foi no sentido de considerar constitucional a aplicabilidade das regras do Código de Defesa do Consumidor. Assim, uma vez existindo relação contratual entre a Instituição Financeira e um sujeito vulnerável, há relação de consumo. A ausência de vulnerabilidade *in concreto* afasta a aplicabilidade das normas consumeristas.[19]

Frente a tal realidade, ao se analisar as relações que se estabelecem entre as instituições financeiras e seus clientes quando da contratação do arranjo Pix, é possível identificar que na maioria das situações teremos uma relação de consumo. É importante a fixação de tal premissa, pois uma vez existindo uma discussão entre os contratantes e não sendo a situação resolvida no âmbito administrativo, não existirá alternativa que não seja a submissão ao exame judicial,[20] e o Judiciário em identificando

---

[18] A Súmula nº 297 do STJ, com o seguinte enunciado: "O Código de Defesa do Consumidor é aplicável às instituições financeiras" (SÚMULA Nº 297, SEGUNDA SEÇÃO, julgado em 12.05.2004, DJ 08.09.2004, p. 129).

[19] A jurisprudência já há muito tempo se posicionou em tal sentido, como se pode observar do Recurso Especial nº 2001086/MT, Terceira Turma, Relatora Ministra Nancy Andrighi, Julgado em: 27.09.2022, assim ementado: RECURSO ESPECIAL. AÇÃO REVISIONAL DE CONTRATO BANCÁRIO. FINANCIAMENTO. PESSOA JURÍDICA. MÚTUO PARA FOMENTO DE ATIVIDADE EMPRESARIAL. CONTRATO DE CAPITAL DE GIRO. EMPRESA NÃO DESTINATÁRIA FINAL DO SERVIÇO. RELAÇÃO DE CONSUMO. INEXISTÊNCIA. CÓDIGO DE DEFESA DO CONSUMIDOR. INAPLICABILIDADE. TEORIA FINALISTA MITIGADA. VULNERABILIDADE NÃO PRESUMIDA. REVOLVIMENTO FÁTICO-PROBATÓRIO. IMPOSSIBILIDADE. 1. Ação revisional de contrato bancário ajuizada em 24/08/2021, da qual foi extraído o presente recurso especial interposto em 23/02/2022 e concluso ao gabinete em 01/06/2022. 2. O propósito recursal consiste em dizer se o Código de Defesa do Consumidor é aplicável à relação jurídica firmada entre as litigantes, oriunda de contratação de empréstimo para fomento de atividade empresarial. 3. Nos termos da jurisprudência do STJ, é inaplicável o diploma consumerista na contratação de negócios jurídicos e empréstimos para fomento da atividade empresarial, uma vez que a contratante não é considerada destinatária final do serviço. Precedentes. Não há que se falar, portanto, em aplicação do CDC ao contrato bancário celebrado por pessoa jurídica para fins de obtenção de capital de giro. 4. Dessa maneira, inexistindo relação de consumo entre as partes, mas sim, relação de insumo, afasta-se a aplicação do Código de Defesa do Consumidor e seus regramentos protetivos decorrentes, como a inversão do ônus da prova ope judicis (art. 6º, inc. VIII, do CDC). 5. A aplicação da Teoria Finalista Mitigada exige a comprovação de vulnerabilidade técnica, jurídica, fática e/ou informacional, a qual não pode ser meramente presumida. Nesta sede, porém, não se pode realizar referida análise, porquanto exigiria o revolvimento do conjunto fático-probatório dos autos (Súmula nº 7/STJ). 6. Afasta-se a aplicação de multa, uma vez que não configura intuito protelatório ou litigância de má-fé a mera interposição de recurso legalmente previsto. 7. Recurso especial conhecido e provido.

[20] Segundo Douglas Belanda e Ana Elizabeth Lapa Wanderley Cavalcanti, ainda se verifica a necessidade de ajustes na contratação do Pix, sendo relevante a intervenção do Judiciário para ajustar e estabilizar os negócios envolvendo o arranjo de pagamento, em especial para reforçar a importância da segurança do sistema perante todos os envolvidos na relação. BELANDA, Douglas; CAVALCANTI, Ana Elizabeth Lapa Wanderley.

a presença de relação de consumo, terá de examinar e solucionar a questão à luz das regras previstas no Código de Defesa do Consumidor.

Tem sido observado um crescente número de reclamações dos usuários do arranjo Pix por motivo de fraude e dificuldades com o uso da tecnologia. Basta uma análise de reportagens veiculadas pela mídia[21] ou a verificação do número crescente de processos judiciais.

Analisando-se as discussões que têm sido submetidas ao Judiciário, identifica-se que os consumidores trazem a exame situações envolvendo fraudes advindas da falta de segurança do sistema que lhes gera evidentes danos patrimoniais, sendo por vezes até mesmo requerida, em face de lesão a direito de personalidade, indenização por danos extrapatrimoniais.

Ao examinar-se situações como as relatadas nas demandas judiciais submetidas ao Judiciário em decorrência de danos no uso do arranjo Pix, é possível observar que em existindo um contrato de consumo mediante o qual a fornecedora presta um serviço (no caso de uso do meio de pagamento Pix), e este serviço lhe gera dano por ser defeituoso, surge a possibilidade de arguir-se a existência de um fato no serviço, nos termos do artigo 14 do Código de Defesa do Consumidor.

Tal premissa leva-nos ao entendimento de que se o Pix é um arranjo de pagamento ofertado pelas instituições financeiras, podem elas ser responsabilizadas objetivamente por danos advindos de falha na prestação de serviço, respondendo pela indenização integral dos danos.[22]

O sistema de responsabilidade civil estabelecido pelo Código de Defesa do Consumidor determina que a regra é a de que o fornecedor responde de forma objetiva pelos danos causados aos consumidores, assim como são todos os membros da cadeia de fornecimento considerados solidários na reparação dos danos que forem causados.

Sistema PIX e contratos eletrônicos bancários: análise quanto à validade e à legalidade do novo meio de pagamento. *Revista dos Tribunais*, São Paulo, ano 111, v. 1037, p. 37-53. mar. 2022.. Disponível em: http://revistadostribunais.com.br/maf/app/document?stid=st-rql&marg=DTR-2022-5937. Acesso em: 11 abr. 2023.

21 VASCONCELLOS, Carlos Eduardo. Reclamações contra o PIX crescem quase 100%, segundo o Banco Central. *Consumidor Moderno*, 12 maio 2021. Disponível em: https://consumidormoderno.com.br/2021/05/12/queixas-pix-crescem-banco-central/. Acesso em: 24 jul. 2023.

22 Estando inclusive a questão sumulada, como se observa do enunciado da Súmula nº 479 do STJ: "As instituições financeiras respondem objetivamente pelos danos gerados por fortuito interno relativo a fraudes e delitos praticados por terceiros no âmbito de operações bancárias" (SÚMULA nº 479, SEGUNDA SEÇÃO, julgado em 27.06.2012, DJe 01.08.2012).

Evidente que para existir tal responsabilização é imprescindível a presença dos pressupostos indispensáveis à configuração do chamado fato do serviço. Necessário estar presente a conduta do fornecedor ao prestar ou disponibilizar o serviço, o defeito no serviço, o nexo causal e o dano (Art. 14 CDC).[23]

Pode caracterizar serviço defeituoso a instituição financeira não proporcionar mecanismo que impeça o uso fraudulento de aplicativo da instituição financeira de forma remota, transferindo indevidamente valores da consta de consumidor para de terceiro[24] ou quando há transação realizada cinco minutos após o cadastro da chave Pix, por falta de mecanismo de segurança do banco frente à movimentação atípica da correntista,[25] também no caso da fornecedora não desabilitar os dados do antigo celular do consumidor quando este fez a habilitação em um novo aparelho, seguindo o procedimento informado pela própria fornecedora do serviço,[26] ou ainda nos casos em que a consumidora não tem movimentos diários costumeiros em sua conta e não foi aplicado mecanismos pela instituição financeira para evitar transferências vultuosa por parte de estelionatário.[27]

Em síntese, em havendo algum defeito na prestação do serviço, e em matéria de Pix, uma vez inexistindo a segurança esperada pelo sistema, deve a instituição financeira indenizar os danos causados

---

[23] Segundo Bruno Miragem, em matéria de responsabilidade por fato do serviço, os pressupostos indispensáveis para sua caracterização são a conduta, o dano, o nexo de causalidade e o defeito. Segundo o autor, também deve ser incluída a conduta como pressuposto, afinal a atividade será prestada pelo fornecedor, a conduta é imputável a ele. MIRAGEM, Bruno. Curso de Direito do Consumidor. Revista dos Tribunais, São Paulo, 2020, *E-book* (não paginado), 8ª e MIRAGEM, Bruno. *Curso de Direito do Consumidor*. 8. ed. São Paulo: Revista dos Tribunais, 2020. E-book. Já Paulo de Tarso Vieira Sanseverino considera como pressupostos: o defeito, a imputação, o dano e o nexo causal. SANSEVERINO, Paulo de Tarso. *Responsabilidade Civil no Código de Defesa do Consumidor e defesa do fornecedor*. São Paulo: Saraiva, 2002. p. 112-113.

[24] Como o narrado na Apelação Cível nº 5014358-19.2021.8.21.0023/RS, Décima Quinta Câmara Cível, Tribunal de Justiça do Rio Grande do Sul, Relatora Desembargadora Carmem Maria Azambuja Farias. Julgado em: 11.04.2023).

[25] Apelação Cível, nº 50989921420218210001, Décima Sétima Câmara Cível, Tribunal de Justiça do Rio Grande do Sul, Relatora Desembargadora Rosana Broglio Garbin. Julgado em: 23.03.2023.

[26] Apelação Cível nº 0022511-31.2021.8.19.0202. Décima Segunda Câmara de Direito Privado, Tribunal de Justiça RJ, Relatora Desembargadora. Nádia Maria de Souza Freijanes,. Julgado em: 24.04.2023.

[27] Apelação Cível, nº 50018269020218210159, Vigésima Quinta Câmara Cível, Tribunal de Justiça do Rio Grande do Sul, Relatora Desembargadora Helena Marta Suarez Maciel. Julgado em: 28.02.2023.

ao consumidor do serviço de forma objetiva,[28] podendo inclusive a condenação ser solidária.[29]

A existência de nexo causal entre a falha na prestação do serviço e o dano sofrido é imprescindível, podendo, entretanto, ser o nexo afastado se o fornecedor comprovar inexistência do defeito, culpa exclusiva do consumidor[30] ou de terceiros, ou ainda algum fortuito externo.[31]

---

28 Apelação Cível, nº 50154026120218210027, Vigésima Quinta Câmara Cível, Tribunal de Justiça do Rio Grande do Sul, Relator Desembargador Eduardo Kothe Werlang. Julgado em: 28.02.2023.

29 Como se observa na decisão proferida no Recurso Inominado Cível nº 0706193-25.2022.8.07.0009, Terceira Turma Recursal dos Juizados Especiais do Distrito Federal, Relator Juiz Edilson Enedino das Chagas, Julgado em: 09.11.2022. Também do Recurso Inominado Cível nº 07060441-51.2021.8.07.0016, Terceira Turma Recursal dos Juizados Especiais do Distrito Federal, Relator Juiz Daniel Felipe Machado, Julgado em: 09.11.2022.

30 Como no julgamento da Apelação Cível, nº 50257107620228210010, Décima Segunda Câmara Cível, Tribunal de Justiça do Rio Grande do Sul, Relator Desembargador Oyama Assis Brasil de Moraes. Julgado em: 16.03.2023, tendo considerado o Tribunal que a transferência foi efetuada mediante "o uso franqueado do aplicativo do banco combinado com a senha pessoal fornecida voluntariamente pela própria autora o que determina que o prejuízo reclamado ocorreu por culpa exclusiva do consumidor ou de terceiro". No mesmo sentido a Apelação Cível, nº 50130929420218210023, Décima Nona Câmara Cível, Tribunal de Justiça do Rio Grande do Sul, Relator Desembargador Eduardo João Lima Costa. Julgado em: 10.03.2023, julgado no qual foi excluída a responsabilidade a instituição financeira sobre o fundamento de que ao alterar a senha por orientação de terceiro, via telefone.

31 Sendo o fortuito caracterizado como interno, não cabe a exclusão do nexo causal, como demonstra a Apelação Cível nº 0023329-71.2021.8.19.0225, Vigésima Câmara de Direito Privado do Tribunal de Justiça do Rio de Janeiro, Relator Desembargador André Luiz Cidra. Julgado em 09.03.2020, assim ementada: APELAÇÃO CÍVEL. RELAÇÃO DE CONSUMO. INSTITUIÇÃO FINANCEIRA. AÇÃO DE OBRIGAÇÃO DE FAZER C/C DECLARATÓRIA E INDENIZATÓRIA. SENTENÇA DE IMPROCEDÊNCIA. INCONFORMISMO DA PARTE AUTORA. CONTRATAÇÃO DO EMPRÉSTIMO POR MEIO DE RECONHECIMENTO FACIAL (BIOMETRIA) PARA QUITAÇÃO DE EMPRÉSTIMO ANTERIOR. CONTRATOS NÃO RECONHECIDOS PELA PARTE AUTORA. VEROSSIMILHANÇA DAS ARGUIÇÕES AUTORAIS. FALHA DA PRESTAÇÃO DO SERVIÇO CONFIGURADA. "BIOMETRIA FACIAL" QUE NÃO PERMITE VERIFICAR A REGULARIDADE DA CONTRATAÇÃO PELO DEMANDANTE. INEXISTÊNCIA DE PROVA SUFICIENTE SOBRE OS TERMOS DOS CONTRATOS PARA QUITAÇÃO DE EMPRÉSTIMO ANTERIOR, POIS, EM QUE PESE A INSTITUIÇÃO FINANCEIRA DEFENDER A VALIDADE DA ASSINATURA DIGITAL POR MEIO DE BIOMETRIA FACIAL, NÃO SE VERIFICA OS PARÂMETROS USADOS PARA AFERIÇÃO DA SUPOSTA CONTRATAÇÃO PELO CONSUMIDOR. ÔNUS DA PROVA DO BANCO RÉU - ART. 373, II, DO CPC. FALHA NO DEVER DE INFORMAÇÃO (ART. 6º, III, CDC). CERTIFICAÇÃO DIGITAL QUE FOI APRESENTADA PELO BANCO APELANTE DE FORMA UNILATERAL, SENDO QUE A INSTITUIÇÃO FINANCEIRA TÃO SOMENTE FORNECEU UMA FOTO DO CLIENTE COMO SE FOSSE A SUA ASSINATURA. CONTRATAÇÃO NA FORMA DIGITAL QUE DEVE SER COMPROVADA PELA INSTITUIÇÃO FINANCEIRA, O QUE NÃO SE DESINCUMBIU O BANCO RECORRENTE. ADEMAIS, SEQUER REQUEREU PROVA PERICIAL PARA ATESTAR A REGULARIDADE DA CONTRATAÇÃO DIGITAL, COM A ASSINATURA ELETRÔNICA - BIOMETRIA FACIAL, NA FORMA DO ARTIGO 373, II, DO CPC. ADEMAIS, A INSTITUIÇÃO FINANCEIRA NÃO COMPROVA A

A prova da inexistência de defeito deve ser efetuada pela instituição financeira, seja por previsão expressa da lei (Ar. 14, §3º, I) como por decorrência do direito básico do consumidor à inversão do ônus da prova (Art. 6º, VIII).[32] Há casos, todavia, nos quais tem o Judiciário, em nossa opinião equivocadamente, considerado ser do consumidor o ônus da prova, por ser dele a titularidade da chave Pix, devendo assim provar a existência de falha na prestação do serviço.[33]

A culpa exclusiva da vítima ou de terceiros assenta-se na prova de que o dano somente ocorreu porque o consumidor adotou conduta descuidada, dando azo à causação do dano, como no caso de não verificar com cuidado o banco que fez a solicitação de restituição de valor supostamente creditado[34] a maior em virtude de empréstimo consignado, ou ainda para pagar aquisição de bem, sem examinar a idoneidade da operação,[35] ou quando firma contrato de investimento com promessa de rentabilidade de 9% sobre o valor investido com estelionatários e efetua a transferência mediante o uso do Pix.[36]

No que se refere ao caso fortuito, apesar de inexistir previsão expressa na lei quanto a sua aplicabilidade para excluir o nexo causal,

---

MANIFESTAÇÃO DE VONTADE DO CONSUMIDOR NA CONTRATAÇÃO DO EMPRÉSTIMO. DOCUMENTO FRAUDULENTO - BOLETO BANCÁRIO (INDEXADOR 31) - QUE NÃO TEM SEMELHANÇA AOS BOLETOS EMITIDOS PELA RÉ, SENDO QUE, INCLUSIVE, CONSTA O LOGO DE OUTRO BANCO, QUAL SEJA, O BRADESCO, PORTANTO, FALTOU CAUTELA À DEMANDANTE AO CONFERIR O DOCUMENTO E REALIZAR O PAGAMENTO. TRANSFERÊNCIA VIA PIX. FRAUDE. FALHA NA PRESTAÇÃO DO SERVIÇO EVIDENCIADA. FORTUITO INTERNO. APLICAÇÃO DA SÚMULA Nº 479 DO STJ. DANO MORAL CONFIGURADO. TEORIA DO RISCO DO EMPREENDIMENTO. CONSUMIDOR IDOSO. VULNERABILIDADE. QUANTUM INDENIZATÓRIO FIXADO NO VALOR DE R$ 8.000,00 (OITO MIL REAIS), DADAS AS PECULIARIDADES DO CASO CONCRETO E OS PRINCÍPIOS DE PROPORCIONALIDADE E RAZOABILIDADE, SOBRETUDO SE CONSIDERADO QUE A PARTE AUTORA É IDOSA E QUE OS DESCONTOS FORAM EFETUADOS SOBRE BENEFÍCIOS PREVIDENCIÁRIOS. DEVOLUÇÃO EM DOBRO. PARCIAL PROCEDÊNCIA DOS PEDIDOS. SUCUMBÊNCIA REVISTA. PROVIMENTO PARCIAL DO RECURSO.

[32] Como destaca a Apelação Cível nº 1015073-16.2022.8.26.0554, Relator Desembargador Pedro Paulo Maillet Preuss, Vigésima Quarta Câmara de Direito Privado, Tribunal de Justiça de São Paulo. Julgado em: 02.05.2023.

[33] Apelação Cível nº 50257107620228210010, Décima Segunda Câmara Cível, Tribunal de Justiça do Rio Grande do Sul, Relator Desembargador Oyama Assis Brasil de Moraes. Julgado em: 16.03.2023.

[34] Apelação Cível, nº 51342115420228210001, Vigésima Quarta Câmara Cível, Tribunal de Justiça do Rio S, Relator: Altair de Lemos Junior. Julgado em: 15.02.2023.

[35] Apelação Cível nº 1000108-47.2022.8.26.0032, Décima Primeira Câmara de Direito Privado, Tribunal de Justiça de São Paulo, Relator Desembargador Renato Rangel Desinano. Julgado em: 05.05.2023.

[36] Apelação Cível nº 07151115820218070007, Quarta Turma Cível, Tribunal de Justiça do Distrito Federal, Relatora Desembargadora Leonilde Maria Somabra de Moraes Fontes. Julgado em: 10.04.2023.

é pacífico o entendimento de que a previsão existente no Código Civil brasileiro, como uma das excludentes de responsabilidade civil já é suficiente para sua incidência nas relações de consumo, por força do previsto no *caput* do artigo 7º do CDC.

Para a incidência da excludente, todavia, necessário que se caracterize como um fortuito externo,[37] ou seja, que não se possa incluir no risco de sua atividade, pois em sendo considerado como um fortuito interno,[38] a responsabilidade da instituição financeira se manterá.[39]

Questão também importante de ser referida quanto à responsabilização por defeito no serviço é a hipótese de culpa concorrente, pois pode ser verificada no caso concreto situação na qual tanto o consumidor como a instituição financeira contribuam para o êxito da conduta danosa de terceiro.

A culpa concorrente não configura efetiva excludente de nexo causal, mas uma verdadeira atenuante,[40] capaz de reduzir o valor da indenização devida pelo fornecedor pelo fato de existir participação tanto do fornecedor quanto do consumidor na causação do dano. Não há exclusão efetiva, mas redução dos efeitos indenizatórios.

Um esclarecedor exemplo foi situação julgada pelo Tribunal de Justiça do Distrito Federal na qual a fraude perpetrou-se tanto por descuido do consumidor, como por falha no sistema de segurança da instituição financeira.[41] Descreve o relatório do julgado que o consumidor recebeu ligação telefônica de terceiro informando que com o objetivo de "atualizar o sistema de segurança" e portando todas as informações pessoais e bancárias da empresa, solicitou acesso a sua conta bancária e foi indicando o passo a passo a ser seguido. Em ato contínuo a ligação foi interrompida e transferido o valor de R$260.000,00 via Pix, sendo possível após contato com o Banco Central do Brasil reverter parte do

---

37 Apelação Cível nº 07030639720228070018. Oitava Turma Cível, Tribunal de Justiça do Distrito Federal, Relator Desembargador Robson Teixeira de Freitas. Julgado em: 10.04.2023.

38 Apelação Cível nº 1001432-09.2022.8.26.0344, Vigésima Quarta Câmara de Direito Privado, Relator Desembargador Salles Vieira. Julgado em: 27.04.2023.

39 Sobre o tema, ver XAVIER, José Tadeu Neves. A problemática do fortuito interno e externo no âmbito da responsabilidade consumerista. *Revista de Direito do Consumidor*, v. 115, p. 205-246, jan./fev. 2018.

40 LIMA, Emanuella Dellani de; HOFFMANN. Eduardo. Atenuantes da responsabilidade civil do fornecedor: e a culpa concorrente do consumidor? *Revista Jurídica Luso- Brasileira*, Lisboa, n. 5, p. 457-485, 2015.

41 Apelação Cível nº 0716431-46.2021.8.07.0007, Primeira Turma, Tribunal de Justiça do Distrito Federal, Relator Desembargador Carlos Pires Soares Neto. Julgado em: 16.02.2023.

prejuízo. Considerou o tribunal que o dano causado pelo fraudador decorreu tanto de conduta da vítima que forneceu sua chave pessoal, quanto de falha da prestação do serviço, pois houve permissão a acesso de informações bancárias sigilosas do consumidor, sem o que o dano também não teria ocorrido. Foi assim que a instituição financeira foi condenada a pagar metade o valor do dano material gerado.

Por fim, no que se refere ao dano, a demonstração do prejuízo patrimonial é facilmente identificada, pois é retratada na perda patrimonial resultante do defeito, que no caso das transferências ou pagamento via Pix, consubstancia-se no montante do valor envolvido na transação. Já no que se refere ao dano extrapatrimonial, observa-se pelas decisões judiciais que inexiste unanimidade quanto ao direito à indenização por dano moral no caso de defeito no serviço no sistema de pagamento Pix.

A partir da vigência do Código de Defesa do Consumidor, as demandas envolvendo o direito à indenização por dano moral inegavelmente aumentaram, o que fez surgir a rejeição de muitos em considerar devida a indenização em diversos casos, sob pena de incentivar demandas desnecessárias. Tal entendimento, como bem destaca Adalberto Pasqualotto,[42] "decorre de uma concepção puramente economicista e desumanizada das relações de consumo", afinal a dignidade do consumidor[43] deve ser protegida, não podendo como refere o mesmo autor, os consumidores serem confundidos com o objeto da relação de consumo.[44]

A discussão sobre a matéria ainda é observada se analisadas as mais diversas demandas envolvendo direito do consumidor, sendo que em matéria de defeito do serviço não é diferente. Do exame de decisões proferidas sobre a matéria envolvendo defeito na prestação do serviço das instituições financeiras relativas ao Pix, é possível identificar três categorias de decisões: as que consideram devidas a indenização,[45]

---

[42] PASQUALOTTO, Adalberto. Dignidade do Consumidor e Dano Moral. *Revista de Direito do Consumidor*, v. 110, p. 79-116, mar./abr. 2017.

[43] Sobre o tema do dano moral e seu fundamento na proteção da dignidade, ver a obra: MORAES, Maria Celina Bodin de. *Danos à pessoa humana*: uma leitura civil-constitucional dos danos morais. Rio de Janeiro: Renovar, 2003.

[44] PASQUALOTTO, Adalberto. Dignidade do Consumidor e Dano Moral. *Revista de Direito do Consumidor*, v. 110, p. 79-116, mar./abr. 2017.

[45] Apelação Cível, nº 50025701120218210022, Sexta Câmara Cível, Tribunal de Justiça do Rio Grande do Sul, Relatora Desembargadora Eliziana da Silveira Perez. Julgado em: 20.04.2023. No mesmo sentido, a Apelação Cível nº 0220099-67.2021.8.19.0001, Nona Câmara de Direito Privado, Tribunal de Justiça do Rio de Janeiro, Relator Desembargador Luis Fernando de Andrade Pinto. Julgado em: 09.02.2023. Também a Apelação Cível nº 0700511-20.2021.8.07.001, Quinta Turma, Tribunal de Justiça do Distrito Federal, Relatora

afinal o consumidor tem direito à indenização integral dos danos que lhe são causados, não podendo deixar de ser protegida a sua dignidade; decisões que consideram a indenização indevida, por considerar que são meros dissabores resultantes da vida negocial, e portanto não ultrapassa a esfera patrimonial do consumidor[46] e uma terceira categoria de decisão, que reconhece o direito à compensação do dano extrapatrimonial, com fundamento na teoria do desvio produtivo do consumidor,[47] sendo devida indenização no intuito de compensar o consumidor por ter tido de desviar-se de suas atividades existências em virtude do defeito do serviço prestado pelo fornecedor e sua inércia ou negativa em solucionar prontamente a situação danosa.[48]

Conclusão

A tecnologia sem dúvida traz muitos benefícios aos consumidores, proporcionando agilidade, redução de tempo e custos, mas acaba por vezes servindo como uma facilitadora de causação de danos na sociedade de consumo.

Verifica-se cada vez mais a ocorrência de procedimentos ilícitos adotados por terceiros os quais mediante técnicas muito bem elaboradas ingressam nos sistemas bancários, seja por conhecimento de procedimentos computacionais avançados, por falha no sistema bancário, ou por descuido do consumidor.

Necessário frente a esta realidade tecnológica que o ordenamento jurídico dê respostas condizentes, a fim de promover a efetiva proteção dos consumidores. Afinal, sua inegável vulnerabilidade demanda um tratamento especial a fim de garantir-lhe a proteção integral no mercado de consumo.

Neste sentido, em matéria de prestação de serviços bancários, e em especial, serviços que envolvem uma tecnologia inovadora, como no caso do arranjo Pix, imprescindível que se exija do fornecedor um

---

Desembargadora Maria Ivatônia, Julgado em: 30.03.2023.

[46] Apelação Cível, nº 50173748120218210022, Vigésima Câmara Cível, Tribunal de Justiça do Rio Grande do Sul, Relator Desembargador Dilson Domingos Pereira. Julgado em: 29.06.2022. Também o Recurso Inominado Cível nº 0741549-60.2022.8.07.0016, Primeira Turma Recursal dos Juizados Especiais do Distrito Federal. Julgado em: 31.03.2023.

[47] Apelação Cível nº 1013076-91.2021.8.26.040, Décima Segunda Câmara de Direito Privado, Tribunal de Justiça de São Paulo, Relator Desembargador Tasso Duarte de Melo. Julgado em: 02.05.2023.

[48] DESSAUNE, Marcos. Teoria aprofundada do desvio produtivo do consumidor: um panorama. *Revista de Direito do Consumidor*, v. 119, p. 89-103, set-out 2018.

cuidado especial, sendo que uma vez inexistindo regramento específico para os contratos digitais, necessário que o operador de direito busque no ordenamento existente a solução para as demandas. Assim, em se tratando de matéria envolvendo a responsabilidade civil por defeito do serviço, indispensável que sejam devidamente aplicadas as regras relativas à matéria previstas no Código de Defesa do Consumidor.

Referências

BELANDA, Douglas; CAVALCANTI, Ana Elizabeth Lapa Wanderley. Sistema PIX e contratos eletrônicos bancários: análise quanto à validade e à legalidade do novo meio de pagamento. *Revista dos Tribunais*, São Paulo, ano 111, v. 1037, p. 37-53. mar. 2022.. Disponível em: http://revistadostribunais.com.br/maf/app/document?stid=st-rql&marg=DTR-2022-5937. Acesso em: 11 abr. 2023.

BRASIL. BCB. *FAQ*: participantes do Pix. Disponível em: https://www.bcb.gov.br/content/estabilidadefinanceira/Pix/FAQ_Participantes.pdf. Acesso em: 24 jul. 2023.

BRASIL. BCB. *Manual de Resolução de Disputas*. Disponível em: https://www.bcb.gov.br/content/estabilidadefinanceira/pix/Regulamento_Pix/XI_Manual_de_resolucao_de_disputa.pdf. Acesso em: 24 jul. 2023.

BRASIL. Pix está ainda mais seguro. *BCB.GOV*, 19 nov. 2021. Disponível em: https://www.bcb.gov.br/detalhenoticia/591/noticia. Acesso em: 24 jul. 2023.

BRASIL. *Resolução BCB nº 1, de 12 de Agosto de 2020*. 12 ago. 2020. https://www.bcb.gov.br/estabilidadefinanceira/exibenormativo?tipo=Resolução BCB&numero=1. Acesso em: 23 jul. 2023.

DESSAUNE, Marcos. Teoria aprofundada do desvio produtivo do consumidor: um panorama. *Revista de Direito do Consumidor*, v. 119, p. 89-103, set-out 2018.

LIMA, Emanuella Dellani de; HOFFMANN. Eduardo. Atenuantes da responsabilidade civil do fornecedor: e a culpa concorrente do consumidor? *Revista Jurídica Luso- Brasileira*, Lisboa, n. 5, p. 457-485, 2015.

MIRAGEM, Bruno. *Curso de Direito do Consumidor*. 8. ed. São Paulo: Revista dos Tribunais, 2020. E-book.

MIRAGEM, Bruno. *Direito Bancário*. 2. ed. São Paulo: Revista dos Tribunais, 2019. E-book.

MORAES, Maria Celina Bodin de. *Danos à pessoa humana*: uma leitura civil-constitucional dos danos morais. Rio de Janeiro: Renovar, 2003.

XAVIER. José Tadeu Neves. A problemática do fortuito interno e externo no âmbito da responsabilidade consumerista. *Revista de Direito do Consumidor*, v. 115, p. 205-246, jan./fev. 2018.

PASQUALOTTO, Adalberto. Dignidade do Consumidor e Dano Moral. *Revista de Direito do Consumidor*, v. 110, p. 79-116, mar./abr. 2017.

PESSANHA, Pedro; SEVERO, Tiago. O regime jurídico do Pix. *Revista de Direito Bancário e do Mercado de Capitais*, ano 24, vol. 94, p. 249-306, out./dez./2021. Disponível em: http://revistadostribunais.com.br/maf/app/document?stid=st-rql&marg=DTR-2021-47668. Acesso em: 11 abr. 2023.

SANSEVERINO, Paulo de Tarso. *Responsabilidade Civil no Código de Defesa do Consumidor e defesa do fornecedor*. São Paulo: Saraiva, 2002.

SANTIAGO, Mariana Ribeiro; ZANETONI, Jaqueline de Paula Leite. Inclusão Financeira, Inovação e Promoção ao Desenvolvimento Social e Econômico através do PIX. *Revista Jurídica*, Curitiba, v. 04, n. 61, p. 123-152, 2020.

VASCONCELLOS, Carlos Eduardo. Reclamações contra o PIX crescem quase 100%, segundo o Banco Central. *Consumidor Moderno*, 12 maio 2021. Disponível em: https://consumidormoderno.com.br/2021/05/12/queixas-pix-crescem-banco-central/. Acesso em: 24 jul. 2023.

Informação bibliográfica deste texto, conforme a NBR 6023:2018 da Associação Brasileira de Normas Técnicas (ABNT):

PASQUAL, Cristina Stringari. Disrupção dos meios de pagamento na sociedade de consumo: o modelo PIX. *In*: EHRHARDT JÚNIOR, Marcos; CATALAN, Marcos; NUNES, Cláudia Ribeiro Pereira (Coord.). *Inteligência artificial e relações privadas – Relações patrimoniais*: entre o consumo, os contratos e os danos. Belo Horizonte: Fórum, 2023. v. 3. p. 299-315. ISBN 978-65-5518-586-7.

EL IMPACTO DE LA DSA (DIGITAL SERVICES ACT O REGLAMENTO EUROPEO DE SERVICIOS DIGITALES) EN LOS CONTRATOS DE TÉRMINOS DEL SERVICIO RESPECTO A LA MODERACIÓN DE CONTENIDOS ONLINE

ALFONSO PERALTA GUTIÉRREZ

1 Términos del servicio como contrato

En sólo un minuto, se calcula[1] que se compartirán alrededor de 695.000 stories en Instagram, los usuarios de WhatsApp y Facebook Messenger enviarán 69 millones de mensajes y se subirán 500 horas de contenido a YouTube. Si visualizamos el tráfico mundial del mundo, las redes sociales suponen un 19% del tráfico de internet, representando Meta (Facebook e Instagram) un 93%.[2]

Aunque vertiginosas, estas cifras son sólo una pequeña muestra del ritmo frenético con el que se generan e intercambian datos y actividades en la Red y de cuyo inmenso big data alimentamos a las grandes plataformas digitales.

---

1 LEWIS, Lori. *Infographic*: What Happens In An Internet Minute 2021 13 de abril 2021. Disponible en: https://www.allaccess.com/merge/archive/32972/infographic-what-happens-in-an-internet-minute. Consultado el: 15 de mayo de 2022.

2 Research and Writing. WALLACH, Omri; Graphics/Design: JAMSHED, Pernia. *The World's Most Used Apps, by Downstream Traffic*. 20 de Septiembre de 2021 Visual Capitalist. Disponible en: https://www.visualcapitalist.com/the-worlds-most-used-apps-by-downstream-traffic/. Consultado el: 16 de marzo de 2023.

Actualmente, de las **10 mayores empresas por capitalización bursátil del mundo, 9 son empresas tecnológicas** y además norteamericanas.[3] Y estas compañías tienen un valor de mercado superior al de muchos países.[4] Esto es lo que ha venido llamándose un **"capitalismo digital", "tecnocapitalismo" o "capitalismo de datos o de vigilancia".**

Asimismo, las plataformas digitales tienen sus propias reglas o políticas de moderación de contenidos.

Los "Términos y Condiciones" es el documento que rige la **relación contractual entre el proveedor de un servicio y el usuario** (IUBENDA).[5] En la web, este documento a menudo también se denomina "Condiciones de servicio" (ToS), "Condiciones de uso", EULA ("Acuerdo de licencia de usuario final"), "Condiciones generales" o "Notas legales". Los Términos y Condiciones no son más que un contrato en el que el titular aclara las condiciones de uso de su servicio.

El Reglamento de Servicios Digitales[6] define los **Términos del Servicio** como Condiciones Generales en el apartado u) del Art.3: todas las cláusulas, sea cual sea su nombre y forma, que rijan la relación contractual entre el prestador de servicios intermediarios y los destinatarios del servicio.

Las plataformas digitales son empresas privadas y tienen derecho de admisión, de tal manera que son capaces de decidir lo que es permisible, puesto que de lo contrario eliminan el contenido e incluso te suspenden o eliminan la cuenta, y lo que es visible, de tal manera que los algoritmos determinan qué contenido ves, te hace sugerencias para ver más por los sistemas de recomendación y personalización de contenido, microsegmentándolo con la finalidad de la mayor optimización de la publicidad. El conocido como **microtargetting.**

---

[3] DRINCOVICH, Sol. Empresas que valen más que países: casos sorprendentes sobre quién es el que manda en la economía digital. *IproUp*, 02 de octubre 2020. Disponible en: https://www.iproup.com/innovacion/16761-economia-digital-que-empresas-valen-mas-que-paises. Consultado el: 15 de mayo de 2022.

[4] WALLACH, Omri. Así, Apple vale como Brasil, Amazon como Corea del Sur, o Microsoft como el PIB de España. *The World's Tech Giants, Compared to the Size of Economies*. Publicado el 7 de julio de 2021. Disponible en: https://www.visualcapitalist.com/the-tech-giants-worth-compared-economies-countries/. Consultado el: 15 de mayo de 2022.

[5] IUBENDA. *Qué son los términos y condiciones y para qué sirven*. Disponible en: https://www.iubenda.com/es/help/37616-que-son-los-terminos-y-condiciones-y-para-que-sirven. Consultado el: 6 de marzo de 2023.

[6] *Reglamento (UE) nº 2022/2065 del Parlamento Europeo y del Consejo*. Publicado en: «DOUE» núm. 277, de 27 de octubre de 2022, páginas 1 a 102 (102 págs.) Referencia: DOUE-L-2022-81573.

El Reglamento define la «**moderación de contenidos**» como las actividades, estén o no automatizadas, realizadas por los prestadores de servicios intermediarios, que estén destinadas, a detectar, identificar y actuar contra contenidos ilícitos o información incompatible con sus condiciones generales, que los destinatarios del servicio hayan proporcionado, por ejemplo, la adopción de medidas que afecten a la disponibilidad, visibilidad, y accesibilidad de dicho contenido ilícito o de dicha información, como la relegación, la desmonetización de la información, el bloqueo de esta o su supresión, o que afecten a la capacidad de los destinatarios del servicio de proporcionar dicha información, como la supresión o suspensión de la cuenta de un destinatario del servicio.

Esto supone por tanto, que las grandes redes sociales están ejerciendo la denominada **"tecnocensura"** (ESCORCIA).[7]

Ello significa que se está produciendo un balance de los derechos humanos y fundamentales de la libertad de expresión y de información desde una ley estatal y pública hacia leyes o normas privadas, las reglas de moderación de contenidos, las "leyes de las redes sociales". Emergiendo por tanto las grandes plataformas online como "gobernadores del discurso online", "custodios de la esfera pública" o "administradores de la cultura pública".[8]

Es evidente que resulta absolutamente imposible encomendar a los jueces la moderación de los contenidos en línea debido al gigantesco volumen de datos que impide incluso un control manual o artesanal humano y el registro en una red social implica la obligación de someterse a sus términos de uso. Un acuerdo firmado entre las partes constituye un contrato que les vincula y establece una serie de derechos y obligaciones para cada una de ellas, recogiendo también las consecuencias de incumplimientos, entre las que se encuentra la suspensión de la cuenta sin que ello suponga la privación de la libertad de expresión, puesto que se trata de una red privada.

---

7 La tecnocensura, explicada por el activista mexicano Alberto Escorcia. 15 de septiembre de 2016. Youtube. [Consultado el 15 de mayo de 2022] Disponible en: https://youtu.be/2J6Hz-Uz1fY

8 SANDER, Barrie. Freedom of Expression in the Age of Online Platforms: The Promise and Pitfalls of a Human Rights-Based Approach to Content Moderation. *Fordham International Law Journal*, Vol. 43, Nº. 4, May 23 2020. Disponible en: https://ssrn.com/abstract=3434972 or http://dx.doi.org/10.2139/ssrn.3434972. Consultado el: 15 de mayo de 2022.

En este sentido se ha pronunciado alguna jurisprudencia pioner[9] y recientísima.[10]

En la primera, la Ilma. Audiencia Provincial de Palma de Mallorca rechaza la máxima que la suspensión de la cuenta sea censura y expresa que el acuerdo de usuario es un contrato que vincula a las partes en los derechos y obligaciones, incluida la suspensión de la cuenta en caso de incumplimiento. *"Y ello en ningún caso supone que el actor se vea privado de su libertad de expresión, sino de la posibilidad de utilizar un medio concreto para ejercerlo, en este caso, una red social de titularidad privada, pero que de ninguna forma impide que pueda seguir ejercitándolo a través del mismo medio utilizado, internet, si bien por otros canales o redes sociales distintas, o de otros medios de comunicación".*

En el mismo sentido la Audiencia Provincial de Valencia, en una demanda de la empresa Món Orxata SL contra Facebook en la que alegaba, que el perfil de la misma con la expresión "cerrado permanentemente" supuso que la empresa desapareciera de la red social y un grave quebranto de su reputación y prestigio. Pero el argumento no se comparte por la Sala de Apelación, pues pese *"a la ingente visibilidad que permiten las redes no puede afirmarse que lo que no aparece en las mismas carezca de prestigio o simplemente no exista, máxime cuando la actora tenía una presencia en el mundo digital mediante su propia página web y otras dos en Facebook".* Continúa *"no existe un derecho a tener presencia en las redes incumpliendo las condiciones de los prestadores del servicio [...] y en este caso Món orxata incumplió su obligación de proporcionar su nombre e información real, [...] y utilizó su biografía personal para su propio beneficio comercial, en lugar de utilizar una página de Facebook(...)" Y ello [...] permitía a la demandada "impedirte el acceso total o parcialmente".*

En sentido contrario y de manera muy reciente, aunque fuera del ámbito de las redes sociales, y sobre contenido web, la Sala Tercera del Tribunal Supremo el pasado 3 de octubre[11] ha considerado que la Administración puede acordar por sí sola la interrupción de un sitio web, siempre que concurra alguno de los supuestos legalmente previsto,

---

[9] Sentencia SAP Palma de Mallorca 124/2020, Sección Tercera, de 26 de marzo (ponente Ana Calado) (ROJ: SAP IB 513/2020 - ECLI:ES:APIB:2020:513) Consultado 15.05.2022.

[10] La recientísima SAP Valencia sección 8 del 11 de mayo de 2022 (ROJ: SAP V 2910/2022 – ECLI:ES:APV:2022:2910; Sentencia: 213/2022; Recurso: 852/2021; Ponente: ANA VEGA PONS-FUSTER OLIVERA).

[11] Roj: STS 3405/2022 - ECLI:ES:TS:2022:3405; Nº de Recurso: 6147/2021; Nº de Resolución: 1231/2022; Fecha de Resolución: 03/10/2022; Ponente: LUIS MARIA DIEZ-PICAZO GIMENEZ.

únicamente cuando el contenido no sea libertad de información ni expresión. En todo caso, cualquiera que sea la autoridad (administrativa o judicial) que ordena la interrupción del acceso al sitio web, ésta debe respetar el principio de proporcionalidad y, si es técnicamente posible, limitarse a aquella sección donde se recoge la actividad, la información o la expresión ilegales. Independientemente de la imposibilidad técnica de bloquear secciones de un dominio web, nos plantea analógicamente la resolución la por ejemplo proporcionalidad de suspender una cuenta por un contenido en vez de su retirada únicamente, si bien como veremos, la DSA constituye tipicidad y cobertura legal al respecto.

A este respecto BRKAN categoriza las potenciales interferencias con la libertad de expresión y de información en cuatro grupos: personalización, bloqueo automático o eliminación de contenido ilegal, degradación o dilución del contenido dañino (desinformación) e implementación automatizada del derecho al olvido.[12]

Si el código es la ley según LESSIG,[13] los nuevos legisladores son las plataformas digitales y en concreto sus programadores, elegidos por los usuarios con nuestro uso de esas aplicaciones, pero ¿responden ante alguien? ¿cómo legislan?. Lo que nos lleva a la pregunta, ¿quién modera a los moderadores? Pregunta que nos conduce hacia la Estrategia Europea Digital, al concepto de la denominada "soberanía digital" y entre otra normativa al Reglamento Europeo de "Ley de Servicios Digitales (DSA Digital Services Act)".[14]

La UE considera esencial que los prestadores de servicios intermediarios se comporten de modo responsable y diligente para crear un entorno en línea seguro, predecible y digno de confianza, y para que los ciudadanos europeos tengan garantizados los derechos de la Carta de los Derechos Fundamentales de la Unión Europea, en particular la libertad de expresión y de información, la libertad de empresa, el derecho a la no discriminación y la garantía de un nivel elevado de protección de los consumidores. El Reglamento armoniza las normas aplicables a los servicios intermediarios en el mercado interior

---

12 BRKAN, Maja. *Freedom of Expression and Artificial Intelligence*: On Personalisation, Disinformation and (Lack Of) Horizontal Effect of the Charter (March 17, 2019). Disponible en: https://ssrn.com/abstract=3354180. Consultado el: 24 lulio 2023.

13 LESSIG, Lawrence. *El código 2.0*. Madrid: Proyecto editorial Traficantes de Sueños, 2009.

14 Reglamento (UE) 2022/2065 del Parlamento Europeo y del Consejo de 19 de octubre de 2022 relativo a un mercado único de servicios digitales y por el que se modifica la Directiva 2000/31/CE (Reglamento de Servicios Digitales). https://www.boe.es/buscar/doc.php?id=DOUE-L-2022-81573.

con el objetivo de garantizar un entorno en línea seguro, predecible y digno de confianza y aborda la difusión de contenidos ilícitos en línea, los riesgos de la difusión de desinformación, la responsabilidad de los prestadores de servicios y fija un marco de obligaciones.

2 El impacto de la DSA (*Digital Services Act*)

El Reglamento se aplica a todos aquellos servicios intermediarios que tengan su establecimiento o estén situados en la Unión, incluso aquellos que no tengan establecimiento pero que ofrezcan servicios en la UE (Art. 13), pues designarán a un representante legal responsable en uno de los Estados miembros en los que trabajen. Se pretende que los prestadores se atengan a las normas europeas si pretenden acceder a los cerca de 450 millones de ciudadanos y consumidores europeos, una soberanía digital europea.

Servicio intermediario se define como un servicio de «mera transmisión», de «memoria caché» y de «alojamiento de datos» (Art. 3, i). Las plataformas en línea se definen como un servicio de alojamiento de datos que los almacena y difunde a sus usuarios, salvo que sea una característica menor o auxiliar al servicio. Por ejemplo, no es lo mismo los comentarios de un periódico en línea que los comentarios en una red social. El Reglamento no se aplicará a microempresas o pymes sin perjuicio de cumplimiento voluntario. Tampoco, a los servicios de computación en nube y de alojamiento web que sirven como infraestructura y no sean propiamente difusión al público.

El Reglamento define como "contenido ilícito" la información, sea cual sea su forma, que sea de por sí ilícita en virtud del Derecho aplicable nacional o europeo, como los delitos de incitación al odio o los contenidos terroristas y los contenidos discriminatorios ilícitos, o que las normas aplicables consideren ilícita por estar relacionada con actividades ilícitas como acoso en línea, contenido de abusos sexuales a menores, materiales protegidos por derechos de autor, etc.

De esta manera, retornamos a las leyes públicas en cuanto a lo que es permisible, y así el abandono del derecho público por el derecho privado, vuelve al derecho público a la consideración de contenido eliminable y no permisible, como aquél que sea ilícito.

En cuanto a la responsabilidad de los prestadores, no serán responsables por la mera transmisión, acceso, alojamiento o almacenamiento de la información. La principal causa de exención de responsabilidad será que *"actúe con prontitud para retirar la información que haya almacenado, o bloquear el acceso a ella, en cuanto tenga conocimiento efectivo"* de que debe retirarla o bloquearla (ap. e) del art. 5º). Los elementos para exigir o exonerar de responsabilidad serán entonces tener conocimiento efectivo y actuar con prontitud en tal caso.

En este sentido, el proyecto de ley europea viene a ser coincidente con la legislación española[15] (trasposición de la europea) y la jurisprudencia en cuanto que igualmente exime de responsabilidad en ausencia de conocimiento efectivo[16] y una vez adquiera conocimiento, actúen con diligencia para retirar los datos o hacer imposible el acceso a ellos.

Para la mitigación de riesgos o reparación del daño, podrá ayudar cuando de buena fe y de modo diligente, los prestadores inicien investigaciones por iniciativa propia de forma voluntaria, o adopten medidas con el fin de detectar, identificar y retirar contenidos ilícitos, o bloquear el acceso a estos. Si bien, esto no puede ser causa única de exoneración de responsabilidad. Tampoco se puede exigir a los prestadores monitorizar la información ni buscar activamente hechos o circunstancias que indiquen la existencia de actividades ilícitas (Art. 8º). Sólo les es exigible actuar con prontitud cuando tengan el conocimiento efectivo, pero no una búsqueda activa ni monitorización de ese conocimiento.

El TJUE los ha interpretado en sentencias entre otras de 12 de julio de 2011,[17] que para el conocimiento efectivo bastará con que el prestatario adquiera conocimiento, de una forma o de otra, como consecuencia de una investigación realizada por su propia iniciativa o

[15] Artículo 16, relativo a responsabilidad de los prestadores de servicios de alojamiento o almacenamiento de datos y Artículo 17 de la responsabilidad de los prestadores de servicios que faciliten enlaces a contenidos o instrumentos de búsqueda de la Ley 34/2002, de 11 de julio, de servicios de la sociedad de la información y de comercio electrónico. Estos artículos son trasposición de Artículo 14 de la Directiva 2000/31/CE del Parlamento Europeo y del Consejo, de 8 de junio de 2000, relativa a determinados aspectos jurídicos de los servicios de la sociedad de la información, en particular el comercio electrónico en el mercado interior (Directiva sobre el comercio electrónico).

[16] El propio artículo realiza una interpretación auténtica del concepto de conocimiento efectivo, que se entenderá como tal cuando un órgano competente haya declarado la ilicitud de los datos, ordenado su retirada o que se imposibilite el acceso a los mismos, o se hubiera declarado la existencia de la lesión, y el prestador conociera la correspondiente resolución, sin perjuicio de los procedimientos de detección y retirada de contenidos que los prestadores apliquen en virtud de acuerdos voluntarios y de otros medios de conocimiento efectivo que pudieran establecerse.

[17] Sentencia del Tribunal de Justicia (Gran Sala) de 12 de julio de 2011 , asunto C-324/09, L'Oréal SA, Lancôme parfums et beauté & Cie SNC, Laboratoire Garnier & Cie, L'Oréal (UK) Ltd y eBay International AG y otros.

que le sea notificada. En similares términos, Sentencia de 23 de marzo de 2010.[18]

Respecto a la jurisprudencia menor nacional española la Ilma. Audiencia Provincial de Madrid en caso *"Telecinco vs. Youtube*[19] estableció como hemos visto, que no existe la obligación de imposición e implementación de un sistema técnico de filtrado automático y el término "conocimiento efectivo" incluye el conocimiento obtenido por el prestador a partir de hechos o circunstancias aptos para posibilitar, aunque mediatamente o por inferencias lógicas al alcance de cualquiera, una efectiva aprehensión de la realidad de que se trate.

En cuanto a sistemas de filtrado o monitorización, uno de los más conocidos es el Content ID[20] de Youtube para un escaneo de subidas y vulneraciones de los derechos de autor. Cuando el sistema encuentra un "match" o coincidencia, aplica el sistema de reclamación pudiendo bloquearlo de la difusión, monetizar el vídeo mediante anuncios o compartir los ingresos con el usuario que lo sube y el titular de la propiedad intelectual.

En materia de jurisprudencia cabe recordar las ya míticas sentencias de los casos "putasgae.com",[21] "quejasonline.com"[22] o "alasbarricadas.org"[23] según las cuales se considera que no basta el conocimiento efectivo cuando un órgano judicial lo declare como tal, sino que basta con que existan otros medios de conocimiento efectivo, aunque sea mediatamente o por inferencias lógicas [...]". Otros casos similares muy conocidos en su momento son caso "merodeando.com",[24]

---

18 (107) Sentencia del Tribunal de Justicia (Gran Sala) de 23 de marzo de 2010* asuntos acumulados C-236/08 a C-238/08 entre Google France SARL, Google Inc. Y Louis Vuitton Malletier SA (asunto C-236/08), entre Google France SARL y Viaticum SA, Luteciel SARL (asunto C-237/08), y entre Google France SARL y Centre national de recherche en relations humaines (CNRRH) SARL,etc.

19 Audiencia Provincial de Madrid Civil sección 28 del 14 de enero de 2014 (ROJ: SAP M 4/2014 - ECLI:ES:APM:2014:4); Ponente: ANGEL GALGO PECO).

20 [Consultado el 10 de marzo de 2023] Disponible en: https://support.google.com/youtube/answer/2797370?hl=en.

21 Caso " putasgae " STS 7684/2009 ECLI: ES:TS:2009:7684; Sección: 1, Fecha: 09/12/2009.

22 Caso quejasonline.com, Roj: STS 559/2011 - ECLI:ES:TS:2011:559, Sección: 1, Ponente: JUAN ANTONIO XIOL RIOS.

23 Sentencia del Tribunal Supremo del 10 de febrero de 2011 del caso "alasbarricadas.org". Roj: STS 559/2011 - ECLI:ES:TS:2011:559; Ponente: JUAN ANTONIO XIOL RIOS.

24 Roj: SAP Madrid 2467/2011 - ECLI:ES:APM:2011:2467; Sección: 11; Fecha de Resolución: 31/03/2011; Ponente: MARIA JOSE ALFARO HOYS.

el caso "meristation"[25]o el caso "Ramoncín".[26] Otro caso fue el de la Sentencia del Tribunal de 5 de mayo de 2016.[27]

Por su parte, el TJUE, en la sentencia L'Oreal de continua referencia, apartado 121, establece que el conocimiento será *"cualquier situación en la que el prestatario en cuestión adquiera conocimiento, de una forma o de otra, de tales hechos o circunstancias"*.

Si nos desplazamos a la jurisprudencia del Tribunal Europeo de Derechos Humanos, debemos recordar la sentencia Delfi As v Estonia,[28] y el Tribunal de Estrasburgo considera que la compañía

---

[25] Conocimiento efectivo desde emplazamiento de la demanda. Roj: STS 68/2014 - ECLI:ES:TS:2014:68, Tribunal Supremo. Sala de lo Civil, Sección: 1, Nº de Recurso: 340/2011, Nº de Resolución: 805/2013, Fecha de Resolución: 07/01/2014, Ponente: JOSE RAMON FERRANDIZ GABRIEL.

[26] Según el cual no se puede alegar desconocimiento tras un fax recibido, en el que se advertía con claridad la existencia de comunicaciones lesivas del derecho al honor y se reclamaba su retirada. Así, el Tribunal Supremo estima que la entidad demandada debió extremar las precauciones y ejercer un mayor control sobre las opiniones y comentarios alojados, cuyas connotaciones despectivas y peyorativas para el demandante no podían pasarle inadvertidas, pese a que del contenido del burofax no se desprendiera qué comentarios eran los que se consideraban ofensivos e incitadores violencia y procurar de este modo la pronta retirada de aquellos. Por ello Alto Tribunal español concluye que la entidad demandada incumplió el deber de diligencia. Roj: STS 1441/2013 - ECLI:ES:TS:2013:1441; Sección: 1; Nº de Recurso: 1500/2011; Nº de Resolución: 128/2013; Fecha de Resolución: 26/02/2013; Ponente: JUAN ANTONIO XIOL RIOS.

[27] Donde se reprocha que ciertas descalificaciones excederían del ámbito de confrontación entre partidos políticos en la proximidad de unas elecciones, pues se están imputando en un foro al demandante actitudes delictivas. Según la Audiencia, se habría rebasado ampliamente el tono de una crítica desabrida o molesta, para caer en la descalificación más vejatoria y por consiguiente incurrieron en responsabilidad al no vigilar adecuadamente los comentarios vertidos en ella, máxime cuando existía un moderador en el foro que, por el contrario, sí impidió el acceso de mensajes que desmentían los ofensivos, lo que suponía el conocimiento efectivo de tales mensajes ofensivos, cuya ilicitud era patente, sin necesidad de una resolución judicial que así lo declarara. La página web contaba con sistemas de control, detección o moderación de su contenido, hasta el punto de que comentarios favorables al demandante fueron censurados, mientras que permanecieron publicados los que resultaban ofensivos. Por tanto, tales controles no funcionaron adecuadamente sin necesidad para la ilicitud de la conducta de la demandada de que ninguna resolución judicial declare la ilicitud de las expresiones publicadas. STS 1885/2016 - ECLI:ES:TS:2016:1885; Id Cendoj: 28079110012016100274 Sala de lo Civil, Sección: 1; Nº de Recurso: 1261/2015; Nº de Resolución: 297/2016, Ponente: RAFAEL SARAZA JIMENA.

[28] Fue el primer caso en abordar la responsabilidad de los prestadores de servicios de internet. Delfi fue uno de los portales de noticias más importantes en Estonia -que opera en Rusia, Letonia y Lituania- que permitía comentarlas. Los comentarios no se revisaban ni se moderaban si bien se produce su eliminación inmediatamente una vez que es denunciado algún comentario. Además se incluye un sistema de eliminación automático o revisión automatizado con borrado en caso de ciertas palabras obscenas o la posibilidad de denuncia por los afectados de difamación. La empresa además establece cláusulas de exención de responsabilidad (disclaimers) según la cual no comparte las opiniones, la responsabilidad de los comentarios es únicamente de sus autores y éstas deben cumplir las normas de publicación. En una de las noticias se producen mensajes amenazantes y

ejercía un control substancial sobre los comentarios, pero dado que se permitía la intervención de usuarios no registrados, existía una cierta responsabilidad de los proveedores debiendo además existir un especial deber de cautela, pues debería haber previsto comentarios ofensivos y, en consecuencia, haber ejercido un plus adicional de precaución para evitar los daños a la reputación de los afectados. Además, si bien reconoce la utilidad del anonimato en la red, no obstante, llama a la precaución sobre ello y considera que si bien la empresa no fue completamente negligente, no obstante el sistema de moderación de contenidos podía ser insuficiente en cuanto a su diseño pues se difundieron gran cantidad de comentarios difamatorios que estuvieron accesibles durante semanas. En resumen, el TEDH indica que aunque Delfi sí contaba con medidas de filtrado de comentarios, éstos demostraron ser insuficientes tanto en un plano previo (detección de palabras inapropiadas) como posterior (posibilidad de denunciar como contenido inapropiado) pues se tardaron 6 semanas en proceder a su efectiva retirada. En caso de no haber mediado dicha tardanza, el Tribunal considera que no habría conflicto.

Esto nos recuerda que en la nueva regulación los prestadores deben adoptar las medidas razonables para garantizar que, cuando se utilicen herramientas automatizadas para moderación la tecnología tenga la fiabilidad suficiente para limitar en la mayor medida posible el porcentaje de errores, y actúe de buena fe, de manera razonable, no discriminatoria y proporcionada. Asimismo, otros actores, por ejemplo, los moderadores de grupos (especialmente grandes grupos), también deben contribuir a evitar la propagación de contenidos ilícitos en línea-

Otro de los casos que siguió al de Delfi fue Wegrzynowski and Smolczewski v. Poland[29] o Magyar Tartalomszolgáltatók Egyesülete and Index.hu Zrt v. Hungary.[30]

En definitiva, la normativa europea de la Ley de Servicios Digitales viene a continuar lo dispuesto en la Directiva 2000/31/CE y la jurisprudencia tanto de Bruselas como de Estrasburgo.

---

ofensivos y se resuelve en el sentido mencionado. Por ello, no hay violación del Art. 10 del Convenio al imponer una sanción económica justificada y proporcionada conforme al derecho nacional por fallar claramente al no retirar los contenidos ilícitos sin retraso, incluso aun cuando no tengan noticia de ellos. GRAND CHAMBER CASE OF DELFI AS v. ESTONIA (Application no. 64569/09) 16 June 2015.

[29] Wegrzynowski and Smolczewski v. Poland. Application no. 33846/07, 16 Julio de 2013, FINAL 16.10.2013.

[30] 2 Febrero 2016 Magyar Tartalomszolgáltatók Egyesülete and Index.hu Zrt v. Hungary Final 02.05.2016 application (no. 22947/13).

Las plataformas en línea que permiten celebrar contratos a distancia, no podrán inducir a error al consumidor medio respondiendo por los comerciantes que actúen bajo su autoridad o control. Por ejemplo Amazon, deberá obtener todos los datos relativos a sus socios colaboradores minoristas debiendo cumplir con el suministro de información precontractual, la conformidad y la información de seguridad del producto en virtud del derecho europeo. Así, esta regulación de las plataformas digitales nos recuerda a normativa de consumo y derechos de los consumidores.

Se impone el deber de, una vez reciban comunicación por autoridades administrativas o judiciales de actuar frente a contenido ilícito, sin dilación indebida facilitando toda la información de que se disponga. De esta manera se pretende evitar casos como el de San Bernardino[31] en el que Apple se negó a colaborar con el FBI en una investigación antiterrorista. De manera similar se ha incluido en el artículo Artículo 588 ter e de la Ley de Enjuiciamiento Criminal española un deber de colaboración de acceso para todos los prestadores de servicios de telecomunicaciones aunque no se ha tipificado como un delito que pueda cometer una persona jurídica conforme al Art. 31 bis. Se establece un deber de denuncia (incluso a Europol) cuando tengan conocimiento de cualquier información que le haga sospechar que se ha cometido, se está cometiendo o es probable que se cometa un delito, y también del lugar de la víctima, del autor, o amenaza para la vida o la seguridad.

Se establecen además unos requisitos legales europeos para retirada de contenido online en su artículo 9.2 por orden de autoridades judiciales o administrativas: i) una referencia al fundamento jurídico en Derecho europeo o nacional; ii) una motivación en la que se explique por qué la información es un contenido ilícito, haciendo referencia a una o varias disposiciones legales […]: iii) identificación a la autoridad emisora; iv) información clara que […] identificar y localizar el contenido ilícito de que se trate […]: v) información de los mecanismos de recurso […]; vi) información sobre qué autoridad debe recibir la información […].

Los requisitos legales son similares a cualquier otra restricción de derechos fundamentales en el ordenamiento jurídico español tales

[31] FERNANDEZ, Samuel. Así se desbloqueó el iPhone del terrorista de San Bernardino: spoiler, fue muy caro. *Xatakamovil*, 15 de abril de 2021. Disponible en: https://www.xatakamovil.com/seguridad/asi-se-desbloqueo-iphone-terrorista-san-bernardino-spoiler-fue-muy-caro. Consultado el: 11 de marzo de 2023.

como entradas y registros, intervenciones de comunicación o volcados de dispositivos (artículos 588 bis b y Artículo 588 ter d de la LECRIM). En definitiva, parece requerirse lo que en la terminología del TEDH se deben facilitar las "buenas razones" o "fuertes presunciones" de tal manera que se describan los hechos, los investigados, las razones que lo justifican y la importancia de la medida, duración y extensión.

No obstante, estamos de acuerdo en lo que ha resaltado FRÍAS LÓPEZ[32] en cuanto resulta cuanto menos llamativo una equiparación de las autoridades administrativas y judiciales al mismo nivel y una imposición de una cierta función judicial a autoridades administrativas.

Se consagra como principio la necesariedad: la orden se limite a lo estrictamente necesario para alcanzar su objetivo. Se les impone además a las administraciones una cierta "función judicial", ni más ni menos que la obligación de realizar un "balancing" o "técnica ponderativa" cuando colisionan derechos fundamentales, algo propio de jueces y tribunales. Cabe recordar que los principales criterios de ponderación en materia de libertad de expresión son fijados jurisprudencialmente.[33]

Las plataformas deberán establecer mecanismos accesibles, y sencillos para la denuncia de contenidos ilícitos: debiendo explicar los motivos por lo que se considera contenido ilícito, url o dirección electrónica, el contacto del alertador y además se debe de declarar que el "denunciante" comunica el contenido presuntamente ilícito de buena fe. Todo ello, con claridad, de fácil acceso, con suficiente precisión y fundamentación adecuada de denuncia de contenidos ilícitos. En virtud de dichas comunicaciones, las plataformas deberán decidir si retiran el contenido, lo suspenden, o por ejemplo si bloquean una cuenta, reducen su visibilidad o te restringen la monetización, en un tiempo oportuno y de manera diligente, de manera no arbitraria y objetiva.

---

[32] FRÍAS LÓPEZ, Alejandra. Ponencia: La retirada de contenidos tras el Reglamento (UE) 2022/2065 del Parlamento Europeo y del Consejo, de 19 de octubre de 2022, relativo a un mercado único de servicios digitales y por el que se modifica la Directiva 2000/31/CE (DSA). Magistrada. Directora del Servicio de Estudios e Informes (e.f.) del CGPJ. Curso ESTUDIO Y ABORDAJE PRÁCTICO DE LAS CUESTIONES DERIVADAS DE LA RETIRADA DE CONTENIDOS EN LÍNEA. CU23024. Del 22 al 24 de marzo de 2023. Servicio de Formación Continua del CGPJ.

[33] Criterios fijados por STEDH, GRAND CHAMBER, CASE OF AXEL SPRINGER AG v. GERMANY, (Application no. 39954/08); 7 February 2012: (1) Contribución a un debate de interés general; (2) Cuán conocida sea la persona afectada y cuál sea la materia del reportaje; (3) Conducta anterior de la persona afectada; (4) Método de obtención de la información y su veracidad; 5) Contenido, forma y consecuencias de la publicación; (6) Severidad de la sanción impuesta.Chilling effect.

Asimismo, se contempla el denominado "shadowbanning"[34] y la monetización a través de ingresos publicitarios de información proporcionada por el destinatario del servicio podrá restringirse mediante la suspensión o el cese de los pagos monetarios o de los ingresos asociados a dicha información.

Frente a usos indebidos, de acuerdo con el Art. 23, podrán suspender los servicios temporalmente durante un "período razonable" o definitivamente, previa advertencia o amonestación. En caso de suspensión, de manera diligente y objetiva, deberán justificar el número de contenidos manifiestamente ilícitos, la proporción frente al contenido total, la gravedad de usos indebidos, y la intención o dolo.

Las políticas de moderación de contenido deberán exponerse de manera clara y detallada frente a usos indebidos, y facilitarán ejemplos de los hechos y circunstancias. Por consiguiente, de manera inversa y correlativa se establecen unos derechos de los usuarios ya que en caso de restricciones les deberán informar de manera clara y específica los siguientes extremos:

- Qué medida se aplica, si conlleva la retirada de la información, el bloqueo del acceso a esta, la relegación o la restricción de su visibilidad, la suspensión o cesación de los pagos monetarios o impone cualesquiera otras medidas,
- los hechos y circunstancias en los que se apoya la decisión,
- información sobre el uso de medios automatizados adoptados para tomar la decisión,
- fundamento jurídico utilizado y explicaciones en caso de contenido retirado presuntamente ilícito,
- en caso de incumplimiento de los términos del servicio o políticas privadas de moderación de contenido, el incumplimiento contractual y las razones.
- y por último, las vías de impugnación o de recursos, mecanismos internos de gestión de reclamaciones, resolución extrajudicial de litigios y recurso judicial.

Al igual que cuando se ordena la retirada de contenido por requerimientos administrativos o judiciales, cuando las plataformas lo hacen por propia iniciativa o por denuncia de usuario, deberán

[34] que se define como la restricción de la visibilidad que puede consistir en una relegación en las clasificaciones o en los sistemas de recomendación, así como en limitar la accesibilidad por parte de uno o más destinatarios del servicio o en bloquear al usuario de una comunidad en línea sin que este sea consciente de ello («exclusión oculta»).

justificarlo, motivarlo, y ponderar como si lo hiciera una autoridad judicial o administrativa. Ya hemos hablado del trasvaso de derecho público a privado. Ahora, el derecho público impone al derecho privado una serie de condiciones. Por tanto, los prestadores de servicios actuarán de manera diligente, objetiva y proporcionada para aplicar y hacer cumplir las restricciones con la debida consideración ("balancing") de los derechos e intereses legítimos de todas las partes, incluidos los derechos fundamentales de los usuarios.

Se crea un coordinador de servicios digitales que ejercerá además de punto de contacto con las plataformas y con los coordinadores de otros países, esta obligación vuelve a recordar a la normativa de consumidores de la obligación del empresario de facilitar forma de contacto que permita al consumidor o usuario dirigirse y comunicarse con el empresario de forma rápida y eficaz. En España considero que el coordinador de servicios digitales deberá ser una autoridad independiente directamente relacionada con la Dirección General de Sociedad de la Información y Medios de Comunicación de la Comisión Europea (Directorate-General for Communications Networks, Content and Technology) a la vista de la creación del del Centro Europeo de Transparencia Algorítmica (CETA) por el Centro Común de Investigación (CCI) para apoyar la aplicación de estas normas con conocimientos técnicos y científicos de alto nivel está creando. Es decir, algo similar a la creación de una Fiscalía Europea.

El artículo 14 comienza a reglamentar normativamente el contenido de las condiciones generales o términos del servicio de las plataformas digitales de manera similar a la normativa de consumidores y usuarios o la normativa bancaria. Los contratos de términos del servicio deben cumplir con una serie de requisitos e informar sobre cualquier restricción que impongan sobre cualesquiera políticas, procedimientos, medidas y herramientas empleadas para moderar los contenidos, incluidas la toma de decisiones mediante algoritmos y la revisión humana, así como sobre las normas de procedimiento de su sistema interno de gestión de reclamaciones. Se publicará en lenguaje claro, sencillo, inteligible, accesible al usuario e inequívoco, y en un formato fácilmente accesible y legible por máquina.

El Reglamento considera que una parte fundamental del negocio de una plataforma es el sistema de recomendación, clasificación y priorización algorítmica de la información, ya que puede tener un impacto significativo a la hora de facilitar la búsqueda de información y experiencia para los usuarios, así como en la amplificación de determinados mensajes, la difusión viral y la promoción de comportamientos en línea. En consecuencia, las plataformas en línea deben informar adecuadamente a los usuarios sobre cómo se les muestra la información y puede influir o afectar, y presentar con claridad los parámetros de priorización de la información de dichos sistemas de recomendación. Dichos parámetros deben incluir, como mínimo, los criterios más importantes a la hora de determinar la información sugerida al destinatario del servicio (es decir la información que se tiene de cada uno) y las razones de su importancia respectiva (los principales criterios utilizados para la elaboración de perfiles). La DSA entra incluso en la forma de desarrollo de las interfaces de tal manera que deberá ser accesible directa y fácilmente desde la interfaz en la que se priorice la información, esto se entiende que será desde dónde la sección "Para ti" en Twitter o "¿qué está pasando?" en Facebook.

En el caso de las plataformas de servicios de muy gran tamaño se remarcan las obligaciones en cuanto a su accesibilidad, legibilidad y claridad, debiendo además publicar sus condiciones generales en todas las lenguas oficiales en los que presten sus servicios. De igual manera, la publicidad en línea deberá remarcarse claramente.

También debemos recordar que de conformidad con el RGPD, no se permitirá la publicidad segmentada basada en la elaboración de perfiles cuando se trate de datos especialmente sensibles del Art. 9,1 de dicho Reglamento.[35] Deberán además informar de los cambios en políticas de moderación y si el servicio está dirigido o tiene usuarios menores deberán hacer un especial esfuerzo para explicarlo acorde a su raciocinio.

Relacionado con la accountability o el principio de rendición de cuentas, el Art. 15 impone a los prestadores una obligación de documentación y transparencia, en cuanto que publicarán al menos una vez al año (cada 6 meses los de muy gran tamaño, Art. 42), informes[36] claros y fácilmente comprensibles sobre cualquier actividad de moderación de contenidos .

Entre las obligaciones de informar está la de posibilidad de recurso, mecanismos de gestión de reclamaciones y los recursos judiciales,

---

[35] Datos de origen étnico o racial, las opiniones políticas, las convicciones religiosas o filosóficas, o la afiliación sindical, y el tratamiento de datos genéticos, datos biométricos dirigidos a identificar de manera unívoca a una persona física, datos relativos a la salud o datos relativos a la vida sexual o las orientación sexuales de una persona física.

[36] Este informe deberá incluir: las órdenes recibidas por las autoridades de actuación contra contenidos ilícitos o de entrega de información requeridas, el uso de herramientas automatizadas, las medidas adoptadas para proporcionar formación y asistencia a las personas encargadas de la moderación de contenidos, el número y el tipo de medidas restrictivas, el número de reclamaciones, el uso de medios automatizados con fines de moderación de contenidos etc.

sin perjuicio de las medidas que puedan adoptar los coordinadores nacionales. Conforme al art. 20 el plazo de "recurso" será de 6 meses. Y los sistemas de gestión de reclamaciones, como hemos dicho, deberán ser de fácil acceso y manejo, con decisiones suficientemente precisas y adecuadamente fundamentadas, debiendo resolver en tiempo oportuno (90 días prorrogable excepcionalmente otros 90 en casos de gran complejidad) y de manera no discriminatoria, diligente y no arbitraria con una supervisión de personal adecuadamente cualificado y no exclusivamente por medios automatizados. En el apartado 5º del Art. 21 se establece un régimen de costas aplicable.

Los usuarios podrán acudir a órganos de resolución extrajudicial de conflictos que serán seleccionados y certificados por el coordinador de servicios digitales por períodos de 5 años, al cual deberá rendir cuentas en informe anual y que deberán ser independientes, imparciales, con los conocimientos específicos, capaces de ofrecer los medios de resolución, y en al menos una lengua oficial UE, con unas reglas claras, y manera rápida, eficiente y eficaz en términos de costes, satisfactorios, accesibles, atractivos, razonables, poco costosos en términos de honorarios- Todo ello sin perjuicio de la posibilidad de iniciar un procedimiento judicial.

También se crean los "alertadores fiables" o metausuarios que ayuden como vigilantes para la denuncia de contenido ilícito, debiendo emitir informes anuales sobre su actividad. Los coordinadores de servicios digitales les otorga (y puede quitar) su condición a los alertadores. Deberán ser entidades, y no personas físicas, que hayan demostrado conocimientos y competencias específicos para hacer frente a los contenidos ilícitos y que trabajen de manera diligente, precisa y objetiva. Pueden ser de carácter público, como por ejemplo en el caso de los contenidos terroristas (CITCO),[37] las unidades de notificación Europol u ONGs y organismos privados o semipúblicos, como las organizaciones que forman parte de la red INHOPE de líneas directas para denunciar materiales relacionados con abusos sexuales a menores y organizaciones comprometidas con la notificación de manifestaciones racistas y xenófobas ilegales en línea.

Como podemos ver, en la Unión Europea se está pasando de un derecho reactivo a un derecho preventivo, un cumplimiento normativo o compliance y la creación de figuras como "alertadores", "denunciantes",

---

[37] *El CITCO participa en un dispositivo de Europol que elimina de Internet más de 800 contenidos de extrema derecha violenta*. 22 de diciembre de 2022. Disponible en: https://www.interior.gob.es/opencms/es/detalle/articulo/El-CITCO-participa-en-un-dispositivo-de-Europol-que-elimina-de-Internet-mas-de-800-contenidos-de-extrema-derecha-violenta/. Consultado el: 30 de marzo de 2023.

"informantes", "compliance officer" o "whistleblowers". Hay que decir, que en mi opinión esta figura no es tanto una colaboración ciudadana sino más bien una cierta auditoría o consultoría empresarial colaboradora.

Cuando los servicios sean accesibles a los menores se deberá garantizar un elevado nivel de privacidad, seguridad y protección de los mismos y se les prohíbe publicidad microsegmentada basada en el perfilado de menores.

Se establecen (sección 5ª, Art. 33 y ss) obligaciones adiciones para los proveedores sistémicos considerándose como tal aquellos que tengan un promedio mensual de destinatarios activos en la UE igual o superior a 45 millones, con la posibilidad de incrementarlo o reducirlo según población. 45 millones viene a suponer un 10% de la población europea que en el año 2021 se calcula en 447 millones de habitantes.[38]

Los prestadores de plataformas en línea y buscadores de muy gran tamaño deberán realizar anualmente un análisis de riesgos (que el reglamento denomina evaluación de riesgos) que detectará, analizará y evaluará cualquier riesgo sistémico que se derive del diseño, del uso o del funcionamiento de su servicio y los sistemas relacionados, incluidos los algorítmicos.

Estos riesgos pueden derivarse, por ejemplo de la creación de cuentas falsas, el uso de bots o uso engañoso, y otros comportamientos total o parcialmente automatizados, que pueden dar lugar a la difusión rápida y viralidad de un contenido ilícito o incompatible con las condiciones generales y que contribuya a campañas de desinformación.[39],[40]

---

38 Una población creciente, excepto en 2020. *INE*. Disponible en: https://www.ine.es/prodyser/demografia_UE/bloc-1a.html?lang=es#:~:text=Durante%20el%20periodo%20de%202001,supone%20un%20crecimiento%20del%204%20%25. Consultado el: 26 de febrero de 2023.

39 La evaluación de riesgos deberá tener en cuenta la gravedad y probabilidad de riesgos sistémicos de: a) difusión de contenido ilícito; b) cualquier efecto negativo real o previsible para el ejercicio de los derechos fundamentales [...]; c) cualquier efecto negativo real o previsible sobre el discurso cívico y los procesos electorales, así como sobre la seguridad pública; d) cualquier efecto negativo real o previsible en relación con la violencia de género, la protección de la salud pública y los menores y las consecuencias negativas graves para el bienestar físico y mental de la persona.
Para esa evaluación de riesgos en cuanto a tales posibles amenazas deberán tener en cuenta: a) el diseño de sus sistemas de recomendación y de cualquier otro sistema algorítmico pertinente; b) sus sistemas de moderación de contenidos; c) las condiciones generales aplicables y su ejecución; d) los sistemas de selección y presentación de anuncios; e) las prácticas del prestador relacionadas con los datos.
Debiendo también tener en cuenta la posibilidad de uso no auténtico o la explotación automatizada del servicio, así como la amplificación y la difusión potencialmente rápida y amplia de contenido ilícito, o aspectos regionales o lingüísticos específicos.

40 Sobre la evaluación de riesgos han surgido críticas en relación al anterior punto c) párrafo primero sobre el contenido del discurso cívico (ADSUARA, Borja. ¿Qué narices es el

Tras la evaluación de riesgos, conforme al Art. 35, los prestadores deberán adoptar medidas de mitigación o de reducción de riesgos razonables, proporcionadas y efectivas. Éstas pueden consistir en adaptaciones del diseño, de los interfaces, de las condiciones generales, de los procesos de moderación del contenido, de auditorías y testeos de los algoritmos y sistemas de recomendación, adopción de normas respecto al contenido publicitario, refuerzo de la documentación, supervisión y cooperación con los alertadores fiables, entre otras. Deberán además probar y testear las medidas y posibles riesgos e intentar integrar consultas de los sectores por sus servicios, expertos independientes y organizaciones de la sociedad civil. Otras medidas adecuadas podrían incluir la adaptación de sus sistemas de moderación de contenidos y procesos internos y recursos de toma de decisiones, incluido el personal de moderación de contenidos, su formación y su experiencia local.

La Junta Europea de Servicios Digitales publicará anualmente un informe de riesgos sistémicos y directrices de buenas prácticas y en caso de crisis, la Comisión podrá exigir a las plataformas que adopten medidas de graves circunstancias extraordinarias que den lugar a una amenaza grave para la seguridad o la salud pública.[41]

El artículo 37 impone también a las plataformas en línea y buscadores de muy gran tamaño el sometimiento a su propia costa y al menos una vez al año, a auditorías independientes para evaluar el cumplimiento del reglamento, sin perjuicio de los códigos de conducta asumidos y protocolos de crisis. Auditores que deberán ser independientes, con conocimientos acreditados en gestión de riesgos, competencia y capacidades técnicas, objetividad y ética profesional probada. Se regula incluso el contenido mínimo del informe anual de auditoría que en caso en cumpla con todas las obligaciones será un «dictamen favorable».

Además, deberán establecer un compliance o cumplimiento normativo, con un jefe de función de comprobación con autonomía

---

'discurso cívico'?. *Opinión*, 17 marzo de 2023, La Información. Disponible en: https://www.lainformacion.com/opinion/borja-adsuara/que-narices-es-el-discurso-civico/2883142/. Consultado el 26 de febrero de 2023). No obstante, consideramos que las evaluaciones de riesgo se trata de una cuestión que será plenamente normalizada mediante normas estandarizadas con una técnica PDCP (Plan, Do, Check, Act) creación, implementación, supervisión y mejora.

41 Dichas medidas deberán ser estrictamente necesarias, justificadas y proporcionadas, por un plazo razonable y no superior a 3 meses, susceptible de una prórroga por otros 3 meses. De acuerdo con el Art. 48 se podrán elaborar protocolos de crisis para la actuación en estos casos.

estructural en la organización, lo que viene a ser un compliance officer, que deberá ser un directivo independiente y rendirá cuentas únicamente ante al órgano de dirección.

En cuanto a la labor de escrutinio y acceso a los datos deberá permitirse por los prestadores a la Comisión y los coordinadores de servicios digitales con incluso acceso al código fuente, pudiendo nombrar "investigadores autorizados". Y las plataformas sólo podrán negarse cuando no tengan acceso a dichos datos o implique vulnerabilidades importantes para la seguridad de su servicio o para protección de información confidencial, en particular secretos comerciales.

La Comisión deberá mantener actualizada y hacer pública una base de datos normalizada, indexada, que contenga las decisiones y motivos cuando retiran información o restringen su acceso.

En definitiva, el Art. 42 resume la actividad de análisis de riesgos, mitigación de estos, auditoría y cumplimiento normativo obligado:

a) un informe de evaluación de riesgos;
b) las medidas de reducción de riesgos;
c) el informe de auditoría;
d) el informe de aplicación de la auditoría;
e) en su caso, la información sobre las consultas realizadas.

Y todo esto (análisis de riesgos, auditoría, evaluación de impacto, e incluso el jefe de función de comprobación o establecimiento de un *compliance officer)*, nos recuerda mucho a protección de datos y el RGPD. El artículo 44 prevé la posible aprobación de legislación armonizada, que confusamente denomina normas voluntarias, pero que luego aclara que se refiere a estándares internacionales, principalmente normas ISO, CEN, CENELEC,[42] que deberán ser establecidas por los organismos internacionales y europeos de normalización.

Si a las plataformas digitales se les imponen pocas obligaciones, además, aquellas de muy gran tamaño deberán pagar una tasa de supervisión anual para financiar los recursos necesarios para su realización.

La Junta y la Comisión también promoverán la adopción de códigos de conducta voluntarios relativos a la publicidad en línea, corregulación y autoregulación.

---

[42] International Organization for Standardization (ISO), European Committee for Standardisation (CEN) y European Committee for Electrotechnical Standardisation (CENELEC).

Cada estado miembro deberá designar antes del 17 de febrero de 2024 un coordinador de servicios digitales. Los coordinadores de servicios digitales deberán ser imparciales y transparentes, responsables de la investigación y el cumplimiento, ejercerán facultades de investigación, pudiendo requerir documentación, visitar instalaciones (previa autorización judicial), pedir explicaciones a personal, imponer multas, medidas cautelares en caso de riesgo de perjuicios graves, como poner fin a infracción, obligación de subsanarla o de facilitar una información en una investigación, etc. Deberán además realizar informes anuales de sus actividades con el contenido previsto reglamentariamente, deberán prestarse asistencia mutua transfronteriza y cooperar con la Comisión. Se entiende que las decisiones del coordinador de servicios digitales serán susceptibles de recurso ante órgano judicial competente.

A su vez, todos los coordinadores formarán la Junta Europea de Servicios Digitales, que estará presidida por la Comisión. La Junta prestará apoyo administrativo y analítico, emitirá dictámenes y recomendaciones, asesorará a la Comisión y apoyará la elaboración de normas europeas, directrices, informes, modelos y códigos de conducta, pudiendo realizarse investigaciones conjuntas.

La Comisión, en cooperación con los coordinadores de servicios y la Junta, desarrollará conocimientos especializados en cuestiones sistemáticas y emergentes. La Comisión podrá incoar procedimientos pudiendo requerir información, hacer entrevistas, tomar declaraciones, entrar en locales, examinar documentos, acceder al algoritmo, adoptar medidas cautelares, establecer acciones de vigilancia y seguimiento, para su investigación. Pudiendo apoyarse en auditores o expertos externos.

Asimismo, los estados deberán establecer un régimen de sanciones efectivas, proporcionadas y disuasorias que puede llegar al 6 % del volumen de negocios anual y a un 5 % del promedio diario del volumen de negocios en todo el mundo o de los ingresos del prestador de servicios intermediarios de que se trate en el ejercicio fiscal anterior por día en el caso de multas coercitivas. En ciertos casos de incumplimientos del Art. 74.2 las multas podrán no exceder del 1%.

Por último, se regula la denominada supervisión reforzada en caso de infracción, las multas coercitivas y los plazos de prescripción de las sanciones y su ejecución así como el derecho a ser oído en el expediente y la publicidad de las decisiones.

De conformidad con el artículo 261 del TFUE, el Tribunal de Justicia de la Unión Europea tiene competencia jurisdiccional plena para someter a control las decisiones sancionadoras de la Comisión si bien en el apartado 83.2 se restringe la potestad jurisdiccional de una forma bastante cuestionable: *Cuando un órgano jurisdiccional nacional se pronuncie sobre un asunto que ya sea objeto de una decisión adoptada por la Comisión en virtud del presente Reglamento, dicho órgano jurisdiccional nacional no adoptará ninguna decisión contraria a dicha decisión de la Comisión. Los órganos jurisdiccionales nacionales evitarán asimismo adoptar resoluciones que puedan entrar en conflicto con una decisión prevista por la Comisión en un procedimiento que ya haya incoado en virtud del presente Reglamento. A tal fin, corresponde a los órganos jurisdiccionales nacionales apreciar si procede suspender su procedimiento. (...)*

Viene a establecerse una cosa juzgada con efecto positivo para los tribunales respecto a los pronunciamientos de la Comisión, algo muy cuestionable, difícilmente asumible e inconstitucional en nuestro ordenamiento jurídico.

Por último, en los artículos 83 y ss. se regulan los actos de ejecución, el secreto profesional, el procedimiento de revisión, sistema de intercambio de información, los actos delegados y el Comité de Servicios Digitales que asistirá a la Comisión.

El Art. 91 prevé que a más tardar el 18 de febrero de 2027, la Comisión evaluará y presentará un informe al Parlamento Europeo, al Consejo y al Comité Económico y Social Europeo acerca de los posibles efectos del Reglamento en pequeñas y medianas empresas. Por último, si bien la entrada en vigor del Reglamente es desde los 20 días de su publicación el 27 de octubre de 2022, no obstante, su aplicación se demora hasta el 17 de febrero de 2024.

3 Conclusiones

Las plataformas digitales tienen sus propias reglas o políticas de moderación de contenidos, los denominados "Términos del Servicio" de tal manera que son capaces de decidir lo que es permisible, puesto que de lo contrario eliminan el contenido e incluso te suspenden o eliminan la cuenta, y lo que es visible, de tal manera que los algoritmos determinan qué contenido ves, te hace sugerencias para ver más por los sistemas de recomendación y personalización de contenido, microsegmentándolo con la finalidad de la mayor optimización de la publicidad. Los términos del servicio se ven convertidos en las "leyes de las redes sociales". Esto supone por tanto, que las grandes redes sociales están ejerciendo la denominada "tecnocensura". Cierto es, que los sistemas de moderación de contenido son necesarios pues el gigantesco volumen de datos impide que se pueda realizar únicamente por humanos, de manera manual o artesanal o que pueda encomendarse a jueces y tribunales sin embargo, se está produciendo un balance de los derechos humanos y fundamentales de la libertad de expresión y de información desde una ley estatal y pública hacia leyes o normas privadas, esas reglas de moderación.

Ante esto, surge el Reglamento Europeo de Servicios Digitales para crear un entorno en línea seguro, predecible y digno de confianza, y para que los ciudadanos de la Unión y otras personas puedan ejercer los derechos fundamentales. De esta manera, retornamos a las leyes públicas en cuanto a lo que es permisible y se configuran una serie de derechos de los usuarios frente a las plataformas digitales con una regulación que nos recuerda a otras regulaciones sectoriales como es la de consumo y los derechos de los consumidores en materia por ejemplo de información contractual u obligación de colaboración con las autoridades.

Se establecen unos requisitos legales europeos para retirada de contenido online similares a los exigidos para restricciones de derechos fundamentales ("balancing"), si bien se equipara a ambos tipos de autoridades y se le impone a las autoridades administrativas una cierta "función judicial". Y por consiguiente, de manera inversa y correlativa se establecen unos ciertos derechos de los usuarios de las plataformas en materia de moderación de contenidos, con obligación de la revisión humana, así como sobre cómo los sistemas de recomendación seleccionan la información que tiene de cada uno y los principales criterios utilizados para la elaboración de perfiles.

La accountability o el principio de rendición de cuentas impone a los prestadores una obligación de publicar un informe anual, claro y comprensible sobre moderación con un contenido mínimo exigible legalmente. Y frente a las decisiones de las plataformas, se establece la posibilidad de recurso a órganos de resolución extrajudicial de conflictos.

Se crea la figura de los "alertadores fiables" o metausuarios para la denuncia de contenido ilícito y en la Unión Europea se está pasando de un derecho reactivo a un derecho preventivo, un cumplimiento normativo o compliance y la creación de figuras como "alertadores", "denunciantes", "informantes", "compliance officer" o "jefe de función de comprobación".

La DSA entra incluso en la forma de desarrollo de las interfaces para evitar engaño, manipulación u ocultación de contenido publicitario e incluso el órgano de supervisión podrá auditar el código fuente.

Los prestadores de plataformas en línea de muy gran tamaño y los motores de búsqueda deberán realizar anualmente un análisis de riesgos y adoptar medidas de mitigación o de reducción de riesgos con obligaciones adicionales en riesgos sistémicos así como sometimiento a auditorías anuales independientes de cumplimiento normativo, y todo esto nos recuerda mucho también a protección de datos y el RGPD.

Se promueve la adopción de códigos de conducta voluntarios relativos a la publicidad en línea, corregulación y autoregulación, protocolos de crisis y un régimen de sanciones efectivas, proporcionadas y disuasorias. Por último, la designación de un coordinador de servicios digitales y la entrada en vigor se demora a partir del 17 de febrero de 2024.

Referencias

ADSUARA, Borja. ¿Qué narices es el 'discurso cívico'?. *Opinión*, 17 marzo de 2023, La Información. Disponible en: https://www.lainformacion.com/opinion/borja-adsuara/que-narices-es-el-discurso-civico/2883142/. Consultado el 26 de febrero de 2023.

BRKAN, Maja. *Freedom of Expression and Artificial Intelligence*: On Personalisation, Disinformation and (Lack Of) Horizontal Effect of the Charter (March 17, 2019). Disponible en: https://ssrn.com/abstract=3354180. Consultado el: 24 lulio 2023.

DRINCOVICH, Sol. Empresas que valen más que países: casos sorprendentes sobre quién es el que manda en la economía digital. *IproUp*, 02 de octubre 2020. Disponible en: https://www.iproup.com/innovacion/16761-economia-digital-que-empresas-valen-mas-que-paises. Consultado el: 15 de mayo de 2022.

El CITCO participa en un dispositivo de Europol que elimina de Internet más de 800 contenidos de extrema derecha violenta. 22 de diciembre de 2022. Disponible en: https://www.interior.gob.es/opencms/es/detalle/articulo/El-CITCO-participa-en-un-dispositivo-de-Europol-que-elimina-de-Internet-mas-de-800-contenidos-de-extrema-derecha-violenta/. Consultado el: 30 de marzo de 2023.

FERNANDEZ, Samuel. Así se desbloqueó el iPhone del terrorista de San Bernardino: spoiler, fue muy caro. *Xatakamovil*, 15 de abril de 2021. Disponible en: https://www.xatakamovil.com/seguridad/asi-se-desbloqueo-iphone-terrorista-san-bernardino-spoiler-fue-muy-caro. Consultado el: 11 de marzo de 2023.

IUBENDA. *Qué son los términos y condiciones y para qué sirven*. Disponible en: https://www.iubenda.com/es/help/37616-que-son-los-terminos-y-condiciones-y-para-que-sirven. Consultado el: 6 de marzo de 2023.

LESSIG, Lawrence. *El código 2.0*. Madrid: Proyecto editorial Traficantes de Sueños, 2009.

LEWIS, Lori. *Infographic*: What Happens In An Internet Minute 2021 13 de abril 2021. Disponible en: https://www.allaccess.com/merge/archive/32972/infographic-what-happens-in-an-internet-minute. Consultado el: 15 de mayo de 2022.

Reglamento (UE) nº 2022/2065 del Parlamento Europeo y del Consejo. Publicado en: «DOUE» núm. 277, de 27 de octubre de 2022, páginas 1 a 102 (102 págs.) Referencia: DOUE-L-2022-81573.

Research and Writing. WALLACH, Omri; Graphics/Design: JAMSHED, Pernia. *The World's Most Used Apps, by Downstream Traffic*. 20 de Septiembre de 2021 Visual Capitalist. Disponible en: https://www.visualcapitalist.com/the-worlds-most-used-apps-by-downstream-traffic/. Consultado el: 16 de marzo de 2023.

SANDER, Barrie. Freedom of Expression in the Age of Online Platforms: The Promise and Pitfalls of a Human Rights-Based Approach to Content Moderation. *Fordham International Law Journal*, Vol. 43, Nº. 4, May 23 2020. Disponible en: https://ssrn.com/abstract=3434972 or http://dx.doi.org/10.2139/ssrn.3434972. Consultado el: 15 de mayo de 2022.

Una población creciente, excepto en 2020. *INE*. Disponible en: https://www.ine.es/prodyser/demografia_UE/bloc-1a.html?lang=es#:~:text=Durante%20el%20periodo%20de%202001,supone%20un%20crecimiento%20del%204%20%25. Consultado el: 26 de febrero de 2023.

WALLACH, Omri. Así, Apple vale como Brasil, Amazon como Corea del Sur, o Microsoft como el PIB de España. *The World's Tech Giants, Compared to the Size of Economies*. Publicado el 7 de julio de 2021. Disponible en: https://www.visualcapitalist.com/the-tech-giants-worth-compared-economies-countries/. Consultado el: 15 de mayo de 2022.

Informação bibliográfica deste texto, conforme a NBR 6023:2018 da Associação Brasileira de Normas Técnicas (ABNT):

GUTIÉRREZ, Alfonso Peralta. El impacto de la DSA (Digital Services Act o Reglamento Europeo de Servicios Digitales) en los contratos de términos del servicio respecto a la moderación de contenidos online. *In*: EHRHARDT JÚNIOR, Marcos; CATALAN, Marcos; NUNES, Cláudia Ribeiro Pereira (Coord.). *Inteligência artificial e relações privadas – Relações patrimoniais*: entre o consumo, os contratos e os danos. Belo Horizonte: Fórum, 2023. v. 3. p. 317-340. ISBN 978-65-5518-586-7.

LOS *CONTRATOS INTELIGENTES*: UNA NUEVA FUENTE DE VULNERABILIDAD PARA EL CONSUMIDOR

MARÍA LAURA ESTIGARRIBIA BIEBER

VERÓNICA MARÍA LAURA GLIBOTA LANDRIEL

Introducción

La IA, debe ser capaz de simular características que son comúnmente asociadas con la inteligencia humana. Un sistema computacional inteligente es aquel que exhibe un comportamiento similar al humano, cuando se enfrenta a un problema idéntico y lo resuelve de manera similar.

En otras palabras, la IA pretende imitar, mediante procedimientos computacionales, facetas de la inteligencia humana, que incluyen el aprendizaje (la adquisición de información y reglas para utilizarla), el razonamiento (uso de las reglas para llegar a conclusiones aproximadas o definitivas) y la autocorrección.

Es claro que el pensamiento es un proceso neurofisiológico natural y propio del ser humano, que no puede traducirse totalmente al comportamiento de un sistema computacional. En última instancia, lo que éste realiza es copiar, imitar o emular algunas etapas de ese proceso, de acuerdo con la información que se ha incorporado en su base de datos.

Entre las ventajas que el uso de estos sistemas expertos trae aparejadas, se consignan como más salientes: que, a diferencia de un humano, no se cansan, trabajan las veinticuatro horas a igual ritmo, almacenan la información de forma muy segura, no se jubilan llevándose la experiencia, y se pueden reproducir en tantos sistemas como resulten necesarios, lo que no es tan sencillo si se trata de formar expertos humanos en cada área.

Al decir de Martínez Bahena: "Las nuevas tecnologías disminuyen drásticamente las limitaciones por razones de espacio, tiempo y de saturación laboral y permiten extender el conocimiento del experto que lo contiene. Otra ventaja de los sistemas expertos sobre los humanos es que el experto computarizado siempre está en pleno rendimiento cuando un humano se cansa, en éste la exactitud de sus consejos puede decaer, sin embargo, el experto computarizado siempre proporcionará las mejores opiniones posibles -dentro de las limitaciones de sus conocimientos".[1]

En el amplio espectro de lo que actualmente se considera el dominio de la IA en el campo del Derecho, una de las manifestaciones que augura mayor desarrollo es la que tiene que ver con sistemas que generan contratos inteligentes, autoejecutables o *smart contracts,* que se caracterizan por ser negocios contractuales que se autoejecutan, a través de plataformas de *blockchain* y que, por cierto, comparten las características de los contratos predeterminados y de adhesión a condiciones generales.

Estas formas disruptivas de contratación, nacieron para ser aplicadas dentro del rango de contratos financieros; sin embargo, prometen extenderse rápidamente a otros ámbitos, lo que nos motiva a analizarlos, considerando la regulación que ofrecen los regímenes normativos vigentes, en Argentina.

Contratos electrónicos y contratos inteligentes

Si buscamos los orígenes de los contratos inteligentes o *smart contracts*, se coincide en que éstos remontan al trabajo publicado por Nick Szabo, informático y jurista, precursor de su uso, quien los definió por primera vez en 1997.[2] Desarrolló el concepto de contrato inteligente basándose en las potenciales aplicaciones informáticas de las conocidas máquinas expendedoras, que siguen el siguiente procedimiento: mediante la inserción del importe correspondiente en la

---

1 MARTÍNEZ BAHENA, Goretty Carolina. La inteligencia artificial y su aplicación al campo del Derecho. *Revista Alegatos*, n. 82, México, septiembre/diciembre de 2012, p. 830/31. Disponible en: https://www.corteidh.or.cr/tablas/r30570.pdf. Consultado: 24.07.2023.

2 SZABO, Nick. Formalizing and Securing Relationships on Public Networks. *First Monday*, 2 (9), DOI: https://doi.org/10.5210/fm.v2i9.548. Consultado: 24.07.2023.

ranura indicada y la introducción del código que identifica el producto que el consumidor desea adquirir, el comprador está proyectando su consentimiento para la adquisición del producto -lo que daría lugar a la formalización del contrato-, y la máquina automáticamente lo ejecuta, mediante la entrega y puesta a disposición del bien objeto de la compraventa. Esta idea incipiente, resultaría la base para la conceptualización y desarrollo de estos contratos, que extienden su uso a diversos ámbitos del mercado.

Adoptamos la definición de Valencia Ramírez, al decir que: "los contratos inteligentes consisten en un programa informático que ejecuta acuerdos establecidos entre dos o más partes contratantes, generando que ciertas acciones sucedan o no como resultado del cumplimiento o incumplimiento de una serie de condiciones específicas y ya pactadas. En otras palabras, son contratos que se ejecutan y se hacen cumplir a sí mismos de manera autónoma, siempre y cuando se den las condiciones previamente programadas en este".[3]

"Según afirman los defensores de la proliferación de los contratos inteligentes, esta modalidad de contratación permite agilizar el proceso contractual y reducir los costes de la transacción por dos vías, mediante la eliminación de los intermediarios y fundamentalmente mediante la simplificación del proceso ejecutivo, obviando la necesidad de buscar el amparo de las instituciones legales tradicionales como los tribunales".[4]

Las fases contractuales de búsqueda, negociación, compromiso, ejecución y adjudicación constituyen el ámbito de los contratos inteligentes.

Se ha expresado que "Una notable peculiaridad técnica de importantes consecuencias jurídicas que posee esta base de datos encadenados y encriptados, es que el intercambio de los datos se hace directamente entre los usuarios sin mediadores o intermediarios, pues las transacciones las verifica la propia red de «nodos» (ordenadores de los usuarios adheridos a la red) en todo momento. El gestor del sistema o la comunidad que la crea se limitan a poner a disposición de los usuarios

---

3 VALENCIA RAMÍREZ, Juan Pablo. Contratos inteligentes. *Revista de Investigación en Tecnologías de la Información RITI Journal SEICIT*, Vol. 7, 14 (Julio-diciembre 2019), Universitat Politécnica de Catalunya, España. e-ISSN: 2387-0893, Barcelona. DOI: https://doi.org/10.36825/RITI.07.14.001. Consultado: 24.07.2023.

4 NAVARRO UROSA, Marta María. *Los contratos inteligentes*: concepto, transcendencia jurídica y alternativas legales tradicionales del ordenamiento jurídico español. Disponible en: https://repositorio.comillas.edu/xmlui/bitstream/handle/11531/29418/TFG-Navarro%20Urosa%2C%20Marta%20MariIa.pdf?sequence=1. Consultado: 24.07.2023.

el propio sistema a modo de red de nodos e instruirles para que operen por su cuenta incorporando datos, esto es, realizando operaciones o «transacciones» (que jurídicamente pueden o no ser contratos)."[5] Ahora bien, cabe poner de resalto que el programa informático presenta un contrato predeterminado inmodificable, a lo que la otra parte sólo puede adherir lisa y llanamente y cuya voluntad se expresa mediante un "click", que lo perfecciona y pone en ejecución.

Se trata en pocas palabras de la "robotización de la formación y ejecución del contrato en un contexto de digitalización".[6]

Hasta aquí, se destacan las ventajas de contratar bajo esta modalidad, que pasadas por el prisma del análisis económico, ensalzan el rasgo de la disminución de los costes de transacción y resolución de conflictos; pero poco o nada se dice de estos contratos que debutaron hace no más de ocho años con la creación de la plataforma *Ethereum*, y que perviven en un limbo jurídico de normas y principios más o menos organizados, dependiendo del país de que se trate.

Lo que preocupa es que "Entre esas tecnologías disruptivas corresponde incluir a los *smart contracts*, cuya autoejecución representa un alto grado de eficiencia económica pero, al mismo tiempo, impide el funcionamiento de los mecanismos legales que protegen a las partes y a los acreedores con posterioridad a la celebración de un contrato".[7]

Los problemas o retos jurídicos, aparte de muchos otros, que plantean estas tecnologías giran en torno a establecer si realmente constituyen un contrato, en relación con las implicaciones concretas que tienen sobre el elemento de la voluntad y las obligaciones. Igualmente, surgen dudas sobre la regulación y criterios aplicables y su aportación al proceso judicial como medio de prueba.[8]

---

[5] IBÁÑEZ JIMÉNEZ, Javier W. Cuestiones jurídicas en torno a la cadena de bloques («*blockchain*») y a los contratos inteligentes *(«smart contracts»). Revista cuatrimestral de las Facultades de Derecho y Ciencias Económicas y Empresariales*, ICADE, Universidad Pontificia Comillas, Madrid. DOI: https://doi.org/10.14422/icade.i101.y2017.003.

[6] ARGELICH COMELLES, Cristina. Smart contracts o Code is Law: soluciones legales para la robotización contractual. *Revista InDret 2*, Cádiz, España, 2020. DOI: https://doi.org/10.31009/InDret.2020.i2.01. Consultado: 28.04.2023.

[7] FAVIER DUBOIS, Eduardo M. Los "*Smart Contracts*": eficiencia tecnológica versus derecho de los contratos en el mundo posmoderno, en: Erreius, publicado el 21 de agosto de 2021. Disponible en: https://www.erreius.com/opinion/10/comercial-empresarial-y-del-consumidor/Nota/548/los-smart-contracts-eficiencia-tecnologica-versus-derecho-de-los-contratos-en-el-mundo-posmoderno#:~:text=Los%20smart%20contracts%20(o%20SC,que%20las%20prestaciones%20estaban%20supeditadas. Consultado: 24.07.2023.

[8] VALENCIA RAMÍREZ, Juan Pablo. Derecho, tecnología e innovación: *blockchain* y contratos inteligentes. *Revista de Investigación en Tecnologías de la Información RITI*, Universitat Politécnica de Catalunya, España- ISSN-e: 2387-0893, Vol. 8, núm. 16, 2020. DOI: https://doi.org/10.36825/RITI.08.16.005. Consultado: 24.07.2023.

Estas tecnologías disruptivas traen un nuevo cambio de paradigma en el desenvolvimiento de las relaciones en la sociedad en general y de las comerciales y jurídicas en particular, tiñéndolas de sus características propias: inmutabilidad, automatización, auto ejecutabilidad, descentralización y no territorialidad. Pensarlas en el campo específico de las regulaciones normativas internas de cada país y de competencias jurisdiccionales, genera una idea de insuficiencia para responder a las diversas cuestiones que surjan en el posible desarrollo e implementación de las mismas en las distintas ramas o ámbitos del derecho privado y que hagan necesaria su revisión, modificación o adaptación.

Recordemos que la primera valla a su aceptación como acto jurídico generador de obligaciones, se dio con la contratación por medios informáticos, con el cuestionamiento del vínculo celebrado por quienes se relacionan patrimonialmente sin manifestación verbal o escrita (sin dialogar), debate que aparece introducido en ocasión de los *smart contracts*, prevaleciendo la tesis contractualista, que considera la eficacia del consentimiento surgido aun de comportamientos no declarativos.[9] En este sentido, es dable destacar que idéntica observación se realizaba respecto de los contratos por adhesión y fue superada mediante la tesis contractualista, considerando que existía consentimiento.

En tal sentido afirma Manuel González-Meneses: "(...) el *smart contract* siempre es voluntario en su formación y puesta en vigor, y por tanto, atendiendo a este importante dato, sí parece correcto hablar de contrato, como relación y regulación que nace de un acuerdo de voluntades".[10]

Es importante recordar que "los contratos inteligentes no constituyen un tipo nuevo de contratos sino una forma diferente de contratar digitalmente, siendo su característica esencial que contienen un código que los autoejecuta paso por paso con independencia de órdenes dadas por personas humanas, sino que un algoritmo conteniendo un protocolo prefijado y autorizado en detalle por ambas

---

9 Hernández, Carlos A. Contratos inteligentes y protección del consumidor. *Suplemento Edición Especial Consumidor Digital en adhesión a las XXVIII Jornadas Nacionales de Derecho Civil*; Hernández, C. (Dir.), El Derecho. Disponible en: https://repositorio.uca.edu.ar/bitstream/123456789/15693/1/consumidor-digital.pdf. Consultado: 24.07.2023.

10 GONZÁLEZ MENESES GARCÍA-VALDECASAS, Manuel. "*Smart contracts*": ¿una economía sin derecho contractual? Disertación realizada ante la Academia Matritense del Notariado. p. 82. Recuperado de: http://www.cnotarial-madrid.org/nv1024/paginas/TOMOS_ACADEMIA/060-02-GONZALEZ-MENESES.pdf. Consultado: 24.07.2023.

partes en forma electrónica procede a cumplirlo, con las salvedades que el contrato prevea(...)".[11]

Si de plano se acepta esta postura, resultarán aplicables las reglas relativas a las diferentes modalidades de formación del consentimiento.

Pasada esta primera disquisición, debemos entender que estos negocios jurídicos se idearon para ser concluidos por adhesión a condiciones predispuestas, y si se tratase de aplicaciones contractuales de consumo, le cabrán los principios interpretativos derivados de la normativa específica, en diálogo de fuentes con normas y principios generales.

Una tesis más radicalizada nos plantea pensar estas aplicaciones contractuales como una manifestación de un contexto en el que prime la irrelevancia de todo el ordenamiento jurídico contractual y de sus operarios. "No estamos ante una nueva figura más o menos atípica que trata de encontrar acomodo en el marco de nuestro sistema jurídico, para la que tengamos que abrir un casillero en nuestro ordenado catálogo de figuras contractuales, sino más bien de algo que en su planteamiento más originario y genuino pretende ser una alternativa a todo nuestro derecho contractual, por no decir a todo nuestro sistema jurídico. Un *smart contract*, en puridad y pese al nombre que se le ha dado, no pretende exactamente ser un contrato jurídico, porque no necesita serlo, de la misma manera que *Bitcoin* –en la concepción de sus creadores– no pretende ser dinero reconocido legalmente, dinero de curso legal, sino más bien un dinero para una sociedad humana que ha dejado ya muy atrás, como innecesarias, las nociones de Estado nacional, de leyes y de jurisdicciones nacionales". Esto último, nos invita a un análisis particularizado del tema, que no iniciaremos para no exceder los límites de este trabajo.

Adoptando la concepción de que estamos frente a una nueva modalidad contractual, no podemos dejar de lado una segunda disyuntiva vinculada a la anterior. Tiene que ver con desentrañar si estos contratos inteligentes deben entenderse como sinónimos de los contratos electrónicos (celebrados a través de ordenadores o medios electrónicos), para los que se ha comenzado a legislar en función del comercio electrónico (*E-commerce*).

Claramente, pueden trazarse diferencias de grados al respecto: si bien ambos contratos se celebran a través de entornos remotos, digitales,

---

[11] MARZORATI, Osvaldo. Las nuevas tecnologías, el impacto de la venta *on-line* en los contratos frente al *Blockchain* y los contratos inteligentes", *Revista de Derecho Comercial RDCO 297-859*. Disponible en: La Ley *Online*: AR/DOC/1909/2019. Consultado: 24.07.2023.

mediados por internet, el contrato electrónico, como género, no siempre se ejecuta a través del mismo medio, ya que las prestaciones pueden tener cumplimiento en un espacio distinto a la realidad virtual. Así, en aquellas transacciones que versen sobre información digital, tanto la contratación como la ejecución del acuerdo se efectúa *online*, a través de sistemas electrónicos.

En cambio, los que tienen por objeto la enajenación o locación de bienes que son tangibles, deben necesariamente cumplirse por otra vía diferente de la digital. Tenemos entonces contratos que se cumplen dentro de la red y otros cuya ejecución se realiza como en cualquier contrato tradicional, fuera de la misma y depende de la voluntad de las partes para su efectivo cumplimiento[12] y también para su revisión y eventual modificación.

La característica saliente de los *SC* es que tanto su configuración, celebración y ejecución se llevan a cabo por medios electrónicos, quedando esta última fase en manos del propio sistema, sin la intervención de las partes ni de terceros. De ello deriva que los contratos electrónicos puedan concebirse como presupuesto lógico de los contratos inteligentes, que constituyen una especie de aquéllos, sin agotarlos.

"La digitalización en sentido formal es condición necesaria pero no suficiente para hablar de *smart contract*".[13]

Para que un contrato digital califique como contrato inteligente, tendrá que recurrir a elementos informáticos de código, al igual que se tendrá que recurrir a los oráculos y plataformas mediadoras bajo tecnología *blockchain*, entre otros.[14]

Los oráculos son programas, empresas o incluso personas naturales que transmiten información del mundo real a la *blockchain* para que los contratos inteligentes puedan ejecutarse. Por ende, constituyen un requisito necesario para que se pueda dotar del sesgo de auto ejecutabilidad a estos negocios.

Aunque el pacto o acuerdo que se celebra entre las partes puede ser escrito o redactado en lenguaje humano, al menos un porcentaje

12 FARINELLA, Favio. ¿Regulación de los contratos electrónicos en Argentina? La proyectada ley argentina que regula el comercio electrónico, en Id SAIJ: DACF060054. Disponible en: http://www.saij.gob.ar/favio-farinella-proyectada-ley-argentina-regula-comercio-electrnico-dacf060054-2006/123456789-0abc-defg4500-60fcanirtcod. Consultado: 24.07.2023.

13 González Meneses García. Valdecasas, Manuel (2019) *Ob. Cit*, p. 65.

14 Favier Dubois, Eduardo M. (2021), *Ob. Cit.*

del mismo deberá ser transcripto a un código de programación autoejecutable. De allí que pasemos del axioma clásico "el contrato es ley para las partes" al actual: "el *código* es ley para las partes". Entendiendo por *código* al registro de datos en lenguaje de programación que representan la operación y las condiciones de autoejecutabilidad, que forman parte de las cadenas de bloques.

En su contenido se incluyen las reglas y las consecuencias del contrato que no están supeditadas a la voluntad de las partes, sino a un programa que actuará, de forma automática, cuando identifique las reglas de ejecución. Para que pueda cursarse la orden de una respuesta automática, debe poder programarse un pago que se apoye en la cadena de bloques. Dicho abono normalmente se hace en criptomonedas.

Esto último habilita nuevamente la discusión respecto del objeto de los SC, ya que hablar de fuente de obligaciones desde el punto de vista estrictamente jurídico en este tipo de negocios, parece contradictorio, al menos concibiendo que las prestaciones del contrato serán cumplidas automáticamente cuando se cumplan las condiciones preprogramadas del mismo, independientemente de la voluntad de las personas humanas que lo consintieron. Pensar en la necesidad de contratos para asegurar obligaciones (prestaciones) que se cumplirán indefectiblemente y más allá de la voluntad de las partes, parece un contrasentido.

Los *smart contracts*: innovación tecnológica disruptiva y una nueva fuente de vulnerabilidad para el consumidor

A estas alturas, nadie puede dudar del salto disruptivo en el desarrollo tecnológico que implicó la IA y sus productos, y la innovación constante que representa en nuestras vidas. Sin embargo, el *hombre de a pie*, consumidor medio, encuentra en estas nuevas manifestaciones negociales un nuevo factor de vulnerabilidad, asociado sobre todo a la falta de información necesaria y suficiente con que debe contar para consentir obligarse y respecto de a qué se termina obligando, cuando se vincula por vía de estos contratos inteligentes; así como a la etapa de ejecución y sus eventuales posibles cambios que ameriten su revisión.

Conceptualmente, existen dos importantes cuestiones relacionadas con los contratos electrónicos, y a la sazón con los inteligentes, que nos ocupan.

La primera se relaciona con la adhesión a las condiciones negociales predispuestas, por una parte, que nunca es el consumidor del servicio o producto, sino la empresa proveedora que, por otra parte, será quien establezca la existencia y contenido del protocolo de datos a incorporarse a la plataforma de bloques, *o blockchain*.

Desde que los términos del contrato electrónico o inteligente han sido predispuestos por el proveedor, la idea de ausencia de una oportunidad real de negociación y aceptación de las condiciones, puede llevar a que el contrato al cual el consumidor adhiere, pueda carecer de efectos legales, y por lo tanto no sea ejecutable. Para evitar esto es útil que los contratos requieran el consentimiento del usuario respecto de todos sus términos.

La segunda cuestión se relaciona, justamente, con los términos auténticos del negocio que se celebra y la necesidad de conocer y prevenir la modificación de un contrato, realizada por una de las partes. Más aún, tiene que ver con que el contrato inteligente tiene como característica esencial y necesaria para su ejecutabilidad automática, que las condiciones contractuales estén traducidas al lenguaje de programación informática (en este caso se almacena en nodos), el cual es sólo asequible para expertos informáticos.

Con lo cual, interpretar si el negocio así concebido refleja el verdadero sentido y alcance que las partes le quisieron dar y, por sobre todo, el que el consumidor entendió al adherirse al mismo, resulta harto complejo, por no decir imposible. Esto último encuentra su razón de ser en el fenómeno de la desmaterialización del contrato, y la traducción del lenguaje tradicional de sus términos al lenguaje informático o de programación, para ser parte del sistema inteligente. Este lenguaje de programación tiene entre sus características salientes la utilización de símbolos que no admiten la multiplicidad de interpretaciones. Se habla de un código rígido, por oposición a los códigos flexibles que pueden surgir de vocablos multívocos o del uso de términos elásticos, como acostumbramos a encontrar en normas legales y convencionales.

Esta *traducción* requiere de un dominio tanto del lenguaje y los conceptos jurídicos como del lenguaje de programación correspondiente. Pensar en un nuevo tipo de jurista, que sea capaz de programar contratos inteligentes y de auditar los contratos inteligentes programados por otros, parece ser el próximo desafío, sobre todo si los pensamos desde la visión de que, por esencia, son contrarios a la idea de interpretación jurídica *ex post*.

Además, da lugar a un nuevo y arduo problema de transparencia en la contratación, respecto del deber de información agravado que debe existir para dar lugar a un consentimiento informado en la faz de concertación del negocio, por parte del consumidor adherente, profano en los aspectos técnico jurídicos del negocio, y ahora también en el lenguaje informático que lo *traduce*.

En tal sentido, se ha sostenido que "Con el contenido de un contrato inteligente se entra a establecer una limitación que recae sobre las distintas interpretaciones que pudiera tener el contenido de lo estipulado, ya que este se configura como un protocolo informático susceptible de hacer realidad lo pactado y nada más que lo pactado, al contrario de lo que puede ocurrir con los contratos electrónicos y con los tradicionales, en los cuales surgen disputas sobre su contenido e interpretación. Si bien esta es una característica para resaltar de los contratos inteligentes, también se puede constituir en una gran problemática, ya que lo que se coloque o establezca en la cadena de bloques en estos contratos no podrá ser modificado en principio y por lo consiguiente debe de tenerse una extrema diligencia y cuidado a la hora de suscribirlos".[15] Cabe resaltar que este tipo de contratos elimina la posibilidad de intervención judicial a efectos de la interpretación y eventual modificación y hasta integración de los contratos.

Aun así, los SC no se encuentran exentos de errores en su programación, por la presencia de *bugs* (insectos, en la terminología de programación), que pueden generar que las prestaciones no se ejecuten como las partes lo han previsto o querido.

Frente a la existencia del protocolo informático, y aun admitiendo su eficacia desde el punto de vista de su seguridad -basada en la inalterabilidad de las condiciones de la cuenta o nodo-, todavía quedan cuestiones por dilucidar, que tienen que ver con las particularidades del tipo contractual específico, y los deberes secundarios de colaboración que pueden derivarse de él, los que habrá que considerar en cada caso, si se hallan o no incluidos en la programación del contrato inteligente.

Pensemos también en la especial situación que deriva de interpretar la equidad requerida para resolver el cumplimiento tardío, defectuoso o en parte y su consecuencia en la ejecución de una cláusula penal, por ejemplo. Ni que decir de la aplicabilidad al negocio de la imprevisión sobreviniente, la lesión, la imposibilidad de cumplimiento u otros institutos previstos en los ordenamientos, como excepciones al principio del efecto vinculante derivado de la autonomía de la voluntad.

En materia de modalidades especiales de contratos de consumo, que son las que se aplican justamente a través de contratos electrónicos y

---

[15] Valencia Ramírez, Juan Pablo (2019) *Ob. Cit.*

por ende, también inteligentes, pensar en la aplicación de la facultad de revocación de la aceptación a favor del consumidor, o la interpretación y declaración de nulidad de cláusulas abusivas incorporadas a las condiciones contractuales, y los modos de hacerlas efectivas, conllevan muchas de las dudas y de los interrogantes acerca de las posibilidades reales de estos sistemas y de lo *inteligentes*, que pueden llegar a ser.

Así se ha dicho que "El Derecho no siempre puede condensarse en un código informático, porque su automaticidad impide atender determinados elementos: los que requieran de una valoración subjetiva; los que atiendan a sujetos o conceptos tasados en la normativa o en la jurisprudencia; y los supuestos que originen responsabilidad civil (JOHNSON, 2017, pp. 73-78) su exoneración por caso fortuito o fuerza mayor (WERBACH, 2017, p. 367), conforme al art. 1105 CC. Hasta la llegada de una regulación completa de esta materia, la igualdad material de las partes deberá encomendarse a una adecuada programación".[16]

Es claro, entonces, que la información brindada al momento del consentimiento en los contratos inteligentes debe recaer sobre la conclusión efectiva del acuerdo (al momento mismo de su celebración), respecto a las prestaciones que se van a realizar y obligan a las partes, el cómo, cuándo y por qué se van a realizar dichas prestaciones, y particularmente, cómo operan las condiciones previstas en el sistema inteligente frente al incumplimiento o falta de realización, cláusulas penales o cláusulas de incumplimiento.

Esta información clara, precisa, completa y comprensible debe considerarse un presupuesto del consentimiento y estar brindado en un lenguaje natural, a fin de evitar percepciones mentales erróneas o equívocas que puedan generar disputas legales, las cuales impliquen en un determinado momento una gran complejidad.

Pensar en estas cuestiones nos instan a cambiar nuestra sensibilidad jurídica actual, particularmente si consideramos la aplicabilidad de estos instrumentos al ámbito de los contratos de consumo, requiriendo un control de acceso mucho más riguroso que los actualmente existentes. Habrá que imaginar mecanismos de vinculación entre el acto del consentimiento real y el negocio que se traduce al protocolo de programación, para determinar en todo momento si realmente se corresponde con el tipo de relación contractual a la que las partes quieren someterse, y de que la parte no profesional realmente

[16] Argelich Comelles, Cristina. Ob. Cit., p. 5-6.

conoce y asume el automatismo con que va a operar ese contrato una vez activado.

Al mismo tiempo, no debemos perder de vista que la posible imposición de estos mecanismos de consentimiento previo y post ejecución, intervención notarial o de terceros, etc., traducen costes de transacción que atentan contra la finalidad de su uso. Si resulta que debe acreditarse un consentimiento informado previo, si las condiciones del acuerdo deben resguardarse en lenguaje tradicional y vincularse con el contenido establecido en lenguaje de programación, el proceso de contratar bajo esta modalidad se tornará complejo y costoso desde su imposición, desvirtuando los motivos de su utilización.

Al respecto, se reflexiona que "El futuro y el éxito de los *Smart Contracts* dependen en gran medida del avance de la tecnología de IA, porque el desarrollo pleno de sus potencialidades implica la realización de la promesa de deshumanización del contrato. Sin embargo, ello todavía no ocurre y aparecen soluciones que no son otra cosa que la reintroducción de la discrecionalidad humana en la ecuación, de la capacidad de análisis humano que permite una ponderación completa del contexto relacional".[17] Ello nos retrotrae a los inicios del tratamiento de los contratos por adhesión y su validez.

Lo que no admite dudas es que estamos frente a una variable nueva, una modalidad negocial que potencia el estado de vulnerabilidad genética que caracteriza al consumidor en estas relaciones jurídicas, y que el orden público está llamado a revisar, o al menos, a poner su mirada preventiva.

Coincidimos con las voces que afirman que: "el consumidor electrónico es un consumidor doblemente complejo en su vulnerabilidad, ya que por una parte reviste la calidad de consumidor y por otra parte reviste la calidad de usuario de medios electrónicos. Ambas son calidades no antagónicas, simultáneas y coincidentes que acarrean cada una por su parte, vulnerabilidades específicas y propias que conjugadas resultan merecedoras de una tutela fortalecida".[18]

---

[17] REYNA, Carlos Alberto. Qué tan contratos y qué tan inteligentes son los *Smart contracts. Boletín del Instituto de Derecho Civil de la Facultad de Ciencias Jurídicas y Sociales,* Transformaciones del derecho privado ante las nuevas tecnologías. Edición Homenaje al Dr. Jorge Mosset Iturraspe, Año 2021, N° 8, Santa Fe, Argentina. ISSN 1667-796X. Recuperado de: https://web9.unl.edu.ar/noticias/img/news/53580/UNL_BoletinIDC_FCJS.pdf. Consultado: 24.07.2023.

[18] FALIERO, Johanna Caterina. Los *smart contracts* y los desafíos que representan para el consentimiento informado del *E-consumer*: contratación inteligente y asentimiento informado. *Revista de Responsabilidad Civil y Seguros,* Año 22, Nro. 5, La Ley, Buenos Aires, Argentina, 2020. p. 28-35.

Los *smarts contracts* (SC) y el derecho del consumidor en la Argentina

Concebido el contrato inteligente o SC como negocio jurídico contractual, trataremos, en lo que sigue, de identificar las normas que lo regulan y determinar si el sistema jurídico argentino, en diálogo de fuentes, resulta apto, por el momento, para captar estas formas disruptivas de contratación.

Desde la perspectiva general que aporta el derecho privado, se sostiene que el comercio electrónico cuenta con un conjunto de reglas o principios de carácter universal sobre los cuales inspirarse: "... equivalencia funcional de los actos electrónicos respecto de los autógrafos o manuales; neutralidad tecnológica de las disposiciones reguladoras del C-E; inalteración del derecho preexistente de las obligaciones y contratos; exigencia de muy buena fe; reiteración de la libertad de pacto y su ejercicio en el nuevo contexto del comercio electrónico. A ello ha contribuido la Ley Modelo sobre Comercio Electrónico, aprobada por la Comisión de las Naciones Unidas para el Derecho Mercantil Internacional de 1996 (CNUDMI-UNCITRAL).[19]

Como se advierte, frente a los nuevos fenómenos como el comercio electrónico y ahora estos contratos inteligentes, se pretende recurrir a normas generales y principios, con miras a lograr la mayor eficacia de las respuestas jurídicas, atento al riesgo cierto de obsolescencia.

En nuestro país, el *e-commerce* y los contratos electrónicos son regulados de manera genérica a través del artículo 42 de la Constitución Nacional, las normas del Código Civil y Comercial de la Nación, la Ley 24240, de Defensa del Consumidor y la Ley 25506, de Firma Digital, su decreto reglamentario y sus modificatorias.

El Código Civil y Comercial (CCyC) argentino, sancionado en 2015, viene imbuido por ese espíritu, y adopta el diálogo de fuentes, dotando de trascendencia a la interpretación judicial de las normas y principios de todo el orden jurídico vigente (constitucional, legal y convencional).

Al referirse a la forma del acto jurídico, la nombrada norma manifiesta que la expresión de voluntad debe ser escrita, y puede ser firmada o no firmada, pudiendo constar en cualquier soporte, siempre que sea inteligible. Agrega, que el instrumento no firmado comprende los impresos, registros visuales o auditivos y los registros de la palabra y de la información, cualquiera sea el medio empleado (artículos 286 y 287 CCyC).

---

[19] Hernández, Carlos A. (2022) *Ob. Cit.* p. 4.

Respecto de la firma de las partes, requisito esencial de todo instrumento privado, señala que debe consistir en el nombre del firmante o en un signo, reconociendo, a continuación, la validez de la firma digital (artículo 288 CCyC). De su lectura se decanta que el modelo contractual tradicional sigue siendo la forma escrita en soporte papel con firma ológrafa, en tanto debe reconocerse expresamente que otros modos de instrumentación, como los documentos digitales, o de autenticación, como la firma digital, son también válidos.

En materia específica del consentimiento contractual, si se recorre el Capítulo 3 (Formación del consentimiento), del Título 2 (Contratos en General), del Libro Tercero del CCyC, vemos que el modelo sigue siendo el negocio consensuado en forma personal y a través de declaraciones emitidas por los propios oferentes, aunque las reglas tienen la amplitud suficiente para acoger los nuevos fenómenos.

En el ámbito del derecho del consumidor se constata una fuerte preocupación por esta problemática en el ámbito de la región. La Resolución Nº 37/19 emanada del Grupo Mercado Común del MERCOSUR sobre "Protección al consumidor en el comercio electrónico", que recibió adhesión a través de la Resolución 270/2020 de la Secretaría de Comercio Interior argentina, es una muestra de esto.

Por su parte, el artículo 1105 del CCyC (en concordancia con el art. 33 de la Ley 24240), determina que los contratos a distancia son una especie de los contratos de consumo, y se perfeccionan sin la presencia física y simultánea de las partes, a través de la utilización de medios postales, electrónicos, telecomunicaciones, así como servicios de radio, televisión o prensa.

A su vez, el artículo 1106 del mismo ordenamiento, señala que en los casos donde el Código o las leyes especiales exijan que el contrato conste por escrito, este requisito se debe entender satisfecho si el contrato con el consumidor o usuario contiene un soporte electrónico u otra tecnología similar. Debemos concluir entonces que, si la norma no establece una forma impuesta para su celebración, las partes pueden convenirla a través de medios electrónicos, con plena eficacia.

Por esta razón se ha afirmado que, siempre que el tipo de contrato lo permita, si se logra instrumentar en el *software* el consentimiento de las partes "para crear, regular, modificar, transferir o extinguir una relación jurídica", el *smart contract* será un contrato en sentido legal.[20]

---

[20] CHOMCZYK, Andrés. Contratos inteligentes o *software* obediente. Fintech: Aspectos Legales en Revista Derecho y nuevas tecnologías, Tomo II. CDYT Colección Derecho

En los demás casos en los que el acuerdo se traduzca en formas de consentimiento tradicional plasmadas sea en papel, sea en documentos electrónicos, utilizando al protocolo inteligente o el Internet de las cosas como herramientas para la ejecución de ciertos actos en nombre de las partes del contrato, éste será parte del acuerdo, pero no el acuerdo mismo.

Por su parte, el artículo 1107 del CCyC regula el deber de información para los proveedores de bienes y servicios cuando se utilicen medios electrónicos para la celebración de contratos de consumo a distancia, quienes deben informar a sus clientes el contenido mínimo del contrato electrónico, todos los datos necesarios para utilizar correctamente el medio elegido, los riesgos derivados de su empleo, quién asume esos riesgos y su facultad de revocar el contrato. Esta facultad a favor del consumidor aparece prevista en concordancia con el art. 34 de la Ley 24240, en el art. 1110 y ss. CCyC[21].

Nos explica con meridiana claridad Hernández, en lo que refiere a la normativa argentina: "Desde nuestra perspectiva, creemos que las reglas y principios actualmente vigentes en nuestro régimen jurídico, como los de buena fe, protección especial para consumidores en situación vulnerable y de desventaja, respeto de la dignidad de la persona humana, antidiscriminatorio, prevención de riesgos, información y equiparación de derechos, entre otros, contribuyen a operar en un contexto de flexibilidad y eficacia".[22]

Conclusiones

La actual imposibilidad de que los sistemas inteligentes interpreten nociones como cambio extraordinario de las circunstancias, para aplicar las consecuencias de la teoría de la imprevisión o de la frustración del fin del contrato, el concepto elástico de buena fe, la multiplicidad de situaciones que pueden caer bajo la órbita del abuso del derecho, la existencia de cláusulas abusivas, o tantos otros conceptos indeterminados presentes en todo el *iter* negocial constituyen también

---

y Tecnología, Universidad de San Andrés. Centro de Tecnología y Sociedad (CETyS), Buenos Aires, año 2019.

[21] Art. 1110 CCyC: *"En los contratos celebrados fuera de los establecimientos comerciales y a distancia, el consumidor tiene el derecho irrenunciable de revocar la aceptación dentro de los diez días computados a partir de la celebración del contrato. Si la aceptación es posterior a la entrega del bien, el plazo debe comenzar a correr desde que esta última se produce. Si el plazo vence en día inhábil, se prorroga hasta el primer día hábil siguiente. Las cláusulas, pactos o cualquier modalidad aceptada por el consumidor durante este período que tengan por resultado la imposibilidad de ejercer el derecho de revocación se tienen por no escritos"*.

[22] Hernández, Carlos A. (2022) *Ob. Cit.*, p. 7.

hoy, problemas a pensar. Como si esto resultara poco, debemos sumar luego al debate las definiciones de quiénes y cómo responderán frente al consumidor vulnerado, en función de esa cadena de bloques que conforman el sistema o plataforma inteligente.

Por el momento, nos basta con articular la protección tomando en cuenta que la finalidad objetiva de los contratos inteligentes consiste en automatizar la fase de ejecución del acuerdo. En razón de ello, el momento que más protección requiere es el período de formación del consentimiento, poner el acento en la adhesión informada del consumidor, como débil jurídico, cuya vulnerabilidad cobra nuevo relieve frente a estas modalidades disruptivas de la concepción del contrato tradicional, situación que vuelve a presentarse ante el surgimiento de alguna circunstancia que traiga consigo la necesidad de revisión.

Así ha sido expuesto en las XXVIII Jornadas Nacionales de Derecho Civil, que "La protección diferenciada en situaciones de especial vulnerabilidad o desventaja constituye un principio del Derecho del Consumidor, que, de consuno con el enfoque interseccional, opera como un mandato para las autoridades, con significativas implicancias prácticas en su aplicación".[23]

Es así que "En esta área negocial debe jerarquizarse el horizonte de transparencia, siguiendo otras experiencias equivalentes, como la que el Código Civil y Comercial explicitó para los contratos bancarios, ámbito en donde consagró reglas generales de transparencia (art. 1378 CCyC), profundizadas respecto de los usuarios y consumidores (art. 1384 CCyC)".[24]

Resulta obvio que el principio protectorio a aplicar ante la asimetría negocial en los contratos de consumo, debe intensificarse en aquellos negocios realizados en entornos virtuales, que aumentan la vulnerabilidad, ante la complejidad y especificidad de conocimientos necesarios para la comprensión de los alcances de las obligaciones asumidas. Los principios establecidos al respecto (buena fe, conservación del contrato y equivalencia funcional) deben ser aplicados con más rigor en el caso de contratación electrónica, como criterios hermenéuticos.

---

[23] Conclusiones de la Comisión 5. Derecho de los consumidores. Principios del Derecho del consumidor. Proyección en las relaciones de consumo en entornos digitales. XXVIII Jornadas Nacionales de Derecho Civil, Mendoza, Argentina, 2022. Disponible en: http://mendozalegal.com/omeka/files/original/e22db5913e006861a14dd337f518fff9.pdf Consultado: 28.04.2023.

[24] Conclusiones de la Comisión 5. Derecho de los consumidores. Principios del Derecho del consumidor. Proyección en las relaciones de consumo en entornos digitales. XXVIII Jornadas Nacionales de Derecho Civil, Mendoza, Argentina, 2022. Disponible en: http://mendozalegal.com/omeka/files/original/e22db5913e006861a14dd337f518fff9.pdf Consultado: 28.04.2023.

Por tanto, corresponde poner más énfasis en el control de la posibilidad de comprensión del consumidor tanto de las obligaciones a su cargo cuanto de las imposibilidades debidas a la autoejecutabilidad de los *Smart contracts*. Ello trae consigo la necesidad de aplicar con mayor rigor los principios tuitivos, sin desconocer su utilidad para la celeridad de las negociaciones.

En fin, como puede observarse, son más las dudas y cuestiones a resolver que las certezas que podemos aportar en esta breve colaboración, en la que pretendemos llamar la atención acerca de la necesidad de atender esta prioritaria necesidad de profundización de la protección, ante la situación de evidente mayor vulnerabilidad a la que se encuentra expuesto el consumidor por el uso de las tecnologías.

Bibliografía citada

ARGELICH COMELLES, Cristina. Smart contracts o Code is Law: soluciones legales para la robotización contractual. *Revista InDret 2*, Cádiz, España, 2020. DOI: https://doi.org/10.31009/InDret.2020.i2.01. Consultado: 28.04.2023.

CHOMCZYK, Andrés. Contratos inteligentes o *software* obediente. Fintech: Aspectos Legales en Revista Derecho y nuevas tecnologías, Tomo II. CDYT Colección Derecho y Tecnología, Universidad de San Andrés. Centro de Tecnología y Sociedad (CETyS), Buenos Aires, año 2019.

Conclusiones de la Comisión 5. Derecho de los consumidores. Principios del Derecho del consumidor. Proyección en las relaciones de consumo en entornos digitales. XXVIII Jornadas Nacionales de Derecho Civil, Mendoza, Argentina, 2022. Disponible en: http://mendozalegal.com/omeka/files/original/e22db5913e006861a14dd337f518fff9.pdf Consultado: 28.04.2023.

FALIERO, Johanna Caterina. Los *smart contracts* y los desafíos que representan para el consentimiento informado del *E-consumer*: contratación inteligente y asentimiento informado. *Revista de Responsabilidad Civil y Seguros*, Año 22, Nro. 5, La Ley, Buenos Aires, Argentina, 2020.

FARINELLA, Favio. ¿Regulación de los contratos electrónicos en Argentina? La proyectada ley argentina que regula el comercio electrónico, en Id SAIJ: DACF060054. Disponible en: http://www.saij.gob.ar/favio-farinella-proyectada-ley-argentina-regula-comercio-electrnico-dacf060054-2006/123456789-0abc-defg4500-60fcanirtcod. Consultado: 24.07.2023.

FAVIER DUBOIS, Eduardo M. Los "*Smart Contracts*": eficiencia tecnológica versus derecho de los contratos en el mundo posmoderno, en: Erreius, publicado el 21 de agosto de 2021. Disponible en: https://www.erreius.com/opinion/10/comercial-empresarial-y-del-consumidor/Nota/518/los-smart-contracts-eficiencia-tecnologica-versus-derecho-de-los-contratos-en-el-mundo-posmoderno#:~:text=Los%20smart%20contracts%20(o%20SC,que%20las%20prestaciones%20estaban%20supeditadas. Consultado: 24.07.2023.

GONZÁLEZ MENESES GARCÍA-VALDECASAS, Manuel. "*Smart contracts*": ¿una economía sin derecho contractual? Disertación realizada ante la Academia Matritense del Notariado. p. 82. Recuperado de: http://www.cnotarial-madrid.org/nv1024/paginas/TOMOS_ACADEMIA/060-02-GONZALEZ-MENESES.pdf. Consultado: 24.07.2023.

Hernández, Carlos A. Contratos inteligentes y protección del consumidor. *Suplemento Edición Especial Consumidor Digital en adhesión a las XXVIII Jornadas Nacionales de Derecho Civil*; Hernández, C. (Dir.), El Derecho. Disponible en: https://repositorio.uca.edu.ar/bitstream/123456789/15693/1/consumidor-digital.pdf. Consultado: 24.07.2023.

IBÁÑEZ JIMÉNEZ, Javier W. Cuestiones jurídicas en torno a la cadena de bloques («*blockchain*») y a los contratos inteligentes *(«smart contracts»). Revista cuatrimestral de las Facultades de Derecho y Ciencias Económicas y Empresariales*, ICADE, Universidad Pontificia Comillas, Madrid. DOI: https://doi.org/10.14422/icade.i101.y2017.003.

MARTÍNEZ BAHENA, Goretty Carolina. La inteligencia artificial y su aplicación al campo del Derecho. *Revista Alegatos*, n. 82, México, septiembre/diciembre de 2012, p. 830/31. Disponible en: https://www.corteidh.or.cr/tablas/r30570.pdf. Consultado: 24.07.2023.

MARZORATI, Osvaldo. Las nuevas tecnologías, el impacto de la venta *on-line* en los contratos frente al *Blockchain* y los contratos inteligentes", *Revista de Derecho Comercial RDCO 297-859*. Disponible en: La Ley *Online*: AR/DOC/1909/2019. Consultado: 24.07.2023.

NAVARRO UROSA, Marta María. *Los contratos inteligentes*: concepto, transcendencia jurídica y alternativas legales tradicionales del ordenamiento jurídico español. Disponible en: https://repositorio.comillas.edu/xmlui/bitstream/handle/11531/29418/TFG-Navarro%20Urosa%2C%20Marta%20MariIa.pdf?sequence=1. Consultado: 24.07.2023.

REYNA, Carlos Alberto. Qué tan contratos y qué tan inteligentes son los *Smart contracts. Boletín del Instituto de Derecho Civil de la Facultad de Ciencias Jurídicas y Sociales*, Transformaciones del derecho privado ante las nuevas tecnologías. Edición Homenaje al Dr. Jorge Mosset Iturraspe, Año 2021, N° 8, Santa Fe, Argentina. ISSN 1667-796X. Recuperado de: https://web9.unl.edu.ar/noticias/img/news/53580/UNL_BoletinIDC_FCJS.pdf. Consultado: 24.07.2023.

SZABO, Nick. Formalizing and Securing Relationships on Public Networks. *First Monday*, 2 (9), DOI: https://doi.org/10.5210/fm.v2i9.548. Consultado: 24.07.2023.

VALENCIA RAMÍREZ, Juan Pablo. Contratos inteligentes. *Revista de Investigación en Tecnologías de la Información RITI Journal SEICIT*, Vol. 7, 14 (Julio-diciembre 2019), Universitat Politécnica de Catalunya, España. e-ISSN: 2387-0893, Barcelona. DOI: https://doi.org/10.36825/RITI.07.14.001. Consultado: 24.07.2023.

VALENCIA RAMÍREZ, Juan Pablo. Derecho, tecnología e innovación: *blockchain* y contratos inteligentes. *Revista de Investigación en Tecnologías de la Información RITI*, Universitat Politécnica de Catalunya, España- ISSN-e: 2387-0893, Vol. 8, núm. 16, 2020. DOI: https://doi.org/10.36825/RITI.08.16.005. Consultado: 24.07.2023.

Informação bibliográfica deste texto, conforme a NBR 6023:2018 da Associação Brasileira de Normas Técnicas (ABNT):

BIEBER, María Laura Estigarribia; LANDRIEL, Verónica María Laura Glibota. Los contratos inteligentes: una nueva fuente de vulnerabilidad para el consumidor. *In*: EHRHARDT JÚNIOR, Marcos; CATALAN, Marcos; NUNES, Cláudia Ribeiro Pereira (Coord.). *Inteligência artificial e relações privadas – Relações patrimoniais*: entre o consumo, os contratos e os danos. Belo Horizonte: Fórum, 2023. v. 3. p. 341-358. ISBN 978-65-5518-586-7.

DERECHO DE LOS CONTRATOS Y DERECHO DEL CONSUMIDOR: EXPRESIONES DE UN DIÁLOGO VIRTUOSO

CARLOS ALFREDO HERNÁNDEZ

Las transformaciones sociales y económicas y su impacto sobre el Derecho Privado

Hace más de cuatro décadas se publicó en España un valioso ensayo de Luis Díez-Picazo titulado "Derecho y masificación social. Tecnología y Derecho Privado". Su epílogo señalaba que "algo nos dice que la vida es más fuerte que las construcciones mentales y que la vida se llevó por delante al Derecho tradicional".[1] La afirmación, que importaba una cruda descripción de la realidad circundante a ese tiempo histórico, lejos de desmentirse se ha profundizado, asistiéndose en la actualidad a transformaciones aún más profundas, que han exigido una revisión conceptual y metodológica en la manera de concebir y aplicar el Derecho Privado.

Así, el ciclo de descodificación que se había producido a instancia de esos cambios sociales, económicos y culturales se ha detenido,[2] y en contraste ha emergido un proceso de recodificación,[3] que busca dotar

[1] DÍEZ-PICAZO, Luis. *Derecho y masificación social.* Tecnología y derecho privado. 2. ed. Madrid: Civitas, 1987.

[2] Sobre la descodificación, puede verse la obra clásica de: IRTI, Natalino. *La edad de la descodificación.* Trad. Luis Rojo Ajuria. Barcelona: Bosch, 1992.

[3] NICOLAU, Noemí. La tensión entre el sistema y el microsistema en el Derecho Privado. *Trabajos del Centro,* Rosario, n. 2, p. 79-83, 1997; SOZZO, Gonzalo. ¿Es tan importante recodificar?. *Revista de la Facultad de Ciencias Jurídicas y Sociales,* Santa Fe, n.1, p. 83-112, 2001.

al Derecho Privado de la flexibilidad necesaria para lograr una mayor eficacia.[4] Los Códigos decimonónicos son paulatinamente sustituidos o reformados por otros que se valen de reglas generales y principios, más dúctiles para captar las complejidades propias de la sociedad contemporánea.[5] La reciente reforma del Código de Napoleón,[6] o el nuevo Código Civil de la República Popular China,[7] dan cuenta de ello. En el ámbito Latinoamericano, el Código Civil brasileño,[8] y el Código Civil y Comercial argentino,[9] son ejemplos paradigmáticos de lo que aquí se describe.

En el rediseño normativo del Derecho Privado, se atiende al multiculturalismo, a la tutela de las vulnerabilidades, y se reconducen las viejas disciplinas, a través de una articulación de la autonomía de la voluntad y del orden público, al influjo de las agendas imperantes.[10] En algunas áreas –en especial en el Derecho contractual–, el *soft law* impulsa la modernización.[11]

Para la resignificación del Derecho Privado han aportado las nuevas ramas del mundo jurídico.[12] como el Derecho del Consumidor y

---

[4] La conexión entre flexibilidad y Derecho puede reconocerse en: CARBONNIER, Jean. *Derecho flexible*. Para una sociología no rigurosa del derecho. Trad. Luis Diez-Picazo. Madrid: Tecnos, 1974.

[5] LAPENTA, Eduardo; RONCHETTI, Alfredo (Coord.). *Derecho y complejidad en Homenaje al Prof. Dr. Miguel Ángel Ciuro Caldani*. Tandil: Universidad Nacional del Centro de la Provincia de Buenos Aires, 2011.

[6] DISSAUX, Nicolas; JAMIN, Cristophe. *Réforme du droit des contrats, du régimen général et de la preuve des obligation (Órdonnance nª 2016 – 131 du 10 février 2016)*. Commentaire des articles 1100 à 1386-1 du code civil. Italie: Dalloz. Reimpresión Marzo de 2017. p. IX. Debe precisarse que la Ley n. 2018-287 de 20 de abril de 2018, ratificó la Ordenanza antes indicada, oportunidad en la cual se hicieron importantes cambios.

[7] ESBORRAZ, David. Los nuevos códigos civiles de la República Argentina y de la República Popular China confrontados: dos ordenamientos y un único sistema. *Roma e América: Diritto Romano Comune*, Roma, n. 40. p. 336-389, 2019.

[8] Para apreciar en términos de derecho comparado el impacto de ese valioso código, puede verse a la obra colectiva coordinada por LANNI, Sabrina. *Dez anos*. Contributi per il primo decenio del nuovo códice civil brasiliano. Nápoles: Edizioni Scientifique Italiane, 2014.

[9] LORENZETTI, Ricardo Luis. *Fundamentos de derecho privado. Código Civil y Comercial de la Nación Argentina*. Buenos Aires: Thomson Reuters / La Ley, 2016.

[10] ARGENTINA. *Proyecto de Código Civil y Comercial de la Nación*. Buenos Aires: Infojus, 2012. En los fundamentos que lo acompañaron hay múltiples pasajes en donde se explicita el diálogo entre la autonomía de la voluntad y el orden público.

[11] OLIVA BLÁZQUEZ, Francisco. Nuevos marcos normativos para los contratos nacionales e internacionales. En HORNERO MÉNDEZ, César; ESPEJO LERDO DE TEJADA, Manuel; OLIVA BLÁZQUEZ, Francisco (Dir.). *Derecho de contratos*: nuevos escenarios y propuestas. Navarra: Thomson Reuters / Aranzadi, 2016. p. 55 y ss.

[12] CIURO CALDANI, Miguel Ángel. Perspectivas jurídicas estratégicas nuevas en una nueva era (la construcción jurídica de un mundo nuevo). *Revista Internacional Consinter de Direito*, Curitiba, a. 5, n. 8, p. 125-147, 1º sem. 2019.

el Derecho Ambiental, cuyas autonomías reposan en la transversalidad que presentan para la Ciencia Jurídica, actuando como áreas de convergencia entre el Derecho Público y el Derecho Privado. En estas disciplinas, también se verifican cambios tan intensos que han llevado a predicar la obsolescencia de algunas de sus instituciones y la configuración de nuevas bases de sustentación epistemológica.[13]

Este es el contexto del presente estudio, que propone enunciar y analizar someramente los principales puntos de contacto entre el Derecho de los Contratos y el Derecho del Consumidor, como expresión virtuosa del diálogo profundo que se verifica entre ambos.[14]

El estado actual del Derecho del Consumidor y su convergencia con el Derecho de los Contratos

Introducción

Los orígenes del Derecho del Consumidor han estado fuertemente influenciados por la labor de la doctrina jusprivatista. En los estudios publicados en la década del 80' del siglo pasado, era frecuente que los tópicos principales estuviesen dedicados al Derecho de los Contratos o a la Responsabilidad Civil, aunque sin desconocer el anclaje constitucional de la protección y el rol de los poderes públicos.[15] Era el Derecho Privado el que ofrecía sus instituciones para modelarlas a las necesidades que requería el principio de protección del consumidor, lo que en gran medida explicaba las características que presentaban las leyes especiales de la época.

El Derecho del Consumidor del Siglo XXI ha profundizado la tutela de las vulnerabilidades atendiendo a las circunstancias particulares de afectación, privilegiando el resguardo de la persona del consumidor, tanto en su esfera extrapatrimonial como patrimonial,

---

13 STIGLITZ, Gabriel; SAHIÁN, José. *El nuevo derecho del consumidor*. Buenos Aires: Thomson Reuters / La Ley, 2020. BAROCELLI, Sergio Sebastián. *Teoría general de las relaciones de consumo*. Buenos Aires: IJ, 2021.

14 La Teoría General del Derecho actúa como necesario marco de referencia. *V.* CIURO CALDANI, Miguel. Lecciones de teoría general del derecho. *Investigación y docencia*. Rosario, n. 32. p. 33-76, 1999.

15 BERCOVITZ, Alberto; BERCOVITZ, Rodrigo. *Estudios jurídicos sobre la protección de los consumidores*. Madrid: Tecnos, 1987. STIGLITZ, Gabriel. *Protección jurídica del consumidor*. Buenos Aires: Depalma, 1986.

a partir del proceso de constitucionalización y humanización que lo determina.[16]

La madurez de la disciplina expresada en verdaderos sistemas normativos, ha dado lugar a una nueva dogmática, y a una metodología que recurre al diálogo de las fuentes, que permite construir una relación más fecunda entre el Derecho Privado –en sus principales ramas– con el Derecho del Consumidor, más aún a partir del ya mencionado proceso de recodificación, que guarda una fuerte confluencia de valores con los regímenes de consumo. Lima Marques lo ha explicado con toda claridad respecto del ordenamiento jurídico brasileño, al sostener que "me parece que el CDC tiende a ganar con la entrada en vigencia del Código Civil 2002, pues sus principios básicos son casi los mismos".[17] La realidad es equiparable a muchos otros países, como la Argentina.

Unidad y pluralidad en la teoría del contrato. La categoría del contrato de consumo

El tráfico de masas puso en discusión la aptitud del contrato para constituirse, al menos en algunos casos, como fuente de relaciones obligatorias. Karl Larenz, sostuvo que, en el ámbito del transporte o de los servicios públicos, era predicable la existencia de una "conducta social típica de relaciones jurídicas que intrínsecamente han de considerarse según el Derecho de las obligaciones, a pesar de que su nacimiento no exige la existencia de un contrato".[18]

Más recientemente ha sido la tecnología la que puso en entredicho la subsistencia del contrato como figura que explica el vínculo celebrado por quienes se relacionan patrimonialmente sin dialogar, lo que está presente en la contratación por medios informáticos,[19] y con mayor vigor

---

[16] SOZZO, Gonzalo. Consumo digno y verde: humanización y ambientalización del Derecho del Consumidor (sobre los principios de dignidad del consumidor y de consumo sustentable). *Revista de Derecho Privado y Comunitario*, Santa Fe, n. 3. p. 139-166, 2012.

[17] LIMA MARQUES, Cláudia. La defensa del consumidor en Brasil. Diálogo de fuentes. En STIGLITZ, Gabriel; HERNÁNDEZ, Carlos. *Tratado de derecho del consumidor*. Buenos Aires: Thomson Reuters / La Ley, 2015, t. I. p. 143 y ss.

[18] LARENZ, Karl. *Derecho de obligaciones*. Trad. Jaime Santos Briz. Madrid: Revista de Derecho Privado, 1958, t. I. p. 60.

[19] Al respecto puede verse la amistosa disputa que comenzó con un aporte de IRTI, Natalino. Scambi senza accordo. *Rivista Trimestrale di Diritto Civile*, Milano, v. 52, n. 2, p. 347–364, jun. 1998 el que fue replicado por OPPO, Giorgio. ¿Disumanizzazione del contrato?. *Rivista di Diritto Civile*, Padova, a. 44, n. 5, p. 525-533, 1998 y contestado por IRTI, Natalino. È vero, ma(...). (Replica a Giorgio Oppo). *Rivista di Diritto Civile*, Padova, a. 45, n. 2, p. 273-278, 1999. Una perspectiva global del fenómeno puede encontrarse en LORENZETTI, Ricardo Luis. *Comercio electrónico*. Buenos Aires: Abeledo-Perrot, 2001. p. 169.

a partir de la irrupción de los *smart contracts*[20] o contratos inteligentes –denominación atribuida al criptógrafo y jurista húngaro NICK SZABO–, que dan cuenta de un acuerdo de voluntades entre dos o más partes, el que se expresa en un programa informático y cuyo contenido se ejecuta de modo autónomo y automático.[21]

Desde nuestra óptica, la disputa gira en torno a la posibilidad de admitir diferentes especies de relaciones contractuales, o lo que es lo mismo, reconocer la flexibilidad del modelo ideal y tradicional de contrato.[22]

Se trata de un tema que impacta en ambas disciplinas. En el Derecho del Consumidor, en orden al reconocimiento y contornos de la categoría del contrato de consumo como fuente principal de las relaciones de consumo, en tanto que desde el Derecho de los Contratos interesa saber si es posible situar al contrato de consumo en la teoría general del contrato, y en su caso, de qué modo.

Sobre el particular, suele aludirse a la fragmentación del tipo general de contrato, admitiendo al contrato de consumo como una categoría que contrasta con el paradigma del contrato discrecional.[23]

Desde un enfoque teórico, hay quienes niegan que pueda predicarse el fraccionamiento entre el contrato paritario y el contrato de consumo. Apelan a un encuadre técnico, sosteniendo que el contrato "como característico de un género, continúa siendo uno solo (...) modelo básico centrado en el acuerdo de voluntades. El contrato por adhesión y el de consumo no son otros tipos, sino especies del género contrato".[24]

---

20 ÁLVAREZ MORENO, María Teresa. Concepto de contrato. En DÍAZ ALABART, Silvia; GABRIELLI, Enrico; LEIVA FERNÁNDEZ, Luis (Org.). *Elementos de los contratos*. Un enfoque comparado. Buenos Aires: Thomson Reuters / La Ley, 2020. p. 28.

21 PISANO DÍAZ. José. Aproximación a la contratación inteligente: usos, retos y algunos aspectos legales. En GÓNZALEZ PULIDO, Irene (Coord.). *Fodertics*. Estudios sobre Derecho Digital. Granada: Comares, 2019. p. 491. Se puede presentar bajo dos modalidades, una denominada interna, en cuanto las previsiones contractuales aparecen incluidas en el propio código de fuentes del '*software*'; y otra externa, en donde éste se separa del texto del contrato que aparece redactado en lenguaje natural. Las variantes responden a matices que conciernen a modelos de mayor o menor pureza desde la perspectiva digital. No debe olvidarse que estos contratos buscan satisfacer los requerimientos del mercado para operar sobre activos digitales pagados mediante criptomonedas, aunque también pueden actuar con otras tecnologías y con cierta mixtura de lenguajes -digital y natural-.

22 HERNÁNDEZ, Carlos. Contrato de consumo. En CIURO CALDANI, Miguel Ángel; NICOLAU, Noemí (Org.). *Derecho privado del siglo XXI*. Contratos (Colección François Gény). Buenos Aires: Astrea, t. 4. En prensa.

23 LORENZETTI, Ricardo Luis. *Tratado de los contratos*. Parte general. 3. ed. Buenos Aires: Thomson Reuters / La Ley, 2018. p. 807.

24 NICOLAU, Noemí. El contrato en el contexto de la teoría general del derecho. En NICOLAU, Noemí; HERNÁNDEZ, Carlos (Dir.). *Contratos en el Código Civil y Comercial de la Nación*. Buenos Aires: Thomson Reuters / La Ley, 2016. p. 29.

En esa misma orientación se sostiene que "No parece, pues, que la Teoría General del Contrato se haya partido en dos, sino únicamente que ostenta una mayor complejidad".[25]

En nuestro entendimiento, el fraccionamiento que produce el contrato de consumo es tal, desde que se rige por principios y reglas específicas, aunque ello no supone excluirlo de la teoría del contrato, lo que posibilita recurrir a sus reglas y principios en la medida que los mismos no violenten su especialidad.[26]

El reconocimiento de la tipicidad general del contrato de consumo conduce a diferentes problemas. Así, se ha preguntado "si algunas de las normas nacidas dentro de ese círculo de los contratos de consumo deben mantenerse dentro de él o si pueden o deben generalizarse y ser consideradas como normas o principios de contratos".[27] La cuestión cobra importancia por la fuerza expansiva que presentan las disposiciones de consumo, especialmente en el ámbito contractual, en donde con frecuencia "están en tránsito hacia los Códigos de fondo".[28]

Para responder dicho interrogante se tiene en cuenta que muchas de ellas nacieron para aplicarse más allá de las fronteras de los contratos de consumo, aunque el banco de ensayos más extendido ha sido éste, lo que exige que una eventual recepción general se haga con algún grado de adecuación o diferenciación. Serían ejemplos válidos de lo dicho, el régimen de cláusulas abusivas, el de los contratos vinculados o conexos y el de la publicidad.[29] En otros casos, la generalización no parece ser el camino más certero, habida cuenta que hay reglas que hacen a la naturaleza del contrato de consumo. Allí, se sitúan las relativas a las prácticas abusivas, y a los contratos celebrados fuera de los establecimientos comerciales o a distancia.

---

25 DE CORES HELGUERA, Carlos. *El origen histórico de la teoría general del contrato.* La teoría general del contrato en la tradición jesuítica. La obra 'De contractibus', de Pedro de Oñate S. J., como precursora de conceptos fundamentales del derecho contractual actual. Tesis (Doctorado) – Universidad Pontificia Comillas, 2014. Director: Iñigo Alfonso Navarro Mendizábal. 588 fl. p. 533.

26 HERNÁNDEZ, Carlos. El 'contrato de consumo' en el contexto de la 'teoría general del contrato'. A propósito del Código Civil y Comercial (expresión de una nueva estructura tipológica). *Jurisprudencia Argentina,* Cidade, Buenos Aires, n. 2016-I, 2016. p. 1285.

27 DÍEZ-PICAZO, Luis. Contratos de consumo y derecho de contratos. *Anuario de Derecho Civil,* Madrid, v. 59, n. 1, p. 11-28, 2006. 24 y ss.

28 ALTERINI, Atilio Anibal. Bases para armar la teoría general del contrato en el derecho moderno. *La Ley,* Buenos Aires, n. 1998B, p. i-f, 1998. p. 1174.

29 DÍEZ-PICAZO, Luis. Contratos de consumo y derecho de contratos. *Anuario de Derecho Civil,* Madrid, v. 59, n. 1, p. 11-28, 2006. p. 27 y ss.

Los ordenamientos asumen diferentes estrategias, aunque en cualquier caso, el contrato de consumo va moldeándose con una conformación y efectos propios.[30] Algunos lo hacen a partir del recurso a leyes especiales.[31] Otros lo efectúan complementando los Códigos de Derecho Privado con Códigos de Protección de los Consumidores, con algunos puntos de integración. Excepcionalmente, se recurre a una metodología diferente, que incluye en los Códigos de Derecho Común a las reglas de consumo, aunque en este supuesto los modelos difieren sobre el alcance de la recodificación.[32]

El planteo metodológico deja traslucir la sinergia que se da entre el Derecho contractual general y el de consumo, que sin negar sus especificidades –y evitando una indebida simplificación–, reconoce la complejidad con la que opera el contrato en el mercado del siglo XXI,[33] y admite vías de cooperación entre ambos segmentos negociales. Este parece haber sido el criterio seguido por el Código Civil y Comercial argentino. Algunas decisiones que adopta son muy claras en esa dirección:

El Capítulo III del Libro III, titulado "Contratos de consumo", aparece inmediatamente después de la regulación de los "Contratos en General". En los Fundamentos que acompañaron al Anteproyecto, se explicitaron las alternativas disponibles en el Derecho Comparado, junto al criterio del reformador, quien buscó fortalecer al contrato de consumo, en ejes nodales atravesados por las exigencias constitucionales. Por ello, se abordan las "prácticas abusivas" (art. 1.096 y ss.), la "información y publicidad dirigida a los consumidores" (art. 1.100 y ss.), las "modalidades especiales" (art. 1.104 y ss.), y las "cláusulas abusivas" (art. 1.117 y ss.). Estas reglas se incorporan en el marco más amplio de la recepción de la relación de consumo (art. 1.092).

---

30 Al respecto puede verse HERNÁNDEZ, Carlos et al. Hacia el código de defensa del consumidor. *La Ley*, 15 mar. 2021. Cita Online: AR/DOC/592/2021. En Argentina, aunque se mantiene vigente la Ley de Defensa del Consumidor, se han incorporado al Código Civil y Comercial principios y reglas generales sobre cuestiones esenciales del contrato de consumo. Por esa razón, y en miras de una mayor sistematización, se ha propuesto recientemente el dictado de un Código de Defensa del Consumidor, con mayor ajuste al sistema general de Derecho Privado.

31 V. CARRASCO PERERA, Ángel. *Derecho de contratos*. Navarra: Thomson Reuters / Aranzadi, 2017. p. 754. La especialidad no impide generalizar algunas reglas. Así, en el Derecho español se ha dicho que la jurisprudencia viene aplicando en materia de cláusulas abusivas, las reglas de consumo a la contratación empresaria.

32 GRAMUNT FOMBUENA, Mariló, La protección del contratante en contextos asimétricos. En GRAMUNT FOMBUENA, Mariló; FLORENSA; TOMÁS, Carlos (Org.). *Codificación e reequilibrio de la asimetría negocial*. Madrid: Dykinson, 2017.

33 SANTARELLI, Fulvio. *Contrato y mercado*. Buenos Aires: Thomson Reuters / La Ley, 2018.

Se trazan lazos entre los contratos por adhesión a cláusulas generales predispuestas y los contratos de consumo, a través de normas que se articulan debidamente. El artículo 1.117 dice que "se aplican en este Capítulo lo dispuesto por las leyes especiales y los artículos 985, 986, 987 y 988, existan o no cláusulas generales predispuestas por una de las partes". Se trata de un área en donde desde hace largos años se vienen construyendo fuertes puntos de integración,[34] sin desconocer que en el ámbito de los contratos de consumo la tutela es más intensa, desde que no requiere la prerredacción de condiciones generales.

Algo similar sucede con las reglas de la "conexidad contractual" (art. 1.073 y ss.). Aunque allí no hay remisiones expresas, es evidente que algunos instrumentos tienen una clara filiación en antecedentes comparados con prosapia en normas de consumo. Un supuesto relevante lo aporta el artículo 1.075, párrafo primero, al disponer que "según las circunstancias, probada la conexidad, un contratante puede oponer las excepciones de incumplimiento total, parcial o defectuoso, aún frente a la inejecución de obligaciones ajenas a su contrato". La regla proviene de la experiencia alemana sobre crédito para el consumo, donde se habilita al consumidor a hacer valer el incumplimiento del proveedor como defensa frente al otorgante del crédito. De todos modos, las normas vigentes son más ambiciosas e ingresan sobre otros tópicos que resultan muy valiosos para administrar conflictos de consumo. La propia definición que se da para describir a la vinculación contractual, y las fuentes que se reconocen para considerarla configurada –de modo especial la conexidad fáctica– (art. 1.073, segunda parte), resultan de gran valía para captar el modo en el cual muchas operaciones jurídicas y económicas se despliegan en el mercado en miras de captar consumidores.[35]

---

[34] HERNÁNDEZ, Carlos. Hacia la generalización de algunas soluciones del régimen de defensa del consumidor?. HERNÁNDEZ, Carlos. Hacia la generalización de algunas soluciones del régimen de defensa del consumidor?. KEMELMAJER DE CARLUCCI, Aída; TRIGO REPRESAS, Félix Alberto; MÉNDEZ COSTA, María Josefa (Org.). Libro Homenaje al Prof. Dr. Jorge Mosset Iturraspe. Santa Fe: Edicionesunl, 2005. *Libro Homenaje al Prof. Dr. Jorge Mosset Iturraspe*. Santa Fe: Edicionesunl, 2005. p. 197 y ss.

[35] ARGENTINA. TSJ de Córdoba, Sala Civil. Mercado Libre S.R.L. c/ Dirección de Defensa del Consumidor y Lealtad Comercial – Recurso Apelación c/ Decisiones de Persona Jur. Pub. no Estatal – Recurso Directo. 19 de mayo de 2020. Cita Online: elDial.com - AABC5B. Disponible en https://www.eldial.com/nuevo/resultados-detalle.asp?id=52189&base=14&referencia=1&Total_registros2_1=1&resaltar=aabc5b. Acceso 28 sep. 2022. Así se ha dicho que *"la conexidad contractual es una figura jurídica que tiende a superar la mirada clásica del contrato como un compartimento estanco, determinado por el sinalagma entre prestaciones a cargo de dos polos definidos. Precisamente, la figura tiende a flexibilizar el funcionamiento de tal postulado, posibilitando que los efectos del contrato se extiendan más allá de sus límites, y que se proyecten y sean oponibles a terceros"* (considerando X.3).

Para cerrar este tópico es necesario recordar que la idea de la fragmentación entre el contrato discrecional y el de consumo, ha favorecido a otros debates que enriquecen el Derecho de los Contratos, como ocurre con el contrato por adhesión, a quienes hoy algunos aceptan como una tercera categoría, que conjuga una modalidad del consentimiento con una expresión de debilidad negocial de uno de los contratantes,[36] que se constituye en uno de los más interesantes debates de la actualidad.

La función social y ambiental en el contrato de consumo

Las funciones que pueden predicarse acerca del contrato expresan otro punto de encuentro entre el Derecho de los Contratos y el Derecho del Consumidor. Las mismas han sido relacionadas con el orden público de coordinación, en tanto buscan articular la esfera privada con las que provienen de otros ámbitos de interés, reconociéndose entre otras, a la función "procompetitiva", "ambiental", "no discriminatoria", "pública" y "social".[37]

Sobre esta última se ha dicho que supone la afirmación de la justicia contractual,[38] cuyo ámbito excede el campo de actuación de los contratos de consumo,[39] aunque es en él donde se recurre con frecuencia a normas imperativas que buscan un equilibrio global del negocio, y que refieren a la oferta, interpretación, cláusulas abusivas, etc.[40] El contrato de consumo contiene un reclamo de equilibrio que resulta constitutivo, y que fija su alcance y esencia. Así se sostiene que

---

[36] PARDOLESI, Roberto. Prefazione. En COLANGELO, Giuseppe. *L'abuso di dependenza economica tra disciplina della concorrenza e diritto dei contratti*. Torino: G. Giappichelli, 2004. p. XIII. ROPPO, Vincenzo. Regolazione del mercato e interessi di referimento: dalla protezione del consumatore alla protezione del cliente?. *Rivista di Diritto Privato*, Bari, n. 3, p. 19-35, 2010. LABELLA, Enrico. Tutela della microimpresa e 'terzo contratto'. *Europa e Diritto Privato*, Milano, n. 4, p. 857-897, 2015.

[37] LORENZETTI, Ricardo Luis. *Tratado de los contratos*. Parte general. 3. ed. Buenos Aires: Thomson Reuters / La Ley, 2018. p. 128.

[38] LIMA MARQUES, Claudia. Introdução. En LIMA MARQUES, Claudia; BENJAMIN, Antonio Herman; MIRAGEM, Bruno. *Comentários ao código de defesa do consumidor*. 2. ed. São Paulo: RT, 2006. p. 15.

[39] MOSSET ITURRASPE, Jorge. *Justicia contractual*. Buenos Aires: Ediar, 1977.

[40] DÍEZ-PICAZO, Luis. Contratos de consumo y derecho de contratos. *Anuario de Derecho Civil*, Madrid, v. 59, n. 1, p. 11-28, 2006. p. 20. Sobre el particular, Luis Díez-Picazo ha dicho que "protección del consumo y de los consumidores sólo es comprensible y hacedera en mercados masivos que funcionan en régimen de libertad. Muy escaso sentido tiene, o decididamente no tiene ninguno, hablar de protección de consumidores en países o en zonas que viven en regímenes con economías intervenidas".

"las normas que regulan los contratos de consumo están encaminadas a proteger a una de las partes contractuales de los eventuales abusos que el empresario pueda cometer. Pero no sólo eso, sino que pretenden garantizar un correcto desarrollo del iter contractual, desde la formación de la voluntad hasta el completo cumplimiento de las obligaciones de las partes. Por este motivo, dicha normativa únicamente pone el acento en las obligaciones y cargas que ha de asumir y soportar el empresario y, en cambio, rara vez establece obligaciones específicas a cargo del consumidor. Esas quedan para las normas que, con carácter general, regulan los contratos en la legislación civil".[41] Por tal motivo, es visto como un "contrato asimétrico", debido a la mayor información y organización del proveedor, y a las escasas alternativas reales de opción con las que cuenta el consumidor en el mercado.[42]

Algunos Códigos de Derecho Privado la han tipificado de modo expreso, tal el caso del Código Civil brasileño, cuyo artículo 421 afirmaba que "a liberdade de contratar será exercida em razão e nos limites da função social do contrato", al cual se lo hacía dialogar virtuosamente con el Código de Defensa del Consumidor.[43] Aunque el texto ha sido modificado recientemente,[44] la doctrina sigue acudiendo a la tradición jurídica para llegar a similares efectos, en particular, en los contratos de consumo.[45]

---

[41] GRAMUNT FOMBUENA, Mariló, La protección del contratante en contextos asimétricos. En GRAMUNT FOMBUENA, Mariló; FLORENSA; TOMÁS, Carlos (Org.). *Codificación e reequilibrio de la asimetría negocial*. Madrid: Dykinson, 2017. p. 97.

[42] RICCI, Francesco. I contratti del consumatore in generale. En ROSSI CARLEO, Liliana (Org.). *Diritto dei consumi*. Torino: G. Giappichelli, 2012. p. 38 y 39.

[43] LIMA MARQUES, Claudia. Introdução. En LIMA MARQUES, Claudia; BENJAMIN, Antonio Herman; MIRAGEM, Bruno. *Comentários ao código de defesa do consumidor*. 2. ed. São Paulo: RT, 2006.

[44] BRASIL. *Lei n. 13.874*, de 20 de setembro de 2019. Institui a Declaração de Direitos de Liberdade Econômica (...). Modificó el texto e incluyó un párrafo único. El artículo 421 vigente dice: *"A liberdade contratual será exercida nos limites da função social do contrato". Parágrafo único. "Nas relações contratuais privadas, prevalecerão o princípio da intervenção mínima e a excepcionalidade da revisão contratual"*. Luego siguiendo la técnica de la novelación, incluyó al artículo 421A dedicado a "os contratos civis e empresariais". Sobre el particular puede verse a: THAMAY, Rennan et al. *A função social do contrato*: atualizado de acordo com a Lei da Liberdade Econômica (Lei 13.874/2019) e o Regime Jurídico Emergencial de Direito Privado (Lei 14.010/2020), São Paulo: Almedina, 2021.

[45] BERGSTEIN, Laís. A influência do tempo e da essencialidade da prestação na (re) intepretação dos contratos de consumo. In: CATALAN, Marcos; BAROCELLI, Sergio Sebastián (Org.). *Derecho privado y solidaridad en Sudamérica*: VIII Agendas de Derecho Civil Constitucional. Buenos Aires: Fondo Editorial, 2020. Sobre dicha reforma y los contratos de larga duración, se ha dicho que *"A percepção de que a temporalidade móvel e evolutiva do contrato pressupõe que em face de novas circunstâncias é possível que algumas de suas cláusulas precisem ser renegociadas é um reflexo da notória frase de Tomasi di Lampedusa: "[s]e quisermos que tudo continue como está, é preciso que tudo mude"*.

En otras legislaciones, la falta de una mención expresa no ha impedido construir similares interpretaciones a la luz de los estándares de la buena fe y del abuso del derecho. Ese fue el criterio que siguió la Comisión Reformadora del Código Civil y Comercial argentino para la cual "hay que considerar que la función no es solo social. Existe otro aspecto más nuevo que es la función "ambiental", que ya no responde a la división entre contratos de consumo y discrecionales, ni tiene relación alguna con el principio protectorio. La función ambiental es transversal a todos los contratos: se aplica tanto a las empresas como a los consumidores. Esta función permite al juez moderar la colisión entre el ejercicio de los derechos individuales y el de los colectivos, como el ambiente".[46]

El impacto de la era digital

Durante el Siglo XX la sociedad de masas puso en crisis al Derecho y exigió una nueva agenda.[47] Algo similar ocurre en la actualidad, aunque "la nueva masa es el enjambre digital. Éste muestra propiedades que lo distinguen radicalmente de las formaciones clásicas de los muchos, a saber, de la masa".[48] La sociedad digital interpela a las personas y a los Estados, poniendo en crisis las estructuras políticas, comunicacionales, económicas, y consecuentemente, a las jurídicas.[49] Frente a esta realidad es imperioso dar respuestas que atiendan cabalmente a la complejidad que presentan.[50]

El Derecho de los Contratos y el Derecho del Consumidor se enfrentan al desafío de las transformaciones tecnológicas –vg. las que derivan de *blockchain*–, que resultan disruptivas de los horizontes tradicionales bajo los cuales se concretaban en nuestras sociedades las operaciones económico-jurídicas. Lo dicho exige administrar las

---

46 ARGENTINA. *Proyecto de Código Civil y Comercial de la Nación*. Buenos Aires: Infojus, 2012. p. 630.

47 DÍEZ-PICAZO, Luis. *Derecho y masificación social.* Tecnología y derecho privado. Madrid: Civitas, 1979.

48 HAN BYUNG-CHUL. *En el enjambre*. Trad. Raúl Gabás. Lanús: Herder, 2020. p. 26.

49 SASSEN, Saskia. *Una sociología de la globalización*. Trad. María Victoria Rodil. Buenos Aires: Katz, 2007. HARARI, Yuval Noah. *21 lecciones para el siglo XXI.* Trad. Joandomènec Ros. Colonia del Sacramento: Penguin Random House, 2020.

50 LAPENTA, Eduardo; RONCHETTI, Alfredo (Coord.). *Derecho y complejidad en Homenaje al Prof. Dr. Miguel Ángel Ciuro Caldani.* Tandil: Universidad Nacional del Centro de la Provincia de Buenos Aires, 2011.

tensiones que los cambios producen por vía del recurso a los principios, más aún ante los avances cotidianos de la ciencia y de la técnica.[51]

Por ello, tanto en los contratos paritarios como en los de consumo, los modelos universales, regionales y nacionales se valen de estándares generales para resolver los conflictos derivados de la contratación electrónica y digital, antes que de reglas rígidas o cerradas.

Para los contrat de gré à gré, la "Ley Modelo de la Comisión de Naciones Unidas para el Derecho Mercantil sobre Comercio Electrónico – Guía para su incorporación al derecho interno de 1996" y la "Convención de las Naciones Unidas sobre la Utilización de las Comunicaciones Electrónicas en los Contratos Internacionales" de 2007, dan cuenta de los principios de inalterabilidad del derecho preexistente de obligaciones y contratos, de la libertad de contratación y potenciación de la buena fe, de la equivalencia funcional de los actos electrónicos respecto de los autógrafos o manuales, y de la neutralidad tecnológica, entre otros.[52]

En los contratos de consumo las "Directrices para la Protección del Consumidor" de Naciones Unidas,[53] constituyen un marco de referencia inevitable. De ese, y otros textos internacionales –vg. "Protección al Consumidor en el Comercio Electrónico"–, Recomendación de la OCDE 2016-, pueden inferirse los principios de resguardo especial de la hipervulnerabilidad o vulnerabilidad agravada; de tutela no inferior a la brindada al consumidor en otras formas de comercio; de protección acentuada de la información y de la seguridad; de tutela de la confianza, y del uso indebido de los datos de los consumidores.

Ello derrama hacia los ordenamientos regionales y nacionales, lo que se observa con fuerte intensidad tanto en Europa,[54] como en

---

[51] RAYNAUD, Dominique. Qué es la tecnología. Pamplona: Laetoli, 2018. p. 57. Debe hacerse bajo la premisa de que *"valorar o renegar de la tecnología en su conjunto conduce al mismo resultado: la incapacidad radical de diferenciar entre la benevolencia y la malevolencia, entre los que es beneficioso y lo que es perjudicial para los seres humanos"*.

[52] ILLESCAS ORTIZ, Rafael. *Derecho de la contratación electrónica*. Navarra: Civitas / Thomson Reuters, 2019. p. 41.

[53] NACIONES UNIDAS. *Directrices para la protección del consumidor*. Nueva York y Ginebra, 2016.

[54] UNIÓN EUROPEA. *Directiva 2000/31/CE*, del 8 de junio de 2000, relativa a determinados aspectos jurídicos de los servicios de la sociedad de la información, en particular el comercio electrónico. UNIÓN EUROPEA. *Directiva 2011/83*, del 25 de octubre de 2011 sobre los derechos de los consumidores, por la que se modifican la Directiva 93/13/CEE del Consejo. UNIÓN EUROPEA. *Directiva 1999/44/CE*, del 25 de mayo de 1999 del Parlamento Europeo y del Consejo y se derogan la Directiva 85/577/CEE del Consejo y la Directiva 97/7/CE del Parlamento Europeo y del Consejo. UNIÓN EUROPEA. *Directiva 2019/770*,

Latinoamérica,[55] a través de pluralidad de instrumentos que desbordan el alcance de este trabajo.

Por la significación que el tema presenta en la actualidad, se realizará una mención especial a la cuestión de la protección de los datos de los consumidores. Sobre el particular, Yuval Noah Harari ha dicho que "lo mejor que podemos hacer es recurrir a nuestros abogados, políticos, filósofos e incluso poetas para que se centren en este misterio ¿cómo regulamos la propiedad de los datos?. Podría muy bien ser que esta fuera la pregunta más importante de nuestra era".[56]

Sobre esta problemática van corporizándose respuestas. Por ejemplo, la Asamblea General de la Organización de Estados Americanos aprobó mediante la Resolución AG/RES 2974 de fecha 11 de noviembre de 2021, los "Principios Actualizados sobre la Privacidad y la Protección de Datos Personales adoptados por el Comité Jurídico Interamericano (CJI).[57]

---

del 20 de mayo de 2019 relativa a determinados aspectos de los contratos de suministro de contenidos y servicios digitales. UNIÓN EUROPEA. *Resolución del Parlamento Europeo* del 20 de octubre de 2020, con recomendaciones destinadas a la Comisión sobre una Ley de Servicios Digitales. COMISIÓN EUROPEA. *Libro Blanco sobre inteligencia artificial*: un enfoque europeo de la excelencia y la confianza. Explicita un enfoque europeo sobre la materia, orientado a la excelencia y la confianza. Se relaciona a la reciente Resolución del Parlamento Europeo, del 3 de mayo de 2022, sobre la inteligencia artificial en la era digital. Disponible en https://ec.europa.eu/info/sites/default/files/commission-white-paper-artificial-intelligence-feb2020_es.pdf. Acceso en 23 mayo 2022.

55 MERCOSUR. *Resolución GMC 36/2019.* (**NE**) Dispõe sobre a Defesa do Consumidor e seus principios fundamentais. Reglamenta la protección del consumidor en la contratación electrónica. Consagra reglas de protección de los consumidores en materia de comercio electrónico, enfatizando en la información; inclusión de cláusulas; formalización del contrato; derecho de arrepentimiento; atención al cliente; y acceso a mecanismos de resolución de controversias, entre otros aspectos relevantes. MERCOSUR. Resolución GMC 37/2019. Explicita los principios de progresividad y no regresión; de orden público de protección; de acceso al consumo; de transparencia de los mercados; de consumo sustentable; de protección especial para consumidores en situación vulnerable y de desventaja; de respeto de la dignidad de la persona humana; de prevención de riesgos; antidiscriminatorio; de buena fe; de Información; de armonización; de reparación integral; y de equiparación de derechos.

56 HARARI, Yuval Noah. *21 lecciones para el siglo XXI.* Trad. Joandomènec Ros. Colonia del Sacramento: Penguin Random House, 2020. p. 103 y ss.

57 ORGANIZACIÓN DE LAS NACIONES UNIDAS. *Resolución 2974 aprobada por la Asamblea General de fecha 11 de noviembre de 2021.* Dispone sobre principios actualizados sobre la privacidad y la protección de datos personales adoptados por el Comité Jurídico Interamericano (CJI). Expresa trece (13) principios que reflejan las distintas aproximaciones que prevalecen en los Estados miembros sobre los temas centrales de la protección de los datos personales, entre ellos el consentimiento; las finalidades y medios para la captación y tratamiento de estos datos; el flujo transfronterizo y la seguridad de los datos personales; la protección especial a los datos sensibles; y el ejercicio de los derechos de acceso, rectificación, cancelación, oposición y portabilidad.

Sobre los mismos se ha dicho que "reflejan las distintas aproximaciones que prevalecen en los Estados miembros sobre los temas centrales de la protección de los datos personales, entre ellos el consentimiento, las finalidades y medios para la captación y tratamiento de estos datos, el flujo transfronterizo y la seguridad de los datos personales, la protección especial a los datos sensibles, y el ejercicio de los derechos de acceso, rectificación, cancelación, oposición y portabilidad".[58]

Paralelamente, el Comité Técnico Nº 7 de Defensa del Consumidor del MERCOSUR se encuentra abocado a discutir un "Manual de proteção de dados", a partir de una propuesta de la prestigiosa profesora brasileña Claudia Lima Marques.

Los contratos de duración en las relaciones de consumo

De modo metafórico puede afirmarse que los contratos de larga duración se estructuran a partir del siguiente trípode: planificación, flexibilidad, y solidaridad.[59]

En este contexto cobra sentido la regla general en el artículo 1.011 del Código Civil y Comercial argentino en cuanto dispone que "En los contratos de larga duración el tiempo es esencial para el cumplimiento del objeto, de modo que se produzcan los efectos queridos por las partes o se satisfaga la necesidad que las indujo a contratar. Las partes deben ejercitar sus derechos conforme con un deber de colaboración, respetando la reciprocidad de las obligaciones del contrato, considerada en relación a la duración total. La parte que decide la rescisión debe dar a la otra la oportunidad razonable de renegociar de buena fe, sin incurrir en ejercicio abusivo de los derechos". La norma es concordante con soluciones similares que se trazan en el Derecho Comparado,[60] las que enuncian que:

- el tiempo constituye un elemento estructural de estos contratos;

---

58 ORGANIZACIÓN DE LOS ESTADOS AMERICANOS. *Principios actualizados sobre la privacidad y la protección de datos personales*. Washington: OEA, 2022.

59 MACARIO, Francesco. *Adeguamento e rinegoziazione nei contratti a lungo termine*. Napoli: Jovene, 1996. cap. I.

60 Sobre la coincidencia de esta regla con otros de la reciente reforma al Código Civil francés, puede verse a KEMELMAJER DE CARLUCCI, Aída. Las disposiciones generales: coincidencias y diferencias. *Responsabilidad Civil y Seguros*, Buenos Aires, a. 21, n. 3 (extra), p. 23-38, 2019.

- los deberes de colaboración enmarcan el ejercicio de los derechos de las partes;
- el respeto a la reciprocidad prestacional debe darse con ajuste a la buena fe y a la cooperación, puesto que la dinámica que los gobierna hace que "se reformulen en su contenido en la medida del cambio de tecnologías, precios, servicios, y sería insensato obligar a las partes a cumplir puntualmente con lo pactado en el sinalagma original".[61]

En este ámbito, la rescisión y la renegociación actúan como fenómenos connaturales, que visibilizan la flexibilidad del contrato de larga duración –siendo una clara manifestación del aggiornamento de la teoría del contrato–, que resulta coherente con las nuevas modalidades y figuras contractuales, que son pensadas para operar en el mercado sobre realidades complejas, y que se exteriorizan no sólo en el plan prestacional que diseñan, sino también en las temporalidades que proyectan, sometidas a pluralidad de contingencias.

Aunque esta nueva matriz conceptual ha ingresado fuertemente en los negocios de consumo, su desenvolvimiento opera con variantes, en virtud del principio protectorio.

Así, la duración potencia el rol de los deberes de información y de seguridad. La pandemia del COVID 19 ha dado ejemplos elocuentes en tal sentido. Al respecto se ha dicho en la jurisprudencia argentina que las operaciones a través de la banca electrónica son riesgosas, con lo cual pesa en cabeza del proveedor del servicio un deber de seguridad e información calificado".[62]

Del mismo modo, la rescisión se reconoce ampliamente a favor del consumidor, quien puede extinguir el contrato de larga duración en cualquier instancia de su ejecución, y sin costo alguno,[63] a diferencia del proveedor, que en ocasiones tiene restringido el ejercicio de dicha

---

[61] LORENZETTI, Ricardo Luis. *Tratado de los contratos*. Parte general. 3. ed. Buenos Aires: Thomson Reuters / La Ley, 2018. p. 98.

[62] ARGENTINA. STJ de Entre Ríos. Badaracco Elena Susana c/ Nuevo Banco de Entre Ríos S.A. s/ sumarísimo. 28 de Septiembre de 2021 -considerando VI voto de Juan R. Smaldone-, inédito.

[63] ARGENTINA. *Ley de Defensa del Consumidor n. 24.240 del 15 de Octubre de 1993*. Ley especial integrada con el Código Civil y Comercial de la Nación y otras leyes referidas a relaciones de consumo particulares. El artículo 10 *quáter*, incorporado por la reforma de la Ley n. 27.265 del 17 de Agosto de 2016. dispone que *"prohíbase el cobro de preaviso, mes adelantado y/o cualquier otro concepto, por parte de los prestadores de servicios, incluidos los servicios públicos domiciliarios, en los casos de solicitud de baja del mismo realizado por el consumidor ya sea en forma personal, telefónica, electrónica o similar"*.

facultad, e incluso, en otros supuestos, carece de ella, situación que se asocia con los denominados contratos "cautivos",[64] relacionados a los servicios públicos. En Argentina, el contrato de medicina prepaga también es situado en este campo,[65] puesto que se juzga que de admitirse la denuncia del contrato sin causa alguna por parte del proveedor, se desbaratarían los aportes y confianza depositada por el usuario durante los años de relación, alterando el equilibrio prestacional al no contar con la cobertura esperada cuando podría necesitar del servicio.

La renegociación también exhibe asimetrías. En criterio que se comparte se postula que "en el sector de los contratos en los que existen intereses individuales homogéneos, sea que se trata de contratos celebrados por adhesión o de consumo la renegociación debería ser colectiva, lo que la diferencia radicalmente de la renegociación de los contratos individuales".[66]

La necesidad de captar al contrato de consumo en clave de dimensión colectiva

El contrato de consumo no puede ser aprehendido en toda su profundidad sin reconocer el juego armónico entre los derechos individuales y los derechos supraindividuales homogéneos, en paralelo a lo que sucede con la función ambiental del contrato.[67]

De tal modo, la dimensión colectiva se constituye en un cauce de mayor efectividad para el orden público de protección, que se expresa en acciones colectivas que resguardan los intereses del contratante

---

[64] BERGSTEIN, Laís. A influência do tempo e da essencialidade da prestação na (re) intepretação dos contratos de consumo. In: CATALAN, Marcos; BAROCELLI, Sergio Sebastián (Org.). *Derecho privado y solidaridad en Sudamérica*: VIII Agendas de Derecho Civil Constitucional. Buenos Aires: Fondo Editorial, 2020. Sobre los mismos Laís Bergstein ha dicho que *"em 1995, na segunda edição da obra Contratos no Código de Defesa do Consumidor, Claudia Lima Marques analisa a crise da teoria contratual resultante dos novos movimentos sociais, filosóficos, culturais e econômicos que caracterizam a pós-modernidade e denomina de contratos cativos de longa duração as contemporâneas relações contratuais que aliam 'métodos conhecidos de contratação de massa a relações complexas de longa duração'"*. También en la doctrina brasileña puede verse a KARAM-SILVEIRA, Marco Antonio. Contratos cativos de longa duração: tempo e equilíbrio nas relações contratuais. En Claudia LIMA MARQUES (Coord.). *A nova crise do contrato*. Brasil: RT, 2007. p. 482-503.

[65] SOZZO, Gonzalo. *Las relaciones contractuales en tiempos de emergencia*: contratos resilientes. Santa Fe: Rubinzal-Culzoni, 2020.

[66] SOZZO, Gonzalo. *Las relaciones contractuales en tiempos de emergencia*: contratos resilientes. Santa Fe: Rubinzal-Culzoni, 2020.

[67] LORENZETTI, Ricardo Luis. *Tratado de los contratos*. Parte general. 3. ed. Buenos Aires: Thomson Reuters / La Ley, 2018. p. 883 y 890.

consumidor. En la Argentina, la ausencia de reglas especiales que las regulen, ha hecho que la Corte Suprema de Justicia de la Nación haya aportado "acordadas" y registre una jurisprudencia consolidada sobre la materia.[68]

Por lo demás, el Derecho del Consumidor del Siglo XXI también contribuye para una nueva dogmática sobre los contratos colectivos y difusos. Sobre los mismos se sostiene que "El modelo que soporta a la teoría del contrato ha sido construido sobre la base de la acción racional individual, y es inadecuado para explicar casos en los que hay acción grupal, como los contratos conexos y los colectivos".[69]

Allí se ubican nuevos temas y figuras como la "convención colectiva de consumo", prevista en valioso "Código de Proteção e Defesa do Consumidor" de Brasil, cuyo artículo 107 dispone que "as entidades civis de consumidores e as associações de fornecedores ou sindicatos de categoria econômica podem regular, por convenção escrita, relações de consumo que tenham por objeto estabelecer condições relativas ao preço, à qualidade, à quantidade, à garantia e características de produtos e serviços, bem como à reclamação e composição do conflito de consumo. § 1° A convenção tornar-se-á obrigatória a partir do registro do instrumento no cartório de títulos e documentos. § 2° A convenção somente obrigará os filiados às entidades signatárias. § 3° Não se exime de cumprir a convenção o fornecedor que se desligar

---

[68] ARGENTINA. CSJN. Acordada 12/2016. Reglamento de actuación en procesos colectivos. 5 de abril de 2016. Disponible en https://www.csjn.gov.ar/decisiones/acordadas. Acceso en 28 sep. 2022. ARGENTINA. CSJN. Acordada 32/2014. Creación de Registro Público de Procesos Colectivos radicados ante los Tribunales del Poder Judicial de la Nación. 1 de octubre de 2014. Disponible en https://www.csjn.gov.ar/decisiones/acordadas. Acceso en 28 sep. 2022. El máximo tribunal ha dictado en las referidas las pautas de actuación procesal de los Tribunales Federales en todos aquellos casos en que se encuentren planteadas pretensiones en las que se requiera la tutela de bienes colectivos o intereses individuales homogéneos. Asimismo, mantiene un claro activismo a partir de la causa. V. ARGENTINA. CSJN. *Halabi, Ernesto c/ P.E.N.* - ley 25.873 - dto. 1563/04 s/ amparo ley 16.986, 24 de febrero de 2009, Fallos 332:111. Disponible en https://sjconsulta.csjn.gov.ar/sjconsulta/documentos/verDocumentoByIdLinksJSP.html?idDocumento=6625571&cache=1664377813365. Acceso en 28 sep. 2022.
V. HERNÁNDEZ, Carlos et al. Hacia el código de defensa del consumidor. *La Ley*, 15 mar. 2021. Cita Online: AR/DOC/592/2021. Todo ello ha sido recogido en el Proyecto de Código de Defensa del Consumidor argentino. Al respecto se ha dicho que allí se instituye "una dimensión colectiva, para resolver problemas de consumidores que conforman una clase –lo que incluye no solo las acciones colectivas en sede judicial–, que frente a las situaciones de afectación homogénea como las producidas por la pandemia, constituyen una respuesta muy adecuada".

[69] LORENZETTI, Ricardo Luis. *Tratado de los contratos*. Parte general. 3. ed. Buenos Aires: Thomson Reuters / La Ley, 2018. p. 881.

da entidade em data posterior ao registro do instrumento". Sobre el particular se ha dicho que resulta obligatoria conforme a las reglas del Derecho Común,[70] siendo una herramienta para los contratos sobre intereses individuales homogéneos.

A modo de conclusión

El Derecho de los Contratos y el Derecho del Consumidor se enriquecen mediante una consideración de los problemas comunes que hoy se les presentan, sin que ello suponga desconocer la especialidad del régimen protectorio.

Se aprecia que existe un diálogo virtuoso entre ambos, que permite comprender cabalmente los nuevos horizontes y desafíos del Siglo XXI, en miras del progreso de cada una de las disciplinas, y del respeto irrestricto de la persona del contratante y del consumidor.

Referencias

ALTERINI, Atilio Anibal. Bases para armar la teoría general del contrato en el derecho moderno. *La Ley*, Buenos Aires, n. 1998B, p. i-f, 1998.

ÁLVAREZ MORENO, María Teresa. Concepto de contrato. En DÍAZ ALABART, Silvia; GABRIELLI, Enrico; LEIVA FERNÁNDEZ, Luis (Org.). *Elementos de los contratos*. Un enfoque comparado. Buenos Aires: Thomson Reuters / La Ley, 2020.

ARGENTINA. CSJN. Acordada 12/2016. Reglamento de actuación en procesos colectivos. 5 de abril de 2016. Disponible en: https://www.csjn.gov.ar/decisiones/acordadas. Acceso en 28 sep. 2022.

ARGENTINA. CSJN. Acordada 32/2014. Creación de Registro Público de Procesos Colectivos radicados ante los Tribunales del Poder Judicial de la Nación. 1 de octubre de 2014. Disponible en https://www.csjn.gov.ar/decisiones/acordadas. Acceso en 28 sep. 2022.

ARGENTINA. CSJN. *Halabi, Ernesto c/ P.E.N.* - ley 25.873 - dto. 1563/04 s/ amparo ley 16.986, 24 de febrero de 2009, Fallos 332:111. Disponible en: https://sjconsulta.csjn.gov.ar/sjconsulta/documentos/verDocumentoByIdLinksJSP.html?idDocumento=6625571&cache=1664377813365. Acceso en 28 sep. 2022.

ARGENTINA. *Ley de Defensa del Consumidor n. 24.240 del 15 de Octubre de 1993.* Ley especial integrada con el Código Civil y Comercial de la Nación y otras leyes referidas a relaciones de consumo particulares.

---

[70] MIRAGEM, Bruno. Da convenção coletiva de consumo. En LIMA MARQUES, Claudia; BENJAMIN, Antonio Herman; MIRAGEM, Bruno. *Comentários ao código de defesa do consumidor*. 2. ed. São Paulo: RT, 2006. p. 1188.

ARGENTINA. *Ley de Medicina Prepaga n. 26.682 del 17 de Mayo de 2011*. Marco regulatorio de Medicina Prepaga integrado al Sistema Nacional de Seguros de Salud.

ARGENTINA. *Proyecto de Código Civil y Comercial de la Nación*. Buenos Aires: Infojus, 2012.

ARGENTINA. STJ de Entre Ríos. Badaracco Elena Susana c/ Nuevo Banco de Entre Ríos S.A. s/ sumarísimo. 28 de Septiembre de 2021 -considerando VI voto de Juan R. Smaldone-, inédito.

ARGENTINA. TSJ de Córdoba, Sala Civil. Mercado Libre S.R.L. c/ Dirección de Defensa del Consumidor y Lealtad Comercial – Recurso Apelación c/ Decisiones de Persona Jur. Pub. no Estatal - Recurso Directo. 19 de mayo de 2020. Cita Online: elDial.com - AABC5B. Disponible en: https://www.eldial.com/nuevo/resultados-detalle.asp?id=52189&base=14&referencia=1&Total_registros2_1=1&resaltar=aabc5b. Acceso 28 sep. 2022.

BAROCELLI, Sergio Sebastián. *Teoría general de las relaciones de consumo*. Buenos Aires: IJ, 2021.

BERCOVITZ, Alberto; BERCOVITZ, Rodrigo. *Estudios jurídicos sobre la protección de los consumidores*. Madrid: Tecnos, 1987.

BERGSTEIN, Laís. A influência do tempo e da essencialidade da prestação na (re) intepretação dos contratos de consumo. In: CATALAN, Marcos; BAROCELLI, Sergio Sebastián (Org.). *Derecho privado y solidaridad en Sudamérica*: VIII Agendas de Derecho Civil Constitucional. Buenos Aires: Fondo Editorial, 2020.

BRASIL, *Lei n. 13.874*, de 20 de setembro de 2019. Institui a Declaração de Direitos de Liberdade Econômica (...).

CARBONNIER, Jean. *Derecho flexible*. Para una sociología no rigurosa del derecho. Trad. Luis Diez-Picazo. Madrid: Tecnos, 1974.

CARRASCO PERERA, Ángel. *Derecho de contratos*. Navarra: Thomson Reuters / Aranzadi, 2017.

CIURO CALDANI, Miguel Ángel. Perspectivas jurídicas estratégicas nuevas en una nueva era (la construcción jurídica de un mundo nuevo). *Revista Internacional Consinter de Direito*, Curitiba, a. 5, n. 8, p. 125-147, 1º sem. 2019.

CIURO CALDANI, Miguel. Lecciones de teoría general del derecho. *Investigación y docencia*. Rosario, n. 32. p. 33-76, 1999.

DE CORES HELGUERA, Carlos. *El origen histórico de la teoría general del contrato*. La teoría general del contrato en la tradición jesuítica. La obra 'De contractibus', de Pedro de Oñate S. J., como precursora de conceptos fundamentales del derecho contractual actual. Tesis (Doctorado) – Universidad Pontificia Comillas, 2014. Director: Iñigo Alfonso Navarro Mendizábal. 588 fl.

DÍEZ-PICAZO, Luis. Contratos de consumo y derecho de contratos. *Anuario de Derecho Civil*, Madrid, v. 59, n. 1, p. 11-28, 2006.

DÍEZ-PICAZO, Luis. *Derecho y masificación social*. Tecnología y derecho privado. 2. ed. Madrid: Civitas, 1987.

DÍEZ-PICAZO, Luis. *Derecho y masificación social*. Tecnología y derecho privado. Madrid: Civitas, 1979.

DISSAUX, Nicolas; JAMIN, Cristophe. *Réforme du droit des contrats, du régimen général et de la preuve des obligation (Órdonnance nª 2016 – 131 du 10 février 2016)*. Commentaire des articles 1100 à 1386-1 du code civil. Italie: Dalloz. Reimpresión Marzo de 2017.

ESBORRAZ, David. Los nuevos códigos civiles de la República Argentina y de la República Popular China confrontados: dos ordenamientos y un único sistema. *Roma e América: Diritto Romano Comune*, Roma, n. 40. p. 336-389, 2019.

UNIÓN EUROPEA. *Directiva 1999/44/CE*, del 25 de mayo de 1999. Sobre determinados aspectos de la venta y las garantías de los bienes de consumo y se derogan la Directiva 85/577/CEE del Consejo y la Directiva 97/7/CE del Parlamento Europeo y del Consejo.

UNIÓN EUROPEA. *Directiva 2000/31/CE*, del 8 de junio de 2000. Tiene como propósito aproximar determinadas disposiciones nacionales aplicables a los servicios de la sociedad de la información relativas al mercado interior; el establecimiento de los prestadores de servicios; las comunicaciones comerciales; los contratos por vía electrónica; la responsabilidad de los intermediarios; los códigos de conducta; los acuerdos extrajudiciales para la solución de litigios, los recursos judiciales y la cooperación entre Estados miembros.

UNIÓN EUROPEA. *Directiva 2011/83*, del 25 de octubre de 2011. Modifica la Directiva 93/13/CEE.

UNIÓN EUROPEA. *Directiva 2019/770,* del 20 de mayo de 2019. Su finalidad radica en contribuir al correcto funcionamiento del mercado interior, proporcionando a la vez un alto nivel de protección de los consumidores, a través del establecimiento de normas comunes sobre determinados requisitos relativos a los contratos celebrados entre empresarios y consumidores para el suministro de contenidos o servicios digitales; en particular normas sobre la conformidad de los contenidos o servicios digitales con el contrato; las medidas correctoras en caso de falta de conformidad o incumplimiento del suministro y las modalidades para exigirlas; y la modificación de los contenidos o servicios digitales.

COMISIÓN EUROPEA. *Libro Blanco sobre inteligencia artificial*: un enfoque europeo de la excelencia y la confianza. Explicita un enfoque europeo sobre la materia, orientado a la excelencia y la confianza. Se relaciona a la reciente Resolución del Parlamento Europeo, del 3 de mayo de 2022, sobre la inteligencia artificial en la era digital. Disponible en: https://ec.europa.eu/info/sites/default/files/commission-white-paper-artificial-intelligence-feb2020_es.pdf. Acceso en 23 mayo 2022.

UNIÓN EUROPEA. *Resolución del Parlamento Europeo* del 20 de octubre de 2020. Contiene recomendaciones destinadas a la Comisión sobre la Ley de servicios digitales: una mejora del funcionamiento del mercado único.

GRAMUNT FOMBUENA, Mariló, La protección del contratante en contextos asimétricos. En GRAMUNT FOMBUENA, Mariló; FLORENSA; TOMÁS, Carlos (Org.). *Codificación e reequilibrio de la asimetría negocial*. Madrid: Dykinson, 2017.

Halabi, Ernesto c/ P.E.N. -ley 25.873- dto. 1563/04 s/ amparo ley 16.986, 24 de febrero de 2009, Fallos 332:111.

HAN BYUNG-CHUL. *En el enjambre*. Trad. Raúl Gabás. Lanús: Herder, 2020.

HARARI, Yuval Noah. *21 lecciones para el siglo XXI*. Trad. Joandomènec Ros. Colonia del Sacramento: Penguin Random House, 2020.

HERNÁNDEZ, Carlos et al. Hacia el código de defensa del consumidor. *La Ley*, 15 mar. 2021. Cita Online: AR/DOC/592/2021.

HERNÁNDEZ, Carlos. Contrato de consumo. En CIURO CALDANI, Miguel Ángel; NICOLAU, Noemí (Org.). *Derecho privado del siglo XXI*. Contratos (Colección François Gény). Buenos Aires: Astrea, t. 4.

HERNÁNDEZ, Carlos. El 'contrato de consumo' en el contexto de la 'teoría general del contrato'. A propósito del Código Civil y Comercial (expresión de una nueva estructura tipológica). *Jurisprudencia Argentina*, Cidade, Buenos Aires, n. 2016-I, 2016.

HERNÁNDEZ, Carlos. Hacia la generalización de algunas soluciones del régimen de defensa del consumidor?. KEMELMAJER DE CARLUCCI, Aída; TRIGO REPRESAS, Félix Alberto; MÉNDEZ COSTA, María Josefa (Org.). *Libro Homenaje al Prof. Dr. Jorge Mosset Iturraspe*. Santa Fe: Edicionesunl, 2005.

ILLESCAS ORTIZ, Rafael. *Derecho de la contratación electrónica*. Navarra: Civitas / Thomson Reuters, 2019.

IRTI, Natalino. È vero, ma(...). (Replica a Giorgio Oppo). *Rivista di Diritto Civile*, Padova, a. 45, n. 2, p. 273-278, 1999.

IRTI, Natalino. *La edad de la descodificación*. Trad. Luis Rojo Ajuria. Barcelona: Bosch, 1992.

IRTI, Natalino. Scambi senza accordo. *Rivista Trimestrale di Diritto Civile*, Milano, v. 52, n. 2, p. 347-364, jun. 1998.

KARAM-SILVEIRA, Marco Antonio. Contratos cativos de longa duração: tempo e equilíbrio nas relações contratuais. En Claudia LIMA MARQUES (Coord.). *A nova crise do contrato*. Brasil: RT, 2007.

KEMELMAJER DE CARLUCCI, Aída. Las disposiciones generales: coincidencias y diferencias. *Responsabilidad Civil y Seguros*, Buenos Aires, a. 21, n. 3 (extra), p. 23-38, 2019.

LABELLA, Enrico. Tutela della microimpresa e 'terzo contratto'. *Europa e Diritto Privato*, Milano, n. 4, p. 857-897, 2015.

LANNI, Sabrina. *Dez anos*. Contributi per il primo decenio del nuovo códice civil brasiliano. Nápoles: Edizioni Scientifique Italiane, 2014.

LAPENTA, Eduardo; RONCHETTI, Alfredo (Coord.). *Derecho y complejidad en Homenaje al Prof. Dr. Miguel Ángel Ciuro Caldani*. Tandil: Universidad Nacional del Centro de la Provincia de Buenos Aires, 2011.

LARENZ, Karl. *Derecho de obligaciones*. Trad. Jaime Santos Briz. Madrid: Revista de Derecho Privado, 1958, t. I.

LIMA MARQUES, Claudia. Introdução. En LIMA MARQUES, Claudia; BENJAMIN, Antonio Herman; MIRAGEM, Bruno. *Comentários ao código de defesa do consumidor*. 2. ed. São Paulo: RT, 2006.

LIMA MARQUES, Cláudia. La defensa del consumidor en Brasil. Diálogo de fuentes. En STIGLITZ, Gabriel; HERNÁNDEZ, Carlos. *Tratado de derecho del consumidor*. Buenos Aires: Thomson Reuters / La Ley, 2015, t. I.

LORENZETTI, Ricardo Luis. *Comercio electrónico*. Buenos Aires: Abeledo-Perrot, 2001.

LORENZETTI, Ricardo Luis. *Tratado de los contratos*. Parte general. 3. ed. Buenos Aires: Thomson Reuters / La Ley, 2018.

LORENZETTI, Ricardo. *Fundamentos de derecho privado. Código Civil y Comercial de la Nación Argentina*. Buenos Aires: Thomson Reuters / La Ley, 2016.

MACARIO, Francesco. *Adeguamento e rinegoziazione nei contratti a lungo termine*. Napoli: Jovene, 1996.

MERCOSUR. Resolución GMC 36/2019. Explicita los principios de progresividad y no regresión; de orden público de protección; de acceso al consumo; de transparencia de los mercados; de consumo sustentable; de protección especial para consumidores en situación vulnerable y de desventaja; de respeto de la dignidad de la persona humana; de prevención de riesgos; antidiscriminatorio; de buena fe; de Información; de armonización; de reparación integral; y de equiparación de derechos.

MERCOSUR. Resolución GMC 37/2019. Consagra reglas de protección de los consumidores en materia de comercio electrónico, enfatizando en la información; inclusión de cláusulas; formalización del contrato; derecho de arrepentimiento; atención al cliente; y acceso a mecanismos de resolución de controversias, entre otros aspectos relevantes.

MIRAGEM, Bruno. Da convenção coletiva de consumo. En LIMA MARQUES, Claudia; BENJAMIN, Antonio Herman; MIRAGEM, Bruno. *Comentários ao código de defesa do consumidor*. 2. ed. São Paulo: RT, 2006.

MOSSET ITURRASPE, Jorge. *Justicia contractual*. Buenos Aires: Ediar, 1977.

NACIONES UNIDAS. *Directrices para la protección del consumidor*. Nueva York y Ginebra, 2016.

NICOLAU, Noemí. El contrato en el contexto de la teoría general del derecho. En NICOLAU, Noemí; HERNÁNDEZ, Carlos (Dir.). *Contratos en el Código Civil y Comercial de la Nación*. Buenos Aires: Thomson Reuters / La Ley, 2016.

NICOLAU, Noemí. La tensión entre el sistema y el microsistema en el Derecho Privado. *Trabajos del Centro*, Rosario, n. 2, p. 79-83, 1997.

OLIVA BLÁZQUEZ, Francisco. Nuevos marcos normativos para los contratos nacionales e internacionales. En HORNERO MÉNDEZ, César; ESPEJO LERDO DE TEJADA, Manuel; OLIVA BLÁZQUEZ, Francisco (Dir.). *Derecho de contratos*: nuevos escenarios y propuestas. Navarra: Thomson Reuters / Aranzadi, 2016.

OPPO, Giorgio. ¿Disumanizzazione del contrato?. *Rivista di Diritto Civile*, Padova, a. 44, n. 5, p. 525-533, 1998.

ORGANIZACIÓN DE LAS NACIONES UNIDAS. Resolución 2974 aprobada por la Asamblea General de fecha 11 de noviembre de 2021, sobre principios actualizados sobre la privacidad y la protección de datos personales adoptados por el Comité Jurídico Interamericano (CJI). Expresa trece (13) principios que reflejan las distintas aproximaciones que prevalecen en los Estados miembros sobre los temas centrales de la protección de los datos personales, entre ellos el consentimiento; las finalidades y medios para la captación y tratamiento de estos datos; el flujo transfronterizo y la seguridad de los datos personales; la protección especial a los datos sensibles; y el ejercicio de los derechos de acceso, rectificación, cancelación, oposición y portabilidad.

ORGANIZACIÓN DE LOS ESTADOS AMERICANOS. *Principios actualizados sobre la privacidad y la protección de datos personales*. Washington: OEA, 2022.

PARDOLESI, Roberto. Prefazione. En COLANGELO, Giuseppe. *L'abuso di dependenza economica tra disciplina della concorrenza e diritto dei contratti*. Torino: G. Giappichelli, 2004.

PISANO DÍAZ. José. Aproximación a la contratación inteligente: usos, retos y algunos aspectos legales. En GÓNZALEZ PULIDO, Irene (Coord.). *Fodertics*. Estudios sobre Derecho Digital. Granada: Comares, 2019.

RAYNAUD, Dominique. Qué es la tecnología. Pamplona: Laetoli, 2018.

RICCI, Francesco. I contratti del consumatore in generale. En ROSSI CARLEO, Liliana (Org.). *Diritto dei consumi*. Torino: G. Giappichelli, 2012.

ROPPO, Vincenzo. Regolazione del mercato e interessi di referimento: dalla protezione del consumatore alla protezione del cliente?. *Rivista di Diritto Privato*, Bari, n. 3, p. 19-35, 2010.

SANTARELLI, Fulvio. *Contrato y mercado*. Buenos Aires: Thomson Reuters / La Ley, 2018.

SASSEN, Saskia. *Una sociología de la globalización*. Trad. María Victoria Rodil. Buenos Aires: Katz, 2007.

SOZZO, Gonzalo. Consumo digno y verde: humanización y ambientalización del Derecho del Consumidor (sobre los principios de dignidad del consumidor y de consumo sustentable). *Revista de Derecho Privado y Comunitario*, Santa Fe, n. 3. p. 139-166, 2012.

SOZZO, Gonzalo. ¿Es tan importante recodificar?. *Revista de la Facultad de Ciencias Jurídicas y Sociales*, Santa Fe, n.1, p. 83-112, 2001.

SOZZO, Gonzalo. *Las relaciones contractuales en tiempos de emergencia*: contratos resilientes. Santa Fe: Rubinzal-Culzoni, 2020.

STIGLITZ, Gabriel. *Protección jurídica del consumidor*. Buenos Aires: Depalma, 1986.

STIGLITZ, Gabriel; SAHIÁN, José. *El nuevo derecho del consumidor*. Buenos Aires: Thomson Reuters / La Ley, 2020.

THAMAY, Rennan et al. *A função social do contrato*: atualizado de acordo com a Lei da Liberdade Econômica (Lei 13.874/2019) e o Regime Jurídico Emergencial de Direito Privado (Lei 14.010/2020), São Paulo: Almedina, 2021.

Informação bibliográfica deste texto, conforme a NBR 6023:2018 da Associação Brasileira de Normas Técnicas (ABNT):

HERNÁNDEZ, Carlos Alfredo. Derecho de los contratos y derecho del consumidor: expresiones de un diálogo virtuoso. *In*: EHRHARDT JÚNIOR, Marcos; CATALAN, Marcos; NUNES, Cláudia Ribeiro Pereira (Coord.). *Inteligência artificial e relações privadas – Relações patrimoniais*. entre o consumo, os contratos e os danos. Belo Horizonte: Fórum, 2023. v. 3. p. 359-381. ISBN 978-65-5518-586-7.

Alfonso Peralta Gutiérrez
Juez español experto en derecho digital y doctorando en derecho por la Universidad de Granada (España).

Angélica Lucia Carlini
Pós-doutoranda em Direito de Seguros na Universidad Pontifícia Comillas – Madrid. Pós-doutorado em Direito Constitucional PUC/RS. Doutora em Direito Político e Econômico Universidade Presbiteriana Mackenzie. Doutora em Educação PUC/SP. Mestre em Direito Civil UNIP. Mestre em História Contemporânea PUC/SP. Pós-graduada em Direito Digital ITS/UERJ. Graduada em Direito pela PUC/SP. Advogada, parecerista e consultora. Professora titular do Programa de Mestrado em Direito da Escola Paulista de Direito – EPD. Professora colaboradora do Programa de Mestrado e Doutorado em Administração da Universidade Paulista – UNIP.

Bruno Cavalcante Leitão Santos
Doutor em Direito pela PUCRS. Mestre em Direito Público pela Ufal. Especialista em Direito Penal e Processual Penal pela UCDB. Professor de Direito Penal no Centro Universitário Cesmac – Maceió/AL. Líder do Grupo de Pesquisa "Sistema Penal, Democracia e Direitos Humanos" e pesquisador do Grupo de Pesquisa "Direito, contemporaneidade e transformações sociais". Advogado.

Carlos Alfredo Hernández
Doctor en Derecho – título obtenido con la máxima calificación y recomendación de publicación de la tesis –. Titular Ordinario de las cátedras de Derecho de los Contratos, y de Derecho del Consumidor, ambas de la Facultad de Derecho de la Universidad Nacional de Rosario. Titular de las cátedras de Contratos Civiles y Comerciales, y Derecho del Consumidor de la Facultad de Derecho y Ciencias Sociales del Rosario (UCA). Docente de Doctorados, Maestrías y Especializaciones. Director de Proyectos de Investigación acreditados. Autor de libros, capítulos de libros y artículos publicados en su país y en el extranjero. Evaluador de proyectos de investigaciones y jurado de concursos académicos y de tesis. Integrante de diferentes Comisiones de Reformas Legislativas nacionales y locales. Presidente del Instituto Argentino de Derecho del Consumidor. Miembro Correspondiente de la Academia de Derecho y Ciencias Sociales de Córdoba, Argentina.

Claudia Domingues
Mestre em Direito Civil – Universidade de São Paulo/USP. Pós-graduada em Direito Notarial e Registral – Escola Superior da Magistratura/SP. Engenheira

de redes computacionais Microsoft. Tabeliã de Notas e Protestos por 18 anos em São Paulo/SP.

Cristina Stringari Pasqual
Advogada. Professora do mestrado e graduação da FMP. Doutora e mestre em Direito Privado pela UFRGS. Especialista em Processo Civil pela PUCRS.

Dennis Verbicaro
Visiting Scholar em estágio pós-doutoral na Universidad Complutence de Madrid (UCM) e Universidad de Salamanca (USAL). Doutor em Direito do Consumidor pela Universidad de Salamanca (USAL). Mestre em Direito do Consumidor pela Universidade Federal do Pará. Professor da graduação e da pós-graduação Stricto Sensu (mestrado e doutorado) da Universidade Federal do Pará – UFPA e do Centro Universitário do Pará – CESUPA. Procurador do Estado do Pará e Advogado. *E-mail*: dennis@verbicaro.adv.br.

Francisco de Assis de França Júnior
Doutorando e mestre em Direito pela Faculdade de Direito da Universidade de Coimbra, Portugal. Pós-graduado em Psicologia Jurídica e em Ciências Penais. Professor de Direito Penal e Criminologia no Centro Universitário Cesmac – Maceió/AL. Líder do Grupo de Pesquisa "Sistema Penal, Democracia e Direitos Humanos" e pesquisador do Grupo de Pesquisa "Direito, contemporaneidade e transformações sociais". Advogado.

Geraldo Frazão de Aquino Júnior
Doutor em Direito pela Universidade Federal de Pernambuco – UFPE. Graduado e mestre em Direito e em Engenharia Elétrica pela Universidade Federal de Pernambuco – UFPE.

Guilherme Magalhães Martins
Procurador de Justiça do Ministério Público do Estado do Rio de Janeiro (MPRJ). Professor associado de Direito Civil da Faculdade Nacional de Direito da Universidade Federal do Rio de Janeiro (UFRJ). Professor do Programa de pós-graduação em Direito da Universidade Federal Fluminense (UFF). Pós-doutor em Direito Comercial pela Faculdade de Direito da USP – Largo de São Francisco. Doutor e mestre em Direito Civil pela Faculdade de Direito da Universidade do Estado do Rio de Janeiro (UERJ). Ex-professor visitante do mestrado em Direito da Faculdade de Direito da UERJ. Membro honorário do Instituto dos Advogados Brasileiros, junto à Comissão de Direito do Consumidor. Professor adjunto (licenciado) de Direito Civil da Universidade Cândido Mendes – Centro. Professor dos cursos de pós-graduação lato sensu da UERJ, PUC-RIO, EMERJ, INSPER, Damásio de Jesus, Universidade Cândido Mendes, UFRGS e UFJF. Vice-Presidente do Instituto Brasileiro de Política e Direito do Consumidor – BRASILCON. Diretor científico do Instituto Brasileiro de Estudos de Responsabilidade Civil – IBERC.

Gustavo Simões Pioto
Tabelião de Notas e Protesto de Títulos em Goiás. Especialista em Direito Processual Civil pela UNIVEM – SP. Especialista em Direito Notarial e Registral pela Faculdade Ibmec – SP e Instituto Damásio de Direito. 1º Secretário do Colégio Notarial do Brasil – Seção Goiás. Membro do IBDFAM, IBDCivil e IBRADIM. Advogado entre 2000 e 2009/2011 e 2014. Assistente do Ministério Público de Goiás entre 2009 e 2011.

Izaac Duarte de Alencar
Mestre em Modelagem Computacional de Conhecimento pela Universidade Federal de Alagoas (UFAL). Mestrando em Direito pela Universidade Federal de Alagoas (UFAL). Professor de Ciência da Computação (Unit/Afya AL). *E-mail*: izaac.alencar@fda.ufal.br.

Janaina Vieira Homci
Doutoranda em Direito pelo Programa de pós-graduação em Direito da Universidade Federal do Pará. Professora e advogada.
E-mail: janainanasvieira@gmail.com.

José Fernando Márquez
Professor na Faculdade de Direito e Ciências Sociais da Universidade Nacional de Córdoba, Córdoba, Argentina.

José Luiz de Moura Faleiros Júnior
Doutorando em Direito Civil pela Universidade de São Paulo – USP/Largo de São Francisco. Doutorando em Direito, na área de estudo "Direito, Tecnologia e Inovação", pela Universidade Federal de Minas Gerais – UFMG. Mestre e bacharel em Direito pela Universidade Federal de Uberlândia – UFU. Especialista em Direito Digital. Especialista em Direito Civil e Empresarial. Associado do Instituto Avançado de Proteção de Dados – IAPD. Membro do Instituto Brasileiro de Estudos de Responsabilidade Civil – IBERC. Advogado e professor.

Juan José Martínez-Mercadal
Abogado. Especialista en Derecho de Daños. Magíster en Derecho con orientación en Derecho de Daños de la Facultad de Derecho, Universidad de la República/Uruguay. Diplomado en Derecho e Innovación de la Facultad de Derecho, Universidad de Tucumán. Alumno de los Cursos de Actualización Jurídica válidos para el Doctorado en Derecho (área civil) de la Facultad de Derecho de la Universidad de Buenos Aires. Docente Asistente de Derecho Civil II (Obligaciones y Contratos) y III (Contratos Especiales) de la Facultad de Derecho de la Universidad de la República/ Uruguay. Docente de Posgrado en la Maestría de Derecho, Orientación Derecho de Daños y en la Carrera de Especialización en Derecho de Daños en la Escuela de Posgrado de la Facultad de Derecho de la Universidad de la República/ Uruguay. Miembro del Núcleo de Derecho Civil (Grupo de Investigación de la Universidad de la República/

Uruguay). Secretario de redacción de Revista Crítica de Derecho Privado (Uruguay). *E-mail*: martinezmercadal@gmail.com / https://orcid.org/0000-0002-5508-6054.

Juliana de Oliveira Jota Dantas
Doutora em Direito pela Universidade Federal de Pernambuco (UFPE). Mestra em Direito pela Universidade Federal de Pernambuco (UFPE). Professora de Direito na Universidade Federal de Alagoas (UFAL). *E-mail*: juliana.dantas@fda.ufal.br.

Marcelo Junqueira Calixto
Doutor e mestre em Direito Civil (UERJ). Professor Adjunto da PUC-Rio (graduação e mestrado). Professor da pós-graduação da FGV, UERJ e EMERJ. Membro do IBDCivil, IBDCONT, IBERC, BRASILCON, CBAr e IAB. Advogado e parecerista. *E-mail*: mcalixto@centroin.com.br.

Marcos Catalan
Doutor *summa cum laude* pela Faculdade do Largo do São Francisco, Universidade de São Paulo. Mestre em Direito pela Universidade Estadual de Londrina. Estágio pós-doutoral no Mediterranea International Center for Human Rights Research (2020-2021). Visiting Scholar no Istituto Universitario di Architettura di Venezia (2015-2016). Estágio pós-doutoral na Facultat de Dret da Universitat de Barcelona (2015-2016). Professor visitante no Mestrado em Direito de Danos da Facultad de Derecho de la Universidad de la Republica, Uruguai. Professor visitante no Mestrado em Direito dos Negócios da Universidad de Granada, Espanha. Professor visitante no Mestrado em Direito Privado da Universidad de Córdoba, Argentina. Cofundador da Rede de Pesquisas Agendas de Direito Civil Constitucional. Diretor do Brasilcon (2020-2021). Advogado parecerista.

Marcos Ehrhardt Júnior
Doutor em Direito pela Universidade Federal de Pernambuco (UFPE). Professor de Direito Civil dos cursos de mestrado e graduação da Universidade Federal de Alagoas (UFAL) e do Centro Universitário CESMAC. Editor da *Revista Fórum de Direito Civil* (*RFDC*). Vice-Presidente do Instituto Brasileiro de Direito Civil (IBDCIVIL). Presidente da Comissão de Enunciados e Vice-Presidente da Comissão de Família e Tecnologia do Instituto Brasileiro de Direito de Família (IBDFAM). Associado do Instituto Brasileiro de Estudos em Responsabilidade Civil (IBERC) e Membro Fundador do Instituto Brasileiro de Direito Contratual (IBDCont). Líder do Grupo de Pesquisas Direito Privado e Contemporaneidade (UFAL) e Cofundador da Rede de Pesquisas Agendas de Direito Civil Constitucional. *E-mail*: contato@marcosehrhardt.com.br.

María Laura Estigarribia Bieber
Diretora da Faculdade de Ciências Econômicas da Universidad Nacional del Nordeste, Argentina.

Michael César Silva
Doutor e mestre em Direito Privado pela Pontifícia Universidade Católica de Minas Gerais. Especialista em Direito de Empresa pela Pontifícia Universidade Católica de Minas Gerais. Professor convidado do LLM em Lei Geral de Proteção de Dados da Universidade do Vale do Rio dos Sinos (UNISINOS). Professor convidado do LLM em Fashion Law da Universidade Mackenzie. Professor da Dom Helder Escola de Direito. Professor da Escola de Direito do Centro Universitário Newton Paiva. Membro fundador do Instituto Brasileiro de Estudos de Responsabilidade Civil (IBERC). Advogado. Mediador Judicial credenciado pelo Tribunal de Justiça de Minas Gerais (TJMG). ORCID n. 0000-00021142-4672.

Remo Trezza
PhD em Ciências Jurídicas pela Universidade de Salerno, Itália. Foi Research Fellow em Direito Privado na Universidade Federico II de Nápoles. Foi professor contratado de Direito Privado e Direito Civil no Departamento de Ciências Jurídicas da Universidade de Salerno. Atualmente é servidor do Ministério da Justiça, com o cargo de Analista Judiciário.

Verónica María Laura Glibota Landriel
Doutora em Direito. Professora Adjunta na Universidad Nacional del Nordeste, Argentina.

Esta obra foi composta em fonte Palatino Linotype, corpo 10 e
impressa em papel O set 75g (miolo) e Supremo 250g (capa)
por Artes Gráficas Formato.